HISTOIRE
DE
L'INQUISITION.

Paris. — Imprimerie d'AD. BLONDEAU, rue du Petit-Carreau, 52.

HISTOIRE
DE
L'INQUISITION
D'ESPAGNE

SUIVIE D'UN COUP D'ŒIL GÉNÉRAL SUR TOUTES LES AUTRES INQUISITIONS

et contenant la relation originale et authentique

DE CE QUE LE SAINT-OFFICE DE GOA A FAIT SOUFFRIR A M. DELLON,
MÉDECIN FRANÇAIS,

Par M. LÉONARD GALLOIS.

« Étrangère aux beaux siècles de l'Église, l'Inquisition
ne pouvait naître que des ténèbres de l'ignorance et de
la force du moyen-âge. Sa conduite n'a point démenti
son origine. »

(Lettre de Grégoire, évêque de Blois, au grand-
inquisiteur d'Espagne.)

—

HUITIÈME ÉDITION,

Ornée de nombreux Dessins originaux, gravés sur bois.

—

PARIS,

DE L'IMPRIMERIE D'AD. BLONDEAU,

RUE DU PETIT-CARREAU, 32.

—

1851.

Paris. — Imprimerie d'Ad. BLONDEAU, rue du Petit-Carreau, 52.

HISTOIRE
DE
L'INQUISITION
D'ESPAGNE

SUIVIE D'UN COUP D'OEIL GÉNÉRAL SUR TOUTES LES AUTRES INQUISITIONS

et contenant la relation originale et authentique

DE CE QUE LE SAINT-OFFICE DE GOA A FAIT SOUFFRIR A M. DELLON,
MÉDECIN FRANÇAIS,

Par M. LÉONARD GALLOIS.

« Étrangère aux beaux siècles de l'Église, l'Inquisition
ne pouvait naître que des ténèbres de l'ignorance et de
la force du moyen-âge. Sa conduite n'a point démenti
son origine. »

(*Lettre de Grégoire, évêque de Blois, au grand-
inquisiteur d'Espagne.*)

HUITIÈME ÉDITION

Ornée de nombreux Dessins originaux, gravés sur bois.

PARIS,
DE L'IMPRIMERIE D'AD. BLONDEAU,
RUE DU PETIT-CARREAU, 32.

1851.

INTRODUCTION.

De tous les fléaux qui ont successivement ravagé les diverses contrées de la terre, il n'en est aucun qui ait laissé des traces aussi difficiles à effacer que l'*Inquisition* dite de *la Foi*. Partout où le souffle mortifère du *Saint-Office* s'est fait sentir, partout où ce redoutable tribunal a pu s'établir et fonctionner, les villes les plus populeuses, bientôt veuves de leurs habitants, n'ont plus renfermé dans leurs murs que des délateurs et des geôliers, des victimes et des bourreaux; le sol le plus productif a été frappé d'une longue stérilité.

Plusieurs auteurs, tant français qu'espagnols et italiens, ont autrefois essayé d'écrire l'histoire de l'Inquisition, ou plutôt de dévoiler les atrocités commises par les tribunaux de la foi; mais comme le secret était l'âme de cette inique institution, le défaut de matériaux authentiques a fait tomber ces écrivains dans des erreurs grossières et des exagérations indignes de l'histoire dont les panégyristes de l'Inquisition se sont prévalus avec empressement comme d'une bonne fortune pour la cause qu'ils défendaient. Si parfois il s'est rencontré quelques historiens à portée de connaître ce qui se passait dans les tribunaux du Saint-Office, ils durent se taire ou voiler la vérité, sous peine de ne plus trouver une pierre pour reposer leur tête.

En effet, quel est l'historien qui, avant la Révolution

française, eût osé dire que l'Inquisition était une institution anti-chrétienne et barbare, sans encourir toutes les excommunications et tous les dangers imaginables? Tel était alors l'effroi qu'inspirait le Saint-Office, que l'auteur de l'*Histoire des Inquisitions* (Marsolier), seul ouvrage critique digne d'attention qui ait paru sous l'ancien régime, se crut dans la nécessité de publier son livre en Allemagne, et de garder le plus strict incognito. Le jeune médecin français Dellon, qui nous a laissé une relation si intéressante et si véridique de ce que lui fit souffrir l'Inquisition de Goa, dût aussi publier ses curieux mémoires au-delà du Rhin, et encore hésita-t-il longtemps à dévoiler ses propres malheurs.

Dès l'instant où l'empereur Napoléon crut conforme à ses intérêts dynastiques d'abolir, en Espagne, le tribunal de la foi, M. Lavallée publia, à Paris, une *Histoire des Inquisitions religieuses d'Italie, d'Espagne et de Portugal*; mais à cette époque, les documents secrets du tribunal de la foi n'avaient pas encore été mis en lumière, et cet auteur ne pût s'appuyer que sur des autorités partiales ou suspectes. Heureusement, le respectable chanoine Llorente faisait alors les recherches les plus laborieuses dans les archives de l'Inquisition de Madrid, afin de donner au public une histoire authentique de cette institution et de ses actes. Cet ouvrage remarquable parut en 1817, sous le titre d'*Histoire critique de l'Inquisition d'Espagne*, et obtint un succès d'estime. Nous nous faisons un devoir et un plaisir de reconnaître ici que, sans les nombreux matériaux exhumés par le patient et savant Llorente, il eût été impossible d'écrire une histoire vraie de cette fameuse Inquisition d'Espagne.

Malheureusement, la masse énorme de documents puisés dans les archives du Saint-Office par l'ex-secrétaire de l'Inquisition de Calahora, forcèrent cet historien d'intercaler dans son œuvre un trop grand nombre de pièces officielles qui nuisirent à la rapidité de la narration ; et cet ouvrage, composé de quatre forts volumes in-8°, n'a pu être mis à la portée de tout le monde.

Dans un siècle où les grands événements se succèdent avec une rapidité inouie, les lecteurs semblent exiger autant d'économie dans le prix des livres que dans l'emploi de leur temps. C'est pour concilier ces deux avantages, et pour donner à *l'histoire de l'Inquisition d'Espagne* toute la popularité qu'elle doit avoir, que j'ai entrepris d'écrire, en un seul volume, l'histoire de cette fameuse institution dans ses actes au-delà des Pyrénées ; car les inquisitions de ces royaumes furent longtemps considérées comme devant servir de type à toutes celles établies en Italie, en Portugal, dans les Pays-Bas, en Amérique et même à celle des Indes.

Ce fut à l'époque de la liberticide guerre d'Espagne dirigée contre les libéraux de ce royaume, que parut la première édition de mon volume in-18. Plusieurs autres éditions de ce petit livre, si riche de faits, se succédèrent rapidement, dans tous les formats; *l'histoire de l'Inquisition d'Espagne* devint dès-lors fort populaire en France, et fut traduite en plusieurs langues.

Mais il manquait à ce livre un complément nécessaire,

indispensable; il fallait faire suivre les faits et gestes de l'Inquisition d'Espagne d'un *Coup d'œil général sur toutes les autres Inquisitions.*

C'est ce dernier travail que je viens d'ajouter à *l'histoire de l'Inquisition d'Espagne*, afin d'en faire une *histoire complète de toutes les Inquisitions établies en Europe et autres lieux.*

J'aime à me persuader que la narration succincte de tout ce qui s'est passé de remarquable dans ces divers tribunaux de la foi, donnera un nouvel attrait à une œuvre déjà propre à exiter la curiosité du public par le sujet éminemment dramatique que j'y ai traité, et que l'on me saura quelque gré d'avoir réuni, dans un seul et même volume, tout ce que m'ont fourni de détails curieux et dignes de l'histoire, les divers auteurs que j'ai pu consulter.

L'à-propos de cette édition ne saurait être contesté au moment où il se trouve, en France même, des partisans déclarés de l'Inquisition, des hommes qui rêvent encore le rétablissement du Saint-Office dans la patrie des Molière, des Voltaire, des Diderot et de tant d'autre grands philosophes, précurseurs des trois révolutions de France.

A ces rares mais obstinés ultramontains panégyristes de l'Inquisition, nous dirons : *Lisez !*

Aux peuples, qui nous auront lus, nous ne cesserons de crier, comme les anciens républicains de Rome : *Prenez garde à vous !*

HISTOIRE
DE
L'INQUISITION
D'ESPAGNE.

PREMIÈRE PARTIE.

Des hérésies et de l'inquisition en général.

CHAPITRE PREMIER.

Origine des hérésies et de l'Inquisition.

A peine la religion chrétienne fut-elle établie, qu'on vit naître des hérésies au milieu de ses enfants. Les premiers siècles de l'Église furent ceux qui produisirent le plus grand nombre de sectaires, à la tête desquels se trouvaient presque toujours des évêques et archevêques. C'est dans ces temps-là que parurent successivement les *Gnostiques*, qui enseignaient que la foi suffisait sans les bonnes œuvres; les *Nicolaïtes*, qui voulaient que les femmes fussent communes; les *Ariens*, qui niaient la consubstantialité, c'est-à-dire l'égalité de substance du fils avec le père dans la Trinité; les *Apollinaristes*, qui prétendaient que Jésus-Christ n'avait point un corps de chair tel que le nôtre, ni une âme raisonnable; les *Nestoriens*, qui proclamaient que Marie n'était point mère de Dieu; les *Monothélistes*, défenseurs d'une seule volonté dans Jésus-Christ; les *Iconoclastes*, qui se refusaient au culte des images et qui les brisaient; les *Montanistes*, qui croyaient que le Saint-Esprit avait enseigné par la bouche de *Montan* une discipline beaucoup plus parfaite que celle établie par les apôtres; les *Pélagiens*, dont le système tendait à anéantir la nécessité de la grâce; les *Manichéens*, qui établissaient deux principes, l'un bienfaisant et l'autre malfaisant; les *Donatistes*, qui soutenaient que la véritable Église avait péri partout, excepté dans celle qu'ils avaient eux-mêmes en Afrique; les *Priscillianistes*, qui assuraient que les âmes étaient de même substance que Dieu; les *Macédoniens*, qui niaient la divinité du Saint-Esprit, et tant d'autres sectes professant des dogmes plus ou moins condamnables, plus ou moins ridicules.

Mais Jésus-Christ veut qu'on pardonne à celui qui est tombé dans l'hérésie, et qu'on le réconcilie non seulement deux fois, comme l'a dit saint Paul, mais encore soixante-dix-sept fois, c'est-à-dire autant de fois qu'il y retombera et qu'il se repentira.

Telle a été la doctrine invariable de l'Église pendant sa première époque, qui est celle des trois premiers siècles, et qui s'étend jusqu'à la paix de Constantin. On était alors généralement persuadé qu'il fallait observer, à l'égard des hérétiques, cette conduite douce et humaine qu'inspire la charité, afin de ne pas les rendre obstinés. L'Église était loin de penser à établir des peines corporelles contre les hérétiques : elle ne les punissait que par l'excommunication, et encore n'employait-elle cette sévérité qu'après avoir tenté tous les moyens de persuasion pour les ramener à la foi. Il est à présumer que cette conduite de l'Église fut commandée, jusqu'à un certain point, par l'impossibilité où elle se trouvait d'employer la puissance temporelle contre les hérétiques, puisque les princes étaient encore païens; mais on peut néanmoins assurer qu'aucun édit de persécution n'avait été décrété.

Si le système primitif de l'Église à l'égard des hérétiques eût été fidèlement suivi après la paix de Constantin, le tribunal de l'Inquisition n'aurait jamais existé, et le nombre des hérésies eût été, probablement, moins grand et leur durée plus courte. Mais les papes et les évêques du quatrième siècle crurent qu'il était de leur devoir d'extirper les hérésies. Ils commencèrent par imiter la conduite qu'ils avaient reprochée aux prêtres païens, et, profitant ensuite de leur ascendant sur les empereurs qui venaient d'embrasser le christianisme, ils engagèrent Constantin et ses successeurs à établir des lois civiles contre les hérétiques, et à considérer les hérésies comme des crimes qu'il fallait soumettre à des peines afflictives. Ces peines, telles qu'elles furent successivement décrétées dans la seconde époque de l'Église, c'est-à-dire depuis le quatrième jusqu'au huitième siècle, étaient la note d'infamie, la privation des honneurs et des emplois, la confiscation des biens, la défense de tester et de succéder par privilége de donation, et la condamnation à des amendes plus ou moins considérables, suivant les cas.

Mais à peine les papes eurent-ils obtenu de faire punir les hérétiques par quelques peines corporelles, qu'ils se crurent dans la nécessité d'en solliciter d'autres beaucoup plus sévères, telles que la fustigation, l'exil et la déportation. Les Manichéens et les Donatistes furent les seuls punis de mort, à cause des troubles qu'ils avaient occasionnés en Afrique et à Rome même; ce qui laissait supposer qu'on punissait bien plus les rebelles et les perturbateurs que les sectaires. Cela est si vrai qu'il suffisait d'abjurer volontairement l'hérésie pour être à l'abri des poursuites que les juges impériaux étaient chargés de diriger contre les hérétiques; le pouvoir judiciaire n'avait été accordé à l'épiscopat que dans quelques cas particuliers.

L'Église d'Espagne fut fidèle en tout à la discipline générale, jusqu'au moment où se tint le quatrième concile de Tolède, qui décréta, d'accord avec le roi Sisenand, que les hérétiques judaïsans seraient mis à la disposition des évêques, pour être par eux châtiés et contraints d'abandonner le judaïsme. Les peines portées contre ceux qui, du christianisme étaient retournés à l'idolâtrie, furent proportionnées à la qualité du délinquant : on l'excommuniait et on l'exilait s'il était de race noble; il était fouetté, rasé et dépouillé de ses biens, s'il était d'une condition vile. Il y avait bien loin encore de ces peines à celles plus ou moins barbares infligées ensuite par l'Inquisition.

Pendant cette seconde époque, les ecclésiastiques obtinrent des empereurs et des rois un grand nombre de priviléges.

Bientôt après parurent les fausses Décrétales, consacrées par l'ignorance presque universelle qui avait suivi l'irruption des barbares. Ces Décrétales acquirent aux pontifes de Rome un tel ascendant sur les peuples chrétiens, qu'on ne douta plus que l'autorité du pape ne dût être sans bornes, et qu'elle ne dût s'étendre jusqu'au temporel. En effet, dès que les Romains eurent chassé leur dernier duc Basile, le pape Grégoire II s'empara du gouvernement civil de Rome, et son successeur, Grégoire III, se comporta comme souverain temporel dans les traités qu'il fit avec les rois lombards. De ce moment, les pontifes disposèrent des couronnes des rois, et s'arrogèrent sans contestation le droit de délier les sujets du serment de fidélité. L'influence des papes devint telle, que les rois chrétiens se trouvèrent dans la nécessité de faire tout ce qui pouvait leur être agréable. On verra plus tard combien cette condescendance fut favorable à l'établissement de l'Inquisition. Jusqu'alors les pontifes n'avaient pas encore pensé à établir des hommes chargés de s'assurer si les chrétiens étaient orthodoxes, et l'on continua à suivre l'ancienne discipline de l'Église à l'égard des hérétiques, en s'efforçant de les convertir.

Mais dans la troisième époque, ce système de modération et de douceur changea insensiblement, et dès l'instant où l'empereur Michel fut monté sur le trône, il renouvela toutes les lois qui condamnaient à la peine de mort les hérétiques manichéens. L'abbé Théophane, que sa piété et sa doctrine avaient rendu célèbre, n'hésita plus de dire qu'il était conforme à l'esprit de l'Évangile de brûler les hérétiques; tant était aveugle le fanatisme religieux de ces époques!

Quelque temps après, Gothescale, religieux de l'ordre de Saint-Benoît, publia une doctrine erronée sur la prédestination. Un concile, composé de treize évêques et de quelques abbés, s'assembla sur-le-champ, et le condamna à être emprisonné et à recevoir publiquement cent coups de fouet.

Au commencement du onzième siècle, on découvrit à Orléans

et dans quelques autres villes de France des hérétiques qui semblaient professer la doctrine des Manichéens. Il n'en fallut pas davantage pour faire assembler un autre concile, qui les condamna à être brûlés. Ils furent livrés au bras séculier, et subirent le supplice qui leur avait été infligé par les évêques. Ce furent là les premiers bûchers allumés par l'Église catholique.

En même temps la cour de Rome faisait regarder comme un

acte méritoire de poursuivre les hérétiques, et les indulgences apostoliques étaient accordées en récompense de cette espèce de dévouement à la cause de la religion. Ces exemples, ainsi que plusieurs autres qu'il serait trop long de citer, font voir combien l'on s'était déjà éloigné de la doctrine pratiquée durant les deux premières époques de l'Église chrétienne. De rigueur en rigueur, on prépara les États des rois chrétiens à recevoir l'Inquisition destinée à poursuivre les hérétiques et les apostats.

Telle était la situation des esprits au commencement de la quatrième époque, lorsque le fameux Hildebrand occupa le trône pontifical sous le nom de Grégoire VII. L'autorité que ce pape parvint à exercer sur les princes de la chrétienté, quoique formellement contraire à l'esprit de l'Évangile, surpassa tout ce qu'on avait vu sous ses prédécesseurs. L'empereur Henri III, qui lui avait été dénoncé comme hérétique par les Saxons révoltés, n'ayant pas comparu, Grégoire VII l'excommunia, délia ses sujets du serment de fidélité, et leur fit choisir un autre souverain. Les ténèbres de l'ignorance étaient si épaisses dans ces temps malheureux, que ni les rois, ni les évêques ne furent en état de s'entendre pour empêcher l'abus que ce pape et ses successeurs firent de l'excommunication pendant tout le douzième siècle.

Il est sans doute nécessaire de faire remarquer ici que, depuis la division des deux empires jusqu'au onzième siècle, l'Église d'occident avait presque toujours joui d'une paix profonde, et que, si cette paix fut troublée quelquefois, ni les hérésies, ni les hérétiques n'y avaient pris aucune part active. Mais dès que l'union qui existait entre les papes et les empereurs fut rompue, il s'éleva entre eux de violents démêlés qui déchirèrent l'occident. Les papes et leurs nombreux partisans voulaient porter l'autorité de l'Église au-delà de toutes les bornes. De leur côté, les empereurs travaillaient sans relâche à rabaisser cette autorité, et à la contenir dans de plus justes limites. Cette lutte donna naissance aux hérésies des *Arnaudistes*, des *Vaudois*, des *Albigeois*, etc., hérésies beaucoup plus redoutables pour la puissance des papes; car toutes celles dont j'ai parlé ne s'attachaient qu'à combattre les mystères de la foi, tandis que les hérétiques du douzième siècle attaquaient, par les lieux les plus sensibles, la discipline, et particulièrement le point de l'autorité de l'Église.

« Vers la fin du douzième siècle, vivait, sans bruit, entre la Garonne et la rive droite du Rhône, une population d'hommes simples, graves et courageux, que l'histoire a plus tard désignés sous le nom d'*Albigeois*. La pureté de leurs mœurs, l'extrême douceur de leur caractère, les avaient distingués du reste des peuples du Midi.... Rien n'était noble et digne comme l'intérieur de ces familles, dit Lavallée, à qui nous empruntons ces détails sur les Albigeois. Ils professaient sévèrement les principes de la morale éternelle.... Quand le soleil avait disparu de l'horizon, chaque membre de ces familles patriarchales allait silencieusement s'asseoir au foyer, et là, attentifs et recueillis, ils écoutaient pieusement la lecture de l'Ancien Testament, qui se faisait à haute voix. Quelquefois ils se rendaient au château de Faujaux ou à celui de Lombers, et, les portes ouvertes, ils écoutaient, du haut d'une tribune, Guillabert de Castres ou d'autres orateurs dogmatisants. Ceux-ci racontaient à la foule émue la corruption du clergé de Rome, ses honteuses habitudes de débauches, ses richesses scandaleuses. Ils disaient que les plus simples religieux ne marchaient qu'escortés d'un nombreux domestique, que le cortège des abbés était égal à celui des rois, que nul serf n'échappait à leur tyrannie, nulle femme à leur luxure. Après cet exorde violent, Guillabert de Castres expliquait le dogme chrétien; il expliquait la religion simple du Christ, la morale de l'évangile dans sa pureté primitive; et opposant les mœurs des prêtres catholiques aux préceptes du divin maître, il proclamait hautement et audacieusement la nécessité d'une réforme religieuse..... »

L'Église romaine se trouvait donc fortement menacée par ces prédications des réformistes; et l'on comprend l'intérêt que les pontifes et le clergé catholique avaient à extirper ce qu'ils appelaient les hérésies des Albigeois. Aussi n'épargnèrent-ils rien pour atteindre leur but. Non contents de faire faire les plus grandes recherches, ils osèrent défendre aux souverains, qui n'étaient plus que leurs vassaux, de souffrir des hérétiques dans leurs États, et leur ordonnèrent de les chasser.

Ainsi tout semblait préparer l'établissement de l'Inquisition, et les idées mises en crédit à l'époque des croisades achevèrent d'aplanir les légers obstacles que les papes pouvaient rencontrer encore de la part des princes et des évêques. Déjà les peuples avaient été imbus de la maxime absurde que non-seulement il était permis de faire la guerre à tous ceux dont la croyance différait de celle enseignée par l'Église, mais encore que cette guerre était méritoire.

Non contents de faire prêcher les croisades contre les Mahométans, les pontifes romains excitaient les peuples à prendre les armes pour détruire les hérétiques des États chrétiens, qu'ils avaient préalablement excommuniés. Alexandre III fit plus encore : il envoya en France son légat, l'abbé de Clairvaux, pour poursuivre la guerre contre ces mêmes hérétiques, et l'on vit ce prélat, armé du glaive exterminateur, combattre à la tête des troupes fanatiques, et mettre à feu et à sang plusieurs provinces françaises.

Cette croisade fut loin d'avoir tout le succès que le Saint-Siége s'en était promis ; quelques avantages apparents que le légat eût obtenus, il arriva alors ce que l'on voit toujours lorsqu'un parti quelconque est persécuté : au lieu d'avoir été anéanti par les mesures de rigueur employées contre lui, il n'en devint que plus formidable. Le pape Luce II, justement alarmé de la consistance que prenaient les *Albigeois*, les *Vaudois*, les *Pauvres de Lyon*, et en général tous les hérétiques de la Gaule narbonnaise, assembla à Vérone, en 1184, un grand concile, auquel l'empereur Frédéric Ier voulut assister.

Ce concile prit les mesures les plus sévères contre les hérétiques : il décréta que les comtes, barons et autres seigneurs jureraient de prêter main-forte à l'Église, pour découvrir les hérétiques et les punir, sous peine d'être excommuniés et de perdre leurs terres et leurs droits ; que les habitants promettraient aussi par serment de dénoncer à l'évêque ou à ses délégués, toutes les personnes soupçonnées de vivre dans l'hérésie, ou qui formeraient des assemblées secrètes ; que les évêques visiteraient eux-mêmes, deux fois par an, toutes les villes et villages de leurs diocèses, afin d'y découvrir les hérétiques ; qu'on livrerait à la justice séculière tous ceux qui seraient déclarés hérétiques par les évêques, et qui ne confesseraient pas leur crime ; et, enfin, que les fauteurs d'hérésies seraient déclarés infâmes pour toujours, et dépouillés de leurs emplois. Par suite de ces résolutions, et d'après les conseils du légat du Saint-Siége en Espagne, le roi d'Aragon, Alphonse II, ordonna que les *Vaudois*, les *Pauvres de Lyon* et les autres hérétiques de toutes les sectes sans distinction, seraient chassés de ses domaines, et défendit à ses sujets de leur donner asile, sous peine d'être punis comme coupables de lèse-majesté et dépouillés de leurs biens. Ces dispositions furent renouvelées trois ans après par son fils Pierre II, qui permit en outre d'exercer sur les personnes des hérétiques réfractaires toutes sortes de mauvais traitements, excepté la mort et la mutilation.

La discipline canonique, décrétée par le concile de Vérone en 1184, a fait croire à quelques historiens que l'établissement de l'Inquisition datait de cette époque. L'idée principale de ce canon fut, sans contredit, la base et la règle de cette institution. Cependant, si l'on considère que les évêques restaient encore chargés par ce concile du maintien de la foi, on se convaincra que ces écrivains se sont trompés. Le concile de Vérone avait bien réglé ce qu'il jugeait nécessaire à la poursuite des hérétiques; mais il restait encore à établir un corps ecclésiastique, distinct de celui des évêques, chargé de découvrir et de poursuivre les hérétiques, sous la dépendance immédiate des papes, et dont l'organisation fût telle, que les rois et les autres souverains seraient obligés de lui obéir, sous peine d'être excommuniés et dépouillés de leurs États. Cette néfaste organisation n'eut lieu qu'au commencement du treizième siècle.

CHAPITRE II.

Établissement de l'inquisition générale.

L'avénement d'Innocent III au pontificat, qui eut lieu en 1198, forme une époque mémorable pour l'histoire de l'Inquisition. Ce pontife était non-seulement capable de soutenir le nouveau système adopté par l'Église, mais aussi de l'étendre et de persévérer jusqu'à ce que les innovations que ses prédécesseurs avaient essayé d'introduire prissent une forme stable. Voyant l'hérésie des Albigeois triompher des bulles apostoliques, et n'étant pas satisfait de la manière dont les évêques exécutaient les mesures arrêtées par le concile de Vérone, il prit la détermination d'envoyer sur les lieux des commissaires chargés de réparer le mal que les évêques n'avaient pas empêché; et s'il n'osa pas d'abord priver ces derniers de la connaissance des affaires relatives aux hérésies, il trouva les moyens de rendre presque nulle l'autorité épiscopale. La crainte que les principes qu'il voulait établir ne rencontrassent une trop forte opposition, fut cause qu'Innocent III ne donna à l'Inquisition, qu'il établissait de fait, ni la forme, ni la stabilité d'un corps permanent et perpétuel : il se contenta d'organiser une commission particulière, bien persuadé que le temps achèverait et consoliderait son ouvrage.

C'est dans ce but qu'en 1203, ce pontife chargea Pierre de Castelnau et Raoul, tous deux moines de Citeaux, dans la Gaule narbonnaise, de prêcher contre les hérésies des Albigeois; ce qu'ils firent avec quelque succès. Le moment parut favorable au pape pour introduire dans l'Église catholique des inquisiteurs dépendants des évêques, et qui auraient le droit de poursuivre les hérétiques. En conséquence, il nomma pour légats apostoliques l'abbé de Citeaux et les moines Pierre et Raoul, les autorisa à prendre toutes les mesures nécessaires pour que les hérétiques fussent ramenés à la foi catholique, et à livrer à l'autorité séculière, après les avoir excommuniés, tous ceux qui refuseraient de se soumettre. Cette peine devait être suivie de la saisie de leurs biens et de la proscription de leurs personnes.

On doit remarquer qu'il n'y eût point encore de tribunal permanent; l'Église catholique, procédant toujours par empiétements successifs, ne créa d'abord que des sortes d'assises pour informer contre ceux qu'on considérait comme hérétiques et pour les faire condamner par les moines.

En même temps que le pape confiait des pouvoirs aussi étendus à l'abbé et aux deux autres moines de Citeaux, il écrivait à Philippe II, roi de France, et à son fils aîné, Louis, aux comtes, vicomtes et barons de ce royaume, pour les engager à poursuivre les hérétiques et à s'emparer des biens de tous ceux qui seraient convaincus de favoriser l'hérésie. En récompense de leur zèle, le pape leur promettait des indulgences plénières semblables à celles qu'obtenaient les chrétiens qui se rendaient dans la Terre-Sainte pour combattre les infidèles.

Philippe II reçut cette invitation avec assez de froideur, et ne prit aucune part dans cette affaire. D'un autre côté, les comtes de Toulouse, de Foix, de Béziers, de Carcassonne et de Comminges, voyant que les Albigeois s'étaient prodigieusement multipliés, refusèrent de chasser des sujets tranquiles et soumis, dont la proscription aurait affaibli la population de leurs États et tari les sources de leur prospérité. Mais ce qui paralysa encore davantage les efforts des délégués du pape, ce furent les difficultés que leur suscitèrent les évêques, à qui cette mission ne pouvait manquer de déplaire infiniment; ils la considéraient avec raison comme un empiétement sur leurs fonctions.

Mais les moines délégués n'étaient pas gens à se décourager; s'adjoignant bientôt douze autres moines de leur ordre, ainsi que deux Espagnols zélés, qui devinrent ensuite fameux, l'un sous le nom de Diégo Acèbes, évêque d'Osma, et l'autre sous celui de saint Dominique de Gusman, ils continuèrent à poursuivre les hérétiques, tantôt par des prédications chaleureuses, tantôt en excitant les fanatiques qui les écoutaient, à exterminer ces populations inoffensives, seulement coupables d'examen et de comparaisons.

Cependant les seigneurs de la Provence et de la Gaule narbonnaise n'exécutaient qu'avec lenteur et partiellement les ordres du Saint-Siége, et le plus puissant d'entre eux, Raimond VI, comte de Toulouse, semblait les éluder constamment. Le légat, Pierre de Castelnau, le menaçait sans cesse de l'excommunication; mais il n'eut pas le temps de mettre ses menaces à exécution; il fut lui-même assassiné par les Albigeois. Cette circonstance fournit au pape le prétexte d'organiser une seconde croisade contre les hérétiques, et particulièrement contre le comte de Toulouse.

C'est durant cette seconde guerre que l'on vit commencer l'Inquisition, à laquelle le pape avait longtemps préludé par ses *missionnaires*. Ces mêmes *missionnaires*, auxquels s'étaient adjoints le moine Dominique de Gusman et quelques autres prêtres, reçurent alors du légat Arnault, non-seulement l'autorisation de prêcher la croisade contre les hérétiques, mais encore celle de noter ceux qui se refuseraient à les exterminer; de s'informer qu'elle était leur croyance; de réconcilier les hérétiques qui se convertiraient, et de faire mettre les obstinés à la disposition de Simon, comte de Montfort, qui commandait les croisés.

On peut donc assurer que c'est en France, en l'an de grâce 1208, durant le règne de Philippe II et sous le pontificat d'Innocent III, que l'Inquisition fut établie. Nous verrons bientôt cette institution anti-chrétienne franchir les Alpes et les Pyrénées, exercer partout une autorité sans bornes, et faire trembler les peuples et les rois. C'est ainsi qu'un premier pas fait dans la carrière des abus a toujours les suites les plus funestes lorsqu'il n'est pas réprimé. Si le vainqueur de Bouvines, qui avait eu le bon sens de ne pas se prêter d'abord aux vues du pape, en éludant de favoriser la commission créée pour poursuivre les hérétiques, eût fait chasser ces fanatiques missionnaires qui portaient le feu de la guerre civile dans ses États, jamais peut-être les pontifes n'eussent osé priver les évêques de la connaissance des crimes imputés aux hérétiques, et l'Inquisition, déléguée ou permanente, n'aurait jamais pu exercer ses terribles fonctions.

Il est difficile d'indiquer le nombre des malheureux Albigeois qui, à cette époque, périrent au milieu des flammes. Mais on n'en doit pas moins être vivement ému de compassion en pensant que des milliers de personnes furent condamnées à mourir dans les tourments les plus cruels, pour le triomphe d'une religion à laquelle son divin fondateur a imprimé le caractère de la douceur et de la miséricorde.

Tandis que la guerre et les missions contre les Albigeois se poursuivaient avec le plus grand acharnement, Innocent III célébra, en 1215, un autre concile général, qui fut appelé le quatrième de Latran. Ce pape y fit décréter contre les hérétiques, de nouvelles mesures beaucoup plus étendues et bien plus sévères que celles du concile de Vérone. Les inquisiteurs délégués y furent autorisés à agir de concert avec les évêques, ou même sans eux, ainsi que cela avait déjà eu lieu. Mais la mort vint frapper Innocent III avant qu'il eût achevé de donner à l'Inquisition déléguée, qui était distincte de celle des évêques, cette forme stable et permanente qu'elle prit sous les papes subséquents.

Quelques mois avant la mort d'Innocent, le moine de Gusman, que son zèle à poursuivre les hérétiques avait fait aimer de ce pontife, s'était rendu auprès de lui pour obtenir l'autorisation de fonder un Ordre destiné à prêcher contre les hérésies. Le pape reçut cette proposition avec joie, et bientôt après ce même Dominique de Gusman organisa son institut, auquel il imposa la règle de saint Augustin.

Ce fut aussi le moine Dominique qui créa cette *Milice du Christ* dont les successeurs devinrent ensuite si redoutables sous le nom de *familiers* de l'Inquisition.

Innocent III, qui d'ailleurs n'était pas satisfait du zèle des évêques et de leurs officiaux, crut trouver dans les nouveaux religieux dominicains toutes les qualités nécessaires pour bien seconder ses vues. Il fallait que les ecclésiastiques auxquels il voulait confier la charge d'inquisiteurs de la foi fussent dans une entière dépendance de la cour de Rome et totalement dévoués à ses intérêts. Les dominicains avaient pour elle un attachement sans bornes. Il fallait des gens qui n'eussent point d'autres emplois et dont tous les soins fussent dirigés vers un seul et même but. La solitude et la retraite dans lesquelles les dominicains devaient vivre, et dont ils commençaient à s'ennuyer, leur donnaient tout le temps nécessaire pour s'appliquer sans relâche à la poursuite des hérétiques. Il fallait que les inquisiteurs fussent d'une condition peu considérable aux yeux du monde, afin qu'ils s'honorassent d'un emploi que beaucoup d'autres ecclésiastiques n'auraient peut-être pas voulu accepter. La pauvreté de leurs habits et de leurs monastères, et surtout la mendicité et l'humilité dont ils avaient fait vœu, devaient leur faire regarder la charge d'inquisiteurs comme une chose qui flattait agréablement ce qui pouvait leur rester d'ambition naturelle. Il les fallait sans parenté, sans alliances et sans liaisons, afin qu'ils n'eussent ni égards, ni considérations pour qui que ce fût. La renonciation qu'ils faisaient jusque de leurs noms de famille était une grande disposition à n'être touché d'aucun de ces sentiments qu'inspirent et qu'entretiennent les liaisons de la nature et de l'amitié. Il les fallait durs, inflexibles, sans pitié, parce qu'on voulait établir un tribunal des plus rigoureux dont on eût jamais ouï parler. L'austérité de leur règle et la sévérité avec laquelle ils se traitaient eux-mêmes, ne pouvaient leur inspirer pour le prochain plus de compassion qu'ils n'en avaient pour leur propre personne. Il les fallait zélés pour la religion : les dominicains l'étaient comme on l'est ordinairement dans les ordres nouvellement établis. Il les fallait bornés ou peu habiles : ces moines, en général, ne connaissaient que la scholastique et le nouveau Droit canon. Il les fallait enfin intéressés à la ruine des hérétiques par quelques motifs particuliers : les dominicains avaient un puissant intérêt à leur destruction, car les hérétiques ne cessaient de déclamer contre eux, et n'épargnaient rien pour les décréditer dans l'esprit des peuples.

Le pape ayant donc trouvé dans ces religieux toutes les conditions nécessaires pour en faire des inquisiteurs, leur confia cette charge sans difficulté. On verra bientôt comment ils surpassèrent son attente.

Honorius III, successeur d'Innocent, fut si satisfait de la conduite du moine Dominique et de ses compagnons, qu'il autorisa la propagation de cet Ordre dans tous les États de la chrétienté, et en peu de temps les dominicains s'établirent en Espagne et en Italie. Rien dans l'histoire n'indique que l'Inquisition se soit introduite en Espagne en même temps que les moines dits Dominicains, comme l'ont supposé quelques auteurs; il paraît, au contraire, qu'elle ne s'y est établie que vers l'année 1232, ainsi que nous le verrons bientôt; mais ce qui est certain, c'est que, dès l'an 1221, des symptômes d'hérésie s'étant manifestés jusque dans la capitale des États de l'Église, Honorius fut obligé de décréter une constitution contre les hérétiques de l'Italie, et de lui faire donner force de loi civile par l'empereur Frédéric II. Trois ans après, l'Inquisition existait déjà dans toute l'Italie, à l'exception de la république de Venise, du royaume de Naples et de la Sicile.

Comme il n'entre pas dans le plan de mon ouvrage d'écrire l'histoire de l'inquisition d'Italie, je n'en parlerai que pour citer la loi portée contre les hérétiques, en 1224, par ce même empereur Frédéric II, qui avait été l'élève d'Innocent III, et qui se déclara le protecteur des inquisiteurs. Cette loi contenait entre autres dispositions sévères :

1° Que les hérétiques condamnés comme tels par l'Église, et livrés à la justice séculière, seraient punis d'une manière proportionnée à leur crime ;

2° Que si la crainte du supplice en ramenait quelqu'un à l'unité de la foi, il serait soumis à une pénitence canonique, et enfermé dans une prison à perpétuité.

3° Que s'il se trouvait des hérétiques dans quelque partie de l'empire, les inquisiteurs ou les catholiques zélés pourraient requérir les juges de les faire arrêter et de les retenir prisonniers, jusqu'à ce qu'après avoir été excommuniés, ils fussent jugés et punis de mort ;

4° Que ceux qui les auraient soutenus ou protégés subiraient la même peine ;

5° Que celui qui, ayant fait abjuration à l'article de la mort, serait retombé dans l'hérésie après avoir recouvré la santé, subirait également la peine capitale ;

6° Que le crime de lèse-majesté divine étant plus grand que celui de lèse-majesté humaine, et Dieu punissant les crimes des pères sur les enfants, pour leur apprendre à ne pas les imiter, ceux des hérétiques, jusqu'à la seconde génération, seraient déclarés incapables de remplir des emplois publics, et de jouir d'aucun honneur, *excepté les enfants qui dénonceraient leur père*.

Ainsi que je l'ai déjà dit, toute l'histoire de l'Inquisition se trouve dans ses codes. En effet, il suffit de méditer quelques instants la loi portée par le pape Frédéric II pour savoir ce qu'était déjà et ce que pouvait devenir par la suite une institution qui plaçait de pareilles lois entre les mains de moines aussi ignorants que fanatiques.

Quoique l'Inquisition prit déjà, partout où elle s'était établie, l'attitude la plus menaçante, elle n'avait pas encore acquis la forme d'un tribunal permanent, qui était le but principal que les papes s'étaient proposé en créant cette institution, lorsque Grégoire IX parvint au trône pontifical. Ce pape s'occupa avec tant de soin des intérêts de l'Inquisition, qu'il réussit enfin à l'ériger en tribunal. Comme il avait été l'ardent protecteur de Dominique de Gusman et l'ami intime de François d'Assises, tous les deux placés, après leur mort, au nombre des saints, Grégoire conserva aux moines dominicains les fonctions d'inquisiteurs; mais il leur adjoignit les franciscains, et les envoya dans les provinces où il n'y avait pas de religieux de l'Ordre de Saint-Dominique, en les associant à leurs travaux dans plusieurs de celles où ces derniers étaient établis.

Pendant que les inquisiteurs poursuivaient les hérésies en France et en Italie, les légats des papes assemblaient successivement des conciles à Toulouse, à Melun et à Béziers, dans lesquels on renouvelait contre les hérétiques les mesures précédemment décrétées à Vérone et au quatrième concile de Latran, en y ajoutant sans cesse d'autres moyens de rigueur que l'Église mettait à la disposition des inquisiteurs. Ces nouvelles mesures portaient en substance :

« Que tous les habitants, depuis l'âge de quatorze ans pour les hommes, et celui de douze pour les femmes, promettraient avec serment de poursuivre les hérétiques; et que, s'ils s'y refusaient, ils seraient traités eux-mêmes comme suspects d'hérésie;

« Que ceux qui ne se présenteraient pas régulièrement trois fois par an au tribunal de la pénitence, seraient également traités comme suspects d'hérésie;

« Que toute ville où il serait trouvé des hérétiques payerait un marc d'argent pour chacun à celui qui les aurait dénoncés et fait arrêter;

« Que toutes les maisons qui auraient servi d'asile aux hérétiques seraient rasées;

« Que toutes les propriétés des hérétiques et de leurs complices seraient saisies, sans que leurs enfants pussent avoir le droit d'en réclamer la moindre partie;

« Que les hérétiques convertis volontairement ne pourraient continuer d'habiter le même pays;

« Qu'ils seraient tenus de porter sur leurs habits deux croix jaunes, une sur la poitrine et l'autre sur le dos, afin qu'on pût toujours les distinguer des autres catholiques;

« Et enfin, qu'aucun laïc ne pourrait lire l'Écriture Sainte en langue vulgaire. »

Non content d'avoir fait décréter toutes ces mesures rigoureuses par les conciles, Grégoire IX lança, en 1231, une bulle fulminante contre les hérétiques, par laquelle il les excommuniait tous, et ordonnait qu'ils fussent livrés au bras séculier pour recevoir le châtiment dû à leur crime.

Toutes ces dispositions, exécutées sous la protection spéciale que saint Louis et l'empereur Frédéric II accordaient aux moines inquisiteurs, donnèrent à l'Inquisition une forme et un caractère qui surpassaient les espérances des papes, et étendaient immensément, par le fait même, leur puissance temporelle, objet constant de toutes leurs pensées.

À cette époque, la France et l'Italie étaient courbées sous le joug affreux de l'Inquisition, et le roi de Naples venait de la recevoir dans ses États. Il ne restait plus au pape Grégoire IX qu'à l'imposer aux Espagnes. Le moment était favorable : il en profita. L'ignorance et le fanatisme appelaient l'Inquisition au-delà des Pyrénées : elle les franchit avec ses codes barbares, et s'établit dans ces belles provinces, qui devinrent bientôt le principal théâtre de ses sanglantes exécutions.

DEUXIÈME PARTIE.

De l'inquisition ancienne d'Espagne.

CHAPITRE PREMIER.

Établissement du Saint-Office en Espagne.

À l'époque où Grégoire IX fulmina sa bulle d'excommunication contre tous les hérétiques, c'est-à-dire en 1231, l'Espagne était divisée en quatre États chrétiens : celui de *Castille*, auquel ne tardèrent pas d'être réunis les royaumes mahométans de Séville, de Cordoue et de Jaën; celui d'*Aragon*, dont le souverain se rendit bientôt maître des royaumes de Valence et de Mayorque; celui de *Navarre* et celui de *Portugal*. Des couvents de dominicains existaient depuis plusieurs années dans ces quatre royaumes catholiques, ce qui pourrait faire supposer que l'Inquisition s'y exerçait déjà; mais aucun document authentique ne prouve son existence dans les Espagnes, antérieurement à l'année 1232. Alors seulement le pape adressa un bref à l'archevêque de Tarragone, dans lequel, après lui avoir annoncé qu'il est parvenu à sa connaissance que l'hérésie avait déjà pénétré dans plusieurs diocèses espagnols, il exhortait cet archevêque et les évêques ses suffragants à s'opposer au progrès de l'erreur, en recherchant et en faisant rechercher les hérétiques et leurs partisans, conformément aux dispositions de sa bulle de 1231.

L'archevêque de Tarragone communiqua le bref du pape au provincial des dominicains, Rodriguez de Villadarès, dont les fonctions s'étendaient sur les quatre royaumes chrétiens de la Péninsule, et il le chargea de désigner les religieux de son ordre qu'il jugerait les plus propres à remplir les fonctions d'inquisiteurs.

Cette bulle fut également envoyée à l'évêque de Lérida, qui l'exécuta aussitôt dans son diocèse, où la première Inquisition espagnole fut établie. L'évêque d'Urgel ne tarda pas à imiter cet exemple. Mais il en coûta la vie au moine Pierre de Planedis, inquisiteur dominicain. Insensiblement, toute la Catalogne et tout l'Aragon se trouvèrent sous le joug de l'Inquisition.

C'est ici le lieu de faire remarquer que, malgré l'ignorance et la superstition des peuples du treizième siècle, ce ne fut pas sans éprouver une sanglante résistance de la part de ces mêmes peuples, que l'Inquisition s'établit chez eux. La haine qu'inspirait partout le métier d'inquisiteur fut cause qu'un grand nombre de moines dominicains, et même quelques cordeliers, périrent de mort violente. Nous avons déjà vu l'abbé de Cîteaux succomber sous les coups des Albigeois; nous trouvons ici que les premières rigueurs de l'Inquisition en Espagne furent promptement suivies de l'assassinat du dominicain Pierre de Planedis; nous verrons, par la suite, les Espagnols, exaspérés, lapider les inquisiteurs et les poignarder jusqu'au pied des autels.

A peine l'Inquisition était-elle fixée en Catalogne, que l'archevêque de Tarragone tint un concile provincial dans lequel on détermina la manière de procéder contre les hérétiques, et les pénitences canoniques que les réconciliés auraient à subir. Les impénitents devaient être livrés à la justice séculière pour être punis du dernier supplice, et les réconciliés devaient, pendant dix ans, se tenir tous les dimanches de carême à la porte de l'église avec le costume de pénitent, sur lequel étaient attachées deux croix d'une couleur différente de celle de l'habit.

Le pape Innocent IV, jaloux de favoriser l'Inquisition autant que l'avaient fait ses prédécesseurs, étendit les droits des inquisiteurs et leur permit de priver des honneurs, emplois et dignités, non-seulement les hérétiques, mais encore leurs fauteurs, leurs complices et ceux qui les recéleraient.

Encouragés par ce pape, protégés et secondés par le roi d'Aragon et par le roi de France Louis IX, les inquisiteurs se livrèrent aux recherches les plus minutieuses, non-seulement contre les fauteurs d'hérésie vivants, mais encore contre ceux dont les cendres reposaient en paix depuis longues années. Les tombeaux furent violés; les os d'Arnaud, comte de Forcalquier et d'Urgel, et ceux de plusieurs autres seigneurs furent exhumés pour être livrés aux bûchers!

Cette conduite de l'Inquisition, qui faisait rejaillir l'infamie sur des familles puissantes, fut encore la cause de l'assassinat commis à cette époque sur l'inquisiteur Pierre de Cadirete; ce dominicain périt comme saint Étienne : il fut lapidé par le peuple. Mais nonobstant le grand nombre d'inquisiteurs immolés dans l'exercice de leurs fonctions, cet emploi était vivement ambitionné, parce que les dangers se trouvaient amplement compensés, pour des moines ambitieux, par l'autorité très-étendue dont ils jouissaient, par la considération et les priviléges attachés à leur commission, et par les égards que ne manquaient jamais d'avoir pour les inquisiteurs les magistrats, les évêques et les princes eux-mêmes. On conçoit aisément combien la prérogative de désigner ces mêmes inquisiteurs devait être une chose importante.

Depuis l'établissement de l'Inquisition ancienne en Espagne, jusqu'au commencement du quatorzième siècle, il n'y avait eu dans toute la Péninsule qu'un seul provincial de dominicains ayant le droit de nommer les moines qui devaient remplir les fonctions d'inquisiteurs; mais les couvents de cet ordre s'étant beaucoup multipliés, le chapitre général décréta, l'an 1301, qu'il y aurait deux provinces, dont la première, appelée province d'*Espagne*, comprendrait la Castille et le Portugal, et la seconde, sous le nom de province d'*Aragon*, serait composée du royaume de Valence, de la Catalogne, du Roussillon, de la Cerdagne et des îles Baléares. Malgré cette disposition, le provincial d'*Espagne* ne voulut pas d'abord partager avec celui d'*Aragon* la prérogative de désigner les inquisiteurs; il dut pourtant céder bientôt après, et il y eut dès lors dans la Péninsule deux provinciaux inquisiteurs-généraux qui envoyaient des inquisiteurs particuliers partout où il les jugeaient nécessaires, et qui faisaient célébrer tous les ans un grand nombre d'*auto-da-fé*. Ces inquisiteurs attachaient leur honneur et leur gloire à multiplier ces *auto-da-fé*, considérés comme la preuve irréfragable de leur zèle pour cette religion, qu'ils appelaient *sainte*.

Bientôt après, c'est-à-dire en 1308, le pape Clément V écrivit aux rois d'Aragon, de Castille et de Portugal, et aux inquisiteurs de ces royaumes, de faire arrêter, comme suspects d'hérésie, les chevaliers du Temple, qui n'avaient pas encore été poursuivis. L'Inquisition commença d'abord par s'emparer de leurs biens, conformément aux ordres du pape, et travailla ensuite à réunir tous les templiers dans différents couvents, pour examiner leur foi et leur conduite. Quelques-uns furent réconciliés, et d'autres condamnés à des peines dont la moindre était l'exil.

Depuis l'année 1314, dans laquelle on découvrit de nouveaux hérétiques en Aragon, jusqu'à l'an 1356, époque où le dominicain Nicolas Eymerick fut placé à la tête de l'Inquisition de ce royaume, l'histoire nous apprend que les inquisiteurs généraux d'*Aragon*, ainsi que les inquisiteurs particuliers des provinces de Catalogne, de Valence, de Mayorque, du Roussillon et de la Cerdagne, ne cessèrent de poursuivre les hérétiques et ceux que l'on suspectait d'hérésie, et de célébrer des *auto-da-fé*. Parmi les malheureux qui furent livrés aux flammes, en présence du roi Jacques et de ses deux enfants, on trouve les dogmatiseurs Pierre Durand et Bonato, qui, après avoir été réconciliés retombèrent, dit-on, dans l'hérésie. C'est aussi dans cette période que l'inquisiteur d'*Aragon*, Roselli, découvrit à Valence quelques-uns de ces hérétiques qui furent ensuite connus et poursuivis sous le nom de *Bégards*. Jacques Juste, qu'ils avaient alors à leur tête, fut condamné à une prison perpétuelle : ses sectateurs furent réconciliés; mais on exhuma, pour être livrés aux flammes, les ossements de trois *Bégards* morts impénitents. Ce même inquisiteur, Roselli, fit célébrer aussi un grand nombre d'*auto-da-fé* en Catalogne, et ne cessa d'alimenter les bûchers de l'Inquisition que lorsqu'il fut élevé par le pape Innocent VI à la dignité de cardinal, en récompense de son zèle.

Nocolas Eymerick, qui lui succéda, commença par faire arrêter un grand nombre de Catalans et d'Aragonais suspects d'hérésie, et les fit presque tous condamner à des pénitences les plus humiliantes. L'année suivante, il fit brûler vif un prêtre calabrois qui, après avoir été admis à la réconciliation avec le *san-benito*, était retombé dans l'hérésie.

Pendant que l'inquisiteur-général d'Aragon, Eymerick, déployait tant de zèle pour l'Inquisition et rédigeait le *Guide des inquisiteurs*, ses délégués, dans les provinces, imitaient sa sévérité, et ne cessaient de faire des *auto-da-fé*, parmi lesquels l'histoire fait une mention particulière de celui qui fut célébré à Valence en 1360; cet *auto-da-fé* se distingue des autres par la grande quantité de condamnés qui y figurèrent.

Eymerick exerça pendant toute sa vie l'emploi d'inquisiteur-général des royaumes de la couronne d'Aragon, et nomma les inquisiteurs des provinces. Mais aucun document ne prouve que le provincial de Castille, auquel on avait donné la qualité d'inquisiteur-général d'*Espagne*, ait usé des mêmes droits. Il est à présumer que l'hérésie n'ayant pas encore pénétré dans les États castillans, on n'avait pas jugé nécessaire d'avoir recours aux dominicains.

Le pape Grégoire XI étant mort en 1378, et les Romains ayant nommé Urbain IV pour son successeur, quelques cardinaux mécontents se réunirent hors de Rome, et élurent un autre pape, sous le nom de Clément VII. Ce fut alors que commença le grand schisme d'Occident, qui dura jusqu'à la renonciation à la papauté par Clément VIII, laquelle eut lieu en 1429. Cette scission influa sur l'état de l'Inquisition comme sur les autres points de la discipline ecclésiastique. L'institut des dominicains se divisa; ceux des moines qui habitaient le Portugal avaient un général qui reconnaissait Urbain, et les autres obéissaient à Clément. En conséquence, chacun des deux papes élus, ainsi que leurs successeurs respectifs, nommaient des inquisiteurs de leur choix; ce qui mit la discorde entre les inquisiteurs eux-mêmes. Mais malheureusement les peuples des Espagnes ne jouirent d'aucune trêve pendant ces débats, car chaque inquisiteur semblait redoubler de zèle et de sévérité. Les exécutions et les proscriptions devinrent tellement nombreuses, que l'Inquisition manquait de victimes vers le milieu du quinzième siècle, quoiqu'un léger soupçon fût toujours suffisant pour perdre un malheureux.

A cette même époque, de nouvelles Inquisitions provinciales furent établies par les papes dans les provinces des Algarves et de Valence, où il n'en existait pas encore. Les anciennes divisions inquisitoriales éprouvèrent également des changements de circonscription topographique, dans le but de faciliter les recherches des inquisiteurs. La Castille eut aussi ses inquisiteurs généraux nommés par le pape Boniface IX; mais comme ce royaume était alors soumis à Benoît XIII, désigné sous le nom de l'*anti-pape*, *Pierre de Luna*, ces inquisiteurs ne purent remplir leur terrible mission, et la Castille ne tomba réellement sous le joug du *Saint-Office* qu'à l'époque où Isabelle, femme de Ferdinand, roi d'Aragon, hérita du royaume castillan, qu'elle joignit aux États de son époux. Alors seulement, c'est-à-dire vers la fin du quinzième siècle, l'Inquisition fut introduite dans ce royaume, après avoir subi une transformation, au moyen de statuts et de règlements excessivement sévères.

C'est cette Inquisition, appelée moderne, qui a dominé en Espagne depuis 1481 jusqu'au moment où les Français l'abolirent pour la première fois; abolition qui eut lieu à la grande satisfaction de tous les Espagnols amis de la tolérance, de l'humanité et des lumières.

Comme il n'entrait pas dans le plan de cet ouvrage de donner à l'*Inquisition ancienne* des développements qui auraient pu entraver la narration, je me suis abstenu jusqu'ici de faire connaître en détail tous les délits qu'elle poursuivait; la manière de procéder de ses tribunaux; les peines et les pénitences qu'elle infligeait. Néanmoins je crois devoir les comprendre dans cette *seconde partie*, afin de fixer d'avance l'attention du lecteur et le familiariser avec tous les actes du *saint-office*. Quant aux supplices que les inquisiteurs faisaient éprouver à leurs victimes, tant dans le cours de la procédure qu'au moment de la célébration de l'*auto-da-fe*, je me réserve de les décrire lorsque je serai arrivé à l'époque où l'*Inquisition moderne*, ayant à sa tête le fameux inquisiteur-général Torquemada, raffina les tortures et surpassa en cruauté et en hypocrisie tout ce qu'on avait vu jusqu'alors.

CHAPITRE II.

Des crimes dont prenait connaissance l'Inquisition ancienne.

En établissant l'Inquisition, les papes ne s'étaient d'abord proposé que de faire rechercher et punir le prétendu crime d'hérésie ; mais, pour parvenir à la découverte des hérétiques, il fut recommandé aux inquisiteurs de poursuivre avec soin les chrétiens qui, par leurs actions ou leurs paroles, annonçaient de mauvais sentiments et des opinions erronées sur les dogmes de l'Eglise ; ce qui suffisait pour les rendre suspects d'hérésie, et pour motiver une enquête, qui donnait lieu presque toujours à des délations.

Quoique la connaissance des crimes qui n'avaient aucun rapport avec la croyance appartînt de droit aux juges ordinaires, il y avait néanmoins plusieurs espèces de délits dont les papes crurent qu'on ne pouvait se rendre coupable sans être imbu d'une mauvaise doctrine. En conséquence, il fut enjoint aux inquisiteurs de considérer comme suspects d'hérésie :

1° Ceux qui, par une espèce de blasphème, connus sous le nom d'*hérétique*, annonçaient des principes erronés sur la toute-puissance de Dieu, ou sur quelque autre attribut de la Divinité. Ces blasphèmes donnaient lieu au soupçon d'hérésie, alors même qu'ils étaient proférés dans l'emportement et dans l'ivresse, parce que les inquisiteurs pouvaient les regarder comme une preuve que les sentiments habituels de ces blasphémateurs étaient contraires à la foi ;

2° Ceux qui s'adonnaient au sortilège et à l'art de deviner, lorsque, parmi les moyens qu'ils employaient, ils se servaient d'eau bénite, d'hosties consacrées, d'huiles saintes ou d'autres choses qui prouvaient le mépris ou l'abus des sacrements, des mystères de la religion ou de ses cérémonies. Cette catégorie comprenait aussi ceux qui s'adressaient aux démons dans leurs pratiques superstitieuses pour parvenir à la connaissance des événements futurs. Ces sortes de crimes étant très-communs dans le moyen-âge, il était important pour la politique de la cour de Rome de les soumettre à sa juridiction;

3° Ceux qui invoquaient les démons pour en obtenir des faveurs. Ce crime était devenu commun en Catalogne dans le quatorzième siècle, et il paraît certain qu'un grand nombre de personnes, auxquelles on fit leur procès, rendaient à Satan, qu'ils honoraient comme une divinité ennemie de Dieu et revêtue d'une puissance au moins égale à la sienne, un culte de latrie avec toutes les cérémonies qu'emploient les catholiques. Il existait même alors un livre intitulé *la Clavicule de Salomon*, sur lequel on jurait lorsqu'on voulait s'engager à quelque chose par serment, comme les chrétiens jurent sur l'Évangile;

4° Ceux qui restaient plus d'un an excommuniés sans solliciter l'absolution, ni satisfaire à la pénitence qui leur avait été imposée; ce qui était considéré comme un grand mépris de la censure ecclésiastique;

5° Les schismatiques qui admettent tous les articles de la foi, mais qui nient le devoir d'obéissance à l'égard de l'évêque de Rome, comme chef visible de l'Église catholique et vicaire de Jésus-Christ sur la terre; et ceux qui, en pensant de même, refusent de croire à quelqu'un des articles définis, comme, par exemple, les Grecs, qui ne croient point que le Saint-Esprit procède du fils, mais seulement du père;

6° Les receleurs, fauteurs et adhérents des hérétiques, comme offensant l'Église catholique et fomentant les hérésies;

7° Ceux qui s'opposaient à l'Inquisition ou qui empêchaient les inquisiteurs d'exercer leur ministère, attendu que l'on ne pouvait être bon catholique si l'on mettait obstacle aux poursuites des inquisiteurs;

8° Tous les seigneurs qui, après avoir été sommés par les officiers de l'Inquisition de promettre, avec serment, de chasser les hérétiques de leurs domaines, refusaient de le faire;

9° Tous les gouverneurs des royaumes, des provinces et des villes qui ne prendraient pas la défense de l'Eglise contre les hérétiques lorsqu'ils en seraient requis par les inquisiteurs;

10° Ceux qui ne consentiraient pas à révoquer les statuts et réglements en vigueur dans les villes, lorsqu'ils seraient contraires aux mesures ordonnées par les inquisiteurs;

11° Les avocats, les notaires et les autres gens de loi qui favoriseraient les hérétiques, en les aidant de leurs conseils pour échapper aux mains des inquisiteurs, et en cachant des papiers propres à faire découvrir des hérésies;

12° Toutes les personnes qui auraient donné la sépulture ecclésiastique aux hérétiques reconnus pour tels d'après leur propre aveu, ou en vertu d'une sentence définitive;

13° Ceux qui, dans les procès pour cause de doctrine, refusaient de jurer sur quelque point, lorsqu'ils en étaient requis.

14° Les morts qui avaient été dénoncés comme hérétiques : leur mémoire devait être flétrie, leurs cadavres exhumés et brûlés, et leurs biens confisqués;

15° Les Juifs et les Maures, lorsque, par leurs écrits ou par leurs paroles, ils engageaient les catholiques à embrasser leur secte; ce qui les soumettait au Saint-Office;

16° Tous ceux enfin qui, n'étant pas compris dans les classes précédentes, avaient néanmoins mérité la même qualification, soit par leurs actions, soit par leurs discours ou leurs écrits.

Le même soupçon d'hérésie tombait aussi sur les écrits qui renfermaient une doctrine hérétique, ou qui pouvaient y conduire. Leurs auteurs devenaient suspects.

Il y avait trois sortes de suspects d'hérésie : ceux qui étaient gravement et violemment soupçonnés étaient désignés sous le nom de *vehementi*, et ceux qui ne l'étaient que légèrement sous celui de *Levi*.

Quoique la règle générale soumit à la juridiction des inquisiteurs toutes les personnes coupables des délits compris dans les catégories qui précèdent, il y avait cependant une exception pour les papes, leurs légats et leurs nonces, leurs officiers et leurs *familiers*; de manière que, lors même qu'ils étaient dénoncés comme hérétiques formels, l'inquisiteur n'avait d'autre droit que celui de recevoir l'instruction secrète et de l'envoyer ensuite au pape. La même exception avait lieu pour les évêques ; mais les rois et les princes restaient soumis à la juridiction des inquisiteurs.

CHAPITRE III.

Manière de procéder dans les tribunaux de l'Inquisition ancienne.

Aussitôt qu'un moine avait été nommé inquisiteur, il en prévenait le roi, qui enjoignait, à l'instant, à tous les tribunaux des villes dans lesquelles cet inquisiteur devait exercer son ministère, de lui fournir tous les secours dont il pourrait avoir besoin ; de faire arrêter toutes les personnes qu'il désignerait comme hérétiques ou suspectes d'hérésie; de leur faire subir les peines que l'Inquisition leur aurait infligées; de ne point souffrir qu'il fût faite la moindre insulte à l'inquisiteur et à ses familiers; et enfin de leur fournir un logement, ainsi que toutes les commodités nécessaires pour le voyage.

Dans le commencement, les inquisiteurs ne recevaient aucun salaire fixe; ceux qui exerçaient alors ces fonctions étaient des religieux qui avaient fait vœu de pauvreté, et les prêtres, qui se trouvaient quelquefois associés à leurs travaux, étaient des ecclésiastiques pourvus de bénéfices. Mais cet état de choses dut nécessairement changer dès l'instant où les inquisiteurs se mirent à voyager accompagnés de greffiers, d'alguazils et d'une force armée; alors leurs dépenses furent mises par le pape à la charge des évêques, sous prétexte que les inquisiteurs travaillaient à la destruction des hérésies dans leurs diocèses. Les évêques s'étant récriés contre cette mesure si onéreuse pour eux, on la fit peser sur les seigneurs, en se fondant sur l'obligation où ils étaient de ne souffrir aucun hérétique dans leurs domaines. Enfin le temps arriva où il fut pourvu aux frais de l'Inquisition, soit avec la vente, soit avec les revenus des biens confisqués, soit aussi avec le produit des amendes qu'on imposait dans les cas où la confiscation n'était pas décrétée.

Lorsque l'inquisiteur était arrivé dans la ville où il se proposait d'entrer en fonctions, qui était ordinairement le siége de l'évêché, il en informait officiellement le magistrat, et l'invitait à se rendre auprès de lui aux jour et heure qu'il lui indiquait. Le commandant de la ville se présentait chez l'inquisiteur, et prêtait serment entre ses mains de faire exécuter toutes les lois contre les hérétiques, et de fournir tous les moyens pour les découvrir et les arrêter. L'inquisiteur avait le droit d'excommunier et de suspendre de ses fonctions tout officier du prince qui aurait osé lui désobéir; il pouvait même jeter l'interdit sur la ville entière. Si, au contraire, le gouverneur et le magistrat ne faisaient aucune difficulté d'exécuter les ordres de l'inquisiteur, celui-ci désignait un jour de fête où il devait prêcher pour annoncer aux habitants l'obligation qui leur était imposée de dénoncer les hérétiques, et pour déclarer, en même temps, que les personnes coupables d'hérésie, qui s'accuseraient elles-mêmes avant leur mise en jugement, n'auraient à subir qu'une légère pénitence canonique, tandis qu'elles seraient poursuivies avec la plus grande rigueur si elles attendaient qu'on les eût dénoncées après le délai qui leur était accordé. Ce délai était ordinairement d'un mois.

Si, pendant l'intervalle, des dénonciations avaient lieu, elles étaient enregistrées; mais elles n'avaient aucun effet jusqu'à ce que l'on eût vu si les dénoncés se présentaient de leur propre volonté.

Après l'expiration du terme accordé, le dénonciateur était mandé. On lui annonçait qu'il y avait trois manières de procéder pour découvrir la vérité : l'accusation, la dénonciation et l'inquisition; on lui laissait le choix. S'il indiquait la première, on l'invitait à accuser le dénoncé; mais on l'avertissait qu'il subirait la peine du talion s'il était reconnu pour calomniateur. Cette voie n'était ordinairement employée que par le téméraire qui croyait pouvoir perdre impunément son ennemi. La plupart déclaraient que le seul motif qui les portait à faire des dénonciations était la crainte d'encourir les peines prononcées par les lois contre ceux qui ne déféraient pas les hérétiques au Saint-Office: ils se bornaient alors à indiquer les personnes qu'ils croyaient en état de pouvoir déposer contre le dénoncé. D'autres faisaient connaître seulement l'impression qu'avait faite sur leur esprit une certaine rumeur publique, qui semblait rendre l'accusé suspect. Dans ce dernier cas, il était procédé d'office contre le prévenu.

L'interrogatoire des témoins était fait par l'inquisiteur, assisté du greffier et de deux prêtres.

Lorsque le crime ou le soupçon d'hérésie était prouvé dans l'instruction préparatoire, les inquisiteurs décernaient la prise de corps contre l'accusé. Dès cet instant, il n'y avait plus ni privilèges ni asile pour lui: quel que fût son rang, on l'arrêtait au milieu de sa famille, de ses amis, sans que personne osât opposer la moindre résistance. Du moment qu'il était entre les mains de l'Inquisition, il n'était plus permis à personne de communiquer avec lui; il se trouvait tout-à-coup abandonné de tout le monde et privé de toute espèce de consolation. Malheur à l'âme sensible qui aurait osé avoir quelque compassion pour les victimes du Saint-Office!... On plongeait l'accusé dans un affreux cachot jusqu'à ce qu'il plût aux inquisiteurs de l'interroger.

En attendant, les officiers de l'Inquisition se transportaient au domicile de l'accusé, y dressaient un inventaire de tout ce qui s'y trouvait, et procédaient à la saisie de ses biens quelconques. Ses créanciers perdaient leurs créances; son épouse, ses enfants restaient dans l'abandon le plus déplorable, et l'on a vu souvent des femmes et des filles vertueuses et bien élevées, réduites à l'horrible nécessité de se prostituer, tant à cause de la misère où elles se trouvaient, que par l'effet du mépris auquel les exposait le malheur d'appartenir à un homme poursuivi par le Saint-Office.

Après qu'un accusé avait passé plusieurs jours et quelquefois plusieurs mois dans les cachots, les inquisiteurs lui faisaient insinuer par le geôlier qu'il eût à demander audience, car c'était une maxime constante de ce tribunal que l'accusé fût toujours demandeur. Le prisonnier étant arrivé devant ses juges pour la première fois, ils le questionnaient comme s'ils ne le connaissaient pas, et l'engageaient, par les moyens les plus astucieux, à avouer son crime. Si l'accusé se déclarait coupable d'une hérésie, et qu'il demandât à en faire l'abjuration, l'inquisiteur consentait à le réconcilier, pourvu qu'il ne fût point *relaps*, c'est-à-dire dans le cas de la récidive, ce qui entraînait toujours la peine capitale, car l'Inquisition ne pardonnait jamais deux fois. On renvoyait en prison l'accusé destiné à être réconcilié, on l'y laissait jusqu'au prochain *auto-da-fe*; et après l'y avoir fait figurer et lui avoir imposé des pénitences canoniques, on lui rendait la liberté. On a vu souvent des prisonniers, à qui leur conscience ne reprochait rien, s'accuser néanmoins de quelque délit, plutôt que d'être torturés ou de mourir dans les prisons.

Lorsque le crime imputé à l'accusé n'était pas constant, et qu'il ne se chargeait pas lui-même dans les interrogatoires, les inquisiteurs l'acquittaient, à condition qu'il ferait abjuration formelle de toutes les hérésies, et qu'il se purgerait, par la voie canonique, du soupçon qui avait plané sur lui : il recevait ensuite l'absolution *ad cautelam*, c'est-à-dire comme ayant été suspect d'hérésie.

Si le résultat le plus ordinaire de l'immense quantité de procès intentés par l'Inquisition n'établissait pas la preuve constante que l'accusé fût hérétique, il démontrait presque toujours que le prévenu paraissait suspect de ce crime, soit par ses discours, soit par ses actions; et alors le Saint-Office, qui avait voulu proportionner les peines à la gravité du soupçon, caractérisait ce soupçon de *léger*, de *grave* et de *violent*, et condamnait l'individu soupçonné, d'après les règles établies pour ces trois catégories.

Mais lorsque les charges qui s'élevaient contre l'accusé étaient graves, et qu'il niait le crime qu'on lui imputait, on le regardait aussitôt comme hérétique obstiné; en conséquence, on le ramenait en prison, et ce n'était qu'après l'avoir traîné pendant plusieurs années de la prison à l'audience et de l'audience à la prison, qu'on lui remettait une copie du procès, dans laquelle on omettait les noms du délateur et des témoins, ainsi que toutes les circonstances qui auraient pu les lui faire découvrir. En même temps on lui donnait un avocat: mais ce conseil était totalement illusoire, puisqu'il ne pouvait voir l'accusé qu'en présence des inquisiteurs, et qu'il ne lui était permis de parler que pour presser le prévenu d'avouer son crime.

Dès que l'accusé avait produit tous les moyens de défense qui étaient en son pouvoir, et qu'il avait répondu à tous les interrogatoires, si ses réponses ne satisfaisaient pas les inquisiteurs, ou si le crime n'était pas suffisamment prouvé, les inquisiteurs ordonnaient la question comme un moyen presque toujours sûr d'obtenir des aveux vrais ou considérés comme vrais; et ces aveux, arrachés par les plus cruelles tortures, suffisaient aux juges de l'Inquisition pour rassurer leur conscience.

Il arrivait quelquefois que les inquisiteurs ne croyaient pas la question nécessaire. Dans ce cas, il était procédé au jugement, qui était prononcé par l'inquisiteur. L'accusé n'entendait lire sa sentence qu'au moment où elle devait être exécutée.

L'Inquisition ne faisait pas de procédures régulières, et les juges ne fixaient aucun terme pour établir la preuve des faits imputés. Dans les premiers temps de l'Inquisition, il n'y avait point de fiscal chargé d'accuser les personnes suspectes; cette formalité était remplie verbalement par l'inquisiteur, après qu'il avait entendu les témoins.

Devant le tribunal du Saint-Office, les témoins n'étaient pas obligés à prouver leurs dépositions; jamais non plus ils n'étaient confrontés entre eux. Les témoignages des hommes les plus vils et les plus infâmes étaient admis et suffisaient souvent pour faire condamner au feu un honnête homme, dont le crime consistait à avoir pour ennemis des scélérats qui ne craignaient point de se parjurer. Deux témoins seulement, qui avaient ouï dire telle chose, équivalaient à un témoin qui avait vu ou entendu par lui-même: il ne fallait pas d'autre charge pour faire donner la question à l'accusé. Les délateurs eux-mêmes étaient admis comme témoins; enfin, par un renversement de toutes les lois et de la plus saine morale, un domestique pouvait témoigner contre son maître, le mari contre la femme, la femme contre le mari, le fils contre son père, et les pères contre les enfants. Quelle vaste carrière ouverte aux vengeances et aux trahisons, protégées par le secret !

Les inquisiteurs n'admettaient d'autre récusation que celle qui avait pour motif l'inimitié la plus violente; et pour s'assurer si cette inimitié était réelle, ils demandaient à l'accusé s'il avait des ennemis; depuis quel temps et qu'elle était la cause de leur haine; la preuve était admise, et les juges pouvaient y avoir égard. Dans les commencements, les inquisiteurs questionnaient adroitement l'accusé pour lui faire dire s'il connaissait certains individus qu'ils lui nommaient; ces individus étaient le dénonciateur et les témoins, circonstance qu'on laissait ignorer au prévenu; et si, par quelque motif que ce fut, la réponse de l'accusé était négative, il perdait le droit de les récuser comme ennemis. L'accusé pouvait aussi récuser l'inquisiteur lui-même; mais il tombait ordinairement de Carybde en Scylla. Enfin, l'accusé pouvait encore appeler au pape des actes et des mesures prises par le tribunal; mais, comme les inquisiteurs avaient la faculté de se rendre à Rome pour y faire l'apologie de leur conduite, les appels les mieux fondés étaient presque toujours rejetés, et les malheureux condamnés apprenaient, en allant au supplice, le résultat de cette faible et dernière ressource.

Telle était la manière de procéder des tribunaux de l'Inquisition ancienne. Quand on a lu ses constitutions, on croit qu'il est impossible de rédiger un code plus saintement barbare; mais l'inquisition moderne nous a prouvé qu'elle y était parvenue.

CHAPITRE IV.

Des peines et des pénitences imposées par l'inquisition ancienne.

Par suite de la corruption générale des idées et des principes canoniques, le tribunal de l'Inquisition, quoique ecclésiastique, se crut en droit d'imposer toutes sortes de peines temporelles, excepté la peine de mort ; et s'il ne fut pas en son pouvoir de la prononcer, il établit, par compensation, que les condamnés seraient *relaxés*, c'est-à-dire remis entre les mains des juges séculiers, qui ne pouvaient alors se dispenser de les envoyer au supplice.

Ainsi, depuis le fauteur d'hérésie *légèrement suspect*, jusqu'à l'hérétique formel *obstiné*, et l'hérétique *relaps*, chacun de ces malheureux subissait des peines et des pénitences telles qu'il est impossible de ne pas éprouver la plus vive indignation contre le tribunal qui les infligeait au nom du Dieu de clémence et de bonté.

La moindre de ces peines était celle encourue par l'accusé déclaré *légèrement suspect*. Il devait d'abord se soumettre à faire abjuration solennelle de l'hérésie dont il était soupçonné. En conséquence, on préparait une espèce de cérémonie, à laquelle on invitait par avance tous les habitants de la ville à assister. Au jour indiqué, le clergé et le peuple se réunissaient dans l'église : l'accusé *légèrement suspect* s'y trouvait placé sur un échafaud, debout et la tête nue. On chantait la messe, et l'inquisiteur, interrompant l'office divin après l'épître, prêchait contre les hérésies. On présentait alors au condamné la croix et les évangiles, et on lui faisait faire son abjuration, qu'il était obligé de signer, s'il savait écrire. L'inquisiteur lui donnait ensuite l'absolution, le réconciliait, et lui imposait les pénitences suivantes :

« Le jour de la Toussaint, les fêtes de Noël, de l'Epiphanie et
« de la Chandeleur, ainsi que tous les dimanches de carême,
« le réconcilié se rendra à la cathédrale pour assister à la pro-
« cession, en chemise, pieds nus et les bras en croix; il y sera
« fouetté par l'évêque ou par le curé, excepté le dimanche des
« Rameaux, où il sera réconcilié. Le mercredi des Cendres, il se
« rendra aussi à la cathédrale de la même manière, et il y sera
« chassé de l'église pour tout le temps du carême, pendant le-
« quel il sera obligé de se tenir à la porte et d'assister de là aux
« offices divins. Il y occupera la même place le jeudi-saint, jour
« où il sera réconcilié de nouveau. Tous les dimanches de ca-
« rême, il entrera à l'église pour y être réconcilié, et reprendra
« aussitôt sa place à la porte. Il portera toujours sur la poitrine
« deux croix d'une couleur différente de celle de l'habit. »

Cette pénitence devait durer pendant trois ans pour les fauteurs d'hérésie *légèrement suspects*; cinq ans pour ceux *fortement suspects*, et sept ans pour ceux *violemment suspects*.

Les hérétiques formels et dogmatisants, qui demandaient à
se convertir, devaient, après avoir abjuré et reçu l'absolution, être enfermés dans une prison pour y rester jusqu'à leur
mort.

Lorsque l'accusé était hérétique *impénitent* ou *obstiné*, il était
condamné à être *relaxé*, quoiqu'il ne fût point *relaps*. Il arrivait
cependant quelquefois qu'on parvenait à le convertir avant *l'au-
to-do-fé*; dans ce cas, il ne périssait pas, mais il était renfermé
dans une prison perpétuelle.

C'était en vain qu'un hérétique *relaps* annonçait la résolution
de revenir à la foi, il lui était impossible d'éviter la peine de
mort : la seule grâce qu'on lui accordait était de lui épargner les
tourments du bûcher. Le bourreau l'étranglait avant de le livrer
aux flammes.

On condamnait par *contumace* les prévenus qui s'étaient échap-
pés des prisons et qui n'avaient pu être arrêtés : leur statue était
livrée aux flammes. Il en était de même des ossements des hérétiques morts avant d'avoir été réconciliés.

Ainsi l'Inquisition ne faisait grâce à personne: les présents,

4

les absents, les morts même subissaient également la honte de figurer dans les *auto-da-fé*.

Indépendamment des peines et des pénitences dont je viens de parler, les inquisiteurs en imposaient encore de pécuniaires, telles que la confiscation entière ou partielle des biens des condamnés, et des amendes qui variaient suivant les cas. L'exil, la déportation, l'infamie, la perte des emplois, honneurs et dignités, étaient encore au nombre des peines infligées par les tribunaux de l'Inquisition.

Une circonstance remarquable dans les jugements du Saint-Office, c'est la formule insérée à la fin de toutes les sentences portant *relaxation* du condamné et par laquelle les inquisiteurs priaient le juge séculier de ne point appliquer au coupable la peine capitale. Cette prière ne fut jamais qu'une formalité dictée par l'hypocrisie; car il est prouvé par plusieurs exemples que, si, pour se conformer à cette prière, le juge n'envoyait pas le coupable au supplice, il était lui-même poursuivi par l'Inquisition et mis en jugement comme suspect d'hérésie, attendu que la négligence du juge à faire exécuter les lois civiles contre les hérétiques, faisait planer sur sa tête le soupçon suffisant pour être suspect.

Je terminerai ce chapitre en y insérant en entier un acte de *saint Dominique*, relatif à la réconciliation d'un hérétique. Cette pièce, des premiers temps de l'Inquisition, servira à donner une juste idée de la sévérité des pénitences imposées aux personnes que l'on réconciliait à cette époque, et prouvera que si *saint Dominique* n'a pas eu la gloire d'être le fondateur de l'Inquisition, ainsi que l'ont assuré quelques écrivains, il était au moins digne de figurer à la tête des inquisiteurs. Voici cet acte:

« A tous les fidèles chrétiens qui auront connaissance des pré-
« sentes lettres: Fr. Dominique, chanoine d'Osma, le moindre
« des prêcheurs, salut en Jésus-Christ.

« En vertu de l'autorité du seigneur abbé de Citeaux, légat du
« Saint-Siège apostolique (que nous sommes chargé de repré-
« senter), nous avons réconcilié le porteur de ces lettres, Ponce
« Robert, qui a quitté, par la grâce de Dieu, la secte des héré-

« tiques, et lui avons ordonné (après qu'il nous a promis avec
« serment d'exécuter nos ordres) de se laisser conduire, trois
« dimanches de suite, dépouillé de ses habits, par un prêtre qui
« le frappera de verges, depuis la porte de la ville jusqu'à celle
« de l'église. Nous lui imposons également pour pénitence de ne
« manger ni viandes, ni œufs, ni fromage, ni aucun autre aliment
« tiré du règne animal, et cela pendant sa vie entière, excepté
« les jours de Pâques, de la Pentecôte et de la Nativité de Notre-
« Seigneur, auxquels jours nous lui ordonnons d'en manger,
« en signe d'aversion pour son ancienne hérésie; de faire trois
« carêmes par an, sans manger de poisson pendant ce temps-là;
« de jeûner trois jours par semaine pendant toute sa vie, en
« s'abstenant de poissons, d'huile et de vin, si ce n'est pour
« cause de maladie ou des travaux forcés de la saison; de porter
« un habit religieux, tant pour la forme que pour la couleur,
« avec deux petites croix cousues de chaque côté de la poitrine,
« d'entendre la messe tous les jours, s'il en a la facilité, et d'as-
« sister aux vêpres les dimanches et fêtes; de réciter exactement
« l'office du jour et de la nuit, et le *Pater* sept fois dans le jour,
« dix fois le soir et vingt fois à minuit; de vivre chastement, et
« de faire voir la présente lettre une fois par mois au curé du
« lieu de Cereri, sa paroisse, auquel nous ordonnons qu'il soit
« regardé comme parjure hérétique et excommunié, et qu'il soit
« éloigné de la société des fidèles, etc. »

TROISIÈME PARTIE.

De l'inquisition moderne, du premier grand-inquisiteur-général Torquemada, et du Conseil de la Suprême. Description des supplices.

CHAPITRE PREMIER.

Établissement de l'inquisition moderne en Espagne.

Le commerce immense que faisaient les juifs d'Espagne avait réuni entre leurs mains, pendant le quatorzième siècle, non-seulement la plus grande partie des richesses de la Péninsule, mais encore le crédit et la faveur qui en résultent ordinairement. Les chrétiens, qui ne pouvaient plus rivaliser d'industrie avec eux, devinrent presque tous leurs débiteurs, et l'envie ne tarda pas à les rendre ennemis de leurs créanciers. Cet état d'hostilité permanent fit éclater un grand nombre d'émeutes populaires, dans lesquelles plusieurs milliers de juifs furent massacrés. Beaucoup d'autres évitèrent la mort en se faisant chrétiens, et les églises se remplirent de juifs de tout sexe et de toute condition, qui s'empressaient de demander le baptême. En peu de temps plus de cent mille familles, c'est-à-dire près d'un million d'individus, renoncèrent ou firent semblant de renoncer à la loi de Moïse, pour embrasser le christianisme. Ces abjurations augmentèrent considérablement encore pendant les premières années du quinzième siècle; mais comme la crainte de la mort avait eu bien plus de part à la conversion de ces nouveaux chrétiens, appelés *Marranos*[1], qu'une véritable persuasion, il y en eut beaucoup qui se repentirent d'avoir abandonné leur ancienne religion, et qui retournèrent secrètement au judaïsme. Néanmoins, comme la contrainte dans laquelle ils étaient obligés de vivre était très pénible, ils ne pouvaient manquer de se trahir, et on ne tarda pas à découvrir leur apostasie.

La prétendue nécessité de punir ce crime d'une manière exemplaire fut le prétexte dont se servirent le pape Sixte IV et Ferdinand V pour établir l'Inquisition moderne en Espagne. Ce motif, en apparence religieux, offrait à l'avidité de Ferdinand l'occasion de confisquer et de s'emparer des biens immenses que les *Marranos* avaient acquis dans les Espagnes, et le pape ne pouvait qu'approuver l'installation d'un tribunal qui devait augmenter encore le crédit des maximes ultramontaines. Le seul obstacle qu'il y avait à vaincre était le refus que faisait Isabelle, femme de Ferdinand, de laisser établir le tribunal de l'Inquisition dans son royaume de Castille; ces moyens répugnaient à la douceur de son caractère. Mais son confesseur, *Thomas de Torquemada*, prieur du couvent des dominicains de Séville, connaissait déjà l'art de lever les scrupules : il lui prouva que cette mesure était un devoir que la religion lui imposait dans les circonstances où se trouvait la Castille, et il obtint, par ce moyen, le consentement de la reine. Au même instant, deux premiers inquisiteurs furent désignés par le nonce du pape pour aller installer l'Inquisition à Séville, et l'ordre fut donné à tous les gouverneurs des provinces d'avoir à leur fournir, ainsi qu'aux personnes de leur suite, tous les bagages et toutes les provisions dont ils pourraient avoir besoin pendant leur voyage. Les peuples du royaume de Castille étaient si éloignés de voir avec plaisir l'Inquisition s'établir au milieu d'eux, que les inquisiteurs, en arrivant à Séville, ne purent jamais réunir le nombre de personnes, ni le secours dont ils avaient besoin pour commencer leurs fonctions. Ferdinand et Isabelle furent obligés de réitérer plusieurs fois leurs ordres aux

---

[1] Cette désignation était considérée comme une injure adressée non-seulement aux Juifs convertis, mais à tous les israélites en général; le mot de *marranos* équivaut à celui de *pourceau*.

gouverneurs et aux habitants, et encore ne parvinrent-ils à être obéis que très-incomplètement.

Dès que les inquisiteurs furent installés, on vit presque tous les nouveaux chrétiens émigrer dans les terres du duc de Médina-Sidonia, du marquis de Cadix, du comte d'Arcos et de quelques autres seigneurs; ils s'y croyaient en sûreté en vertu des franchises dont jouissaient ces domaines.

Mais en apprenant ces nombreuses émigrations, les nouveaux inquisiteurs, à la tête desquels venait d'être placé Thomas de Torquemada, comme premier inquisiteur-général, frémirent de voir leurs victimes échapper à la surveillance et à l'autorité du Saint-Office, et, par une proclamation du 2 janvier 1481, qui fut le premier acte de leur juridiction, ils déclarèrent tous les émigrés convaincus d'hérésie, par le seul fait de leur émigration; ordonnèrent au marquis de Cadix, au duc d'Arcos et aux autres seigneurs du royaume de Castille de s'emparer des fuyards, de les envoyer sous escorte à Séville, et de faire mettre le séquestre sur tous leurs biens, sous peine d'excommunication, de la confiscation de leurs domaines et de la perte de leurs emplois et dignités. Tel était l'effroi que causait déjà le Saint-Office, que ces seigneurs mis ainsi en demeure, se virent contraint d'obéir, malgré leur volonté, et bientôt le nombre des prisonniers fut tellement considérable, que le couvent où on les entassait se trouva trop petit pour les contenir tous. Les inquisiteurs, non contents d'avoir obtenu l'extradition de tant de malheureux, publièrent un édit, qu'ils nommèrent l'*édit de grâce*, pour engager ceux des apostats qui n'avaient pas été arrêtés à se mettre volontairement entre les mains du Saint-Office; on leur promettait de leur donner l'absolution, moyennant quelques légères pénitences, et de ne pas confisquer leurs biens.

Cette espèce d'amnistie trompa un grand nombre de *Marranos* qui vinrent se présenter; mais les inquisiteurs les firent emprisonner, et ne leur accordèrent l'absolution qu'après les avoir forcés à indiquer les noms et la demeure de toutes les personnes qu'ils savaient être tombées dans l'apostasie, soit qu'ils les eussent connues, soit qu'ils en eussent seulement ouï parler. Ainsi l'*édit de grâce* se trouva transformé en un édit de délation. Bientôt après, un autre édit de l'inquisiteur-général fut publié dans tout le royaume de Castille. Moins fallacieux et moins hypocrite que le premier, ce second édit établissait les divers cas où la délation était ordonnée sous peine de péché mortel et d'excommunication majeure. L'on y trouve une vingtaine d'articles contenant de prétendues preuves de judaïsme tellement équivoques ou absurdes, que tous ces *indices* réunis ensemble auraient suffi à peine pour établir une simple présomption, si les inquisiteurs n'avaient pas trouvé le moyen de faire prendre leurs ridicules exagérations pour des vérités incontestables.

Des moyens si propres à multiplier les victimes ne pouvaient manquer de produire les résultats les plus terribles : aussi le Saint-Office commença-t-il bientôt ses cruelles exécutions. Quatre jours après son installation à Séville, six condamnés avaient déjà été brûlés; dix-sept autres subirent le même sort quelques jours après; et, en moins de six mois, deux cent quatre-vingt-dix-huit chrétiens nouveaux avaient subi la peine du feu; soixante-dix-neuf autres se trouvaient condamnés à une prison perpétuelle, et tout cela dans la seule ville de Séville! Pendant le même espace de temps, plus de deux mille *Marranos* furent livrés aux flammes dans les autres parties de la province; un plus grand nombre encore fut exécuté en effigie, et dix-sept mille subirent diverses peines canoniques. Parmi ceux qui périrent sur les bûchers, on remarqua des personnes fort riches, dont les biens devinrent la proie du fisc.

La grande quantité de condamnés que l'on faisait mourir par le feu fut cause que le préfet de Séville se vit dans la nécessité de faire construire hors de la ville un échafaud permanent en pierres, sur lequel on éleva quatre grandes statues de plâtre. ces statues étaient creusées intérieurement, et c'est dans ces creux que l'on enfermait vivants les nouveaux chrétiens relaps, pour les y faire périr lentement au milieu d'une horrible combustion. Le fameux taureau d'airain du tyran de Sicile, Phalaris, dont quelques historiens ont voulu mettre l'existence en doute, fut donc imité et même surpassé par le génie inventif de l'Inquisit'on, lorsqu'il s'agissait de torturer. Cet échafaud, appelé *quemadero*, existait encore naguère. Que pouvait-on attendre d'un tribunal qui débutait ainsi?

La crainte que de pareils supplices inspiraient aux nouveaux chrétiens en fit émigrer une multitude innombrable en France, en Portugal et jusqu'en Afrique. Beaucoup de ceux qui avaient été condamnés par contumace s'étaient rendus à Rome pour demander justice au pape; mais le Saint-Père se borna à quelques menaces de destitution contre les inquisiteurs, et ces menaces n'eurent aucun résultat avantageux pour les personnes condamnées injustement.

A la même époque, la reine Isabelle, qui éprouvait quelques scrupules de conscience sur l'article des confiscations, pria le pape de donner au nouveau tribunal une forme stable, propre à satisfaire tout le monde. Elle demandait aussi que les jugements portés en Espagne fussent définitifs, et sans appel à Rome, Sixte IV loua le zèle de la reine pour l'Inquisition, apaisa ses scrupules, et créa un juge apostolique pour l'Espagne, chargé de prononcer sur tous les appels interjetés des jugements rendus par les inquisiteurs. D. Inigo Manrique, archevêque de Séville, fut revêtu de cet emploi.

La création de ce juge d'appel et sa résidence en Espagne devaient être d'une grande utilité, puisqu'elles empêchaient les habitants et l'argent de sortir du royaume; mais la cour de Rome la rendit inutile en continuant de recevoir les appels d'un grand nombre d'Espagnols qui craignaient de se présenter à Séville.

Ce conflit d'autorité fut même nuisible aux malheureux ayant appelé à Rome des injustices de l'Inquisition; car, après avoir donné leur argent au pape et reçu son absolution, ils n'en furent pas moins condamnés et exécutés à leur retour en Espagne, quoiqu'ils eussent obtenu des certificats de réconciliation et d'absolution. Ainsi, malgré une bulle du pape dans laquelle il désapprouvait les injustices et la rigueur de l'Inquisition, et ordonnait qu'on traitât favorablement ceux qui feraient des confessions volontaires, Ferdinand, qui était trop partisan des confiscations, et les inquisiteurs, qui se trouvaient trop intéressés à ce que leur manière de procéder ne parût pas irrégulière, persistèrent dans un système si favorable à leurs vues. Le pape seul aurait pu remédier à ce grand mal : il craignit de déplaire à Ferdinand, et il ne songea qu'à donner une forme stable et imposante à l'Inquisition d'Espagne.

CHAPITRE II.

Création d'un grand-inquisiteur-général et du conseil de la Suprême

La bulle du pape Sixte IV, de l'année 1483, donna lieu à plusieurs mesures nouvelles, parmi lesquelles se trouve le décret qui fit prendre à l'Inquisition la forme d'un tribunal permanent, avec un chef auquel étaient soumis tous les inquisiteurs en général et en particulier. Thomas de Torquemada, qui occupait déjà la place d'inquisiteur-général du royaume de Castille, réunit alors sous sa domination toutes les provinces de la couronne d'Aragon, et ses immenses pouvoirs furent confirmés par le pape Innocent VIII et par ses successeurs.

Torquemada justifia pleinement le choix qu'on avait fait de sa personne. Il eût été impossible de trouver un homme plus propre à remplir les intentions de Ferdinand, en multipliant les confiscations; celles de la cour de Rome, par la propagation de ses maximes dominatrices et fiscales, et celles de l'Inquisition elle-même, en créant le système de terreur dont elle avait besoin. Le grand-inquisiteur-général organisa d'abord quatre tribunaux subalternes pour Séville, Cordoue, Jaën et Ciudad-Réal; il permit ensuite aux dominicains de commencer leurs fonctions dans les différents diocèses de la couronne de Castille. Torquemada désigna, pour ses assesseurs et conseillers, deux jurisconsultes qu'il chargea de la rédaction des nouvelles constitutions du Saint-Office.

Ferdinand, qui savait combien il était important pour le fisc d'organiser convenablement le tribunal, créa un conseil royal de l'Inquisition, que l'on appela *conseil de la Suprême*. Le grand-inquisiteur en était président de droit; un évêque et deux docteurs en droit en furent les premiers conseillers. Ces conseillers avaient voix délibérative dans toutes les affaires qui dépendaient du droit civil, et voix consultative seulement dans celles qui appartenaient à l'autorité ecclésiastique : ce qui donna souvent lieu à de grandes altercations entre les inquisiteurs-généraux et les conseillers de la *Suprême*.

Quelque temps après, c'est-à-dire vers la fin de 1484, Torquemada convoqua une junte générale composée d'inquisiteurs et de conseillers : cette réunion eut lieu à Séville. L'on y décréta les premières lois de l'Inquisition d'Espagne, sous le titre d'*Instruction*.

Ce nouveau code était divisé en vingt-huit articles.

Les trois premiers déterminaient la manière d'installer les tribunaux dans les villes; la publication des censures contre les hérétiques et les apostats qui ne se dénonceraient pas volontairement, et fixaient le délai de *grâce* pour éviter la confication des biens. Ces dispositions ressemblaient beaucoup à celles adoptées par l'Inquisition ancienne.

Le quatrième article portait que les confessions volontaires faites avant le temps de grâce, devaient être écrites sur l'interrogatoire des inquisiteurs. Par cette manière de procéder, on n'accordait la grâce à un homme que lorsqu'il en avait fait livrer d'autres à la persécution.

L'article cinq défendait de donner secrètement l'absolution, excepté dans le seul cas où personne n'aurait eu connaissance du crime du réconcilié. Cette mesure livrait à la honte de l'*auto-da-fe* public celui-là même qui avait avoué spontanément sa faute; elle faisait passer des sommes immenses à la cour de Rome, qui accordait, en payant, des brefs pour dispenser de cette humiliante cérémonie.

Par le sixième article, le réconcilié se trouvait condamné à la privation de tout emploi honorifique, et de l'usage de l'or, de l'argent, des perles, de la soie et de la laine fine. Ces pénitences enrichirent encore la cour de Rome par les nombreuses demandes de *réhabilitation* qui lui étaient adressées.

L'article sept imposait des pénitences pécuniaires même à ceux qui avaient fait une confession volontaire.

Le huitième portait que le pénitent, qui ne se présenterait qu'après le terme de grâce, ne pourrait être exempté de la confiscation de ses biens, qu'il avait encourue de droit le jour de son apostasie ou de son hérésie. On voit, par ces deux articles, tout ce que la cupidité de Ferdinand s'était promis de l'Inquisition.

Le neuvième article ordonnait de n'imposer qu'une pénitence légère aux sujets âgés de moins de vingt ans, qui se présenteraient volontairement. Mais qu'est-ce qu'entendaient par pénitence légère des législateurs si froidement barbares?

L'article dix imposait l'obligation de préciser le temps où le réconcilié était tombé dans l'hérésie, afin de savoir quelle portion de ses biens appartenait au fisc. Cet article fit perdre à beaucoup de personnes la dot de leurs femmes, parce qu'elle leur avait été payée après le crime de leurs beaux-pères. Quel désordre pour les familles!

Si un hérétique, détenu dans les prisons secrètes du Saint-Office, touché d'un véritable repentir, demandait l'absolution, l'article onze portait qu'on pourrait la lui accorder, en lui imposant pour pénitence un emprisonnement perpétuel. Quelle pénitence!

Le douzième article autorisait les inquisiteurs à condamner à la *relaxation*, comme faux pénitent, tout réconcilié dont ils jugeraient la confession imparfaite ou la repentance simulée. Ainsi la vie d'un homme dépendait de l'opinion d'un inquisiteur.

L'article treize prononçait la même peine contre ceux qui se vanteraient d'avoir caché plusieurs crimes dans leur confession.

Le quatorzième portait que si l'accusé convaincu persistait dans ses dénégations, il devait être condamné comme impénitent. Cet article fit conduire au bûcher des milliers de victimes, parce qu'on regarda comme convaincues des personnes qui étaient bien loin de l'être.

D'après le quinzième article, toutes les fois qu'il existait une semi-preuve contre un accusé qui niait son crime, il devait être soumis à la question : s'il s'avouait coupable dans les tourments, et confirmait ensuite sa confession, il était condamné comme convaincu ; et, s'il la rétractait, il devait subir une seconde question.

Il était défendu, par le seizième article, de communiquer aux accusés la copie entière des déclarations des témoins.

Le dix-septième prescrivait aux inquisiteurs d'interroger eux-mêmes les témoins.

Le dix-huitième voulait qu'un ou deux inquisiteurs fussent toujours présents à la question, afin de recevoir les déclarations du prévenu.

Le dix-neuvième exigeait qu'on condamnât comme hérétique convaincu, tout accusé qui ne comparaîtrait pas après avoir été assigné dans les formes.

Le vingtième portait que, s'il était prouvé par les livres ou par la conduite d'un homme mort qu'il avait été hérétique, il devait être jugé et condamné comme tel, son cadavre exhumé, et la totalité de ses biens confisqués aux dépens de ses héritiers naturels.

D'après le vingt-unième article, il était ordonné aux inquisiteurs d'étendre leur juridiction sur les vassaux des seigneurs, et de censurer ces derniers, s'ils y mettaient quelque obstacle.

Le vingt-deuxième article voulait qu'on accordât aux enfants de ceux dont les biens auraient été confisqués, une portion de ces mêmes biens à titre d'aumône. Cet article devint illusoire ; car jamais les inquisiteurs ne s'occupèrent du sort de ces malheureux : l'abandon et la misère furent toujours leur partage.

Les autres six articles de ce code étaient relatifs aux procédés que les inquisiteurs devaient observer entre eux et envers leurs subordonnés.

Cette constitution fut augmentée plusieurs fois, même dans les premiers temps ; mais malgré toutes ces modifications, les formes de la procédure furent toujours à peu près les mêmes, et les inquisiteurs ne renoncèrent jamais à l'arbitraire, qui faisait le fond de cette cruelle jurisprudence. Il était impossible à l'accusé d'établir sa défense convenablement, et les juges, placés entre l'alternative de reconnaître son innocence, ou de le soupçonner coupable, adoptaient toujours ce dernier parti, et n'avaient plus besoin de preuves.

Un code aussi sanguinaire, dont l'exécution était confiée à des hommes qui croyaient prendre les intérêts du ciel en faisant brûler des milliers de leurs semblables, ne pouvaient que rendre l'Inquisition odieuse. Aussi excita-t-elle le plus vif mécontentement, et les peuples des Espagnes lui opposèrent une résistance qui fut souvent sanglante. En Aragon surtout, où la confiscation des biens ne pouvait exister, à cause des privilèges dont les Aragonais jouissaient depuis longtemps, l'établissement et l'exécution des nouvelles constitutions soulevèrent le peuple et les nobles. Les représentants du royaume réclamèrent auprès du pape et de Ferdinand contre l'introduction du nouveau code inquisitorial. On envoya des commissaires à Rome et à la cour d'Espagne pour demander qu'on suspendît au moins l'exécution des articles relatifs à la confiscation, comme contraires aux lois du royaume. Les Aragonais se flattaient que, si cette mesure était abandonnée, le tribunal de l'Inquisition tomberait bientôt de lui-même.

Mais pendant que les députés des cortès d'Aragon formulaient leurs réclamations, les inquisiteurs condamnèrent plusieurs nouveaux chrétiens, qui furent brûlés dans des *auto-da-fe* publics et solennels. Ces supplices ne firent qu'irriter davantage les *Marranos* du royaume d'Aragon. Ils craignirent de voir se renouveler au milieu d'eux les scènes qui se passaient en Castille, où le Saint-Office, établi seulement depuis trois ans, sous la direction de moines et de prêtres fanatiques, avait déjà immolé des milliers de victimes. Dans cet état de choses, et voyant que leurs démarches auprès du pape et du roi n'avaient aucun succès, les principaux habitants de Saragosse se liguèrent contre l'Inquisition, et résolurent de sacrifier un ou deux inquisiteurs, afin d'effrayer les autres, et de les obliger ainsi à renoncer à leur mission.

Les premiers coups des conjurés devaient frapper l'inquisiteur Pierre Arbuès; mais ils le manquèrent plusieurs fois. Arbuès, ayant été averti de leur dessein, prit des précautions; il portait une cotte de mailles sous sa veste et une espèce de casque de fer sous son bonnet. Cependant les conjurés l'ayant approché un soir près de l'autel de l'église, ils lui firent une blessure si profonde, qu'il en mourut deux jours après, c'est-à-dire le 17 septembre 1485.

L'impression que cet assassinat fit sur les esprits ne répondit pas à l'attente des conjurés. Tous les vieux chrétiens, excités par les inquisiteurs et par les moines, voulurent venger la mort d'Arbuès; il y eut des émeutes violentes, dont les suites auraient été terribles, si on n'eût contenu la multitude fanatique, en lui promettant que les coupables seraient punis du dernier supplice.

En attendant, la mémoire de l'inquisiteur Arbuès fut honorée avec une sorte de solennité, qui contribua beaucoup à le faire passer pour un saint et à lui attirer un culte particulier dans les églises. Peu s'en fallut que ce dominicain ne fût reconnu pour patron de l'Inquisition et pour protecteur des ministres du Saint-Office; mais on se contenta de travailler à préparer des miracles, afin de le faire béatifier : ce qui eut effectivement lieu en 1664, sous le pontificat d'Alexandre VII.

CHAPITRE III.

Sévérité de l'Inquisition, et résistance des Espagnols.

L'assassinat commis sur le dominicain Arbuès irrita fortement tous les inquisiteurs ; ils jurèrent de venger sa mort. Les ordres les plus pressants furent donnés par Torquemada pour découvrir les auteurs ou complices de ce crime de lèse-inquisition, et pour les punir comme hérétiques, ennemis du Saint-Office. Un des assassins avoua, dans les tortures, tout ce qu'il savait du complot, et facilita les recherches des inquisiteurs, en désignant une partie des conjurés.

Il serait difficile de compter les familles qui furent victimes de la vengeance des inquisiteurs : en peu de temps ils avaient déjà immolé plus de deux cents personnes ; et comme le plus léger indice était reçu pour une preuve de complicité, un grand nombre de malheureux moururent lentement au fond des cachots. Il suffisait d'avoir donné l'hospitalité à quelque fugitif pour être condamné au moins à la honte de figurer dans un *auto-da-fé* public, sous l'habit de *pénitencié*. Les inquisiteurs n'épargnant personne, il n'y eut point de famille dans les trois premiers ordres de la noblesse qui ne comptât quelqu'un de ses membres au nombre des condamnés à des peines infamantes, et l'on vit don Jacques de Navarre, fils du fameux infant don Carlos, enfermé dans les prisons de Saragosse, d'où il ne sortit que pour subir une pénitence publique, comme convaincu d'avoir protégé la fuite de quelques-uns des conjurés. Les principaux auteurs du meurtre d'Arbuès furent mutilés ; on leur coupa les mains avant que de les pendre ; leurs cadavres furent ensuite écartelés, et leurs membres exposés sur les chemins publics. L'un d'eux se tua dans la prison, la veille de son supplice; mais son cadavre n'en fut pas moins traité comme ceux des autres condamnés. Les inquisiteurs avaient promis la vie à celui des conjurés qui avait dénoncé les autres; on le pendit néanmoins, et toute la grâce qu'il reçut se borna à n'avoir ses mains coupées qu'après sa mort.

Parmi les accusés qui furent assez heureux pour se réfugier en France, il y en avait un de race noble, nommé Gaspard de

Santa-Crux, qui mourut à Toulouse pendant qu'on le brûlait en effigie à Saragosse. Un de ses fils fut arrêté comme ayant favorisé son évasion ; les inquisiteurs le condamnèrent à figurer dans un *auto-da-fé* public, et à se rendre ensuite à Toulouse pour demander aux dominicains de cette ville que le cadavre de son père fût exhumé et livré aux flammes : il devait, en outre, revenir à Saragosse, et remettre aux inquisiteurs le procès-verbal de cette parricide exécution. La terreur que l'Inquisition inspirait au fils de Gaspard de Santa-Crux fut telle, qu'il se soumit aux ordres barbares qu'elle lui prescrivait, et il eut la bassesse de remplir son exécrable pénitence. Une pareille sentence, dont l'idée seule fait frémir d'horreur, doit suffire pour caractériser les inquisiteurs qui la prononcèrent, et pour donner une juste idée du degré d'avilissement où ils avaient plongé les peuples.

Pendant que les inquisiteurs de Saragosse entassaient victime sur victime, ceux des autres provinces s'empressaient de les imiter. Le tribunal établi à Tolède avait fait arrêter une si grande quantité de prévenus, qu'il lui était impossible de poursuivre leurs procès d'après les formes établies, à cause du manque de temps. Un mois après l'expiration du délai de grâce, on célébra un *auto-da-fé* de réconciliation, dans lequel sept cent cinquante condamnés de l'un et de l'autre sexe subirent une pénitence publique, nu-pieds, en chemise et un cierge à la main. Cinquante jours après, il y eut un second *auto-da-fé* où figurèrent le même nombre de malheureux. Au bout de vingt-cinq jours, encore sept cent cinquante victimes furent trainées à la même cérémonie ; et, avant la fin de l'année, il y eut une quatrième exécution, dans laquelle vingt-sept condamnés, y compris deux prêtres, furent brûlés, et neuf cent cinquante réconciliés, au moyen de diverses pénitences plus ou moins sévères. Ainsi, pendant le cours d'une seule année, l'Inquisition de Tolède commença et termina trois mille trois cent vingt-sept procès, sans compter la quantité de procédures entamées contre ceux des prévenus qui étaient dans les prisons. Ce calcul démontre suffisamment combien les procédures devaient être irrégulières, surtout lorsqu'on sait qu'il n'y avait que deux inquisiteurs et deux greffiers pour faire un travail dont la dixième partie est encore trop forte pour un autre tribunal. Les inquisiteurs des autres provinces de la monarchie d'Espagne se conduisaient à peu près de la même manière que ceux de Séville, de Saragosse et de Tolède; et l'on peut assurer que l'Inquisition moderne fut plus désastreuse pour l'Espagne, pendant les premières années de son établissement, que ne l'auraient été plusieurs guerres ensemble. Son excessive rigueur fit émigrer plus de cent mille familles, et exporter plusieurs millions de francs au profit de la cour de Rome, qui continuait à vendre ses bulles d'absolution.

Pendant que les inquisiteurs semblaient former une *sainte alliance* contre les peuples, les peuples se liguaient contre l'Inquisition; les cruautés de ce tribunal excitaient partout des mouvements populaires que le roi avait bien de la peine à apaiser. Des émeutes éclatèrent en même temps à Téruel, à Valence, à Lérida, à Barcelone et dans toutes les villes de la Catalogne. La résistance devint tellement opiniâtre, que Ferdinand se vit contraint de prendre les mesures les plus sévères pour la faire cesser. Néanmoins il lui fallut plus de deux années pour réduire ce qu'on appelait les séditieux, à la tête desquels se trouvaient plusieurs seigneurs. Barcelone surtout se fit remarquer par sa courageuse opposition: les habitants de cette ville, ainsi que ceux de toute la province, ne voulaient point se soumettre au joug de l'Inquisition moderne, ni reconnaître l'autorité de Torquemada; l'on eut toutes les peines possibles à introduire la réforme du Saint-Office dans cette province, et à soumettre les Catalans. Il en fut de même de Majorque et de Minorque, dont les habitants repoussèrent l'Inquisition pendant plus de huit années; elle ne pénétra dans ces îles qu'en 1490.

Ainsi, même dans ce quinzième siècle qui fut si funeste à l'Espagne, on vit les peuples lutter énergiquement contre l'esprit intolérant de l'église catholique, qui se préparait par là des luttes terribles avec les réformateurs.

Toutes ces marques évidentes d'une opposition si générale prouvent incontestablement que le Saint-Office a été introduit dans la Péninsule contre le vœu de tous les Espagnols, et qu'il leur a été imposé par la force et la terreur. Les vues dominatrices des papes, l'avarice de Ferdinand et le fanatisme de quelques

moines plongèrent l'Espagne dans un abîme de maux, que le bon sens du peuple prévoyait déjà lorsqu'il luttait contre les ordres de son roi et contre les bulles du pape. Le peuple se trompe rarement ; malheur à ceux qui méprisent ses remontrances !

Durant cette terrible opposition, Torquemada, qui marchait toujours vers son but, rédigea des *actes additionnels* aux premières constitutions du Saint-Office, et convoqua une nouvelle junte générale d'inquisiteurs. Cette assemblée décréta plusieurs dispositions qui devaient rendre encore plus régulière l'autorité du grand-inquisiteur-général. Torquemada publia en même temps diverses ordonnances pour remédier aux grands abus qui s'étaient glissés dans la gestion des biens confisqués aux familles de ses victimes. Quelque immense que fût la masse de ces biens, leur mauvaise administration, jointe aux dilapidations commises par les inquisiteurs, diminuèrent tellement les revenus du Saint-Office, qu'ils n'étaient plus suffisants pour faire face à ses dépenses. L'armée de satellites qu'il était obligé de payer, et la nourriture du grand nombre de prisonniers pauvres qui remplissaient constamment les prisons de l'Inquisition, avaient vidé les caisses. Ferdinand, qui ne pouvait plus y puiser, fit dresser l'état des sommes dont les inquisiteurs s'étaient emparés, et en ordonna la restitution. L'infidélité des inquisiteurs était d'autant plus répréhensible, que Ferdinand avait abondamment pourvu à leurs dépenses, même dans le cas où ils n'auraient pas touché le traitement qui leur était accordé.

Au moyen de ces restitutions et des amendes pécuniaires que l'on imposa aux personnes qui avaient été réconciliées, Torquemada rétablit les finances de l'Inquisition, et put même ajouter à ses autres charges celle du salaire d'un grand nombre d'espions qu'il sema sur toute la surface de l'Espagne. Cette dernière mesure, capable d'inspirer des craintes, même aux vieux chrétiens, acheva de rendre odieux ce grand inquisiteur-général; et dès cet instant sa vie fut constamment exposée aux plus grands dangers.

CHAPITRE IV.

Expulsion des Juifs. Cruauté et mort de Torquemada.

Comme la maxime des gens d'église est la même que celle de tous les tyrans anciens et modernes : diviser pour régner, l'Inquisition employa tous ses moyens à fomenter la haine séculaire que se portaient, en Espagne, les diverses races de ses habitants. L'animosité que nourrissaient les vieux chrétiens contre les Juifs semblait s'être accrue depuis que l'Inquisition les persécutait; ils n'épargnèrent rien pour rendre ces malheureux Israélites odieux au Saint-Office et au gouvernement. On les accusait, non-seulement d'exciter à l'apostasie ceux de leurs anciens co-religionnaires qui s'étaient faits chrétiens; mais on leur imputait encore un grand nombre de sacrilèges et de crimes, comme, par exemple, d'enlever des enfants chrétiens et de les crucifier le vendredi-saint dans l'intention d'insulter à la mort de Jésus-Christ; d'avoir outragé des hosties consacrées, et d'avoir conspiré contre la tranquillité de l'État. On accusait en outre les médecins et les apothicaires juifs d'abuser de leur ministère pour donner la mort aux chrétiens qu'ils soignaient. Les preuves qu'on alléguait de tous ces crimes étaient absurdes; mais l'esprit de parti les admit comme convaincantes, et s'en servit pour provoquer l'expulsion de tous les juifs du royaume.

Avertis du danger qui les menaçait, et persuadés que, pour conjurer l'orage, il suffirait d'offrir de l'argent à Ferdinand, les Israélites s'engagèrent à lui fournir trente mille ducats pour subvenir aux frais de la guerre contre les Maures de Grenade, dans laquelle il était alors engagé. Ferdinand allait accepter cette proposition; mais le fanatique Torquemada eut la hardiesse de s'y opposer, et le décret qui obligeait les juifs de tout sexe et de tout âge à sortir de l'Espagne, fut promulgué le 31 mars 1492. Ferdinand y avait prononcé la peine de mort et la confiscation des biens contre ceux qui n'auraient pas obéi avant le terme de quatre mois.

Cette mesure cruelle ne laissa aux juifs d'Espagne d'autre alternative que la fuite ou le baptême. Presque tous se hâtèrent de vendre leurs biens et de quitter un pays qui leur offrait aussi peu de sûreté. L'Espagne perdit, par cette émigration, plus de huit cent mille habitants, et cela au même moment où la conquête du royaume de Grenade faisait passer en Afrique une quantité considérable de Maures.

L'expulsion des juifs et l'occupation de Grenade par les troupes de Ferdinand furent deux événements remarquables qui offrirent de nouvelles victimes à l'Inquisition; car, parmi les mahométans et les Israélites qui se firent chrétiens pour pouvoir rester dans leur patrie, il y en avait très-peu dont la conversion ne fût simulée. Les inquisiteurs ne tardèrent pas à découvrir ces malheureux, et les bûchers en dévorèrent aussitôt un grand nombre. Ferdinand s'associa, dans cette circonstance, aux cruautés du Saint-Office: l'histoire nous apprend de quelle manière il fit lentement expirer plusieurs juifs trouvés dans Malaga lorsque cette ville fut prise sur les Maures; il ordonna qu'ils fussent tués avec des roseaux pointus: supplice affreux, que les Maures ne faisaient subir qu'à ceux qui s'étaient rendus coupables du crime de lèse-majesté.

Mais ce n'était pas assez pour le fanatique Torquemada de sacrifier des juifs et des Maures; son audace fut poussée jusqu'au point de mettre en jugement les évêques de Ségovie et de Calahorra, qui jouissaient tous deux de l'estime générale, et dont tous les crimes consistaient à être les fils de juifs baptisés. Ce fut en vain que ces deux prélats opposèrent les bulles apostoliques qui défendaient aux inquisiteurs de procéder contre les évêques, et les plaçaient sous la juridiction immédiate des papes, Torquemada n'en prépara pas moins une instruction secrète, qui força les deux accusés de se rendre à Rome pour présenter leur défense au pape.

Il suffisait alors que quelque juif converti eût laissé des richesses pour que l'inquisition employât tous les moyens possibles à faire prouver qu'il était mort hérétique judaïsant, afin de flétrir sa mémoire, de confisquer ses biens, d'exhumer ses ossements pour les livrer aux bûchers, et de priver ses enfants de toutes ses dignités. Tel était le but que Torquemada s'était proposé, en informant contre les deux prélats. Mais il échoua d'abord; car le pape se saisit de l'affaire et la renvoya devant d'autres évêques, dont la décision fut favorable aux accusés. En dédommagement des persécutions qu'ils avaient éprouvées, le pape nomma l'évêque de Ségovie à l'ambassade de Naples, et celui de Calahorra à celle de Venise.

Torquemada, furieux de n'avoir pu perdre ces deux prélats, trouva encore le moyen de leur intenter un nouveau procès, dans lequel il réussit à démontrer que ces évêques étaient tombés dans l'hérésie, et à les faire enfermer dans un château, où ils moururent, après avoir été dépouillés de leurs biens et dégradés de la dignité épiscopale. Presque toujours l'intrigue a assuré aux inquisiteurs le succès de leurs entreprises; aussi ne craignaient-ils point d'entreprendre des choses injustes, toutes les fois qu'elles convenaient à leur haineux despotisme.

Mais ce n'est pas seulement à poursuivre les personnes que se montrait le zèle ardent de Torquemada; les livres devinrent aussi l'objet de sa surveillance. Quoiqu'il existât une commission composée d'évêques et de présidents de chancelleries, chargée de tout ce qui concernait l'examen, la censure, l'impression, l'introduction et la vente des livres, Torquemada profita de toutes les occasions pour étendre ses droits et sa juridiction sur les produits de la presse : il commença, en 1490, par faire brûler plusieurs bibles hébraïques dans un *auto-da-fé* qui eut lieu à Salamanque, sous prétexte qu'elles étaient infectées des erreurs du judaïsme. Bientôt après il célébra un autre *auto-da-fé* où furent brûlés plus de six mille volumes, que les *qualificateurs* du conseil de l'Inquisition avaient déclarés dangereux, et parmi lesquels il se trouvait beaucoup d'ouvrages estimables, dont le seul défaut était de n'être pas compris. L'insolence de Torquemada fut poussée si loin, qu'il voua à la destruction toute la bibliothèque de don Henri d'Aragon, prince du sang royal, enveloppant ainsi

dans sa proscription vandalesque la littérature, la science et les arts, avec la théologie et les pratiques superstitieuses de la sorcellerie.

L'abus que Thomas de Torquemada fit de ses immenses pouvoirs pendant les dix-huit années qui s'écoulèrent depuis sa nomination à l'emploi de grand-inquisiteur-général d'Espagne, jusqu'au 16 septembre 1498, jour de sa mort, fut tel, qu'il a été impossible aux historiens de calculer exactement le nombre de ses victimes. Quelques-uns ont prétendu que Torquemada avait fait brûler ou condamner à des peines infamantes plus de deux cent mille personnes de tout sexe; d'autres, basant leur dénombrement sur des inscriptions du temps et sur la foi d'anciens manuscrits, ont établi d'une manière beaucoup plus positive, que les treize inquisitions de Séville, de Cordoue, Jaën, Tolède, Cadix, Valladolid, Calahorra, Murcie, Cuença, Sarragosse, Valence, Barcelone et Majorque, établies successivement depuis 1481 jusqu'en 1487, ont fait périr dans les flammes, pendant la domination de Torquemada, dix mille deux cent vingt personnes, brûler en effigie six mille huit cent soixante, et condamner à d'autres peines, avec confiscation de leurs biens, quatre-vingt-dix-sept mille trois cent soixante-onze. Il est peut-être nécessaire d'ajouter une remarque importante qui augmente le nombre réel des victimes de l'Inquisition : c'est que parmi les six mille huit cent soixante individus brûlés en effigie, il s'en trouve au moins quatre mille qui avaient péri lentement dans les cachots du Saint-Office, et près de deux mille dont les ossements avaient été exhumés; il ne resterait ainsi qu'un très-petit nombre de ceux brûlés en effigie qui se serait échappé des mains de l'Inquisition. Il y eut donc un total de cent quatorze mille quatre cent une familles plongées dans l'opprobre et la désolation pendant la durée du ministère inquisitorial de Torquemada.

Tous ces malheurs furent la conséquence du système adopté par ce premier grand-inquisiteur-général; ils justifient la haine universelle qui l'accompagna jusqu'au tombeau, et l'exécration à laquelle sa mémoire a été vouée. Torquemada n'ignorait point que sa vie était toujours menacée : il fut obligé de prendre toutes sortes de précautions. Dans ses voyages, il se faisait escorter par cinquante *familiers de l'Inquisition* à cheval, et par deux cents autres à pied; sa route était éclairée comme celle d'un corps de troupes qui marche au milieu des ennemis. Indépendamment de ces mesures, il avait toujours sur sa table une défense de licorne à laquelle on supposait la vertu de faire découvrir et de neutraliser les poisons. Sa cruelle administration et les plaintes qu'elle avait fait naître effrayèrent même le pape, et Torquemada fut obligé d'envoyer, pendant trois fois, un de ses collègues à Rome, avec la mission de le défendre contre les accusations dont il était journellement l'objet. Enfin les choses furent poussées si loin, qu'Alexandre VI, fatigué des plaintes continuelles qui s'élevaient de toutes parts contre ce grand-inquisiteur, voulut le dépouiller de la puissance dont il l'avait investi, et n'en fut empêché que par des considérations politiques et par ménagement pour la cour d'Espagne. Il se contenta d'expédier un bref, daté du 23 juin 1494, dans lequel il disait que Torquemada étant parvenu à un grand âge, et souffrant de différentes incommodités, le Saint-Siège avait jugé à propos de lui adjoindre quatre évêques, inquisiteurs-généraux, qu'il investissait du droit de terminer, conjointement avec le grand-inquisiteur, toutes les affaires relatives à la foi. Ce moyen eût probablement produit quelques bons résultats, si Torquemada ne fût parvenu à rendre inutiles les dispositions du bref du pape. Il mourut en exerçant encore son cruel despotisme, et légua son système à ses successeurs.

Torquemada était arrivé à inspirer une si grande terreur à tous les Espagnols, que plusieurs gentilshommes illustres jugèrent prudent de se montrer dévoués au Saint-Office, plutôt que de se faire ranger, tôt ou tard, dans la classe des suspects; ils s'offrirent volontairement pour faire partie des *familiers* du Saint-Office. Cet exemple, joint aux prérogatives et aux immunités que Ferdinand accorda aux membres de cette espèce de congrégation, entraînèrent un grand nombre de personnes des classes inférieures. C'est ainsi que se recruta cette milice du Christ, dont les légions s'accrurent bientôt d'une manière tellement monstrueuse, qu'il y eût des villes où les *familiers* privilégiés se trouvaient plus nombreux que ceux des habitants soumis aux charges municipales. Ces *familiers* exerçaient l'emploi de *gardes-du-corps* du grand-inquisiteur-général et des inquisiteurs provinciaux. En se faisant recevoir dans cette confrérie, ils s'engageaient à poursuivre les hérétiques et les personnes suspectes d'hérésie, à fournir aux sergents et aux sbires du Saint-Office tous les secours dont ils pouvaient avoir besoin pour arrêter les accusés, et à faire tout ce que les inquisiteurs leur ordonneraient pour la punition des coupables. Parmi les *familiers* il y en avait dont le zèle allait jusqu'à leur faire faire le métier d'espion, de délateur et de provocateur, pour l'amour de Dieu. Malheur à ceux qui comptaient des *familiers* parmi leurs ennemis! La liberté, la vie d'un citoyen dépendaient presque toujours d'un faux rapport ou d'un faux témoignage : il vivait avec la perspective des cachots, des tortures et des bûchers.

CHAPITRE V.

Supplices infligés par l'Inquisition.

Parmi les supplices que les inquisiteurs faisaient endurer à leurs victimes, il faut placer, presque au premier rang, ceux que les accusés éprouvaient durant leur emprisonnement. Les prisons du Saint-Office étaient, dans la plupart des villes, de sales réduits de douze pieds de longueur sur dix de largeur, ne recevant qu'un faible rayon de clarté par une petite fenêtre percée tout-à-fait en haut, de manière que les prisonniers pouvaient à peine distinguer les objets. La moitié de ces réduits était occupée par une estrade sur laquelle ils couchaient; mais, comme il y avait à peine de la place pour trois personnes, et que souvent on en enfermait le double dans chaque chambre, les plus robustes étaient obligés de dormir par terre, où ils avaient autant de place qu'on en accorde aux morts pour leur sépulture. Ces chambres étaient si humides que les nattes qui servaient à ces malheureux se pourrissaient en très-peu de temps. Les autres meubles dont les cachots étaient garnis consistaient en quelques vases de terre pour satisfaire aux besoins naturels; ces vases n'étaient vidés que toutes les semaines, ce qui obligeait les prisonniers à vivre dans une atmosphère si malsaine, que la plupart y trouvaient la mort, et que ceux qui sortaient étaient si défigurés qu'on les prenaient pour des cadavres ambulants.

Mais ce n'était pas assez de placer des hommes dans des lieux si étroits et si infects, il leur était encore défendu d'avoir des livres ou toute autre chose qui aurait pu leur faire oublier un instant leur affreuse situation. La plainte même leur était interdite, et lorsqu'un malheureux prisonnier faisait entendre quelques gémissements, on le punissait en lui mettant un bâillon pendant plusieurs jours, et en le fouettant cruellement le long des corri-

dors, lorsque le premier moyen n'avait pas suffi pour le forcer au silence. La même punition du fouet était infligée à ceux qui faisaient du bruit dans leurs chambres ou qui se disputaient entre eux; en pareil cas, on rendait toute la chambrée solidaire, et on les fouettait tous. Ce châtiment était exercé sur toutes les personnes sans distinction du sexe et de l'âge, de sorte que de jeunes demoiselles, des religieuses et des dames distinguées étaient dépouillées et battues impitoyablement.

Tels étaient l'état des prisons du Saint-Office et les traitements que l'on y faisait éprouver aux prisonniers vers la fin du quinzième siècle. Depuis lors, quelques améliorations ont successivement eu lieu dans l'intérieur des cachots; mais le sort des prisonniers y a été presque toujours le même, et l'on a vu beaucoup de ces malheureux se donner volontairement la mort pour mettre un terme à leurs souffrances. D'autres, bien plus dignes de pitié, étaient tirés de leurs cachots pour être conduits dans la *chambre du tourment*; là, se trouvaient les inquisiteurs et les bourreaux: là, tout accusé, qui avait refusé de se déclarer coupable, recevait la *question*.

Une grotte souterraine, où l'on descendait par une infinité de détours, était le lieu destiné à l'application de la torture: le profond silence qui régnait dans cette *chambre du tourment* et l'appareil épouvantable des instruments du supplice, faiblement éclairés par la lumière vacillante de deux pâles flambeaux, devaient nécessairement remplir l'âme du patient d'une terreur mortelle. A peine était-il arrivé devant les inquisiteurs, que les bourreaux, vêtus d'une longue robe de treillis noir et la tête couverte d'un capuchon de même étoffe, percé aux endroits des yeux, du nez et de la bouche, le saisissaient et le dépouillaient nu jusqu'à la chemise. Alors les inquisiteurs, joignant l'hypocrisie à la cruauté, exhortaient la victime à confesser son crime, et, si elle persistait à nier, ils ordonnaient que la torture serait employée de la manière et pendant le temps qu'ils le jugeraient convenable. Les inquisiteurs ne manquaient jamais de protester qu'en cas de lésion, de fracture de membres ou de mort, le fait n'en devait être imputé qu'à l'accusé.

Il y avait trois manières d'appliquer la question: la corde, l'eau et le feu.

Dans le premier cas, on liait derrière le dos les mains du patient, par le moyen d'une corde passée dans une poulie attachée à la voûte, et les bourreaux l'enlevaient aussi haut que possible.

Après l'avoir laissé quelque temps ainsi suspendu, on lâchait la corde, afin que le malheureux torturé tombât tout à coup jusqu'à un demi-pied de distance de la terre. Cette terrible secousse disloquait toutes les jointures, et la corde, qui serrait les poignets, entrait souvent dans les chairs. Ce supplice, renouvelé pendant plus d'une heure, laissait très-souvent le patient sans force et sans mouvement; mais ce n'était qu'après que le médecin de l'inquisition avait déclaré que le torturé ne pouvait supporter plus longtemps la question sans mourir, que les inquisiteurs le renvoyaient dans sa prison : on le laissait en proie à ses souffrances et à son désespoir, jusqu'au moment où le Saint-Office lui faisait préparer une torture encore plus horrible.

Cette question était donnée au moyen de l'eau. Les bourreaux étendaient la victime sur une espèce de chevalet de bois, en forme de gouttière, propre à recevoir le corps d'un homme, sans autre fond qu'un bâton qui le traverse, et sur lequel le corps, tombant en arrière, se courbe par l'effet du mécanisme du chevalet, et prend une position telle, que les pieds se trouvent plus haut que la tête. Il résulte de cette situation que la respiration devient très-pénible, et que le patient éprouve les plus vives douleurs dans tous ses membres, par l'effet de la pression des cordes, dont les tours pénètrent dans les chairs et font jaillir le sang, même avant qu'on ait employé le garot. C'est dans cette cruelle position que les bourreaux introduisent, au fond de la gorge de la victime, un linge fin, mouillé, dont une partie lui couvre les narines; on lui verse ensuite de l'eau dans la bouche et dans le nez, et on la laisse filtrer avec tant de lenteur, qu'il ne faut pas moins d'une heure pour qu'il en ait avalé un litre, quoiqu'elle descende sans interruption. Ainsi le patient ne trouve aucun intervalle pour respirer : à chaque instant il fait un effort pour avaler, espérant donner passage à un peu d'air; mais comme le linge mouillé est placé pour y mettre obstacle et que l'eau entre en même temps par les narines, on conçoit tout ce que cette nouvelle combinaison doit opposer de difficulté à la fonction la plus importante la vie. Aussi arrivait-il souvent que, lorsque la question était finie, on retirait du fond de la gorge le linge tout imbibé du sang de quelques vaisseaux qui s'étaient rompus par les grands efforts du malheureux torturé. Il faut encore ajouter qu'à chaque instant un bras nerveux tourne le fatal billot, et qu'à chaque tour, les cordes qui entourent les bras et les jambes pénètrent jusqu'aux os.

Si, par ce second tourment, ils ne pouvaient obtenir aucun aveu, les inquisiteurs avaient ensuite recours au *feu*. Pour appliquer cette question, les bourreaux commençaient par attacher les mains et les jambes du patient, de manière qu'il ne pût pas changer de position: ils lui frottaient alors les pieds avec de l'huile, du lard et autres matières pénétrantes, et les lui plaçaient devant un feu ardent jusqu'à ce que la chair fut tellement crevassée, que les nerfs et les os parussent de toutes parts.

Tels étaient les moyens barbares que l'Inquisition d'Espagne employait pour faire avouer à ses victimes des crimes imaginaires. Il aurait fallu être bien robuste pour supporter ces cruelles épreuves, qui étaient renouvelées plusieurs fois durant le cours de l'instruction de la procédure, de manière qu'à peine un accusé commençait à reprendre quelques forces, on le soumettait à une nouvelle question.

Les choses furent poussées si loin par les inquisiteurs, que le conseil de la *Suprême* se vit obligé de leur défendre d'appliquer plus d'une fois la torture à la même personne: mais ces moines, froidement barbares, trouvèrent bientôt le moyen d'éluder cette défense, et par une escobarderie qu'il est impossible de qualifier, lorsqu'ils avaient torturé un malheureux pendant une heure, ils le renvoyaient dans les prisons, en déclarant que la question était *suspendue* jusqu'au moment où ils jugeraient à propos de la *continuer*. C'est ainsi qu'ils lassaient les prévenus et les forçaient presque toujours à s'avouer plus coupables qu'ils ne l'étaient réellement; fatigués de souffrir, la mort leur semblait un soulagement; plusieurs se la donnaient eux-mêmes dans les prisons, et les autres voyaient sans peine les préparatifs de l'*auto-da-fé* qui allait les livrer aux flammes.

CHAPITRE VI.

Description d'un auto-da-fé.

Le Saint-Office était dans l'habitude de célébrer deux sortes d'*auto-da-fé* : les *auto-da-fé* particuliers et les *auto-da-fé* généraux.

Les *auto-da-fé* particuliers avaient lieu plusieurs fois par année, à des époques fixes, telles que l'avant-dernier vendredi de carême et autres jours déterminés par les inquisiteurs. Le nombre de victimes qui figuraient dans ces exécutions partielles était toujours moindre que celui des malheureux qu'on destinait pour les exécutions générales.

Ces exécutions générales avaient lieu plus rarement ; on réservait ce spectacle pour les grandes occasions, comme, par exemple, l'avènement au trône d'un souverain, son mariage, la naissance de quelque infant et les anniversaires des jours mémorables : c'était avec des *auto-da-fé* généraux que l'Inquisition fêtait les rois très-catholiques. Tous les condamnés, dont plusieurs gémissaient dans les prisons depuis longues années, en étaient tirés alors, morts ou vifs, pour figurer dans cette barbare cérémonie.

Un mois avant le jour fixé pour l'*auto-da-fé* général, les membres de l'Inquisition, précédés de leur bannière, se rendaient en cavalcade du palais du Saint-Office à la grande place, pour y annoncer aux habitants qu'à un mois delà, à pareil jour, il y aurait une exécution générale des personnes condamnées par l'Inquisition : cette cavalcade faisait ensuite le tour de la ville au son des trompettes et des timbales. Dès cet instant, on s'occupait des préparatifs nécessaires pour rendre la cérémonie aussi solennelle que magnifique ; à cet effet, on dressait sur la grande place un théâtre de cinquante pieds de long, élevé jusqu'à la hauteur

du balcon du roi, lorsque la ville où devait avoir lieu l'*auto-da-fé* était la résidence royale. A l'extrémité, et sur toute la largeur de ce théâtre s'élevait, à la droite du balcon du roi, un amphithéâtre de vingt-cinq à trente degrés destinés pour le conseil de la Suprême et pour les autres conseils d'Espagne. Au-dessus de ces degrés, l'on voyait, sous un dais, le fauteuil du grand-inquisiteur, qui se trouvait beaucoup plus élevé que le balcon du roi. A la gauche du théâtre et du balcon, on dressait un second amphithéâtre où les condamnés devaient être placés. Au milieu du grand théâtre, il y en avait un autre fort petit qui soutenait deux espèces de cages en bois, ouvertes par le haut, dans lesquelles on plaçait les condamnés pendant la lecture de leur sentence. En face de ces cages se trouvaient deux chaires, une pour le relateur ou lecteur des jugements, l'autre pour le prédicateur; et enfin, on dressait un autel auprès de la place des conseillers.

Le roi, la famille royale, ainsi que toutes les dames de la cour, occupaient le balcon royal. D'autres balcons étaient également préparés pour les ambassadeurs et les grands de la couronne, et des échafauds pour le peuple.

Un mois après la publication de l'*auto-da-fé*, la cérémonie commençait par une procession composée de charbonniers, de dominicains et de familiers, qui partait de l'église et se rendait sur la grande place; elle s'en retournait après avoir planté, près de l'autel, une croix verte, entourée d'un crêpe noir, et l'étendard de l'Inquisition. Les dominicains seuls restaient sur le théâtre, et passaient une partie de la nuit à psalmodier et à célébrer des messes.

A sept heures du matin, le roi, la reine et toute la cour paraissaient sur les balcons.

A huit heures, la procession sortait du palais de l'Inquisition, et se rendait sur la place dans l'ordre suivant :

1° Cent charbonniers, armés de piques et de mousquets. Ils avaient le droit de faire partie de la procession, parce qu'ils fournissaient le bois destiné à brûler les hérétiques ;

2° Les dominicains précédés d'une croix blanche;

3° L'étendard de l'Inquisiton, porté par le duc de Médina-Céli, suivant le privilège de sa famille. Cet étendard était de damas rouge, sur lequel on avait brodé d'un côté les armes d'Espagne, de l'autre une épée nue, entourée d'une couronne de lauriers;

4° Les grands d'Espagne et les *familiers* de l'Inquisition ;

5° Toutes les victimes, sans distinction de sexe, placées suivant les peines plus ou moins sévères auxquelles elles étaient condamnées.

Celles condamnés à de légères pénitences marchaient les premières, la tête nue et les pieds nus, revêtus d'un *san-benito* de toile, avec une grande croix de Saint-André jaune sur la poitrine et une autre sur le dos. Après cette classe marchait celle des condamnés au fouet, aux galères et à l'emprisonnement. Venaient ensuite ceux qui, ayant évité le feu en avouant après leur jugement, devaient être étranglés seulement ; ils portaient un *san-benito*, sur lequel étaient peints des diables et des flammes ; un bonnet de carton de trois pieds de haut, appelé *coroza*, peint comme le *san-benito*, était placé sur leur tête.

Les obstinés, les relaps et tous ceux qui devaient être brûlés vifs, marchaient les derniers, vêtus comme les précédents, avec la différence que les flammes peintes sur leur *san-benito* étaient ascendantes. Parmi ces malheureux, il y en avait souvent qui marchaient bâillonnés. Tous ceux qui devaient mourir étaient accompagnés de deux *familiers* et de deux religieux. Chaque condamné, à quelque classe qu'il appartînt, tenait à la main un cierge de cire jaune.

Après les victimes vivantes, on portait les statues en carton des condamnés au feu, morts avant l'*auto-da-fé*; leurs os étaient aussi portés dans des coffres.

Une grande cavalcade, composée de conseillers de la *Suprême*, des inquisiteurs et du clergé, fermait la marche. Le grand-inquisiteur était le dernier, vêtu d'un habit violet : il se faisait escorter par ses *gardes-du-corps*.

Dès que la procession était arrivée sur la place, et que chacun s'était assis, un prêtre commençait la messe jusqu'à l'évangile. Le grand-inquisiteur descendait alors de son fauteuil, et après s'être fait revêtir d'une chape et d'une mitre, il s'approchait du balcon où était le roi pour lui faire prononcer le serment par lequel les rois d'Espagne s'obligent de protéger la foi catholique, d'extirper les hérésies et d'appuyer de toute leur autorité les procédures de l'Inquisition. Sa Majesté très-catholique, debout, la tête nue, jurait de l'observer. Le même serment était prêté par toute l'assemblée.

Un dominicain montait ensuite dans la chaire, et faisait contre les hérésies un sermon rempli des louanges de l'Inquisition. Dès que le sermon était fini, le relateur du Saint-Office commençait à lire les sentences ; chaque condamné entendait la sienne à genoux dans la cage, et retournait ensuite à sa place.

A la fin de cette lecture, le grand-inquisiteur quittait son siège, et prononçait l'absolution de ceux qui étaient réconciliés: quand aux malheureux condamnés à perdre la vie, ils étaient livrés au bras séculier, placés sur des ânes, et conduits au *quemadero* pour y recevoir la mort. Là se trouvaient autant de bûchers qu'il y avait de victimes. On commençait par les statues et les os des morts que l'on brûlait; après les statues, on attachait successivement tous les condamnés aux poteaux élevés au milieu de chaque bûcher, et l'on y mettait le feu. La seule grâce que l'on faisait à ces malheureux, c'était de leur demander s'ils voulaient mourir en bons chrétiens; dans ce cas, le bourreau les étranglait avant de mettre le feu au bûcher.

Les réconciliés condamnés à la prison perpétuelle, aux galères et au fouet, étaient ramenés dans les prisons du Saint-Office, d'où ils sortaient pour subir les pénitences qui leur étaient imposées, et pour être conduits à leur destination.

Telles étaient les formalités et les cérémonies employées dans ces barbares exécutions, que l'on a osé appeler *actes de foi*, et auxquelles le roi et la cour assistaient comme à une grande fête. L'Espagne leur doit la perte de la moitié de sa population, et la honte de les avoir froidement supportées pendant plusieurs siècles.

QUATRIÈME PARTIE.

Principaux événements depuis la mort de Torquemada jusqu'à celle de Charles-Quint.

CHAPITRE PREMIER.

Second inquisiteur-général. Deza.

L'abus que le premier inquisiteur-général d'Espagne, Thomas Torquemada, avait fait de ses immenses pouvoirs, ses cruautés et la conduite barbare des Inquisitions provinciales, auraient dû faire renoncer au projet de lui donner un successeur et hâter l'abolition d'un tribunal de sang si opposé à la douceur de l'Evangile; mais Ferdinand et Isabelle étaient trop aveuglés pour profiter d'une circonstance aussi favorable. Non seulement ils la laissèrent échapper, mais ils s'empressèrent de proposer au pape, pour successeur de Torquemada, le dominicain Diegue Deza, qui avait été successivement évêque de Zamora, de Salamanque et de Palencia. Le pape signa ses bulles de confirmation le 1ᵉʳ décembre 1498, en bornant toutefois l'autorité de ce second inquisiteur-général aux affaires du royaume de Castille. Deza fut mécontent d'une restriction qui le laissait sans influence sur le royaume d'Aragon, et il refusa d'accepter, jusqu'au moment où le pape l'investit des mêmes droits accordés à Torquemada.

Ce second inquisiteur-général ne montra pas moins de sévérité que son prédécesseur. A peine eut-il commencé à exercer ses fonctions, qu'il rédigea de nouvelles ordonnances pour donner plus d'activité au tribunal de l'Inquisition; comme si la rigueur de Torquemada n'avait pas été assez grande et s'il eût manqué quelque chose à cette partie du système inquisitorial. Deza ajouta, en même temps, quelques articles relatifs à la confiscation, constant objet de l'attention du roi et du Saint-Office.

Comme son zèle et son ambition n'avaient point de bornes, il ne tarda point à proposer au roi Ferdinand d'établir l'Inquisition en Sicile et à Naples sur le nouveau plan, et de la subordonner, dans ces deux pays, à l'autorité de l'inquisiteur-général d'Espagne, au lieu de la laisser sous la dépendance de la cour de Rome. Le monarque adopta cette proposition, et entreprit de faire recevoir, d'abord en Sicile, le tribunal du Saint-Office tel qu'il existait en Espagne. Mais les Siciliens lui opposèrent une longue résistance : il fallut apaiser bien des mouvements et tenir pendant trois ans les troupes toujours en haleine, avant que le grand-inquisiteur subdélégué pût commencer ses fonctions. Les inquisiteurs l'emportèrent enfin, et au bout de quelques années, ils étaient aussi insolents en Sicile qu'en Espagne. Cependant le peuple ne pouvait s'habituer à ce nouveau système inquisitorial, et n'attendait qu'une occasion favorable pour s'en affranchir. Elle se présenta en l'année 1516 : un soulèvement général contre l'Inquisition eut lieu dans toute l'île ; les prisonniers furent délivrés, et le joug des inquisiteurs aurait été secoué à jamais si la Sicile avait pu résister plus tard à la puissance formidable de Charles-Quint : l'Inquisition lui fut alors imposée une seconde fois.

Le royaume de Naples eut plus de bonheur : la résistance de ses habitants fut si opiniâtre, que le vice-roi se vit obligé d'abandonner le dessein de Ferdinand, et de lui faire connaître tout le danger qu'il y avait à combattre une opposition aussi prononcée. Ferdinand finit par déclarer qu'il serait satisfait si les Napolitains chassaient de leur ville tous les nouveaux chrétiens qui s'y étaient réfugiés en quittant l'Espagne ; ce qui ne lui fut pas même accordé, tant les Napolitains, qui n'aimaient cependant pas les *Marranos*, avaient en horreur le système de l'Inquisition espagnole.

Pour compenser l'échec qu'il venait d'éprouver à Naples, l'inquisiteur-général Deza persuada à Ferdinand qu'il fallait établir l'Inquisition dans le royaume de Grenade. La reine, qui avait promis aux Maures baptisés de ne point les soumettre au Saint-

Office, rejeta d'abord cette proposition; mais Deza s'y prit si adroitement, qu'il obtint d'elle que les inquisiteurs de Cordoue pourraient étendre leur juridiction sur le territoire du royaume de Grenade : ce qui remplissait parfaitement son but.

L'inquisiteur principal de Cordoue était alors D. Rodriguez de *Lucero*, auquel on donna, par antiphrase, le nom de *tenebrero* (ténébreux). La dureté excessive de son caractère causa tant de maux aux *Mauresques*, qu'ils se révoltèrent et donnèrent de graves inquiétudes au roi et à la reine, dont les forces ne parvinrent à soumettre ce peuple belliqueux qu'après une longue lutte. Le résultat de cette révolte eut les suites les plus désastreuses pour les Mauresques; car, le 12 février de la même année, 1502, Ferdinand et Isabelle prirent envers ces malheureux les mêmes mesures qu'ils avaient décrétées en 1492 contre les juifs. Tous les Maures libres de l'un et de l'autre sexe reçurent l'ordre de quitter le royaume d'Espagne dans le délai de trois mois. Ce second acte impolitique de la part de Ferdinand fit encore émigrer en Afrique une grande quantité de familles maures. Ainsi l'Inquisition décimait l'Espagne par tous le moyens possibles, et lui avait enlevé, en peu d'années, près de trois millions d'habitants.

Deza n'était pas moins animé contre les Israélites que son prédécesseur Torquemada. Non content d'avoir provoqué l'expulsion des Maures, il proposa au roi d'appliquer le décret de 1492 à un grand nombre de juifs étrangers, qui étaient arrivés dans le royaume depuis quelques années. Cette nouvelle mesure priva encore l'Espagne de la majeure partie de ces hommes industrieux, dont quelques-uns seulement acceptèrent le baptême et les autres conditions humiliantes qui leur furent imposées, pour pouvoir résider dans les États de Sa Majesté très-catholique.

A peu près à la même époque, et toujours à la suite des sollicitations de l'inquisiteur-général Deza, Ferdinand, malgré le serment qu'il avait fait d'observer les statuts de ce royaume, permit aux inquisiteurs d'Aragon de connaître du péché d'usure; ce délit n'avait été poursuivi jusqu'alors que par les juges séculiers. Les inquisiteurs ne furent pas plus tôt autorisés à s'en emparer, que les prisons du Saint-Office s'encombrèrent de gens auxquels on reprochait ces sortes d'affaires.

Bientôt après, les inquisiteurs s'attribuèrent également la connaissance du péché de sodomie, sous prétexte qu'il devait être soumis à la même juridiction que toutes les affaires de la foi. Dix personnes coupables de ce crime figurèrent dans un *auto-da-fé* qui eut lieu à Séville en l'année 1506, et subirent le supplice du bûcher. Il me paraît nécessaire de faire observer ici qu'au moment où les inquisiteurs d'Aragon avaient fait enfermer dans les prisons du Saint-Office plusieurs prêtres de Saragosse, accusés de sodomie, l'archevêque de cette ville obtint un bref du pape, qui renvoyait les prévenus devant les juges ordinaires, et, cela, après qu'on avait déjà condamné et brûlé un grand nombre de sodomistes. Cette circonstance est d'autant plus remarquable, que tout en relâchant les prêtres et les moines arrêtés pour ce crime, les inquisiteurs continuèrent à poursuivre, pour le même fait, les laïcs de toutes les classes, parmi lesquels se trouva compromis le vice-chancelier d'Aragon, qui ne dut son acquittement qu'à son nom et à son crédit.

Le grand inquisiteur Deza avait accordé toute sa confiance à l'inquisiteur de Cordoue, Lucero, dont l'inhumanité eut les suites les plus graves. Lucero avait pris l'habitude de déclarer presque tous les accusés coupables de réticence, et de les faire condamner comme *faux pénitents*. Cet abominable système coûta la vie à un grand nombre de malheureux; une plus grande quantité encore gémissait dans les prisons au moment où Philippe Ier prit les rênes du gouvernement de Castille. Ce prince, instruit de la cruauté de l'inquisiteur-général et de son ami Lucero, ordonna à Deza de se retirer dans son archevêché de Séville, et de déléguer ses pouvoirs à D. Ramirez de Guzman, évêque de Catane. Il suspendit de leurs fonctions l'inquisiteur Lucero et les autres juges du tribunal de Cordoue, et fit soumettre à l'examen du conseil de la *Suprême* toutes les affaires entamées par Lucero. Elles se seraient heureusement terminées, sans la mort de Philippe Ier, qui eut lieu le 25 septembre 1506, trois mois après son avènement au trône.

A peine Deza eut-il appris la mort du roi, qu'il annula la délégation, et reprit ses fonctions d'inquisiteur-général. Il cassa tout ce qui avait été fait pendant sa retraite, et les prisons se remplirent de nouvelles victimes. Les habitants de Cordoue, fatigués du joug de l'inquisiteur Lucero, que Deza venait de rétablir, se soulevèrent, forcèrent les prisons, et en firent sortir les détenus, dont le nombre était incalculable. Le procureur fiscal, le greffier et plusieurs employés subalternes du tribunal furent arrêtés; Lucero ne dut son salut qu'à une prompte fuite. Ces événements, joints à l'arrivée en Espagne de Ferdinand V, régent du royaume, inspirèrent tant de crainte à l'inquisiteur-général Deza, qu'il renonça lui-même à son emploi, et se retira dans son diocèse, où il mourut haï de tous les Espagnols.

Deza persécuta d'une manière indigne le vénérable archevêque de Grenade, Ferdinand de Talavera, et le sage Antoine de Lebrija, qui fut dénoncé au Saint-Office par des théologiens scolastiques, pour avoir découvert et corrigé plusieurs erreurs qui s'étaient glissées dans le texte latin de la *Vulgate*, par la faute des copistes. L'archevêque de Grenade fut unanimement acquitté dans une assemblée de cardinaux, que le pape avait convoquée en évoquant cette affaire. Lebrija sortit des prisons quelque temps après la retraite de Deza.

Pendant le règne inquisitorial de cet archevêque, deux mille cinq cents quatre-vingt-douze individus furent brûlés vifs; huit cent vingt-neuf le furent en effigie, et trente-deux mille neuf cent cinquante-deux subirent l'emprisonnement ou les galères, avec confiscation de leurs biens.

Ce qui ajoutait encore à toute l'horreur que l'Inquisition inspirait, c'était la conduite intolérable des agents de ce tribunal: ils volaient, ils tuaient impunément, et outrageaient sans honte les filles et les femmes qui avaient le malheur de tomber entre leurs mains. Ce scandale fut souvent la cause que le peuple se souleva contre le Saint-Office, et qu'il maltraita plus d'un inquisiteur; mais le mal ne pouvait être réparé que par les rois et les papes, et les uns et les autres ne songèrent jamais qu'à leur propre intérêt.

CHAPITRE II.

Troisième inquisiteur-général, Ximenès Cisneros.

Don François Ximenès de Cisneros, archevêque de Tolède, fut nommé inquisiteur-général du royaume de Castille aussitôt après l'arivée en Espagne du régent, et il eut pour collègue don Juan Enguera, évêque de Vic, qui fut placé à la tête des inquisiteurs d'Aragon.

Cisneros commença à exercer ses fonctions au moment où la conspiration contre le Saint-Office était devenue presque générale, à cause des événements de Cordoue; l'on voyait dans les rangs de ceux qui se signalaient par leur haine contre l'Inquisition, non-seulement des seigneurs puissants, mais encore des évêques et des membres du conseil de Castille. Cet état d'hostilité envers le Saint-Office fit sentir à l'inquisiteur-général Cisneros la nécessité de se conduire avec une extrême prudence, afin de ne pas donner lieu à la convocation générale des cortès, que les Espagnols avaient déjà demandée.

Cisneros avait du talent et des connaissances; il avait même de l'équité avant d'être nommé inquisiteur. Né pour les grandes entreprises, il avait reçu de la nature ce degré d'ambition sans lequel les grands hommes resteraient probablement inconnus sur la terre, et cette ambition lui fit accepter un emploi qui le plaçait à la tête d'un établissement dont il avait été l'ennemi. Dès cet instant, il se trouva obligé de le soutenir et de le défendre. Cisneros fit plus, il s'opposa à toutes les innovations proposées dans la manière de procéder du Saint-Office, quoiqu'il eût appris, par ce qui s'était passé à Cordoue peu de temps avant, combien étaient graves les inconvéniens du funeste secret de l'Inquisition.

et l'abus qu'on en faisait dans les ténèbres des tribunaux de province.

Néanmoins Cisneros sollicita et obtint du roi la permission de former une junte, composée de vingt-deux personnes des plus marquantes du royaume, pour terminer convenablement tous les procès intentés aux habitants de Cordoue par l'inquisiteur Lucero. Cette junte prit le nom de *Congrégation catholique*, et tint sa première assemblée à Burgos, en 1508. Après un travail de plusieurs mois, elle rendit une sentence qui déclarait les témoins entendus par Lucero dans l'affaire de Cordoue, indignes d'aucune confiance, attendu que leurs déclarations étaient contradictoires et justement suspectes de mauvaise foi par leur invraisemblance et leur absurdité. En conséquence, les accusés qui étaient encore dans les prisons furent mis en liberté; leur honneur, ainsi que la mémoire des morts, devaient être réhabilités, et les maisons démolies reconstruites aux frais du trésor. Cet acte tardif de justice, que la prudence avait peut-être commandé, fut solennellement publié à Valladolid, au milieu des applaudissements du peuple, qui croyait déjà avoir brisé le joug de l'Inquisition, parce qu'elle lui accordait une trêve fallacieuse.

Les événements de Cordoue avaient aussi imposé à l'inquisiteur-général la nécessité d'examiner avec le plus grand soin la conduite des inquisiteurs et des autres employés du Saint-Office; des désordres scandaleux avaient été commis entre eux et les femmes qui étaient dans les prisons; et comme ce n'était pas la première fois que cela arrivait, Cisneros décréta, d'après l'avis du conseil de la Suprême, que toutes les personnes attachées au Saint-Office qui se rendraient coupables de pareils crimes, seraient punies de mort. Les occasions d'appliquer cette loi n'ont pas manqué dans la suite, et cependant elle est restée sans effet.

La division de l'Espagne en royaumes de Castille et d'Aragon, qui eut lieu après la mort de Philippe Ier, fournit à l'inquisiteur-général l'idée de changer la circonscription des Inquisitions provinciales, et de ne laisser subsister qu'un tribunal par province, tandis qu'il en existait un dans chaque évêché. Mais, par compensation, Cisneros envoya des inquisiteurs aux Canaries pour y introduire le Saint-Office. Quelques années après, l'Inquisition fut établie à Cuença.

Cisneros prit, sans doute, quelques mesures pour ralentir l'activité du Saint-Office; il destitua même un grand nombre d'agents qui avaient abusé de leur pouvoir; mais l'obstination qu'il mit à s'opposer aux réformes demandées par les peuples fut cause que le mal continua d'exister, et que le nombre des victimes devint encore plus grand, pendant sa dictature, qu'il ne l'avait été sous celle de son prédécesseur : aussi l'Inquisition essuya-t-elle les plus violentes attaques en Aragon, tant que ce royaume resta séparé de la Castille. Ferdinand fut obligé d'assembler les Cortès en 1510, pour écouter leurs représentations contre le Saint-Office. Les députés se plaignirent hautement de l'abus que les inquisiteurs faisaient de leur autorité, non-seulement dans les matières relatives à la foi, mais encore sur différents points étrangers au dogme, tels que l'usure, le blasphème, la sodomie, la bigamie, la nécromancie et autres délits qui n'étaient pas de leur compétence. Les cortès firent connaître au roi que les inquisiteurs se mêlaient aussi de régler les contributions et d'augmenter le nombre des franchises qui leur avaient été accordées, ainsi qu'à leurs familiers, de sorte que la masse des impôts se trouvait diminuée d'une manière scandaleuse par les réductions qu'ils faisaient sur les listes des contribuables; ce qui aggravait d'une manière insupportable les charges de ceux qui étaient obligés de payer pour les autres. Enfin les cortès se plaignirent de la hardiesse et de l'insolence des inquisiteurs, qui s'établissaient juges de toutes les matières douteuses, et opprimaient les magistrats toutes les fois que ces derniers voulaient récuser la compétence du Saint-Office. L'abus des excommunications lancées contre ceux qui avaient voulu s'opposer aux empiétements de l'Inquisition, fut placé au nombre des griefs que les cortès exposèrent au roi, à qui elles ne demandaient autre chose que le maintien des coutumes particulières et l'exécution des lois et des statuts de la couronne d'Aragon, qu'il avait lui-même juré de respecter. Les cortès ajoutaient, dans leur réclamation, que la publicité des procédures du Saint-Office, exigée par les lois et coutumes du royaume, suffirait pour prévenir une foule de malheurs et la ruine d'un grand nombre de familles.

Cette démarche des cortès fit connaître au roi la disposition des esprits; cependant il évita de répondre catégoriquement, et il se borna à engager les députés à lui soumettre, dans la prochaine assemblée qui devait avoir lieu deux ans après, tous les faits qu'ils auraient pu recueillir à l'appui de leur demande, afin de décider avec connaissance de cause. En effet, une seconde réunion des cortès d'Aragon ayant eu lieu dans l'année 1512, le roi ne put s'empêcher d'adopter les résolutions qui lui furent proposées, et qui formaient un traité entre le souverain et la nation. Ces résolutions contenaient vingt-cinq articles presque tous destinés à restreindre la juridiction des inquisiteurs, et à diminuer le nombre des franchises dont ils avaient tant abusé; mais il ne fut pris aucune mesure sur la publicité de la procédure inquisitoriale, et l'on ne changea presque rien au système des confiscations. Quoique dans le fond le roi Ferdinand n'eût pas accordé tout ce que les cortès devaient espérer, il regretta bientôt d'avoir signé ce traité; et, secondé par les menées des inquisiteurs, il sollicita et obtint du pape des dispenses pour le serment qu'il avait fait devant les cortès; il rendit ainsi aux tribunaux du Saint-Office tous les droits dont ils avaient précédemment joui. Cette conduite du roi répandit la consternation dans le royaume; partout le peuple se souleva, et Ferdinand se vit obligé, dans la crainte d'une révolte générale, de renoncer au bref qu'il avait obtenu, et d'engager le pape à confirmer les dispositions des Cortès. Ce prince se serait évité une rétractation aussi honteuse, et dont le peuple ne pouvait lui tenir aucun compte, s'il ne s'était pas joué de sa parole et de ses serments.

Pendant que les cortès d'Aragon luttaient avec l'Inquisition et le roi, les nouveaux chrétiens de Castille offrirent à Ferdinand une somme de six cent mille ducats d'or, pour subvenir aux frais de la guerre qu'il préparait contre son neveu le roi de Navarre, à condition qu'une nouvelle loi de l'État établirait la publicité de tous les procès de l'Inquisition. Ferdinand allait accepter, lorsque Cisneros, qui fut instruit de la proposition des nouveaux chrétiens, mit à sa disposition une forte somme pour lui faire abandonner tout projet de réforme. Le roi donna la préférence à l'argent de l'inquisiteur-général, et laissa les choses dans l'état où elles étaient. Un peu plus tard, pendant que Charles d'Autriche, petit-fils de Ferdinand, si fameux ensuite sous le nom de Charles-Quint, était en Flandre et se disposait à se rendre en Espagne, les nouveaux chrétiens lui offrirent encore aux mêmes conditions huit cent mille écus d'or pour les dépenses de son voyage. Toutes les universités et tous les hommes instruits de l'Espagne et de la Flandre, que l'on consulta sur cette proposition, répondirent unanimement que la communication des noms et des déclarations entières des témoins pendant la procédure était conforme au droit naturel, divin et humain ; mais l'inquisiteur-général Cisneros se hâta d'envoyer des députés au roi, et s'y prit d'une manière si adroite, que Charles laissa l'affaire indécise jusqu'à son arrivée en Espagne.

Ainsi le cardinal inquisiteur-général Ximenès de Cisneros, qui était un des ardents partisans de la réforme de l'Inquisition lorsqu'il n'était encore qu'archevêque, devint le plus opiniâtre défenseur des graves abus que commettaient les inquisiteurs, dès qu'il fut placé à leur tête, et fut cause, pendant deux fois, que la manière de procéder du Saint-Office ne reçut presque aucune de ces modifications que les peuples de l'Espagne demandaient à grands cris depuis l'établissement de l'Inquisition moderne.

Durant les onze années du ministère inquisitorial de Ximenès Cisneros, le Saint-Office fit brûler en personne trois mille cinq cent soixante-quatre individus des deux sexes, et mille deux cent trente-deux en effigie ; quarante-huit mille cinquante-neuf malheureux furent en même temps condamnés à la prison, aux galères ou à d'autres peines, et toujours à la confiscation de leurs biens. Il résulte de ce calcul que le nombre des condamnés pendant le cours d'une année était communément de quatre mille huit cent cinq ; ce qui prouve incontestablement que Cisneros, malgré ses bonnes dispositions primitives, fit célébrer comparativement beaucoup plus d'*auto-da-fé* que son prédécesseur Deza.

Cisneros mourut le 8 novembre 1517, au commencement du

règne de Charles-Quint. Sa politique lui avait fait demander pour collègue, quelques mois avant, le cardinal Adrien de Florencio, qui fut le quatrième inquisiteur-général d'Espagne, et qui en remplit les fonctions jusqu'à l'époque de son avènement au trône pontifical.

CHAPITRE III.

Quatrième inquisiteur-général, Adrien Florencio.

Lorsque Charles-Quint se rendit en Espagne, il était très-disposé à abolir l'Inquisition, ou tout au moins à organiser la procédure du Saint-Office, suivant les règles du droit naturel, et sur le modèle des tribunaux. Son précepteur Guillaume de Croy et son grand-chancelier Selvagio, lui avaient inspiré cette résolution; ainsi l'Inquisition n'avait jamais couru autant de risque d'être supprimée que pendant les premières années du règne de ce jeune monarque et de celui de l'inquisiteur-général Adrien.

Voulant profiter de ce moment favorable pour alléger le joug sous lequel les Espagnols gémissaient depuis si longtemps, les cortès de Castille, celles de l'Aragon et celles de la principauté de Catalogne s'assemblèrent au commencement de l'année 1518 pour demander au roi les réformes que la conduite des inquisiteurs avait rendues indispensables; chaque assemblée rédigea un projet d'ordonnance qui réglait l'organisation du tribunal du Saint-Office, ainsi que les formes de la procédure.

Charles-Quint promit aux cortès de Castille d'ordonner la mise à exécution du nouveau code rédigé par son chancelier Selvagio, de concert avec les députés; mais au moment le plus décisif pour le triomphe de la justice et de l'humanité, Selvagio mourut, et l'inquisiteur-général Adrien changea tellement les idées et les dispositions du roi, qu'il en fit insensiblement un protecteur passionné de l'Inquisition.

Les Aragonais et les Catalans avaient demandé à Charles-Quint de défendre aux inquisiteurs d'intenter aucun procès pour cause d'usure, de sodomie, de bigamie, de nécromancie et autres délits de ce genre, dont ils s'étaient arrogé la connaissance; ils demandaient aussi au roi de prévenir les abus qui se commettaient relativement aux impôts et aux charges publiques. Charles-Quint promit solennellement de faire respecter les priviléges et les coutumes de chacune de ces provinces, et déclara, quant aux autres points, que sa volonté était que l'on se conformât aux saints canons et aux décrets du Saint-Siége. Cette réponse du roi fit croire aux cortés qu'il venait de leur accorder tout ce qu'elles avaient demandé; c'était, en effet, ce que semblait indiquer la promesse de faire *observer les saints canons*; en conséquence, les cortés en témoignèrent leur reconnaissance au roi par un don en argent. Le temps leur prouva que les promesses de Charles-Quint étaient aussi fallacieuses que celles de ses prédécesseurs.

Cependant le concordat conclu entre le roi et les cortés d'Aragon et de la Catalogne fut envoyé à Rome pour être approuvé par le pape. Dès cet instant, les inquisiteurs recommencèrent leurs intrigues auprès de la cour de Rome et de Charles-Quint, et ils parvinrent à faire retarder pendant près de deux ans l'expédition de la bulle de confirmation. Dans cet intervalle, le Saint-Office de Saragosse, à qui tous les moyens paraissaient bons pour éloigner le danger dont il était menacé, fit emprisonner le secrétaire de l'assemblée d'Aragon, sous prétexte qu'il avait rédigé l'acte envoyé à Rome de manière à rendre obligatoires les promesses que le roi annonçait n'avoir faites que conditionnellement. Un attentat aussi grave sur la représentation nationale indisposa les Aragonais contre Charles-Quint, qui l'avait toléré : la *députation permanente* jugea nécessaire de convoquer de nouvelles cortés. Charles, ayant été informé de cette convocation, ordonna la dissolution de l'assemblée; mais les cortés répondirent que les rois d'Aragon n'avaient pas le droit d'employer une mesure aussi violente; et, par représailles, elles décrétèrent que l'impôt ne serait pas levé jusqu'à ce que le roi eût fait droit aux justes réclamations des Aragonais. Heureusement pour les prétentions des cortés, Léon X était alors fort mal avec l'Inquisition d'Espagne, à cause de tous les malheurs qu'elle causait et des troubles qu'elle fomentait pour se soutenir. Ce pape résolut de réformer le Saint-Office, en le soumettant à toutes les règles et aux dispositions du droit commun. En conséquence, il expédia des brefs par lesquels il ordonnait que les inquisiteurs seraient destitués, et que les évêques et leurs chapitres présenteraient deux chanoines à l'inquisiteur-général, qui en nommerait un pour faire partie du Saint-Office. Les inquisiteurs refusèrent d'obéir au pape, et Charles-Quint envoya un ambassadeur extraordinaire à Rome pour solliciter la révocation de ces brefs. Léon X, voyant l'importance que Charles-Quint, qui venait de prendre le titre d'empereur, mettait à cette affaire, eut recours aux expédients si souvent employés par la cour de Rome; il embrouilla les questions les plus simples et fit oublier l'objet principal. Il écrivit à l'inquisiteur-général que, quoi qu'il eût effectivement résolu de faire droit aux réclamations des cortés, il ne pousserait cependant pas les choses plus loin sans le consentement de l'empereur, auquel il promettait de ne rien innover. Les députés d'Aragon ne se découragèrent pas : ils continuèrent leurs instances à Rome avec tant de vigueur, que, s'ils ne réussirent pas à obtenir du pape des résolutions favorables à l'extension qu'ils voulaient donner aux articles convenus dans l'assemblée des cortés, ils empêchèrent du moins la révocation des trois brefs qui réformaient l'Inquisition, révocation que l'empereur sollicitait vivement.

Cette misérable lutte, dont les détails font pitié, était alors une chose fort importante, à cause de la chaleur que chaque parti y mettait, et des troubles intestins qu'elle causa à l'Espagne pendant deux ans; elle se termina par la mise en liberté du secrétaire des cortés d'Aragon, et par le vote de l'impôt. Le peuple n'y gagna presque aucun adoucissement à ses maux, puisque la bulle de réforme ne fut point exécutée, et l'Inquisition n'en continua pas moins ses scandaleux procès et ses cruelles exécutions dans ce royaume.

Pendant que ces événements avaient lieu en Aragon, la guerre civile éclatait dans la Castille : l'évêque de Zamora et plusieurs prêtres se trouvaient à la tête des soulèvements contre l'Inquisition. Charles-Quint, qui voulait les châtier sévèrement, pria le pape d'autoriser l'inquisiteur-général à poursuivre l'évêque et les autres ecclésiastiques; le pape accorda cette autorisation, en prescrivant néanmoins de les punir par l'excommunication; mais le juge de la cour regarda l'évêque comme déjà dépouillé de ses privilèges, le condamna à mort, et le fit exécuter sur-le-champ.

L'inquisiteur-général, auquel on supposait un caractère doux, n'était autre chose qu'un caractère faible : il accordait la plus grande confiance aux inquisiteurs, et approuvait toujours leur conduite rigoureuse. Cette confiance fut cause que le nombre des victimes, au lieu de diminuer, augmenta d'une manière effrayante pendant la durée de son règne inquisitorial : en moins de cinq ans, Adrien permit la condamnation de vingt-quatre mille vingt-cinq individus, dont seize cents furent brûlés en personne, et cinq cent soixante en effigie.

Ce même inquisiteur-général établit le second tribunal du Saint-Office en Amérique, et étendit sa juridiction sur les Indes et sur l'Océan. Il fut aussi la cause que Charles-Quint ne réforma point l'Inquisition, ainsi qu'il l'avait promis aux Castillans et aux Aragonais, parce qu'il le trompa toujours sur la conduite des inquisiteurs. Malgré tout le mal qu'Adrien avait laissé commettre par l'Inquisition d'Espagne, il n'en fut pas moins élu pape après la mort de Léon X, et lui succéda en janvier 1522; mais il ne conféra ses droits à D. Alphonse Manrique, archevêque de Séville, que le 10 septembre 1523. Il y eut donc presque deux années d'interrègne, durant lesquelles l'Inquisition fit encore brûler trois cent vingt-quatre personnes, indépendamment de quatre mille quatre cent quatre-vingt-une, qui furent condamnées à l'emprisonnement avec confiscation de leurs biens.

Tel est le résultat que présentent les premières années du règne de Charles-Quint, dont l'avènement au trône offrait aux Espagnols l'espoir de voir enfin mettre un terme aux cruautés des inquisiteurs.

CHAPITRE IV.

Cinquième inquisiteur-général, Alphonse Manrique.

Les nouveaux chrétiens, d'origine israélite, se flattaient, au commencement du ministère inquisitorial de D. Alphonse Manrique, de voir bientôt la procédure du Saint-Office subir une réforme salutaire. Leur espoir était fondé sur l'appui que Manrique avait prêté à la requête présentée par eux à Charles-Quint, lorsque ce prince et Manrique étaient encore en Flandre; mais il en fut de ce cinquième inquisiteur-général comme de ses prédécesseurs: les inquisiteurs parvinrent à lui persuader que la réforme demandée tendait à détruire le Saint-Office et à faire triompher les ennemis de la foi, qui ne manqueraient pas de professer de coupables maximes dès qu'ils ne seraient plus contenus par le système des dénonciations secrètes.

A cette même époque, les opinions de Martin Luther commençaient à se répandre dans le midi de l'Europe, et le pape, dont l'autorité était vivement attaquée par ce moine savant, éprouvait les plus grandes inquiétudes sur les résultats que pouvait avoir la doctrine qui envahissait l'Allemagne. Léon X avait déjà condamné comme hérétiques plusieurs propositions de Luther, et Adrien venait d'ordonner les mesures les plus sévères pour empêcher la propagation du luthéranisme.

Tous ces motifs, joints à l'apparition en Espagne d'une nouvelle secte de *Mauresques*, firent croire à l'inquisiteur-général que la rigueur dont on avait usé jusqu'alors était devenue encore plus nécessaire. En conséquence, au lieu de mettre un frein à l'inquisition, Manrique se crut obligé d'étendre la juridiction de ce tribunal sur les Mauresques et sur les luthériens, et de rappeler à tous les chrétiens l'obligation qui leur était imposée de dénoncer, dans le délai de six jours, tout ce qu'ils auraient vu ou entendu de contraire à la foi, sous peine d'excommunication réservée et de péché mortel.

Néanmoins Manrique eut pitié des Mauresques, dont la situation était devenue déplorable; il accueillit toutes leurs réclamations, et s'opposa, autant qu'il lui fut possible, à la persécution que les inquisiteurs exerçaient contre ces malheureux. Manrique fit plus encore; il fit remettre en vigueur, de concert avec le conseil de la Suprême, les édits de Ferdinand et d'Isabelle, qui défendaient aux inquisiteurs de mettre les Mauresques en jugement pour des motifs légers; et, comme un grand nombre avait déjà été livré aux tribunaux, il ordonna que tous leurs procès seraient promptement terminés de la manière la plus favorable aux accusés.

Malheureusement pour les Mauresques, la guerre civile éclata à cette époque dans le royaume de Valence et dans la Castille. Comme ils y prirent une part très-active, l'empereur, irrité, en fit punir plusieurs, et résolut d'appliquer l'édit d'expulsion de 1502 aux Maures de Valence et d'Aragon, qui, à la suite des réclamations faites dans le temps par les cortés et par les seigneurs de ces deux royaumes, n'avaient point été soumis à cette mesure rigoureuse. En conséquence, Charles-Quint demanda au pape une dispense pour le serment qu'il avait fait devant les cortés de Saragosse. Adrien lui répondit d'abord que cette concession serait un scandale; mais l'empereur ayant insisté, elle lui fut accordée. Aussitôt une ordonnance royale (1525) enjoignit à tous les Maures de Castille, de Valence et d'Aragon de se faire baptiser dans un très-court délai, ou de sortir d'Espagne par les routes qui leur étaient désignées.

Les historiens de cette époque assurent que François I*, qui était alors prisonnier à Madrid, dit à Charles-Quint que la tranquillité ne serait bien établie en Espagne que lorsqu'il n'y resterait plus un seul Maure ni un seul Mauresque. Si cette circonstance n'est point controuvée, il faudrait remarquer la politique astucieuse du roi de France qui, tout en flattant le penchant de son ennemi, lui donnait un mauvais conseil et lui faisait adopter un système préjudiciable aux intérêts de son royaume d'Espagne.

A peine cet édit fut-il publié, que les Maures s'enfuirent dans les montagnes, et opposèrent une résistance opiniâtre aux troupes que Charles-Quint fut obligé d'employer contre eux. Il ne parvint à les soumettre qu'après leur avoir accordé une partie des conditions qu'ils demandaient. Les principales étaient celles de n'être pas soumis à l'Inquisition pour des motifs légers, de conserver l'usage de leur langue, leur manière de s'habiller et leurs armes, et de ne payer d'autres impôts que ceux qu'on exigeait des chrétiens. A ces conditions ils se firent presque tous baptiser.

De son côté, l'inquisiteur-général Manrique leur accorda l'absolution de tout ce qu'ils avaient pu faire avant, en les prévenant toutefois que, s'ils retombaient dans l'hérésie ou dans l'apostasie, ils seraient traités avec toute la rigueur des lois de l'Inquisition.

On conçoit aisément que des hommes élevés dans la religion de leurs pères, attachés aux pratiques du mahométisme, et détestant le christianisme, qu'on les avait forcés d'embrasser, ne devaient se faire aucun scrupule de retourner aux préceptes de Mahomet, toutes les fois qu'ils croyaient pouvoir apostasier sans danger. Aussi presque tous les Mauresques, convertis par la terreur et le sabre, revenaient-ils secrètement à leur première croyance, et tombaient bientôt entre les mains du Saint-Office, dont les espions infestaient toutes les villes habitées par les nouveaux chrétiens. Ainsi, malgré le système plus conforme à l'humanité que l'inquisiteur-général Manrique avait adopté contre les Mauresques, un grand nombre d'entre eux furent conduits aux bûchers ou dans les prisons; les autres continuaient d'émigrer en Afrique, toutes les fois qu'ils pouvaient tromper la surveillance dont ils étaient l'objet, tant de la part de l'empereur que de celle de l'Inquisition. Charles et son successeur Philippe II firent ensuite grâce aux Mauresques condamnés par le Saint-Office de la saisie de leurs biens, afin d'empêcher une émigration qui portait un coup sensible à la population des Espagnes; mais les inquisiteurs, toujours maîtres de leurs opérations par le plus impénétrable secret, rendaient nulles ces dispositions bienfaisantes des souverains : de sorte que les Mauresques, exaspérés contre l'Inquisition, se lassèrent enfin du joug qu'on leur avait imposé, et se soulevèrent en masse : ce qui fut cause de l'expulsion entière de ces peuples, en 1609, expulsion par laquelle l'Espagne perdit encore près d'un million d'habitants, presque tous cultivateurs, bergers ou habiles ouvriers. C'est dans ces émigrations que l'on trouve la cause de la ruine de l'agriculture et des manufactures de ce royaume.

Ce ne fut pas seulement des Maures et des Mauresques que Manrique eut à s'occuper pendant qu'il exerça les fonctions d'inquisiteur-général; les opinions de *Luther*, de *Zwingle*, d'*Œcolampadius*, de *Mélanchton*, de *Muncer* et de *Calvin* se répandaient alors dans toute l'Europe, et malgré les grandes précautions que l'Inquisition prenait pour empêcher l'introduction de ces doctrines en Espagne, il paraît certain qu'un grand nombre d'Espagnols, parmi lesquels on comptait des ecclésiastiques, avaient trouvé le moyen de se procurer les livres publiés en Allemagne par les protestants de Spire. Or, comme la circulation des livres est un des moyens les plus sûrs de propager les doctrines, les inquisiteurs et Charles-Quint prirent successivement toutes les mesures qu'ils jugèrent propres à empêcher cette redoutable circulation. Dès l'année 1521, le pape avait déjà recommandé aux gouverneurs des provinces de l'Espagne de porter toute leur surveillance sur l'introduction des ouvrages de Luther, et de faire saisir tous ceux qu'il pourrait découvrir. Un peu plus tard, le conseil de la Suprême écrivit aux inquisiteurs d'avoir à se transporter dans toutes les bibliothèques pour y faire une recherche exacte des ouvrages des nouveaux sectaires, et leur prescrivit en même temps d'ajouter à l'édit annuel des *dénonciations* un article particulier pour obliger les catholiques à dénoncer les personnes qui auraient lu ces livres ou qui les conserveraient dans leurs maisons. En 1539, Charles-Quint fit dresser une liste des livres dangereux, obtint une bulle du pape pour les mettre à l'index, et fit défendre, sous peine de mort, d'avoir ou de lire les écrits de Luther. Ce monarque poussa la rigueur jusqu'au point de vouloir faire exécuter cette loi dans tous les États de Flandre. Les princes d'Allemagne, qui étaient protestants, prirent les armes contre Charles-Quint; et le besoin de secouer son joug, ainsi que celui des pontifes de Rome, fit recevoir la doctrine de Luther dans une grande partie de l'Allemagne.

Cependant l'Inquisition d'Espagne employait contre l'invasion du luthéranisme, la vigilance et la sévérité la plus active.

L'inquisiteur-général, voulant arrêter de bonne heure les progrès que cette doctrine faisait en Espagne, ajouta, de concert avec le conseil de l'Inquisition, quelques articles aux anciens règlements.

Par ces nouvelles mesures, tout chrétien catholique se trouvait dans l'obligation de déclarer, sous peine de péché mortel et d'excommunication majeure, s'il connaissait quelqu'un qui eût dit, soutenu ou pensé que la secte de Luther est dans la bonne voie; s'il approuvait quelques-unes de ces propositions condamnées, comme, par exemple, qu'il suffit de se confesser devant Dieu, sans l'intervention d'un prêtre, parce que ni le pape, ni les prêtres n'ont le pouvoir de remettre les péchés; que le corps de Jésus-Christ ne peut être présent dans l'hostie consacrée; qu'il n'y a point de purgatoire, et qu'il est inutile de prier pour les morts; que le pape n'a pas le pouvoir réel d'accorder des indulgences ni des pardons; que les prêtres peuvent licitement se marier; que les religieux, les religieuses et les monastères sont inutiles; qu'il ne doit y avoir d'autres fêtes que le dimanche, et que ce n'est pas pécher que de manger de la viande le vendredi et les autres jours d'abstinence, etc.

Il était aussi enjoint à tout chrétien catholique de dire s'il ne savait pas ou s'il n'avait pas entendu rapporter que quelqu'un fût sorti du royaume pour aller embrasser le luthéranisme dans les pays étrangers.

Indépendamment de toutes ces précautions, Alphonse Manrique écrivit aux inquisiteurs des provinces qu'il leur permettait d'ajouter encore à l'édit des *dénonciations* ce qui leur paraîtrait convenable pour découvrir les personnes qui avaient embrassé l'hérésie des *illuminés (alumbrados)*. Ces hommes, désignés sous le nom de *Dejados* (*Quiétistes*), formaient une secte dont le chef était, dit-on, ce Muncer, qui avait déjà établi celle des Anabaptistes. Quelque temps après, le conseil de l'Inquisition ajouta lui-même plusieurs articles aux dispositions prises par l'inquisiteur-général.

Pendant cette époque du ministère de l'inquisiteur-général Manrique, l'histoire nous offre plusieurs victimes illustres tombées entre les mains de ce tribunal redoutable, sur le simple soupçon qu'elles avaient embrassé la doctrine de Luther. Tel fut le vénérable Jean d'Avila, surnommé l'*Apôtre de l'Andalousie*, à cause de sa vie exemplaire et de ses grandes œuvres de charité. Comme il prêchait l'évangile avec simplicité, sans faire entrer dans ses discours aucune de ces questions qui agitaient alors si honteusement les théologiens des écoles, les moines envieux, se réunirent pour tramer sa perte. Jean d'Avila fut plongé dans les prisons secrètes du Saint-Office, accusé d'avoir avancé des propositions qui tendaient au luthéranisme et à la doctrine des illuminés. Fort heureusement la résolution n'avait pas été communiquée au conseil de la *Suprême*, et cette circonstance, qui foulait aux pieds les constitutions du Saint-Office, le servit miraculeusement, car il fut acquitté en 1531.

Cette même année devint encore plus fatale à deux hommes célèbres dans l'histoire littéraire d'Espagne, Jean de Vergara et Bernardin de Tabar, son frère. Arrêtés par ordre de l'Inquisition de Tolède, ils ne sortirent des cachots du Saint-Office qu'après s'être soumis à faire abjuration (*de levi*) de l'hérésie de Luther; à recevoir l'absolution des censures *ad cautelam*, et à subir plusieurs autres pénitences. Jean de Vergara, qui avait une connaissance profonde des langues hébraïque et grecque, fit remarquer des fautes de traduction dans la Vulgate : il n'en fallait pas davantage pour s'attirer la haine des moines ignorants, et c'est à leurs intrigues que son frère et lui durent tous leurs malheurs.

Ces mêmes moines réussirent encore à faire arrêter Alphonse Virues, bénédictin très-versé dans les langues orientales, et auteur de plusieurs ouvrages. Charles-Quint l'écoutait avec tant de plaisir qu'il l'avait emmené avec lui en Allemagne, et qu'à son retour il ne voulut plus entendre d'autre prédicateur que ce bénédictin. Soupçonné d'être favorable aux opinions de Luther, Virues fut arrêté et mis dans les prisons secrètes du Saint-Office de Séville. L'empereur sentit le coup que l'Inquisition venait de lui porter, et ne douta point que Virues ne fût victime de quelque menée sourde que l'inquisiteur-général aurait dû prévenir. Il exila Manrique, et l'obligea d'aller résider dans son archevêché de Séville.

Malgré la constance et la fermeté de l'empereur, Virues n'en éprouva pas moins pendant quatre années toutes les horreurs d'une prison secrète; et l'on pourrait s'étonner que Charles-Quint, suffisamment éclairé par cette affaire sur la nature de l'Inquisition, ait continué de la protéger, si l'on ne connaissait sa haine invincible pour les sectateurs de Luther. Toutefois, quelques autres contrariétés qu'il éprouva vers la même époque furent cause qu'il ôta, en 1535, la juridiction royale au Saint-Office, qui en resta dépouillé jusqu'à l'an 1545.

Alphonse Manrique, archevêque et cardinal, mourut dans l'exil à Séville, le 28 septembre 1538, après avoir exercé, pendant quinze années, les fonctions d'inquisiteur-général. Il s'était acquis la réputation d'un ami et d'un bienfaiteur des pauvres; mais il eut le tort de s'opposer constamment aux réformes de l'Inquisition, et laissa commettre beaucoup de cruautés par les tribunaux du Saint-Office. Cependant le nombre des personnes condamnées durant son ministère fut comparativement bien au-dessous de celui que présentent les calculs établis sous les quatre premiers inquisiteurs-généraux, puisqu'en quinze années, les quinze Inquisitions établies en Espagne n'ont fait brûler vifs que deux mille deux cent cinquante individus, et onze cent vingt-cinq en effigie; onze mille deux cent cinquante prisoniers des deux sexes subirent différentes condamnations telles que l'emprisonnement perpétuel, les galères, l'exil et le fouet.

Manrique avait eu plusieurs enfants naturels, dont l'un parvint par la suite à être successivement inquisiteur de province, conseiller de la Suprême, président de la chancellerie de Valladolid, et enfin inquisiteur-général.

CHAPITRE V.

Sixième et septième inquisiteurs-généraux, Tabera et Loaisa.

Le cardinal D. Jean Pardo de Tabera, archevêché de Tolède, fut désigné par Charles-Quint, vers la fin de 1538, pour succéder à l'inquisiteur-général du royaume, Alphonse Manrique; mais le pape Paul III ne lui expédia ses bulles d'institution qu'un an après. Pendant cet intervalle, le conseil de la *Suprême* conduisit seul les affaires de l'Inquisition, et l'on n'y trouve de remarquable qu'une ordonnance de l'empereur, qui défend aux inquisiteurs d'Amérique de mettre en jugement les Indiens. Cette ordonnance fut sans doute provoquée par les plaintes parvenues à Charles de toutes les villes d'Amérique où l'on avait établi le Saint-Office.

L'année suivante parut la bulle du pape Paul III, qui instituait la compagnie de Jésus; au même instant, des disciples d'Ignace Loyola arrivèrent en Espagne, où ils excitèrent la jalousie des inquisiteurs.

Comme le Saint-Office continuait ses nombreuses exécutions, le conseil de la *Suprême* se détermina enfin à prescrire aux inquisiteurs des mesures moins cruelles, qui auraient dû diminuer le nombre des victimes; en conséquence, il adressa des instructions aux tribunaux des provinces, dans lesquelles il était dit: « Que si un accusé condamné à être livré au bras séculier comme impénitent, se convertissait de manière qu'on n'eût aucun doute sur son repentir, il ne serait point *relaxé* pour subir la peine de mort, et que les inquisiteurs l'admettraient à la réconciliation et à la pénitence. » Cette mesure ne pouvait cependant s'appliquer à ceux qui avaient été condamnés comme *relaps*; car la seule faveur qu'on continuât à leur faire se bornait à ne pas les brûler vifs, et à leur ôter la vie par un autre supplice qu'on suppose moins affreux.

C'est sous l'inquisiteur-général Tabera que la congrégation du Saint-Office fut fondée à Rome par une bulle du 1er avril 1535. Le pape y accordait le titre et les droits d'inquisiteurs-généraux de la foi à plusieurs cardinaux et à quelques dominicains. Cette création nouvelle ayant fait craindre aux inquisiteurs d'Espagne qu'il ne fût porté atteinte à leur suprématie, le pape dut s'expliquer, et déclara formellement qu'il avait l'intention de ne rien changer à ce qui avait été établi, et que l'institution des inquisiteurs-généraux était sans préjudice des droits dont jouissaient les autres inquisiteurs. Néanmoins, soit que le temps eût fait perdre de vue cette déclaration, soit qu'il en eût affaibli l'effet, l'Inquisition générale entreprit plusieurs fois de dicter des lois à celle d'Espagne. Mais cette prétention de la cour de Rome n'en imposa point aux inquisiteurs-généraux de ce royaume : ils défendirent constamment leurs prétendus droits avec tant de vigueur, qu'on les a vus plusieurs fois refuser d'exécuter les brefs apostoliques, lorsqu'ils étaient contraires aux décisions qu'ils avaient prises d'accord avec le conseil de la *Suprême*. Les inquisiteurs d'Espagne auraient sans doute agi autrement, s'ils n'avaient eu la certitude qu'en s'adressant au roi et en intéressant sa politique, ils forceraient l'autorité royale à prendre part à leurs querelles et à s'opposer aux ordres des pontifes, lesquels, sans l'appui de cette force toute-puissante, n'auraient pas manqué de les traiter comme des délégués rebelles, et de les réduire à la condition de simples prêtres, en prononçant leur destitution. Le parti que l'Inquisition d'Espagne avait osé prendre de soutenir son autorité contre tout autre pouvoir, et l'abus que les inquisiteurs-généraux faisaient des moyens infaillibles dont ils disposaient pour tromper la confiance du roi, furent la véritable cause des démêlés continuels qui ont divisé la cour de Rome et celle de Madrid.

Les inquisiteurs qui, ainsi que je viens de le rapporter, désobéissaient aux papes lorsque cela leur plaisait, savaient aussi désobéir au roi, quand ils voulaient éluder ses ordres. C'est ainsi qu'en 1543, pendant que Charles-Quint avait retiré au Saint-Office le droit d'exercer la juridiction royale, c'est-à-dire le privilége de juger leurs officiers, leurs familiers et les autres employés séculiers de l'Inquisition, pour des délits étrangers à la foi, les inquisiteurs de Barcelone intentèrent un procès scandaleux au vice-roi de Catalogne, parce qu'il avait lui-même ordonné des poursuites contre un geôlier, un familier et un domestique du grand-sergent du Saint-Office de cette ville, qui s'étaient mis en contravention avec les règlements sur le port des armes. Les poursuites du vice-roi furent considérées par les inquisiteurs comme un attentat et une offense grave envers le saint tribunal de la foi; ils osèrent demander sa punition à Charles-Quint; et cet empereur, au mépris de sa propre ordonnance de 1535, exigea du vice-roi qu'il se soumit à demander l'absolution *ad cautelam* des censures qu'il avait encourues en faisant poursuivre ces misérables. Le vice-roi fut obligé de comparaître dans un *auto-da-fé* solennel pour y être absous de ce crime de lèse-inquisition.

Il arriva à peu près à la même époque en Sicile, où l'Inquisition était établie sous la dépendance du grand-inquisiteur d'Espagne, une affaire de même nature. Le vice-roi de cette île avait fait traduire devant les tribunaux deux familiers de l'Inquisition, qui y furent condamnés à être fouettés pour quelques délits entrainant cette peine. Le doyen des inquisiteurs de Sicile porta plainte à l'inquisiteur-général Tabera contre le vice-roi, et Tabera obtint une satisfaction éclatante de Philippe d'Autriche, qui gouvernait tous les royaumes de la monarchie espagnole pendant l'absence de Charles-Quint. Ce jeune prince, non moins superstitieux que son père, écrivit aussitôt au vice-roi de Sicile de se soumettre à la pénitence qui lui serait imposée par les inquisiteurs, et de solliciter l'absolution de son crime.

Ces deux événements prouveront assez combien la politique des rois d'Espagne était fausse, puisqu'ils s'exposaient à se faire des ennemis redoutables pour complaire aux inquisiteurs, dont l'exigence était sans bornes. En effet, si le vice-roi de Sicile avait éprouvé cette indignation si naturelle dans sa position, il n'eût dépendu que de lui d'exciter un soulèvement général pour anéantir l'Inquisition. Les Siciliens étaient si bien disposés pour détruire le Saint-Office et secouer le joug de l'inquisiteur d'Espagne, qu'un seul mot du vice-roi aurait suffi pour leur faire prendre les armes. L'insolence des inquisiteurs ne calculait jamais les suites de leurs entreprises, et tout leur réussissait.

Ce fut aussi sous le ministère du grand-inquisiteur Tabera que parut ce fameux imposteur Jean Pérès de Saavedra, si connu sous le nom de *faux Nonce de Portugal*. On a besoin de se reporter à ce siècle de superstition et d'ignorance pour concevoir qu'un moine, sans mission et par le seul moyen de pièces supposées, ait pu réussir à asservir tout un royaume. L'histoire de cet effronté, dépouillée des nombreuses fables accréditées sur son compte, doit trouver une place dans celle de l'Inquisition.

Jean Pérès de Saavedra, doué d'un génie particulier, s'était exercé pendant quelque temps à forger des bulles apostoliques, des ordonnances royales, des lettres de change, etc.; et il les imitait avec tant de perfection, qu'il parvint à s'en servir sans que personne doutât de leur authenticité. Il réussit ainsi à se faire passer pour chevalier commandeur de l'ordre militaire de Saint-Jacques, dont il toucha les revenus, qui étaient de trois mille ducats, pendant l'espace d'un an et demi ; il acquit en peu de temps, avec les effets royaux qu'il avait contrefaits, trois cent soixante mille ducats ; et jamais le secret de cette grande fortune n'eût été révélé, s'il ne lui avait pris la fantaisie de passer pour cardinal, et de vouloir exercer les fonctions de légat du pape.

Saavedra se trouvait dans le royaume des Algarves peu de temps après la confirmation de l'institut des jésuites, lorsqu'il arriva dans le pays un prêtre de cette société, muni d'un bref apostolique qui l'autorisait à fonder un collège de sa compagnie en Portugal; Saavedra l'entendit prêcher, et il en fut si content qu'il l'invita à dîner, et le retint plusieurs jours auprès de lui.

Le jésuite ayant reconnu pendant ce temps-là le talent de Saavedra, lui témoigna le désir d'avoir de sa main un *fac-simile* de son bref parfaitement imité, et qui contiendrait aussi des éloges de la compagnie de Jésus. Il exécuta ce que le jésuite désirait, avec tant de succès, qu'il fut constant que cette pièce pourrait tenir lieu de l'original. Pour compléter le bien que pourrait faire au Portugal l'établissement d'un collège de nouveaux prédicateurs apostoliques de la compagnie de Jésus, Saavedra et le jésuite jugèrent qu'il conviendrait beaucoup que le tribunal de l'Inquisition y fût établi sur le plan de celui d'Espagne. Ce projet arrêté, Saavedra se rendit à Tabilla, ville de la même province, où, avec l'aide du jésuite, il rédigea la bulle apostolique dont ils avaient besoin pour l'objet qu'ils s'étaient proposé, et de prétendues lettres de Charles-Quint et du prince Philippe son fils, pour le roi de Portugal, Jean III. La nouvelle bulle était supposée avoir été envoyée à Saavedra comme légat *a latere*, pour établir l'Inquisition en Portugal, lorsque le souverain y aurait donné son consentement.

Saavedra passa ensuite la frontière, et vint à Ayamonte dans le royaume de Séville. Le provincial des moines franciscains d'Andalousie y était arrivé depuis peu, venant de Rome. Saavedra eut l'idée de faire une expérience sur ce provincial pour s'assurer si la bulle passerait pour authentique : il la lui montra. Le franciscain prit le parchemin pour un écrit original et pour une véritable bulle, et s'étendit beaucoup sur les avantages qu'elle devait procurer au royaume de Portugal.

Saavedra se rendit à Séville, prit à ses gages deux confidents, dont l'un devait lui servir de secrétaire et l'autre de majordome : il acheta des litières et de la vaisselle d'argent, et se disposa à prendre le costume d'un cardinal romain. Il envoya à Cordoue et à Grenade ses deux affidés pour y engager des domestiques, et les chargea de se rendre ensuite avec son équipage à Badajoz, où ils se donneraient pour les familiers d'un cardinal venu de Rome, qui devait traverser cette ville pour se rendre en Portugal et y établir l'Inquisition : ils devaient aussi annoncer qu'il ne tarderait pas à arriver, parce qu'il voyageait en poste.

Au temps marqué, Saavedra parut à Badajoz, où le secrétaire, le majordome et ses domestiques lui baisèrent publiquement la main comme à un cardinal légat *a latere*. Il quitta Badajoz pour Séville, où il fut reçu dans le palais archiépiscopal du cardinal

Loaisa, qui résidait à Madrid en qualité de commissaire-général apostolique de la Sainte-Croisade. Des marques de respect et de dévouement lui furent prodiguées par tout le monde.

Saavedra s'arrêta dix-huit jours dans cette ville, et mit ce temps à profit pour se faire payer, sur de fausses obligations, une somme de onze cent mille ducats par les héritiers du marquis de Tarifa.

Il envoya ensuite son secrétaire à Lisbonne avec ses bulles et ses papiers, afin que la cour, prévenue de son arrivée prochaine, ordonnât les dispositions nécessaires pour le recevoir. L'envoi inopiné de ce légat à Lisbonne causa beaucoup d'agitation à la cour, où l'on ne s'attendait pas à une pareille nouveauté : néanmoins le roi envoya à la frontière un grand seigneur de sa cour pour y recevoir le cardinal légat, qui fit son entrée à Lisbonne, où il passa trois mois, environné de la plus grande considération.

Il entreprit ensuite un voyage dans les différentes parties du royaume, parcourant tous les diocèses et se faisant rendre compte de tout dans le plus grand détail. Il eût été difficile de mettre un terme à sa sollicitude apostolique, si quelques circonstances imprévues n'eussent fait soupçonner ses fourberies. L'inquisiteur-général d'Espagne Tabera découvrit l'imposteur, et le fit arrêter pendant qu'il visitait une paroisse ; on lui trouva de fortes sommes en or qu'il s'était procurées en contrefaisant des bons royaux. Saavedra fut condamné à dix ans de galères par l'Inquisition, mais il y resta neuf ans de plus, et ne revint à la cour, par ordre de Philippe II, qu'en l'année 1562.

Telle est l'histoire de ce faux nonce apostolique, auquel les Portugais doivent, sinon l'établissement, du moins l'organisation du Saint-Office chez eux; car presque toutes les nominations faites par Saavedra furent maintenues, sous prétexte que le Saint-Office était aussi nécessaire en Portugal, à cause du grand nombre de juifs qui s'y étaient retirés après leur expulsion de l'Espagne. Saavedra, faussaire et sacrilège, dont les pareils ont toujours subi la peine capitale, ne fut condamné par l'Inquisition qu'à dix ans de galères; et ce même tribunal condamnait tous les jours à être brûlés vifs, de nouveaux chrétiens honnêtes et probes, parce qu'ils refusaient de s'avouer coupables des crimes, souvent imaginaires, dont ils étaient accusés par des hommes toujours suspects !

Pendant que ce scandaleux procès occupait les inquisiteurs de Tolède, ceux des autres provinces condamnaient sans relâche des luthériens, de prétendus sorciers et magiciens, et un grand nombre d'autres victimes dont les procès, curieux à cause des absurdités et des turpitudes que l'on y lit, trouveront une place à la fin de cet Abrégé. En même temps l'Inquisition de Portugal réglait la manière dont elle devait correspondre avec celle d'Espagne, afin de se rendre réciproquement utiles dans la poursuite des accusés.

Le cardinal Tabera, sixième inquisiteur-général, mourut le 1er août 1545, quelques jours après la naissance de don Carlos d'Autriche, fils de Philippe II. A sa mort, le nombre des tribunaux du Saint-Office était le même que lorsqu'il avait été placé à la tête de l'Inquisition. Pendant les sept années du ministère de Tabera, les divers inquisiteurs d'Espagne condamnèrent sept mille sept cent vingt individus, dont huit cent quarante furent brûlés vifs, et quatre cent vingt en effigie : les autres subirent différentes peines et la confiscation de leurs biens. Je ne comprends pas dans ce calcul les victimes que l'Inquisition a fait mourir ou mettre aux galères sous le même inquisiteur-général, tant en Sicile qu'en Amérique et aux Indes. Le nombre des personnes qui ont péri alors dans les flammes devait être effrayant, puisque Charles-Quint, malgré son zèle pour l'Inquisition, fut obligé de défendre la mise en jugement des Indiens.

Le cardinal don Garcia de Loaisa, quoique très-âgé, succéda à l'inquisiteur général Tabera : il avait été confesseur de Charles-Quint, prieur-général de l'Ordre de Saint-Dominique, et commissaire apostolique de la Sainte-Croisade. La durée de son ministère fut si courte, qu'il n'eut pas le temps de rien faire de remarquable. Il avait cependant proposé à l'empereur de ramener l'Inquisition à ce qu'elle était avant l'avènement au trône du roi Ferdinand-le-Catholique ; mais sa mort, qui eut lieu au commencement de l'année 1546, fit oublier ce projet.

Cette même année, Charles-Quint, alarmé des progrès que le

luthéranisme faisait en Allemagne, et craignant qu'il ne pénétrât dans le midi de l'Europe, voulut de nouveau introduire l'Inquisition dans le royaume de Naples. Il n'ignorait pas que son aïeul avait échoué dans cette tentative ; mais, se fiant à sa dignité d'empereur et aux événements glorieux de son règne, il crut pouvoir compter sur la docilité des Napolitains.

Don Pierre de Tolède, son vice-roi, reçut l'ordre de nommer des inquisiteurs et des officiers pris parmi les habitants ; de faire choix d'hommes capables de remplir l'objet qu'on se proposait ; d'envoyer au gouvernement la liste des personnes qui auraient été nommées, et tous les documents nécessaires, afin que l'inquisiteur-général fût en état d'expédier les provisions et de déléguer les pouvoirs aux nouveaux inquisiteurs.

Ces mesures étant prises, l'inquisiteur doyen de Sicile devait se rendre à Naples avec le secrétaire et les autres officiers de l'Inquisition pour y établir le tribunal et toutes les formes de juridiction inquisitoriale, afin que les membres du nouvel établissement fussent promptement en état d'entrer en fonctions.

Ces ordres de l'empereur s'exécutèrent d'abord sans difficulté ; mais à peine eurent-ils appris que plusieurs personnes avaient été arrêtées par les alguazils de la nouvelle Inquisition, les Napolitains coururent aux armes, massacrèrent une partie des troupes espagnoles, et contraignirent le reste à se réfugier dans les forts. Charles-Quint, craignant que la révolte ne devînt générale, fut obligé de capituler avec le peuple, qui rentra dans l'ordre, sous la condition que l'empereur abandonnerait le projet d'établir l'Inquisition moderne à Naples.

Cette lutte nous offre une circonstance digne d'attention : c'est que le pape Paul III protégeait ouvertement les Napolitains révoltés pour repousser l'Inquisition espagnole. Ce pape était déjà très-mécontent de voir que les inquisiteurs de Sicile et de Sardaigne dépendaient de l'Inquisition d'Espagne. Il employa tous les moyens pour exciter l'irritabilité des Napolitains. C'est ainsi que l'Inquisition de Rome, établie à Naples depuis plus de trois ans, sans avoir excité aucun murmure, l'emporta dans ce royaume sur le Saint-Office espagnol. On voit ici combien la religion avait peu de part à ces luttes politiques, dont les peuples étaient toujours les victimes.

Loaisa mourut le 22 avril 1546. Sept cent quatre-vingts individus furent condamnés par le Saint-Office d'Espagne pendant les dix mois de son ministère, cent vingt subirent la peine du feu, et une soixantaine furent brûlés en effigie. Ainsi les exécutions semblaient se ralentir; mais le grand-inquisiteur Valdès parut aussitôt à la tête de l'Inquisition pour aviver les bûchers, et son long ministère, que je vais parcourir, rappela trop souvent celui de l'exécrable Torquemada.

CHAPITRE VI.

Huit premières années du ministère de l'inquisiteur-général Valdès. Mort de Charles-Quint.

Un vieillard presque septuagénaire, rempli d'orgueil et de fiel, aussi dur et aussi cruel que Torquemada, succéda au cardinal Loaisa, tant à l'archevêché de Séville qu'aux fonctions d'inquisiteur-général d'Espagne : ce vieillard était Ferdinand Valdès. Le ciel dans sa colère permit que la vie de ce fanatique se prolongeât au-delà des limites ordinaires. Valdès eut encore le temps d'exercer son ministère pendant vingt années.

Ce huitième inquisiteur-général manifesta les dispositions les plus sanguinaires pendant toute la durée de son administration ; et, comme les procès pour cause de judaïsme, qui avaient alimenté les bûchers du Saint-Office avant sa nomination, étaient devenus beaucoup moins nombreux, Valdès trouva une grande compensation dans ceux intentés aux luthériens.

Pendant que le pape Paul III déclarait les maures de Grenade habiles à tous les emplois civils et aux bénéfices ecclésiastiques, et que Charles-Quint renouvelait les dispositions de son ordonnance de 1538 en faveur des Américains et des Indiens convertis, l'inquisiteur-général Valdès sollicitait auprès de ce même pontife la permission de condamner les luthériens à la peine du feu, lors même qu'ils ne seraient point relaps et qu'ils demanderaient à être réconciliés. Ce système fit couler des torrents de sang, et porta la terreur dans toute l'Espagne, tant par le nombre que par la qualité des victimes qui succombèrent ou qui furent impitoyablement persécutées par les inquisiteurs. Valdès fut aussi la première et la véritable cause du mauvais goût qui s'établit dans les sciences ecclésiastiques, dont l'invasion fut si générale, qu'à l'exception du petit nombre d'esprits qui surent s'en garantir, on l'a vu dominer en Espagne depuis l'établissement des jésuites jusqu'à leur expulsion. Les bûchers de Valladolid, de Séville, de Tolède, de Murcie et de plusieurs villes, avaient fait triompher le système d'ignorance qui soutenait l'Inquisition. Plusieurs des savants théologiens qui avaient assisté au concile de Trente furent poursuivis par l'Inquisition, parce qu'il suffisait de savoir les langues orientales pour être suspecté de luthéranisme.

Valdès s'occupa beaucoup de la prohibition des livres, et mit le plus grand soin à empêcher l'introduction de tous ceux qui pouvaient répandre les erreurs de Luther et de ses commentateurs protestants. Le conseil de la Suprême et Charles-Quint secondaient merveilleusement les vues de l'inquisiteur-général; plusieurs index, établis par l'université de Louvain et par une commission espagnole, furent publiés par ordre de l'empereur, et les perquisitions les plus minutieuses eurent lieu une seconde fois dans toute l'Espagne.

Parmi les savants qui furent persécutés par Valdès avant la mort de Charles-Quint, on remarque Barthélemy Carranza, archevêque de Tolède, contre lequel l'inquisiteur-général a montré un acharnement dont la jalousie était bien plus le véritable motif que le zèle pour la foi. Saint Jean de Dieu, fondateur d'un ordre hospitalier consacré au soin et à l'assistance des pauvres malades, fut en même temps arrêté comme suspect de magie et de nécromancie, et sa philantropie pieuse l'eût probablement conduit dans les cachots du Saint-Office, si le pape ne s'y fût vivement opposé. Un prédicateur aragonais, aussi persuasif qu'éloquent, surnommé le docteur *Egidius*, à cause de ses grandes connaissances, fut d'abord condamné à subir une pénitence comme violemment suspect de luthéranisme. L'empereur l'ayant ensuite nommé à l'évêché de Tortose, la haine des inquisiteurs s'accrut encore contre ce docteur; il fut enfermé dans les prisons du Saint-Office.

La conduite et les mœurs d'*Egidius* étaient si pures, que l'empereur lui-même prit sa défense et écrivit en sa faveur; il fut mis en liberté et mourut presque aussitôt. Néanmoins, les inquisiteurs n'abandonnèrent point leur proie; un troisième procès s'instruisit contre sa mémoire; le Saint-Office déclara qu'il était mort hérétique ; son cadavre fut exhumé et brûlé avec son effigie dans un *auto-da-fé* solennel, et ses biens confisqués. *Egidius* était disciple de Rodriguez de Valero, dont la conduite, d'abord très-déréglée, avait tout à coup changé au point qu'ayant quitté le monde, il consacrait toutes les heures du jour et une partie des nuits à la lecture et à la méditation de l'Écriture-Sainte. Partout où il rencontrait des moines et des prêtres, il leur reprochait de s'être éloignés de la pure doctrine de l'Évangile, et finit par devenir un des apôtres des opinions de Luther et des autres réformateurs. Valero poussa le zèle si loin que l'Inquisition, qui l'avait d'abord regardé comme un fou, à cause de la malpropreté de ses habits, finit par le faire arrêter. On le jugea comme hérétique luthérien, apostat et faux apôtre; en conséquence, il fut dépouillé de ses biens et condamné à une prison perpétuelle.

Il me serait impossible d'achever cet abrégé, si je voulais entrer dans des détails sur tous les procès célèbres qui ont occupé l'Inquisition, seulement pendant la domination de Valdés : je me réserve de faire l'analyse des plus remarquables, lorsque l'Histoire de l'Inquisition sera terminée. Cependant, je ne puis me dispenser de rapporter ici les cruautés exercées par le Saint-Office envers Marie de Bourgogne. Cette femme avait quatre-vingt-cinq ans lorsqu'elle fut dénoncée par un esclave, qui prétendait lui lui avoir entendu dire : *Les chrétiens n'ont ni foi ni loi*; on l'arrêta aussitôt comme suspecte de judaïsme; et, faute de preuves suffisantes, les inquisiteurs la gardèrent en prison, en attendant qu'il leur arrivât de nouveaux éclaircissements. Après les avoir inutilement attendus pendant cinq ans, Marie, qui en avait alors quatre-vingt-dix, fut appliquée à la question, malgré les dispositions précises du conseil de la *Suprême*, qui défendaient d'employer ce moyen envers les personnes trop âgées. Marie, supporta avec courage toutes les cruelles épreuves qu'on lui fit subir; mais elle mourut dans sa prison quelques jours après, protestant toujours de son innocence. Cependant les inquisiteurs, qui ne voulaient jamais avoir eu tort, continuèrent le procès contre la mémoire de cette infortunée, et la condamnèrent comme hérétique judaïsante. Ses ossements et son effigie furent jetés au feu;

ses biens, qui étaient très considérables, devinrent la proie du fisc, et ses enfants et ses descendants voués à l'infamie. Ce meurtre fut commis par les inquisiteurs de Murcie, la même année de l'abdication de Charles-Quint.

Ce monarque, par des motifs difficiles à expliquer, abdiqua la couronne en faveur de son fils, Philippe II, le 16 janvier 1556, après un règne de quarante ans; il se retira dans un couvent de moines hiéronimites de Yuste, dans la province d'Estramadure, où il mourut le 21 septembre 1558, dans sa cinquante-huitième année. Quelques historiens ont avancé que Charles-Quint adopta dans sa retraite les opinions des protestants d'Allemagne; cette assertion est entièrement fausse et dénuée de vraisemblance; car non-seulement il mourut catholique, mais il laissa des instructions à son fils pour l'engager à imiter sa conduite, en travaillant avec zèle à l'extirpation et au châtiment des hérétiques, sans excepter aucun coupable, quel que fût son rang. Ce monarque exigea encore de son fils qu'il protégerait partout le Saint-Office de l'Inquisition. Les quarante années de son règne donnèrent à ce tribunal une consistance qu'il eût été bien difficile de prévoir à l'époque de son avènement au trône lorsque les Espagnols et les Flamands conspiraient ensemble pour faire réformer la procédure. Non-seulement Charles-Quint ne tint pas la parole qu'il avait donnée aux représentants de Castille et d'Aragon, mais il persista à ne vouloir admettre aucun plan de réforme, malgré tous les abus qu'il avait reconnus lui-même. Plusieurs fois on offrit à ce prince d'énormes sommes d'argent, s'il consentait à détruire, par une ordonnance formelle, l'horrible secret de l'Inquisition, et jamais il ne voulut se procurer à ce prix les fonds dont il avait si souvent besoin pour ses voyages et pour ses entreprises. Tant de zèle pour le Saint-Office et une si opiniâtre persévérance ont fait dire qu'il était *le Don Quichotte de la foi, le redresseur des torts et le vengeur des injures que les hérétiques faisaient à la religion catholique.*

Malgré la conduite tenue par Charles-Quint, le pape Paul IV fit commencer une procédure contre lui et contre son fils Philippe, qu'il accusait d'être schismatiques et de favoriser l'hérésie de Luther. Le premier travail de cette affaire ayant été adressé au promoteur fiscal de la chambre apostolique, celui-ci requit que Sa Sainteté déclarât Charles-Quint déchu de la couronne impériale et de celle d'Espagne avec ses dépendances; qu'il fût lancé des bulles d'excommunication contre le père et le fils, et que les peuples d'Allemagne, d'Espagne, d'Italie, particulièrement les Napolitains, fussent déliés du serment de fidélité et d'obéissance qu'ils avaient prêté. Quelque invétérée que fût la haine de Paul IV pour Charles-Quint et pour son fils, sa politique ne lui permit pas d'adhérer au réquisitoire du promoteur fiscal. Le vieux pontife se borna à suspendre la procédure dans l'état où elle se trouvait, pour la continuer lorsqu'il le jugerait convenable. Par ce moyen, il obligeait ses ennemis à agir avec déférence, et les contint longtemps par la crainte de l'excommunication.

Dans les premières années de son règne, Charles-Quint établit l'Inquisition au milieu de ses sujets du comté de Flandre; cette inquisition se montra très-sévère au commencement; elle imposait les mêmes peines que celles d'Espagne, et les multipliait beaucoup plus, en les appliquant à un plus grand nombre de cas. Le Saint-Office de Louvain célébra à lui seul plusieurs *auto-da-fe* en l'année 1527, dans lesquels figurèrent un grand nombre de personnes. Deux ans après, Charles-Quint fit publier des édits terribles contre les hérétiques; il les renouvela en 1531, mais avec quelques adoucissements qui furent maintenus dans la suite.

Ainsi, en parcourant le règne de Charles-Quint, on voit à chaque époque qu'il a constamment protégé l'Inquisition et les inquisiteurs, et que sa sollicitude pour le salut de ses sujets a été portée si loin, qu'il ne resta, dans les deux hémisphères, aucun canton soumis à la monarchie espagnole où il n'eût établi ou tenté d'établir le Saint-Office avec ses codes barbares. Philippe II et l'inquisiteur-général Valdès trouvèrent néanmoins que Charles-Quint n'avait pas encore fait assez pour l'Inquisition, et se disposèrent à compléter son ouvrage.

CINQUIÈME PARTIE.

Historique de l'inquisition d'Espagne depuis la mort de Charles-Quint jusqu'à l'abolition de l'Inquisition par les Français.

CHAPITRE PREMIER.

Fin du ministère du huitième inquisiteur-général Valdès. Règne de Philippe II.

Un roi que l'on peut regarder comme un des fléaux de l'humanité, succéda à Charles-Quint. Ce roi était Philippe II, depuis longtemps associé au gouvernement du royaume d'Espagne par l'effet des absences prolongées et des guerres lointaines entreprises par l'empereur.

Beaucoup plus intolérant et aussi superstitieux que son père, Philippe II, au lieu de protéger son peuple contre l'Inquisition et de profiter de ses dissensions avec Rome pour secouer le joug des papes, voulut encore étendre l'autorité du Saint-Office et en faire supporter la rigueur à ceux de ses sujets hors de l'Espagne, qui avaient toujours opposé la plus énergique résistance à l'établissement de ce tribunal.

Philippe ne fut pas plus tôt placé sur le trône, qu'il rendit plusieurs ordonnances conformes à ses opinions religieuses et au système adopté par l'inquisiteur-général Valdès. La première de ces ordonnances encourageait les délateurs, en leur promettant le quart des biens de l'accusé, s'il était condamné; et la seconde, qui est du 7 septembre 1558, portait la peine de mort contre les vendeurs, acheteurs ou seulement lecteurs des livres défendus, dont le catalogue s'était considérablement augmenté toutes les années. On se figure aisément quels durent être les résultats de ces cruelles dispositions chez un peuple corrompu, qui regardait les *auto-da-fé* comme un divertissement, qui croyait faire une action méritoire devant son dieu en dénonçant les hommes dont l'esprit cherchait à s'éclairer, et qui employait impunément les moyens les plus vils pour faire condamner les accusés dont il convoitait les richesses.

Les inquisiteurs jugeant, par la faveur que Philippe II leur accordait, qu'ils pourraient obtenir de lui tout ce qu'ils voudraient, formèrent le projet d'établir un ordre militaire du Saint-Office, sous le nom de Sainte-Marie-de-l'Épée-Blanche, lequel aurait eu pour grand-maître l'inquisiteur-général d'Espagne, et n'aurait compté parmi ses membres que ceux des Espagnols qui ne descendaient ni de juifs, ni de Maures, ni d'hérétiques, ni d'aucun chrétien condamné et puni par l'Inquisition. Le but apparent de cette institution était de défendre la religion catholique, d'empêcher l'entrée du royaume aux juifs, aux Maures et aux hérétiques quelconques.

Ce projet fut adopté par les représentants des églises de presque toute l'Espagne et par quarante familles nobles. L'inquisiteur-général et le conseil de la Suprême en approuvèrent les statuts : il ne restait plus que la sanction du roi. On la sollicita en lui représentant que l'Ordre de l'Épée-Blanche offrirait à l'Espagne les plus grands avantages, principalement en procurant à l'armée une augmentation considérable de forces sans rien coûter au trésor. Philippe chargea son conseil d'examiner le plan de cette institution, et il l'aurait probablement sanctionnée, si un gentilhomme castillan ne lui eût fait observer que l'Ordre de l'Épée-Blanche pourrait porter la plus grave atteinte à l'autorité du souverain, dans le cas où l'inquisiteur-général ferait un mauvais emploi des troupes fanatiques dont il se trouverait être le chef absolu; que d'ailleurs la puissance de l'Inquisition était déjà trop grande, et qu'il serait aussi imprudent qu'impolitique de l'augmenter encore en sanctionnant l'organisation de l'ordre militaire projeté. Philippe II, jaloux de conserver son autorité, réfléchit et reconnut bientôt tous les dangers qu'il y avait à mettre une armée à la disposition des inquisiteurs-généraux; en conséquence, il déclara qu'il n'avait pas reconnu la nécessité de créer ce nouvel ordre, et qu'il croyait devoir renvoyer cette affaire à une autre époque.

S'il est possible de calculer toutes les conséquences qui seraient résultées de cette organisation militaire, ayant pour chef l'inquisiteur-général, et composée d'une multitude d'hommes engagés par un serment religieux à lui obéir aveuglément, on ne peut pourtant pas douter qu'avec ces nouveaux auxiliaires, l'inquisition d'Espagne ne fut parvenue, en peu de temps, à placer l'Europe entière sous son joug : heureusement la voix de la raison et d'une saine politique fut écoutée, pour cette fois au moins, et l'Europe put continuer, sans rétrograder, sa marche lente vers le siècle de la philosophie.

Cependant, malgré le refus de Philippe, la sévérité exercée contre les hérétiques allait toujours en augmentant. Le pape Paul IV venait d'autoriser l'inquisiteur-général Valdés à livrer au bras séculier tous les luthériens, non *relaps*, qui seraient convaincus d'avoir dogmatisé.

Une seconde bulle du pape révoquait toutes les permissions accordées pour la lecture des livres défendus, et chargeait l'inquisiteur-général de poursuivre les personnes qui en liraient ou qui en auraient dans leurs maisons. La bulle prescrivait aux confesseurs de faire déclarer à leurs pénitents s'ils ne connaissaient personne qui en eût entre les mains pour s'en servir, ou qui les eût fait lire et contribué à les répandre ; ils devaient aussi leur imposer l'obligation de donner connaissance au Saint-Office de tout ce qu'ils savaient à cet égard, sous peine d'excommunication majeure réservée à Sa Sainteté et à l'inquisiteur-général d'Espagne. Les confesseurs qui auraient omis de remplir le devoir qui leur était imposé, devaient être punis comme les coupables, même dans le cas où celui de leurs pénitents qu'ils auraient absous du crime dont il s'agit serait évêque ou archevêque, patriarche ou cardinal. Cette nouvelle mesure devait nécessairement multiplier les délations, faire arrêter et mettre en jugement un grand nombre de personnes, et multiplier les *auto-da-fé*.

Ce fut surtout à Valladolid et à Séville que ces exécutions présentèrent de l'éclat. On célébra dans cette première ville un *auto-*

auto-da-fé général en 1559, sous les yeux du prince D. Carlos et de la princesse Jeanne. Les autorités civiles, un nombre considérable de grands d'Espagne, une multitude de marquis, de comtes, de vicomtes, de barons, de gentilshommes et de dames de condition occupaient les premières places à cette barbare cérémonie. On y vit paraître quatorze personnes pour être brûlées, et un grand nombre y fut admis à la réconciliation avec pénitence; les os et la statue d'une femme y furent aussi livrés aux flammes.

Dona Éléonore de Vibero, épouse de Pierre Cazalla, chef de la comptabilité des finances du roi, était propriétaire d'une chapelle sépulcrale dans l'église du couvent de Saint-Benoît-le-Royal, de Valladolid; elle y avait été enterrée comme catholique, sans qu'il se fût jamais élevé de soupçon contre son orthodoxie. Cependant elle fut accusée par le fiscal de l'Inquisition pour cause de luthéranisme, et comme étant morte dans l'hérésie, quoiqu'elle eût reçu les sacrements avant sa mort. Le fiscal appuya son accusation sur les dépositions des témoins prisonniers qu'on avait mis à la torture ou menacés de les y soumettre : il résulta de leurs déclarations que la maison d'Éléonore de Vibero avait servi de temple aux luthériens de Valladolid; on la déclara morte dans l'hérésie; sa mémoire fut condamnée à l'infamie jusque dans sa postérité, et ses biens confisqués; il fut ordonné que son cadavre serait exhumé et livré au feu; que sa maison serait rasée, avec défense de la reconstruire, et qu'il serait élevé sur la place un monument avec une inscription relative à cet évènement. Toutes ces dispositions s'exécutèrent.

Parmi les victimes qui périrent dans cet *auto-da-fé* se trouvait le docteur Augustin Cazalla (fils d'Éléonore de Vibero), prêtre et chanoine de Salamanque, aumônier et prédicateur de l'empereur. On l'accusa de professer l'hérésie luthérienne, d'avoir dogmatisé hautement dans le conventicule luthérien de Valladolid, et entretenu des correspondances avec celui de Séville. Cazalla nia tout les faits qui lui étaient imputés dans plusieurs déclarations, qu'il confirma par son serment, et dans d'autres qu'il présenta lorsque *la publication des preuves* eut lieu. On décréta la question : le chanoine de Salamanque fut conduit dans le cachot où il devait la subir. On n'eut pas besoin d'en venir à cette mesure, l'accusé ayant promis de faire une confession; il la donna par écrit et la

ratifia en avouant qu'il était luthérien, mais non dogmatisant, comme on le lui imputait, puisqu'il n'avait enseigné sa doctrine à personne. Il exposa les motifs qui l'avaient empêché jusqu'alors de faire sa déclaration, et promit d'être à l'avenir bon catholique, si on lui accordait sa réconciliation; mais les inquisiteurs ne jugèrent pas qu'on dût lui faire grâce de la peine capitale, parce que les témoins soutenaient qu'il avait dogmatisé : le condamné continua cependant à donner tous les signes possibles de conversion jusqu'au moment du supplice. Sa qualité de repentant lui valut la faveur d'être étranglé avant que son corps fût livré aux flammes.

François Cazalla, frère d'Augustin, curé du lieu de Hormigos, nia d'abord les charges qui lui étaient imputées, avoua tout dans la question, ratifia ses aveux, et demanda à être admis à la réconciliation. Cette grâce lui fut refusée, et on le condamna à être livré au bras séculier, quoiqu'il ne fut ni relaps, ni dogmatisant, parce qu'on aima mieux supposer que son repentir n'avait pour cause que la crainte de la mort. En effet, lorsqu'il fut sur l'échafaud, voyant son frère si repentant et si zélé pour la doctrine catholique, il se moqua de ses exhortations, lui fit un geste de mépris pour lui témoigner qu'il n'était qu'un lâche, et expira au milieu des flammes, et sans donner un seul signe de douleur ni de repentir.

Dona Béatrix de Vibero Cazalla, sœur des deux victimes précédentes, se renferma d'abord dans un système de dénégation, déclara tout dans la torture, et demanda à être réconciliée; mais elle ne put obtenir que deux voix contre dix; on eut recours au conseil de la Suprême, qui décida qu'elle subirait la peine de mort. Béatrix se confessa, fut étranglée et livrée ensuite aux flammes.

Alphonse Perez, prêtre de Palencia, docteur en théologie, nia les faits qu'on lui imputait. Soumis à la question, la violence des tourments lui arracha l'aveu des charges; il témoigna du repentir, et après avoir été dégradé et étranglé, il fut brûlé comme les autres.

Le licencié Antonio Herrezuelo, avocat de la ville de Toro, condamné comme luthérien, mourut dans les flammes sans montrer aucun repentir. Pendant qu'on le menait au supplice, le docteur Cazalla lui adressa en particulier quelques exhortations et redoubla d'efforts au pied de l'échafaud; mais ce fut inutilement. Antoine se moqua de ses discours, quoiqu'on l'eût déjà attaché au poteau au milieu du bois qui commençait à s'allumer.

Un des archers qui entouraient le bûcher, furieux de voir tant de courage, plongea sa lance dans le corps de Herrezuelo, dont le sang coulait encore lorsqu'il fut atteint par les flammes. Il mourut sans proférer une seule parole.

Enfin, aucune des quatorze victimes n'avait dogmatisé ; aucune n'était retombée dans l'hérésie ; cependant les inquisiteurs ne purent croire que leur repentir eut une autre cause que la crainte de la mort, parce qu'elles n'avouèrent leur prétendu crime qu'après avoir été mises à la question.

Parmi les personnes réconciliées dans l'*auto-da-fé*, on distinguait encore deux membres de la famille d'Augustin Cazalla : Jean Vibero Cazalla, puni comme luthérien, condamné à perdre ses biens et sa liberté, et à porter le *san-benito* perpétuel ; et doña Constance de Vibero Cazalla, qui devait subir la même peine. Cette dame laissa quatorze enfants orphelins.

Un second *auto-da-fé* eut lieu à Valladolid au mois d'octobre de la même année. Les inquisiteurs, voulant faire honneur de cette fête à Philippe II, avaient attendu son retour des Pays-Bas, de sorte que cette cérémonie fut encore plus solennelle que la première. Treize personnes, un cadavre et une statue furent livrés aux flammes, et plusieurs autres admises à la réconciliation et à la pénitence. On dégrada les prêtres qui étaient du nombre des condamnés, et l'inquisiteur-général, archevêque de Séville, demanda ensuite au roi le même serment qu'avaient prêté dans la première cérémonie D. Carlos et la princesse gouvernante du royaume, c'est-à-dire de soutenir et défendre l'Inquisition, et de lui révéler tout ce qui aurait été dit contre la foi, par quelque personne que ce fût. Philippe remplit cette formalité, et signa sa promesse, qui fut lue par un employé de l'Inquisition au milieu de l'assemblée.

On remarquait parmi les condamnés D. Carlos de Seso, noble de Vérone, fils de l'évêque de Plaisance en Italie, l'une des premières familles du pays. Il passait pour un homme habile et savant, qui avait rendu de grands services à l'empereur Charles-Quint. Arrêté à Logrono, il fut conduit dans les prisons secrètes de Valladolid, et, un an après, on l'avertit de se préparer à la mort pour le lendemain.

Don Carlos de Seso ayant demandé de l'encre et du papier, écrivit sa confession, qui fut toute luthérienne. Il y soutenait que cette doctrine était la véritable loi de l'Évangile, et non celle qu'enseignait l'Église, laquelle doctrine avait été corrompue depuis quelques siècles, et qu'il voulait mourir dans cette croyance. Seso fut exhorté toute la nuit sans succès ; on lui mit le bâillon, qu'il porta tout le temps de l'*auto-da-fé* et en se rendant au lieu du supplice, afin qu'il fut dans l'impuissance de prêcher sa doctrine. Lorsqu'il eut été attaché au poteau, on lui ôta le bâillon, et on recommença de l'exhorter à faire une confession ; mais il ne voulut écouter aucun prêtre, et demanda à grands cris qu'on allumât le bois qui devait le consumer. Les bourreaux l'entendirent.

Pierre de Cazalla, frère du docteur Augustin Cazalla, qui avait péri dans le premier *auto-da-fé*, fut arrêté, à cause de ses opinions luthériennes, dans la paroisse de Pedrossa, dont il était curé. Il avoua tout ce qu'on lui demandait, et témoigna le désir d'être réconcilié. Le conseil de la *Suprême* ayant pris connaissance de l'affaire, se prononça pour la *relaxation*, parce que Cazalla était accusé d'avoir prêché l'hérésie. On lui notifia son jugement afin qu'il se disposât à mourir ; mais il refusa de se confesser. Il partit pour l'*auto-da-fé* avec le bâillon. Lorsqu'il se vit attaché au poteau, il demanda un confesseur, et fut ensuite étranglé avant d'être brûlé.

Dominique Sanchez, prêtre de Villa-Mediana, près de Logrono, adopta l'hérésie de Luther, après avoir entendu Seso et lu ses livres. Condamné à être brûlé vif, il suivit l'exemple de Pierre Cazalla, et mourut comme lui.

François Dominique de Roxas, prêtre dominicain, fit sa première déclaration devant le Saint-Office de Valladolid, le 13 mai 1558. On l'obligea d'en faire plusieurs, parce qu'il rétractait dans l'une ce qu'il avait avancé dans l'autre, afin de défendre le catéchisme et les différents sermons qu'il avait composés. Condamné à la torture pour ses rétractations, Dominique pria qu'on lui épargnât les horreurs de la question, qu'il craignait plus que la mort. On lui répondit que cette grâce lui serait accordée s'il promettait de déclarer ce qu'il avait caché jusqu'alors ; il y consentit, ajouta quelques nouvelles déclarations aux premières, et demanda ensuite à être réconcilié. On l'engagea à se préparer à la mort pour le lendemain. Il fit alors des révélations beaucoup plus importantes en faveur de quelques personnes contre lesquelles il avait parlé dans les interrogatoires précédents, et qu'il avait pu compromettre. Cependant il refusa de se confesser, et lorsqu'il fut descendu de l'échafaud de l'*auto-da-fé* pour être conduit au bûcher, il se tourna vers le roi, et lui cria qu'il allait mourir pour la défense de la vraie foi de l'Évangile, qui était celle de Luther. Philippe ordonna qu'on lui mît le bâillon; il l'avait encore lorsqu'il fut attaché au poteau; mais au moment où le feu allait être mis au bûcher, le courage lui ayant manqué, il demanda un confesseur, reçut l'absolution, et fut ensuite étranglé.

Un domestique du curé Cazalla fut aussi condamné à la *relaxation*, comme luthérien dogmatisant et impénitent. On le conduisit au supplice avec le bâillon, qu'il garda jusqu'au moment où il fut attaché au poteau. Comme il ne demandait pas de confes-

seur, le bûcher fut allumé, et lorsque les cordes dont il était lié eurent été brûlées, il s'élança sur l'échafaud, d'où il put voir que plusieurs des condamnés se confessaient pour ne pas mourir dans le feu. Les prêtres l'exhortèrent de nouveau; mais cet homme voyant que Seso restait ferme dans sa résolution, quoiqu'il fût déjà enveloppé par les flammes, revint se placer sur le bûcher, et cria qu'on y ajoutât du bois, parce qu'il voulait mourir comme D. Carlos de Seso. Les archers et les bourreaux exécutèrent à l'envi sa dernière volonté.

Dona Catherine de Reinoso, religieuse de l'ordre de Citeaux, avait vingt-un ans lorsqu'elle fut arrêtée. Elle était alliée à la famille du docteur Cazalla. Il fut prouvé qu'elle était luthérienne. Catherine fut condamnée au feu, se confessa, et fut, suivant l'usage, étranglée avant d'être brûlée.

Jeanne Sanchez, de la classe des femmes que l'on nomme béates, fut condamnée comme luthérienne. Lorsqu'elle connut son jugement, elle se coupa la gorge avec des ciseaux, et mourut impénitente dans sa prison. Son cadavre fut brûlé avec les autres victimes.

Presque toutes les personnes brûlées dans cet *auto-da-fé*, ou condamnées à des pénitences, appartenaient à des familles riches et recommandables. On y remarquait plusieurs religieux et religieuses, ce qui fait supposer que les opinions de Luther pénétraient jusque dans les couvents, et qu'on s'en occupait beaucoup plus dans ce séjour de l'oisiveté que dans l'intérieur des ménages.

Pendant que l'on célébrait cet *auto-da-fé*, le pape Paul IV mourut à Rome; et le peuple, à qui sa mémoire était odieuse, à cause de la protection qu'il avait constamment accordée à l'Inquisition, brisa sa statue au Capitole, et incendia son palais ainsi que celui du Saint-Office et ses archives; tous les prisonniers furent mis en liberté : la révolte fut complète. Néanmoins cette catastrophe n'effraya point les inquisiteurs d'Espagne : de nombreux *auto-da-fé* continuèrent à avoir lieu dans toutes villes où il y avait des inquisiteurs établis, et ceux de Valladolid firent de grands préparatifs pour en célébrer un troisième, qui devait être honoré de la présence de Philippe II. Ce monarque ne put y assister; il exerçait alors sa philantropie dans une autre province : l'auto-da-fé n'en eut pas moins lieu. On y brûla quatorze personnes et les os de trois docteurs, parmi lesquels se trouvaient ceux de cet *Egidius*, dont il a déjà été question, et ceux de Constantin Perez, qui avait été l'ami de Charles-Quint. Constantin Perez était mort dans les prisons du Saint-Office, après avoir subi la plus cruelle question.

La cérémonie commença par la réhabilitation de la mémoire de

dona Jeanne Bohorques, qui avait été arrêtée par le Saint-Office pour n'avoir pas combattu les sentiments luthériens de sa sœur, ce qui la fit soupçonner de les partager. Les inquisiteurs poussèrent la férocité à un excès inouï. Sans attendre que cette malheureuse dame fût délivrée du fardeau qu'elle portait dans son sein depuis plus de six mois, ils l'enfermèrent dans leurs cachots infects; dès qu'elle fut accouchée, on lui enleva son enfant, et avant qu'elle ne fût rétablie, les inquisiteurs lui appliquèrent la question d'une manière si violente, que ses membres, encore faibles, furent coupés jusqu'aux os par les cordes, et que plusieurs vaisseaux s'étant rompus pendant qu'on lui faisait subir la question de l'eau, elle vomit des flots de sang. On la porta ensuite dans son cachot, où elle mourut quelques jours après. Comme elle avait toujours nié, même au milieu de ses souffrances, les monstres qui l'avaient assassinée crurent faire assez pour réparer leur crime, en déclarant innocente cette victime de leur barbarie.

Au surplus, les inquisiteurs convenaient eux-mêmes que la question pouvait faire périr autant d'innocents que de coupables; mais, loin de s'effrayer de cette vérité terrible, ils soutenaient, au contraire, qu'on devait moins déplorer la mort de cent catholiques irréprochables, parce qu'ils allaient droit en paradis, que de laisser échapper un hérétique, qui pouvait corrompre et perdre un nombre de fidèles plus grand encore. Sous quelle accablante responsabilité ces juges, chargés du poids de leurs iniquités, devaient paraître un jour eux-mêmes au tribunal de l'Éternel!

Parmi les pénitenciers qui figurèrent dans un autre *auto-da-fé* célébré à Séville la même année, se trouvait Guillaume Franco de Séville, homme d'une grande probité et d'un esprit aussi droit que jovial. Un prêtre avait suborné sa femme et troublé son bonheur domestique; Franco, ne pouvant empêcher la continuation de cette scandaleuse intrigue, se plaignait souvent de son malheur à ses amis, et dit un jour dans une réunion où l'on parlait du purgatoire : *Qu'il en avait bien assez de celui qu'il trouvait dans la société de sa femme, et qu'il n'en fallait pas d'autre pour lui.* Cette phrase fut rapportée aux inquisiteurs, qui firent enfermer Franco dans les prisons secrètes du Saint-Office, comme suspect de luthérianisme, et qui le condamnèrent pour ce seul propos à une réclusion dont eux seuls pouvaient fixer le terme.

Mais pendant que les inquisiteurs de Séville traitaient avec autant de sévérité l'honnête Franco, ils ne condamnaient qu'à cent coups de fouet l'être le plus vil et le plus méprisable de toutes les Espagnes, Antoine Sanchez. Convaincu de faux témoignage contre son père, qu'il accusait d'avoir circoncis un enfant, il avoua qu'il avait dicté cette déposition afin de le faire brûler. Quel contraste effrayant entre la cruauté exercée contre le pauvre mari Franco et le parricide Sanchez! L'histoire de l'Inquisition offre mille exemples de cette indulgence des inquisiteurs en faveur de gens contre lesquels la loi prononçait la peine du talion. D'où vient cette scandaleuse protection, si ce n'est qu'il fallait encourager les délateurs?

Les inquisitions de Tolède, Saragosse, Valence, Murcie, Logrono, Grenade, Cuença et toutes celles des Indes semblaient rivaliser de férocité avec celles de Séville et de Valladolid. Il faudrait plusieurs volumes pour faire connaître tous les procès intentés à cette époque. Non-seulement le Saint-Office poursuivait sans relâche les personnes soupçonnées de luthérianisme, mais il avait repris toute sa fureur contre les juifs et les mahométans. On vit alors ce tribunal, altéré de sang, usurper la connaissance d'un grand nombre de délits qui devaient naturellement être du ressort des juges civils. C'est ainsi que les inquisiteurs de Saragosse condamnèrent plusieurs personnes à être fouettées et à rester cinq ans aux galères, pour avoir fait passer des chevaux en France, ou pour avoir fait la contrebande du soufre, du salpêtre et de la poudre!

Ceux de Valence s'occupaient de punir des individus accusés de pédérastie, et des femmes qui avaient un commerce obscène entre elles, quoique la punition de ces crimes appartînt aux organes des lois civiles.

Parmi les personnes condamnées et punies par l'Inquisition sous le ministère de Valdès, on trouve :

1° Des geôliers, qui furent fouettés et envoyés aux galères pour dix ans, parce qu'ils avaient permis à quelques accusés de communiquer entre eux, et parce qu'ils les avaient traités avec quelque douceur;

2° Des filles publiques, pour avoir dit que la fornication n'était pas un péché mortel;

3° Un fabricant de draps qui fut brûlé pour avoir conspiré contre l'alcade des prisons du Saint-Office;

4° Plusieurs malheureux qui, après être sortis des prisons de l'Inquisition, avaient divulgué les horreurs qui s'y commettaient, tant envers les hommes qu'envers les femmes.

5° Un membre de la municipalité de Séville, pour avoir dit que les sommes immenses employées au reposoir du jeudi-saint auraient pu soulager un grand nombre de familles qui manquaient de pain, et que cet emploi serait plus agréable à Dieu.

Enfin, on compte au nombre des victimes de cette époque, des archevêques, des évêques, des chanoines, des prêtres et des moines; les généraux des jésuites, beaucoup de religieuses, une immense quantité de juifs et de Maures, qui étaient revenus d'Afrique dans l'espoir de mourir en paix sur leur terre natale, et presque tous les hommes instruits et véritablement pieux qui n'approuvaient pas les rigueurs de l'Inquisition. Des familles entières périrent le même jour sur les bûchers; et il ne se passait point d'année où chaque Inquisition ne célébrât avec pompe un ou deux *auto-da-fe* généraux, sans compter les exécutions et les réconciliations qui avaient lieu aux époques fixes.

C'est encore sous l'inquisiteur-général Valdès qu'au mépris du droit des gens et des traités existants entre le roi d'Espagne et les autres cours de l'Europe, le Saint-Office fit arrêter, juger et condamner à mort, comme luthériens, des négociants anglais, français et génois qui étaient venus en Espagne avec de riches cargaisons, dont l'Inquisition ne se fit aucun scrupule de s'emparer.

Malgré toutes les confiscations et les amendes imposées aux réconciliés, le trésor du Saint-Office était toujours vide; l'on fut obligé de solliciter un bref du pape pour établir un impôt sur le produit des évêchés et des canonicats; impôt que les évêques et les chanoines ne voulaient nullement supporter, et qui n'a jamais pu être entièrement perçu.

Philippe II et l'inquisiteur-général Valdès n'en usèrent pas avec moins de rigueur envers les autres peuples soumis à leur monstrueux pouvoir. Les habitants du comté de Flandre, qui avaient toléré les inquisiteurs envoyés par Charles-Quint, parce qu'ils les considéraient comme de simples agents temporaires, s'effrayèrent lorsqu'ils apprirent que Philippe avait formé le projet d'organiser les dix-huit inquisitions diocésaines de Flandre sur le même plan que celles d'Espagne, et repoussèrent ce tribunal sanguinaire. Cette résistance révolta le despotisme de Philippe, et son obstination fut la cause de ces guerres longues et sanglantes qui épuisèrent les trésors et les forces de l'Espagne, et dont le résultat fut l'affranchissement de ces provinces et la fondation de la république de Hollande.

Philippe réussit à soumettre l'île de Sardaigne à l'Inquisition d'Espagne; mais il échoua encore complétement dans les tentatives qu'il fit pour introduire le système espagnol dans le duché de Milan. Le peuple, la noblesse, les évêques et tous les magistrats se déclarèrent ouvertement contre l'établissement d'un tribunal odieux à toute l'Europe; des émeutes eurent lieu jusqu'au moment où le gouverneur, qui prévoyait la mauvaise issue de l'entreprise de son souverain, le supplia de calmer l'effervescence des Milanais en abandonnant son projet.

Philippe s'occupa aussi de l'Inquisition d'Amérique, fixa à trois le nombre des tribunaux de cette partie de la monarchie espagnole, et en gratifia les villes de Lima, Mexico et Carthagène. Ces tribunaux étaient soumis à la juridiction du grand-inquisiteur d'Espagne. Le premier *auto-da-fé* célébré à Mexico eut lieu la même année dans laquelle mourut Fernand Cortez, le conquérant de ce vaste empire : on y brûla un Français et un Anglais, et plus de quatre-vingts personnes y furent condamnées à différentes peines.

Enfin la sollicitude de Philippe II pour le salut de ses peuples fit naître dans l'esprit de ce monarque l'idée de créer un tribunal ambulant de l'Inquisition, chargé de découvrir et de poursuivre les hérétiques sur les navires. Ce tribunal fut organisé sous le nom d'*Inquisition des galères* d'abord, et ensuite sous celui d'*Inqui-*

sition des flottes et des armées ; mais son existence au milieu des marins fut de courte durée, parce qu'on ne tarda pas à s'apercevoir qu'elle mettait des entraves à la navigation.

Pendant fort longtemps les navires expédiés de Callao (port de la capitale du Pérou) pour la Conception (au Chili), n'avaient osé perdre les terres de vue, et les navigateurs de ces mers paisibles mettaient ordinairement une année entière à faire ce voyage. Un pilote européen, qui avait observé les vents, n'y employa qu'un mois, il passa pour sorcier; et l'Inquisition, toujours ridicule par son ignorance lorsqu'elle n'est pas odieuse par ses fureurs, fit arrêter et plonger dans les cachots ce hardi marin. Sa justification fut facile : il lui suffit de présenter son journal; on reconnut que pour avoir le même succès, il ne fallait que s'éloigner des côtes, et cette méthode fut généralement suivie.

A cette inquisition des flottes succéda l'Inquisition des douanes, dont l'objet était d'empêcher l'introduction des livres défendus : des commissaires du Saint-Office furent nommés dans tous les ports, et leurs vexations contribuèrent beaucoup à paralyser le commerce maritime de l'Espagne.

Philippe eut encore une nouvelle occasion de signaler son zèle pour le Saint-Office. La couronne de Portugal lui étant échue en 1580, par droit de succession, il voulut soumettre l'Inquisition de ce royaume à celle d'Espagne, afin qu'il y eût plus d'ensemble et d'unité dans les affaires de la foi ; mais cette tentative fut infructueuse, parce que Philippe n'avait été reconnu roi de Portugal que sous la condition expresse que cette couronne continuerait d'être complètement indépendante de celle d'Espagne, et que le royaume serait administré par les autorités ordinaires et par les conseils établis à Lisbonne, sans qu'aucune circonstance pût obliger la nation d'avoir recours à Madrid et d'en attendre des résolutions.

Pendant que Philippe II cherchait, à la lueur homicide des *auto-da-fé* qui éclairaient toutes les provinces de l'Espagne, une compensation aux échecs que l'Inquisition éprouvait à Milan, en Flandre et en Portugal, le Saint-Office se trouvait dans la nécessité de prendre des mesures promptes et sévères contre un grand nombre de prêtres catholiques romains, qui abusaient de leur ministère de confesseurs pour séduire et suborner leurs pénitentes. Ce scandale était devenu si grand, que le pape adressa un bref aux inquisiteurs d'Espagne, dans lequel il leur ordonnait de poursuivre tous les prêtres et les moines que *la voix publique accusait*.

Comme il était dangereux dans ce moment d'éventer ces sortes d'affaires, parce que les luthériens n'auraient pas manqué d'en tirer des armes terribles contre la confession auriculaire, le Saint-Office les traita avec la plus grande circonspection, et il lui fut d'autant plus facile de ne pas donner de la publicité aux procédures, que la plupart de ces crimes se commettaient dans le silence des couvents et des autres retraites religieuses. Les annales de l'Inquisition nous offrent à ce sujet le procès fait à un capucin; je vais en rapporter les principales circonstances:

Ce capucin était le confesseur de toutes les femmes réunies dans une communauté de la ville de Carthagène, au nombre de dix-sept; il avait su leur inspirer une si grande confiance, qu'elles le regardaient comme un saint homme et comme un oracle du ciel. Lorsque le dévot personnage vit que sa réputation était suffisamment établie, il profita de ses fréquentes entrevues au confessionnal pour insinuer sa doctrine aux jeunes béguines. Voici le discours qu'il tint à chacune d'elles :

« Notre Seigneur Jésus-Christ a eu la bonté de se laisser voir
« à moi dans l'hostie consacrée au moment de l'élévation, et il
« m'a dit : Presque toutes les âmes que tu diriges dans ce bégui-
« nage me sont agréables, parce qu'elles ont un véritable amour
« pour la vertu, et qu'elles s'efforcent de marcher vers la per-
« fection; mais surtout une telle (*ici le directeur nommait celle à
« qui il parlait*); son âme est si parfaite qu'elle a déjà vaincu
« toutes ses affections terrestres, à l'exception d'une seule : la
« sensualité, qui la tourmente beaucoup, parce que l'ennemi de
« la chair est très-puissant sur elle à cause de sa jeunesse, de sa
« force et des grâces naturelles qui l'excitent vivement au plaisir;
« c'est pourquoi afin de récompenser sa vertu, et pour qu'elle
« s'unisse parfaitement à mon amour et me serve avec une fran-

« quillité dont elle ne jouit pas, et qu'elle mérite cependant par
« ses vertus, je te charge de lui accorder en mon nom la dis-
« pense dont elle a besoin pour son repos, en lui disant qu'elle
« peut satisfaire sa passion, pourvu que ce soit expressément
« avec toi, et qu'afin d'éviter tout scandale, elle garde sur ce
« point le secret le plus rigoureux avec tout le monde sans en
« parler à personne, pas même à un autre confesseur, parce
« qu'elle ne péchera pas avec la dispense du précepte que je lui
« accorde à cette condition pour la sainte fin de voir cesser tou-
« tes ses inquiétudes, et pour qu'elle fasse tous les jours de
« nouveaux progrès dans les voies de la sainteté. »

Une de ces femmes, âgée de vingt-cinq ans, étant tombée dangereusement malade, demanda un autre confesseur, et après lui avoir fait une révélation entière de ce qui s'était passé, elle s'engagea à tout déclarer au Saint-Office, dans la crainte, comme elle le soupçonnait fortement, que pareille chose ne fût arrivée aux autres femmes de la communauté. Ayant ensuite recouvré sa santé, elle alla se dénoncer à l'Inquisition, et raconta qu'elle avait eu pendant trois ans un commerce criminel avec son confesseur; qu'elle n'avait jamais pu croire en son âme et conscience que la révélation fût véritable; mais qu'elle avait fait semblant d'ajouter foi à ses discours, afin de pouvoir se livrer sans honte à ses désirs.

L'Inquisition s'assura que ce commerce avait eu lieu avec douze autres béates de la même communauté. Les autres quatre étaient ou très-âgées ou très-laides.

On dispersa aussitôt toutes ces béguines dans plusieurs couvents; mais on craignit de commettre une imprudence en faisant arrêter le confesseur et en le traduisant dans les prisons secrètes, parce que le peuple ne manquerait pas de croire que son affaire était liée avec ces dévotes, destinées dès-lors à devenir religieuses malgré elles, sans que l'Inquisiton parût s'en mêler.

On en écrivit au conseil de la Suprême, et on obtint que le coupable serait envoyé à Madrid. Trois audiences ordinaires d'*admonitions* lui furent accordées : il répondit que la conscience ne lui reprochait aucun crime sur ce qui regardait l'Inquisition, et qu'il était extrêmement surpris de se voir son prisonnier.

On lui fit sentir qu'il était incroyable que Jésus-Christ lui eût apparu dans l'hostie pour le dispenser d'un des premiers préceptes négatifs du décalogue, qui oblige toujours et pour toujours. Il répondit qu'il en était aussi de même du cinquième, et que Dieu en avait cependant dispensé le patriarche Abraham, lorsqu'un ange lui commanda d'ôter la vie à son fils; qu'il fallait en dire autant du septième, puisqu'il avait permis aux Hébreux de dérober les effets des Égyptiens. On lui fit remarquer que dans ces deux cas il s'agissait de mystères favorables à la religion, et il répliqua que dans ce qui s'était passé entre lui et ses pénitentes, Dieu avait eu aussi le même dessein, c'est-à-dire celui de tranquiliser la conscience de treize âmes vertueuses, et de les conduire à la parfaite union avec son essence divine. Un des interrogateurs lui ayant objecté qu'il était bien singulier qu'une aussi grande vertu se soit trouvée dans treize femmes jeunes et belles, et nullement dans les trois vieilles ni dans la laide, il répondit encore, sans se déconcerter, par ce passage de l'Écriture sainte : *Le Saint-Esprit souffle où il veut.*

Il ne restait plus au moine qu'une seule audience avant d'être condamné, et il persista d'abord dans ses premières déclarations. Cependant, comme il ne s'agissait de rien moins que d'être brûlé vif, il sollicita une nouvelle entrevue avec les inquisiteurs, et déclara d'abord qu'il était coupable de s'être aveuglé au point de regarder comme certaine l'apparition de Jésus-Christ dans l'eucharistie, qui n'avait été qu'une illusion; mais s'apercevant que les inquisiteurs n'étaient point ses dupes, et qu'ils étaient disposés à le sauver de la relaxation, s'il convenait de son hypocrisie et de ses crimes, il avoua tout, et se soumit à toutes les pénitences qu'on lui imposerait.

Les inquisiteurs firent prendre à cette affaire une tournure favorable à l'accusé, et le capucin, qui avait encouru la peine de mort comme sacrilége, hypocrite, luxurieux, séducteur et parjure, fut condamné seulement à faire abjuration *de levi* et à subir un emprisonnement de cinq années dans un couvent de son ordre. Il y mourut au bout de trois ans. Remarquons ici en passant qu'un laïque chargé de tant de crimes eût été brûlé cent fois.

Telle est en abrégé l'histoire du capucin de Carthagène ; je pourrais en ajouter plusieurs autres de même nature ; mais je crois qu'elle suffit pour donner une juste idée des mœurs espagnoles du temps où l'Inquisition était à l'apogée de sa rigueur et de sa puissance.

Après avoir pris les mesures les plus secrètes contre les moines et les prêtres qui subornaient les femmes, l'inquisiteur-général Valdès, s'apercevant que le temps avait presque entièrement fait oublier les anciennes lois du Saint-Office, et que les inquisiteurs ne suivaient plus qu'une sorte de routine dans la poursuite des affaires de leur compétence, reconnut la nécessité de réformer cet ordre de choses. Il aurait pu se contenter de faire réimprimer les réglements qu'avait publiés Torquemada, et ceux de son successeur Deza; mais comme depuis lors il s'était présenté une multitude de cas extraordinaires qui avaient obligé les inquisiteurs d'ajouter successivement de nouveaux articles, Valdès jugea qu'il serait plus convenable de réunir les constitutions qui devaient être maintenues, en ne faisant qu'une seule loi de toutes celles dont l'expérience avait prouvé l'utilité dans l'intérêt du Saint-Office. En conséquence, le 2 septembre 1561, après un grand nombre de conférences auxquelles assistèrent les membres du conseil de la Suprême, l'inquisiteur-général publia, à Madrid, un édit composé de quatre-vingt-un articles, qui sont devenus le Code de l'Inquisition pour la formation des procès et pour leur jugement définitif.

Le désir d'épargner aux lecteurs l'ennui inséparable des répétitions que présente cette loi organique du Saint-Office, m'oblige de les renvoyer aux lois anciennes, dont le code de Valdès n'était qu'une combinaison nouvelle, amplifiée et modifiée pour les détails. Valdès se garda bien d'y régler la manière dont il fallait agir dans les procès entrepris par les familles pour réhabiliter l'honneur et la mémoire de ceux de leurs parents injustement condamnés ou morts dans les prisons secrètes : la crainte d'être forcé de restituer les biens immenses dont l'Inquisition s'était emparée depuis quelques années, fut sans doute la cause de cette importante omission. L'esprit de la loi de Valdès ne devait être favorable à personne, même dans ceux de ses articles qui semblaient destinés à défendre les accusés. Aussi l'arbitraire et la cruauté continuèrent à régner dans les tribunaux du Saint-Office, car il était de la nature de cette terrible institution de regagner bientôt le terrain que les réclamations et même les insurrections lui faisaient perdre de temps à autre.

Valdès mit ensuite tous ses soins à continuer les poursuites contre ce même Carranza dont j'ai déjà parlé. Rien ne serait plus capable de montrer les vices et l'odieux du tribunal de l'Inquisition que le procès intenté contre cet archevêque, si cette fameuse procédure, dont les pièces forment vingt-quatre volumes in-folio, chacun de onze à douze cents pages, pouvait être analysée dans cet abrégé.

Barthélemi Carranza, professeur de théologie, était considéré comme l'homme le plus vertueux de l'Espagne. Son savoir, ses mœurs, sa piété et sa charité envers les pauvres l'avaient rendu l'objet de la vénération des peuples et des faveurs du roi. Charles-Quint le députa au concile de Trente en qualité de théologien, et Philippe II, après l'avoir nommé son confesseur, lui confia l'archevêché de Tolède. Le pape Paul IV, qui avait beaucoup connu et apprécié Carranza au concile, le dispensa des informations auxquelles la cour de Rome était dans l'usage d'assujettir les évêques nommés, et lui expédia ses bulles sans autres formalités.

Le grand-inquisiteur, dont la haine et la jalousie ne connaissaient point de bornes, intrigua si bien auprès de quelques évêques, qu'il parvint à faire dénoncer Carranza comme suspect de favoriser les opinions de Luther. Carranza fut arrêté, au grand étonnement de toute l'Europe, qui le révérait. On lui donna pour prison un appartement occupé en partie par des inquisiteurs chargés de le garder à vue. L'archevêque déclina d'abord la compétence de l'inquisiteur-général; mais comme celui-ci avait déjà obtenu un bref du pape qui l'autorisait à poursuivre Carranza, il se déclara lui-même compétent. L'archevêque le récusa par un grand nombre de motifs que les arbitres apprécièrent. Il fut alors question d'envoyer la procédure à Rome. Mais on ne le fit pa[s] parce que cette affaire pouvait couvrir de honte le chef du Saint Office et plusieurs autres personnages, qui parvinrent par la suit[e] aux plus hautes dignités de l'Église.

Valdès ayant réussi à faire accroire à Philippe II et au pap[e] Sixte IV que Carranza était véritablement hérétique, continua d[e] le garder en prison et d'instruire son procès. Mais comme il n[e] pouvait acquérir les preuves dont il avait besoin pour le condam[n]ner, il fit traîner l'affaire en longueur, et tint cet archevêqu[e] enfermé pendant près de huit années. Il l'y aurait sans dou[te] retenu jusqu'à sa mort, si une circonstance imprévue n'avait m[is] entre les mains du roi un grand nombre de pièces favorables [à] l'archevêque, pièces que l'inquisiteur-général avait soustraites d[u] dossier. Toutes les intrigues de Valdès se découvrirent alors, [et] le pape le destitua. Carranza sortit des prisons pour se rendre [à] Rome, où Sixte V et les Pères du concile le réclamaient. Il y f[ut] absous dans la même année de la destitution de Valdès, c'est-à-dire en 1566, et y mourut deux ans après.

Fier du pouvoir extraordinaire que Paul IV lui avait accord[é,] Valdès était sorti de la route que ses prédécesseurs lui avaie[nt] tracée; au lieu de s'attacher à poursuivre les luthériens et les a[u]tres hérétiques, il dirigea ses coups contre ces hommes célèbr[es] qui méritèrent, par leurs connaissances profondes en théologi[e,] leurs éminentes vertus, d'être appelés les docteurs du concile [de] Trente et les *Pères de la foi*. Ces prélats vénérables, qui avaie[nt] fortement combattu les opinions de Luther, tant dans leurs écri[ts] que dans leurs discours, furent accusés d'être les partisans [du] luthéranisme, et l'Inquisition eut la hardiesse de faire arrêt[er] plusieurs d'entre eux. Heureusement, quelques circonstances to[ut] à fait indépendantes de la volonté de Valdès, mirent un terme [à] ces scandaleuses procédures, dont l'entreprise suffirait seule po[ur] déshonorer à jamais ce tribunal de prêtres haineux.

Valdès, qu'aucune considération n'arrêtait dans son zèle, [fit] également poursuivre par les inquisiteurs de Murcie le fils [de] l'empereur du Maroc, qui, étant venu très-jeune en Espagne, s[']était fait baptiser. On l'accusait de s'être adonné à la magie no[ire] et à la sorcellerie. Le Saint-Office le fit paraître dans un *auto-da-fé* avec le *corosa* de carton, orné de cornes et de diables sur la tête; on l'enferma pour trois ans dans un couvent, et on l'exila ensuite des royaumes de Valence, d'Aragon et de Murcie.

On trouve encore, parmi les victimes du système inquisitorial de Valdés, plusieurs saints et autres personnages révérés par l'Église espagnole. De ce nombre sont le vertueux Barthélemi de Las Casas, évêque de Chiappa en Amérique, et les trois premiers généraux de la compagnie de Jésus, Ignace de Loyola, Laynez et François Borgia. Ignace fut mis en prison, et ses deux successeurs furent persécutés comme *fanatiques illuminés*.

Voici comment s'exprimait à cette époque Melchior Cano, évêque des Canaries, sur le compte des jésuites, dans une lettre écrite à Jean de Regia, ancien confesseur de Charles-Quint:

« Je soutiens donc (et avec vérité) que ce sont là de ces *illu-
« minés*, de ces hommes de perdition que le démon a tant de
« fois introduits dans les champs de l'Église, depuis le temps
« des gnostiques jusqu'à nos jours; qui ont commencé avec elle,
« et doivent subsister jusqu'aux derniers temps. Tout le monde
« sait que Dieu daigna éclairer sur cette grande affaire sa ma-
« jesté l'empereur. Quand notre souverain se rappellera com-
« ment Luther a commencé en Allemagne, et qu'il considérera
« qu'une étincelle, qu'on a cru pouvoir négliger, a causé un
« incendie contre lequel tous les efforts ont été impuissants,
« il reconnaîtra que ce qui se passe maintenant parmi les hom-
« mes nouveaux *(les jésuites)* peut devenir un grand mal pour
« l'Espagne, qu'il serait impossible à notre roi d'y remédier
« quand il le voudra. »

Si l'événement a prouvé que l'évêque des Canaries avait raison, rien ne peut néanmoins justifier le Saint-Office des persécutions qu'il fit éprouver aux chefs de cet ordre. Si la politique astucieuse des jésuites contrebalança si longtemps le pouvoir des rois, il est juste de reconnaître que cet ordre ne s'annonça d'abord que par des vertus.

Valdés poursuivit en outre un grand nombre de savants qui n'avaient pas voulu se soumettre aux opinions erronées des scoastiques; et, pour achever de rendre fameux son règne inquisitorial, il ne respecta pas plus l'autorité des magistrats que la liberté des gens de lettres.

Valdès exerça pendant plus de vingt ans les fonctions d'inquisiteur-général d'Espagne, et fit condamner dix-neuf mille six cents victimes, dont deux mille quatre cents furent brûlées en personne, douze cents en effigie et seize mille emprisonnées ou envoyées aux galères.

CHAPITRE II.

Neuvième, dixième, onzième, douzième et treizième inquisiteurs-généraux. Fin du règne de Philippe II.

Après avoir exilé le huitième inquisiteur-général Valdés, Philippe II en conféra les fonctions au cardinal D. Diègue Espinosa, évêque de Siguenza et président du conseil de Castille.

Espinosa fut le favori du roi; mais cela ne l'empêcha pas d'être disgracié et exilé comme son prédécesseur, au bout de six années d'exercice, et après avoir pris part à la catastrophe du prince des Asturies, si connu dans l'histoire d'Espagne et dans plusieurs romans, sous le nom de D. Carlos.

« La mort tragique de ce prince a donné lieu à tant de fables, a dit Llorente, qu'il me paraît nécessaire de rapporter ici cet événement, parce qu'on croit encore en Europe qu'il fut une des victimes de l'Inquisition et de l'amour. Je suis fâché d'être obligé de renverser le superbe échafaudage élevé par quelques historiens et par un grand nombre de romanciers, pour faire de D. Carlos un héros intéressant. La vérité est qu'il n'a jamais existé de procédure de l'Inquisition, ni de jugement rendu contre cet héritier de la couronne d'Espagne : aucune passion, aucune intrigue amoureuse n'a non plus contribué à le rendre l'objet de l'inexorable rigueur de son père et de ses juges. D. Carlos fut un monstre, et son père un hypocrite froidement barbare.

« Dès sa plus tendre enfance, D. Carlos avait décélé un cœur cruel et une opiniâtreté qui tenait presque toujours de la fureur. Son père avait conçu dès lors la plus mauvaise idée de son caractère, car il connaissait ses emportements, et il n'ignorait pas que ce royal enfant s'amusait à égorger lui-même les oiseaux qu'on lui apportait de la chasse, et qu'il paraissait jouir en les voyant palpiter et mourir. D. Carlos traitait indignement ses gens, et même son gouverneur, le redoutable duc d'Albe ; il s'ensuivit que son éducation fut des plus mauvaises, et qu'il ne possédait aucune de ces qualités du cœur qui attachent les peuples à leurs rois.

« A l'âge de dix-huit ans, D. Carlos fit une chute qui nécessita l'ouverture de son crâne. Il en guérit ; mais il resta sujet à des douleurs de tête qui l'empêchaient de se livrer à aucune espèce de travail, parce qu'elles lui causaient un certain désordre dans ses idées, qui rendait son caractère encore plus insupportable. Si l'on ajoute à tous ces désavantages un physique désagréable, une figure pâle et décharnée, et des craintes fondées sur son inaptitude au mariage, on sera bientôt convaincu que D. Carlos était l'homme du monde le moins propre à faire naître de tendres sentiments dans le cœur de sa belle-mère, comme l'ont supposé les romanciers, et à entretenir une correspondance amoureuse ; car il savait à peine écrire, et n'avait jamais pu parvenir à lier deux phrases ensemble. On peut en juger par le texte d'une de ses lettres à l'évêque D. Juan, que je transcris mot à mot :

« A mon maître l'évêque : Mon maître : J'ai reçu votre lettre « dans le bois. Je me porte bien. Dieu sais combien je serais « charmé d'aller vous voir avec la reine : faites-moi savoir com- « ment vous vous êtes porté en cela, et s'il y a eu beaucoup de « frais. Je suis allé d'Alameda à Buitrago, et cela m'a paru très- « bien. J'allais au bois en deux jours, où je suis depuis mercredi « jusqu'à aujourd'hui. Je me porte bien. Je finis. De la campa- « gne, le 2 juin. Mon meilleur ami que j'ai dans ce monde. Votre « très-grand, qui fera tout ce que vous me demanderez. MOI LE « PRINCE. »

« Tel était le style de l'héritier présomptif de la couronne d'Espagne, de ce prince stupide qui était appelé, par le droit de naissance, à gouverner ce royaume dans le siècle de la renaissance des lettres.

« Son crime ne fut ni un amour incestueux, ni ses opinions religieuses ; mais bien une tentative d'assassinat préméditée et longtemps nourrie sur son propre père Philippe II, et un projet de rébellion contre son autorité royale ; projet qui avait pour but de soulever les provinces des Pays-Bas, et de se faire placer à la tête de leur gouvernement. D. Carlos avait préludé à cette préméditation parricide par des coups de poignard donnés à plusieurs personnages de la cour, et entre autres à l'inquisiteur-général Espinosa, qui était alors le favori du roi. D. Carlos fut condamné à perdre la vie, en vertu d'un jugement verbal prononcé par des conseillers d'État présidés par l'inquisiteur-général, lequel jugement fut approuvé par Philippe II. Il est donc constant que le Saint-Office n'y eut aucune part, puisque l'inquisiteur-général n'a agi dans cette affaire que comme président du conseil d'État.

« Don Carlos ne périt ni étouffé sous des matelas, ni dans un bain chaud avec les artères ouvertes, comme on l'a écrit. Il mourut dans son lit, après une maladie de six mois, occasionnée par des excès. Quelques historiens ont assuré qu'il avait été *achevé* par une potion que le roi ordonna à son médecin de lui administrer ; mais ce point, le plus difficile à vérifier, pourrait bien être aussi peu vrai que les autres. Ce qui est constant, c'est que durant la maladie de D. Carlos et l'aliénation de son esprit, Philippe ne voulut jamais ni le voir, ni lui pardonner, malgré toutes les ambassades qu'il reçut, à cet égard, de presque toutes les cours de l'Europe ; sa colère ne fut désarmée qu'après la mort de son fils. »

Telle est l'histoire de D. Carlos. Quoique dépouillée de tout le merveilleux que lui ont prêté des historiens peu véridiques, elle mérite encore de trouver une place dans les fastes de l'Inquisition, sous le règne de Philippe II. Tant de scélératesse de la part du fils, et de barbarie de la part du père, étaient dignes des siècles de Torquemada et de Valdès.

Espinosa, disciple et successeur de ces deux fanatiques, mourut dans l'exil, le 5 septembre 1572, après avoir permis la condamnation de quatre mille six cent quatre-vingt personnes des deux sexes, dont sept cent vingt furent brûlées en personne, et trois cent soixante en effigie. Trois mille six cents pénitenciers achevèrent leur triste existence aux galères, en prison, ou dans l'opprobre et la misère.

La disgrâce qu'éprouva cet inquisiteur-général paraît lui avoir été attirée par l'abus que les autres inquisiteurs firent de l'excommunication pendant son ministère. Ils s'en servirent contre un grand nombre de magistrats, et principalement contre la municipalité de Barcelone. Mais ce qui indisposa plus particulièrement encore Philippe contre Espinosa, fut l'excommunication lancée contre la députation d'Aragon en l'année 1571. L'indignation devint générale dans ce royaume, et le roi ne put la calmer qu'en sacrifiant son favori.

Après la mort d'Espinosa, la place d'inquisiteur-général d'Espagne fut confiée à D. Pedro Ponce de Léon, évêque de Plasencia. Ses bulles lui furent expédiées par le pape, le 27 décembre de la même année; mais la mort de ce *dixième* inquisiteur-général fut si prompte, qu'il n'eût pas le temps de se rendre à Madrid, et de commencer à exercer ses fonctions.

Le cardinal Gaspard de Quiroga, archevêque de Tolède, fut le *onzième* inquisiteur-général d'Espagne : il succéda à Ponce de Léon au commencement de l'année 1573.

Les premiers actes de Quiroga furent l'établissement d'un tribunal de l'Inquisition en Galice, où il n'en existait point, et la publication d'un index contre les livres.

Le ministère de Quiroga est encore fameux dans les annales de l'Inquisition par les procès scandaleux qu'il fit intenter à un grand nombre de personnages de la plus haute distinction, et principalement par celui d'Antoine Perez, premier ministre de Philippe II, dont le résultat fut la destruction des *fueros* d'Aragon (constitutions de ce royaume), et la décapitation du grand-justicier.

En 1575, l'inquisiteur-général Quiroga fit intenter un procès au grand-maître des chevaliers de Saint-Jean-de-Jérusalem, qui venait d'établir son gouvernement à Malte, après la perte de l'île de Rhodes. Ce grand-maître, dont l'autorité était absolue, refusa de soumettre son île à l'exercice d'une juridiction étrangère, et ne voulut avoir rien de commun avec l'inquisition d'Espagne, qui prétendait établir un de ses tribunaux à Malte, par suite de son système d'envahissement. Le grand-maître défendit ses droits avec toute la vigueur possible, et cette affaire n'eut d'autre résultat pour l'Inquisition d'Espagne, que de montrer qu'elle ne craignait pas même d'attaquer des souverains.

Elle le prouva encore plusieurs autres fois à la même époque, en faisant excommunier la reine Jeanne de Navarre et ses enfants Henri et Catherine de Bourbon. Les intrigues de Philippe et des inquisiteurs auprès du pape contre cette reine furent la cause de cette excommunication, dans laquelle le pape déclarait Jeanne hérétique obstinée, et la dépouillait de ses États, qu'il offrait au premier prince catholique, pourvu qu'après s'en être emparé, il en chassât tous les hérétiques.

L'Inquisition d'Espagne mit aussi en jugement Pierre-Louis de Borgia, grand-maître de l'ordre de Montesa, accusé de sodomie, et le prince Farnèse, duc de Parme, qui furent tous deux acquittés.

Ce qui distingue encore cette époque, ce fut le procès intenté au pape Sixte-Quint, comme fauteur d'hérésie. Ce pontife avait fait publier une traduction de la Bible en italien, et en avait recommandé la lecture comme devant produire les plus grands avantages pour les fidèles. Cette conduite du pape était contraire à tout ce qu'avaient statué les bulles de ses prédécesseurs, depuis Léon X, époque à laquelle on avait vu paraître un si grand nombre de traductions de la Bible faites par Luther et par d'autres protestants. L'Inquisition d'Espagne fit inutilement tout ce qu'elle put pour empêcher la publication de cette traduction. Mais à peine ce redoutable pontife eût-il cessé de vivre, que le Saint-Office condamna la Bible *Sextine*, et par conséquent le pape, oracle *infaillible* de la foi. On croit même que Sixte-Quint mourut empoisonné, et que Philippe II et les inquisiteurs ne furent pas étrangers à cette mort.

Le procès d'Antoine Perez forme seul une partie de l'histoire d'Aragon sous le règne de Philippe II, et ne peut être étranger à celle de l'Inquisition, dont ce ministre fut une des plus illustres victimes.

Lorsque le cruel Philippe eut fait mourir Jean Escobedo, secrétaire de D. Juan d'Autriche, il fit emprisonner son ministre, premier secrétaire d'État, Antoine Perez, dont il croyait avoir à se plaindre pour cause d'infidélité, ou plutôt parce qu'il éprou-

vait le besoin de s'en débarrasser. Perez resta douze ans dans les prisons de Madrid; à la fin il parvint à s'échapper, encore souffrant des suites de la torture. Il se réfugia en Aragon, espérant d'y vivre tranquillement sous la protection de la constitution politique (*fuero*) de ce royaume, qui n'accordait au monarque d'autre droit dans les tribunaux que celui d'y avoir un fiscal ou commissaire-accusateur.

Pérez s'étant retiré en Aragon, Philippe fit expédier l'ordre de l'arrêter. On se saisit de sa personne à Calatayud; mais il protesta contre cette violence; et ayant réclamé le privilége des *manifestados*, il fut conduit à Saragosse et enfermé dans la prison du *Royaume* ou de la *Liberté*, appelée également prison du *Fuero*. Les prisonniers y étaient à l'abri de l'autorité immédiate du roi, et ne dépendaient que du juge intermédiaire appelé le *grand-justicier d'Aragon*; on n'y recevait que ceux qui se présentaient ou qui demandaient à y entrer pour ne pas être enfermés dans la prison royale. Parmi les priviléges accordés aux prisonniers du *Fuero* étaient ceux de ne pouvoir être mis à la question; d'obtenir la liberté sur parole, et d'appeler au *grand-justicier* de toute condamnation par quelque juge que ce fût. Le tribunal du grand-justicier avait le droit d'examiner si l'exécution du jugement n'était point contraire à aucun *fuero* du royaume : ce qui lui donnait quelque ressemblance avec la *Cour de cassation* française.

Mais ce n'était pas là le seul droit de ce tribunal. Le juge investi de cette magistrature était autorisé par la constitution du royaume à déclarer, sur la demande de quelque habitant que ce fût, que le roi, ou ses juges, ou ses magistrats, abusaient de la force en violant la constitution et les priviléges du royaume. Dans ce cas, le *grand-justicier* pouvait défendre les opprimés à force armée contre le roi, et, à plus forte raison, contre ses lieutenants et ses agents.

Philippe II fit d'abord un grand nombre de tentatives auprès de la députation permanente du royaume pour obtenir l'extradition de Pérez : elle s'y opposa constamment, et le roi fut obligé d'envoyer en Aragon la procédure commencée en Castille. Pérez mit bientôt Philippe dans la nécessité de renoncer à le poursuivre : Philippe se désista par un acte public, afin d'échapper à la honte de le voir acquitté par un jugement définitif. Mais avant que Pérez fût mis en liberté, l'Inquisition, qui voulait seconder la volonté du roi, commença un nouveau procès contre l'ex-ministre, qu'on accusait d'hérésie. Ainsi la religion servit de prétexte à ce procès que les intrigues de la cour dirigeaient. Le conseil de la Suprême ordonna que Perez et un de ses amis seraient traduits secrètement dans les prisons du Saint-Office. Cet ordre éprouva une vive résistance de la part du concierge de la prison *constitutionnelle*, qui ne voulut les livrer que sur une autorisation du *grand-justicier*. Les inquisiteurs forcèrent ce magistrat à la délivrer, et déjà Perez était sorti de sa première prison pour être conduit dans celle du Saint-Office, lorsque plusieurs gentilshommes de Saragosse, qui ne voulaient pas qu'on portât la moindre atteinte à leurs *fueros*, excitèrent le peuple : aussitôt les cris de *trahison! vive la nation! vive la liberté! vive les fueros! mort aux traîtres!* se firent entendre; plusieurs milliers d'hommes armés se portèrent chez le vice-roi, et l'assassinèrent; au même instant d'autres attroupements armés mirent le feu au palais de l'Inquisition, et cette révolte ne se calma que lorsque Perez fut replacé dans la prison constitutionnelle.

Les inquisiteurs se trouvèrent dans une situation d'autant plus critique, qu'il leur était impossible de faire arrêter personne. Mais ils n'étaient point dans l'habitude de céder; et dès que le calme fut rétabli dans la ville, ils formèrent une commission de jurisconsultes, destinée à examiner cette affaire et à donner son avis. Ces avocats, corrompus par la cour et par l'Inquisition, déclarèrent que les inquisiteurs avaient excédé leurs pouvoirs en faisant violer les priviléges du royaume, et qu'il n'y avait pas de puissance qui eût le droit de le faire, excepté le roi et les députés réunis en Cortès; mais que si les inquisiteurs demandaient au grand-justicier que le prisonnier leur fût livré, et que la jouissance du privilége fût seulement suspendue pendant que l'Inquisition poursuivrait, et jusqu'à ce qu'elle eût terminé son procès, on pouvait livrer le prisonnier sans que cette mesure offrît rien de contraire aux droits du royaume.

Les amis de Perez soutinrent que la *suspension* ne violait pas moins le privilége que son *annulation*, et ils n'eurent pas beaucoup de peine à le prouver. Néanmoins, les intrigants de la cour et les inquisiteurs l'emportèrent, et on prépara en secret l'extradition de Perez. Un grand nombre de familiers du Saint-Office, et plus de trois mille soldats furent réunis à Saragosse ; mais au moment où le détenu allait sortir de la prison constitutionnelle pour être renfermé dans celle de l'Inquisition, les habitants se précipitèrent sur les soldats et les familiers qui bordaient les rues, en tuèrent un grand nombre, mirent en fuite le reste, ainsi que les magistrats corrompus, et délivrèrent Perez des mains des inquisiteurs : il se sauva en France.

Cette affaire, qui prouve combien les Aragonais ont toujours détesté le despotisme de leurs rois et les fureurs de l'Inquisition, devint néanmoins funeste aux habitants de Saragosse, car Philippe II et le Saint-Office eurent bientôt le dessus. Les échafauds et les bûchers décimèrent cette généreuse population, dont tout le crime consistait à vouloir maintenir ses droits. Presque toute la noblesse de Saragosse fut immolée à la fureur de Philippe. Perez fut lui-même brûlé en effigie, et le grand-justicier fut décapité. C'est ce magistrat qui, avant de prêter serment au roi, lui disait, au nom de la nation : « Nous qui valons autant que vous, « et qui pouvons plus que vous, nous vous faisons notre roi, à « condition que vous respecterez nos *fueros*, sinon, non ». Philippe II osa les détruire, et ne craignit point de teindre les armes de ses troupes du sang de ses sujets.

L'insurrection des Aragonais lui offrit le prétexte qu'il cherchait depuis longtemps pour abolir la magistrature intermédiaire du *grand-justicier* de ce royaume et tous les *fueros* de la constitution primitive qui bornaient sa puissance. Philippe II voulut se rendre souverain absolu de l'Aragon, et l'Inquisition fut son auxiliaire dans cette entreprise liberticide.

Ce qu'il y a de plus remarquable dans cette affaire, où l'Inquisition servit si bien le despotisme de Philippe II, c'est que Philippe III, son successeur, non-seulement réhabilita la mémoire de Perez, ainsi que celle de toutes les autres victimes de cette époque, mais encore qu'il publia un édit dans lequel « il décla- « rait que personne ne s'était rendu coupable envers l'État, et « qu'il reconnaissait que chacun s'était cru obligé de défendre « les droits de sa patrie. »

Le *onzième* inquisiteur-général, Quiroga, qui avait pris une part si active à tous ces événements, mourut le 20 novembre 1594. J'ai cru inutile de répéter à chaque instant que des *auto-da-fé* avaient eu lieu sur les divers points de l'Espagne où il existait un tribunal du Saint-Office; je me borne à présenter la récapitulation des victimes condamnées durant le ministère de cet archevêque. Deux mille huit cent seize individus furent brûlés en personne, et quatorze cent huit en effigie. Quatorze mille quatre-vingts subirent diverses peines; ce qui fait en tout dix-huit mille trois cent quatre condamnés.

Don Jérôme Manrique de Lara, *douzième* inquisiteur-général, succéda à Gaspard de Quiroga; il était fils du cardinal Manrique, qui avait occupé le même emploi sous l'empereur Charles-Quint.

L'histoire de l'Inquisition n'offre rien de remarquable sous son ministère, qui fut d'ailleurs très-court, car il mourut en 1595, dix mois après Quiroga.

L'Inquisition d'Espagne eut ensuite pour chef l'évêque de Cordoue, D. Pierre Porto-Carrero. Ce *treizième* inquisiteur-général se retira bientôt dans le diocèse de Cuença, pour obéir à un ordre du pape.

C'est à cette époque, c'est-à-dire dans l'année 1598, que Philippe II mourut.

La mort de ce roi fournit à la cité de Séville, qui s'était toujours distinguée par sa magnificence, une rare et grande occasion de déployer son faste pour célébrer la pompe funèbre ordonnée par Philippe III. Le corps de la ville fit élever le plus énorme et le plus somptueux catafalque qu'il fût possible d'imaginer.

Le 24 novembre on commença les préliminaires des obsèques en présence des autorités et du tribunal de l'Inquisition. Le lendemain était le jour destiné à la célébration de la messe solennelle; mais à peine était-elle commencée, qu'il s'éleva une violente altercation entre le corps de l'audience royale et celui de l'Inquisition, au sujet du droit que s'était arrogé le président de l'audience de faire draper en noir son siége particulier. Ce magistrat n'ayant pas cru devoir céder aux premières réclamations, la dispute s'aigrit; on s'échauffa de part et d'autre, au point que le Saint-Office, sans avoir égard ni au lieu, ni à la solennité ni à l'objet de la cérémonie, lança sur ses adversaires une excommunication si terrible, si fulminante, que le célébrant, effrayé et contraint, fut forcé de descendre précipitamment de l'autel, et d'aller achever sa messe dans la sacristie, pendant que les deux corps irrités verbalisaient, protestaient, requéraient et prenaient acte sur acte l'un contre l'autre. Cette scène bruyante et scandaleuse, après avoir duré une partie de la journée, fut enfin calmée par la médiation du marquis de Guzman, qui, au milieu du tumulte, eut le bonheur de trouver un tempérament qu'il parvint à faire agréer. Les inquisiteurs consentirent à révoquer l'excommunication, le président à suspendre sa prétention, et le Corps de la ville à différer la cérémonie jusqu'à ce que le roi eût prononcé sur les raisons que, suivant la capitulation, chacun se réserva de faire valoir en cour. Malgré l'extrême activité que les deux partis mirent à poursuivre cette affaire, la décision de Philippe III n'arriva qu'à la fin de décembre ; en sorte que le catafalque resta sur pied cinq semaines, ce qui mit tous les Andalous à même de s'enivrer jusqu'à satiété de l'éclat de cette fastueuse merveille.

Les hyperboles vaniteuses auxquelles elle donna lieu provoquèrent l'enjouement de Cervantes, et firent éclore son fameux sonnet dans lequel il touche si finement sur la puérilité de la rixe, que l'ironie pouvait, en cas de besoin, être reniable. Cervantes n'en fut pas moins sur le point d'être poursuivi par les inquisiteurs, qu'il s'était permis de ridiculiser dans cette affaire.

Le règne de Philippe II fut une des périodes les plus déplorables de l'histoire de l'Inquisition : le Saint-Office y commit les plus grandes cruautés ; et pourtant un roi contemporain de Philippe II, Charles IX de France, l'infâme Charles IX, les surpassa toutes dans une seule journée : il ordonna la Saint-Barthélemi, dont il fut lui-même un des barbares exécuteurs.

CHAPITRE III.

Quatorzième, quinzième, seizième, dix-septième et dix-huitième inquisiteurs généraux. — Règne de Philippe III.

Philippe III, fils de la quatrième femme de Philippe II, succéda à son père à la fin de 1598. Son éducation l'avait rendu plus propre à vivre sous le froc de saint Dominique que digne de gouverner une grande nation. L'Inquisition était alors aussi redoutable et aussi puissante qu'avant les constitutions de Valdés de l'année 1561.

Le nouveau monarque, voulant avoir un inquisiteur-général de son choix, se prévalut d'une bulle de Clément VIII, qui obligeait tous les évêques à résider dans leurs diocèses, pour inviter l'inquisiteur-général Porto-Carrero à se retirer dans son évêché de Cuença; et il désigna pour son successeur D. Ferdinand Nigno de Guevara, cardinal et ensuite archevêque de Séville.

Le ministère de ce *quatorzième* inquisiteur-général fut de courte durée, et n'offre rien de remarquable, si ce n'est quelques démêlés de chaire entre les jésuites d'Acala et une partie du clergé espagnol. Il s'agissait de savoir s'il était de foi ou non, que Clément VII fût le véritable vicaire de Jésus-Christ. Les inquisiteurs se mêlèrent aussi de cette dispute; les esprits s'échauffèrent, et il en serait résulté probablement quelque scandale, si le pape n'eût écrit à l'inquisiteur-général d'interdire de pareilles discussions. Cette affaire fut cause que le pape et le roi destituèrent le cardinal Nigno de ses fonctions d'inquisiteur-général, et qu'ils l'envoyèrent gouverner son diocèse au commencement de l'année 1602. Il mourut en 1609, après avoir été à la tête de l'Inquisition d'Espagne pendant trois ans, durant lesquels le Saint-Office fit brûler deux cent quarante individus en personne, et quatre-vingt-seize en effigie. Dix-sept cent vingt-huit malheureux furent aussi condamnés à diverses peines, avec confiscation de leurs biens : en tout deux mille soixante-quatre victimes ; ce qui prouve que les *auto-da-fé* étaient toujours aussi fréquents que sous le règne de Philippe II.

Le *quinzième* inquisiteur-général qui succéda au cardinal Nigno fut D. Juan de Zugniga, commissaire-général apostolique de la Sainte-Croisade, et évêque de Carthagène. Il mourut après quelques mois d'exercice ; mais il eut encore le temps de faire brûler vifs quatre-vingts hérétiques, et de jeter dans les flammes les os de trente-deux malheureux, presque tous morts dans les prisons du Saint-Office. Il y eut en outre cinq cent soixante-seize personnes condamnées à la prison ou aux galères, avec confiscation de leur biens ; en tout, six cent quatre-vingt-huit victimes.

Don Juan Baptiste d'Acebedo, archevêque *in partibus infidelium*, gouverneur du conseil de Castille, patriarche des Indes et commissaire-général apostolique de la Sainte-Croisade, succéda à Zugniga.

Ce *seizième* inquisiteur-général fut confirmé par le pape dans son nouvel emploi au commencement de l'année 1603 et l'exerça jusqu'en juillet 1607, époque de sa mort. La durée de son ministère fut par conséquent de cinq années, pendant lesquelles les seize Inquisitions du royaume firent périr dans les flammes quatre cents personnes ; cent seize furent brûlées en effigie, et deux mille huit cent quatre-vingts condamnées à des peines diverses : en tout, trois mille quatre cent quarante victimes.

Le *dix-septième* inquisiteur-général, D. Bernard de Sandoval y Roxas, cardinal-archevêque de Tolède et conseiller d'État, reçut ses bulles de confirmation le 12 septembre 1608. A cette époque, Philippe III avait assemblé les cortès du royaume à Madrid, où elles restèrent réunies pendant près d'un an.

Comme les inquisiteurs devenaient de jour en jour plus insolents et qu'ils continuaient à répandre la terreur en remplissant les prisons de victimes et en distribuant à leur gré l'infamie, les députés représentèrent au roi : « Qu'en 1579 et 1586 ils avaient « demandé la réforme des abus qui se commettaient dans le

« tribunal de l'Inquisition, pour mettre fin aux torts considérables
« et continuels que causaient à ses sujets les droits que les
« inquisiteurs avaient usurpé de connaître de certains crimes
« étrangers à celui d'hérésie; que Philippe II son père avait
« promis d'appliquer le remède au mal dont on se plaignait; mais
« qu'ayant été surpris par la mort, sa promesse était restée sans
« effet. En conséquence, ils renouvelaient auprès de Sa Majesté la
« même prière, attendu que le désordre avait augmenté, et qu'il
« était temps que personne ne pût être arrêté et mis dans les
« prisons secrètes de l'Inquisition pour d'autres crimes que pour
« l'hérésie : car le plus grand nombre des Espagnols n'étant pas
« en état de distinguer les motifs des arrestations, regardaient
« tous les prisonniers comme hérétiques, et cette prévention
« exposait ceux qui avaient eu le malheur d'être arrêtés par le
« Saint-Office, à ne pouvoir contracter mariage, parce qu'on les
« croyait déshonorés comme les autres; que le moyen de
« remédier à la confusion qui s'était introduite dans les lois était
« de statuer que les prévenus de crimes autres que l'hérésie
« seraient détenus dans les prisons ordinaires pour y attendre
« leur jugement. »

Philippe III répondit aux cortès qu'il prendrait les mesures les plus convenables pour faire droit à leurs plaintes : mais cette promesse ne fut suivie d'aucun résultat satisfaisant, et les abus que le Saint-Office commettait continuèrent impunément.

L'année suivante, D. Juan de Ribera, archevêque de Valence, à qui le pape a ensuite accordé les honneurs de la béatification, représenta à Philippe III qu'il était impossible d'opérer la véritable conversion des Mauresques du royaume de Valence, à cause de leur opiniâtreté à persévérer dans l'erreur; que leur adresse dans les arts et leur utilité dans les travaux de l'agriculture étaient de justes motifs de craindre qu'ils ne troublassent un jour la tranquillité du royaume, secourus des Maures d'Alger et des autres peuples de l'Afrique, avec lesquels ils étaient en bonne intelligence et en relation continuelle; en conséquence, cet archevêque proposa au roi de les bannir entièrement du royaume, afin d'y conserver la pureté de la foi et de la paix.

Philippe prit cette proposition en considération: il convoqua aussitôt une assemblée de conseillers d'État, dont l'inquisiteur-général Sandoval était le président, et à laquelle il soumit cette affaire. Les gentilshommes espagnols, qui comptaient un grand nombre de Mauresques parmis leurs vassaux, exposèrent au roi et au conseil d'État le tort immense que cette mesure leur causerait, en leur enlevant les sujets qui faisaient la force et la richesse de leurs domaines, parce qu'ils en étaient les hommes les plus utiles; et que cette émigration, si elle avait lieu, ne laisserait presque plus d'habitants ni de cultivateurs sur leurs terres. Ces gentilshommes démontrèrent en outre que les représentations de l'archevêque étaient exagérées sous le rapport de la religion, puisque le Saint-Office n'avait jamais manqué de punir les Mauresques qui tombaient dans l'hérésie, après les avoir découverts par le moyen de ses prisonniers ou de ses espions, continuellement occupés à surprendre les coupables.

De leur côté les inquisiteurs intriguèrent si bien à la cour et dans le conseil d'État, que ce corps opina pour l'expulsion totale des Mauresques. L'inquisiteur-général eut la plus grande part à cette mesure : il vota lui-même le premier, et fit noter comme suspects dans la foi tous ceux qui s'y étaient opposés, entre autres le duc d'Ossuna, qu'il mit en jugement. Philippe confirma et fit exécuter cette expulsion, aussi injuste qu'impolitique. Les Mauresques de la province de Valence furent forcés de s'expatrier avant la fin de septembre 1609, et ceux des autres provinces avant le 10 janvier 1610. Cette émigration, à laquelle l'Inquisition eut la plus grande part, fit encore perdre à l'Espagne et à l'Europe plus d'un million d'habitants utiles et laborieux, qui passèrent tous en Afrique ; car, quoiqu'ils eussent demandé à être reçus en France pour y peupler les Landes, Henri IV y ayant mis pour condition qu'ils professeraient la religion catholique, ils n'osèrent le promettre, dans la crainte d'être un jour persécutés en France comme ils l'avaient été dans leur patrie. Ainsi les Landes, qui auraient été fertilisées par cette colonie, sont encore un stérile désert.

J'ai déjà dit plus d'une fois que chaque tribunal de l'Inquisition célébrait tous les ans au moins un *auto-da-fé* composé d'un nombre plus ou moins considérable de victimes. Je pourrais donc me dispenser de le répéter encore, si celui qui eut lieu à Logrono, en 1610, ne méritait une mention toute particulière par la nature des prétendus crimes de la majeure partie des personnes qui y figurèrent.

Déjà, à deux autres époques, 1507 et 1527, l'Inquisition avait condamné un grand nombre de sorciers, dont les procès offrent des inepties et des turpitudes si étonnantes à lire au dix-neuvième siècle, que l'on aurait de la peine à croire à ces condamnations, si la France elle-même ne nous eût offert, dans ce temps-là, à peu près le même spectacle, et s'il n'existait encore plusieurs ouvrages qui ont traité sérieusement de la sorcellerie.

Les sorciers brûlés ou pénitenciés à Logrono, en 1610, étaient la même secte que ceux du seizième siècle, et habitaient la vallée de Bastan, dans la Navarre. Presque tous les habitants des bourgs de Vera, de Zugarramurdi furent impliqués dans la procédure, dont on trouvera les détails dans la sixième partie de cet abrégé. Onze de ces sorciers furent brûlés, et dix-neuf autres condamnés à diverses pénitences : ils figurèrent tous ensemble dans le même *auto-da-fé*.

Cette affaire fut portée devant le conseil de l'Inquisition, où elle subit une longue discussion. Bientôt après il adressa une instruction aux inquisiteurs, dans laquelle il leur était recommandé de prendre beaucoup de précautions dans l'examen des témoins, et dans la confession et les déclarations des accusés. Ces mesures ne furent pas inutiles : elles calmèrent l'ardeur que l'on mettait à dénoncer et à poursuivre les sorciers, et diminuèrent le goût qu'on avait pour la sorcellerie. Aussi, depuis cette époque, il n'a plus été célébré aucun *auto-da-fé* de cette espèce. Les lumières se sont insensiblement accrues, et le nombre des sorciers a successivement diminué avec celui des dupes qui croyaient à leurs miracles. On s'est enfin convaincu que si le prétendu art que l'on nommait sorcellerie avait offert quelques phénomènes certains, ils étaient purement naturels, et que ses autres effets étaient imaginaires, ou fondés sur l'imposture. Aujourd'hui les sorciers ont entièrement disparu; mais il reste encore beaucoup de visionnaires, de fourbes et de dupes.

Un an après l'exécution des sorciers, les cortès du royaume tinrent une nouvelle assemblée, et renouvelèrent leurs instances auprès du roi pour faire cesser les abus que le Saint-Office commettait sans cesse ; mais cette nouvelle tentative ne fut pas plus heureuse que les précédentes, et l'Inquisition poursuivit paisiblement le cours de ses persécutions et son effroyable système.

L'inquisiteur-général Sandoval, auquel on dut quelques dispositions raisonnables relativement aux sorciers, mourut en 1618. Il avait exercé son ministère pendant dix ans, dans lesquels huit cent quatre-vingts hérétiques, sorciers, etc., furent brûlés vifs, trois cent cinquante-deux en effigie, et six mille trois cent trente-six condamnés à diverses pénitences.

Sandoval eut pour successeur don François-Louis de Aliaga, dominicain et confesseur de Philippe III. La faveur dont jouissait ce *dix-huitième* inquisiteur-général auprès du roi fut très-grande ; mais elle dura aussi peu que toutes celles qu'on acquiert à la cour : car aussitôt que Philippe fut mort, Aliaga perdit non-seulement son emploi, mais encore sa liberté. La durée de son ministère fut d'environ trois ans, pendant lesquels deux mille soixante-quatre individus furent condamnés par le Saint-Office. Deux cent quarante subirent la peine du feu en personne, et quatre-vingt-seize en effigie ; dix-sept cent vingt-huit furent emprisonnés ou envoyés aux galères avec confiscation de leurs biens.

Philippe III mourut au commencement de l'année 1621, après un règne de vingt-trois ans, durant lesquels il protégea constamment le Saint-Office contre les attaques des cortès de son royaume et contre la haine de son peuple.

J'ai lu dans plusieurs histoires de l'Inquisition, et notamment dans celle imprimée à Cologne en 1760, la fable d'une pénitence imposée à Philippe III par les inquisiteurs, parce qu'il avait témoigné de la pitié dans un *auto-da-fe* en faveur d'un condamné. Ce fait, ainsi que plusieurs autres anecdotes publiées par des romanciers afin d'amuser leurs lecteurs, sont dénués de fondement. Philippe n'a point témoigné de la pitié dans aucun *auto-da-fe*, et par conséquent le Saint-Office ne l'a point condamné à être saigné pour jeter ensuite son sang au feu ; mais la fausseté de cette circonstance ne prouve pas que l'Inquisition n'eût été capable de prononcer un pareil jugement, puisque, plusieurs fois déjà, on l'a vue condamner au fouet et à dix ans de galères des geôliers qui avaient eu quelque accès d'humanité pour des prisonniers. Le cas aurait été le même ; et comme l'Inquisition ne respectait rien, si Philippe III avait pu s'attendrir sur le sort des victimes que l'on immolait, le Saint-Office aurait probablement sévi contre lui, comme il sévit contre plusieurs autres souverains.

Pendant la durée du règne de Philippe III et des cinq inquisiteurs-généraux qui furent successivement à la tête de l'Inquisition, les seize tribunaux du Saint-Office établis en Espagne seulement, condamnèrent treize mille deux cent quarante-huit individus, dont dix-huit cent quarante furent brûlés en personne, et six cent quatre-vingt-douze en effigie. L'Espagne perdit aussi plus d'un million d'habitants par la dernière expulsion des Mauresques.

CHAPITRE IV.

Dix-neuvième, vingtième, vingt-unième et vingt-deuxième inquisiteurs-généraux; Règne de Philippe IV.

Philippe IV monta sur le trône le 31 mai 1621, et ordonna aussitôt à l'inquisiteur-général Aliaga de se démettre de ses fonctions. Elles furent confiées à don André Pacheco, archevêque et conseiller d'État.

L'Inquisition, voulant célébrer à sa manière l'avénement de Philippe IV au trône, lui offrit, comme un spectacle digne de l'amuser, un *auto-da-fé* célèbre par la pénitence qui y fut imposée à *Marie-de-la-Conception*, béate et fameuse hypocrite du règne précédent. Cette femme avait d'abord trompé beaucoup de monde par ses prétendues révélations, sa sainteté simulée, ses fréquentes communions et ses nombreuses extases. Elle finit par se livrer à la luxure la plus effrénée avec ses confesseurs et quelques autres prêtres. On l'accusa d'avoir fait un pacte avec le démon, d'être tombée dans les hérésies de toutes les sectes, dans le matérialisme et dans l'athéisme. Elle parut à l'*auto-da-fé* avec le *san-benito* complet, la mitre sur la tête et le bâillon dans la bouche. Les bourreaux lui donnèrent deux cents coups de fouet; elle fut ensuite enfermée dans une prison pour toute sa vie. J'avoue que s'il était possible d'approuver l'existence d'un tribunal comme le Saint-Office, ce ne serait que dans le seul cas où il aurait à punir les faux dévots et les hypocrites, qui ont fait plus de mal à la religion catholique que tous les hérétiques anciens et nouveaux.

Aussitôt après son installation, le *dix-neuvième* inquisiteur-général Pacheco, commença l'instruction du procès de son prédécesseur Aliaga. Il était accusé d'avoir avancé quelques propositions suspectes de matérialisme et de luthéranisme. Cette procédure ne fut point achevée, parce que l'ex-inquisiteur mourut pendant qu'on instruisait l'affaire. Aliaga dut probablement cette persécution à quelques intrigants qui trompaient le roi; mais comme pendant sa vie il avait été lui-même un intrigant plein de bassesse et de perfidie, personne ne le plaignit. Il mourut détesté, quoiqu'il ne fût plus inquisiteur-général depuis près de cinq ans.

S'il était impossible aux inquisiteurs d'être plus cruels sous le ministère de Pacheco qu'ils ne l'avaient été précédemment, ils furent au moins beaucoup plus insolents encore. En 1622, ceux de Murcie ayant eu quelques démêlés avec le juge de Lorca, et n'ayant pu le faire arrêter à cause du refus du corrégidor de Murcie, ils lancèrent leur excommunication contre l'évêque, et mirent l'interdit sur toutes les églises de la ville. L'évêque ayant publié un mandement pour annoncer au peuple qu'il n'était pas obligé de se soumettre à cet interdit, les inquisiteurs lui imposèrent une forte amende, et l'assignèrent à comparaître devant l'inquisiteur-général à Madrid. Plusieurs chanoines du chapitre de Murcie et quelques curés furent enfermés dans les prisons du Saint-Office pour cette affaire. Le roi et le pape s'en mêlèrent, afin de faire cesser ce scandale, et l'évêque fut rétabli dans ses droits; mais cet acte de justice ne détruisit pas la cause du mal dont on se plaignait.

La même année, les inquisiteurs de Tolède excommunièrent le sous-préfet de cette ville pour avoir fait saisir et juger un boucher convaincu de vendre à faux poids. Comme ce boucher était le fournisseur du Saint-Office, ils prétendirent qu'on ne pouvait pas le poursuivre. Cette misérable affaire devint très-grave par suite des emportements des inquisiteurs. Le peuple s'en mêla et se souleva contre l'inquisition. L'insurrection ne fut apaisée que lorsque le roi eut créé une commission extraordinaire, chargée de prendre des résolutions sur les inquisiteurs.

Ces résolutions ne produisirent qu'un effet momentané; car l'année suivante, le Saint-Office de Grenade se livra à de nouveaux excès. Un juge et le procureur du roi de la cour royale de cette ville furent excommuniés à cause de deux excellents ouvrages que ces jurisconsultes avaient publiés, dans lesquels ils défendaient les droits de la juridiction royale contre les usurpations de l'Inquisition. Pour remédier à ces abus, on créa un comité appelé des *compétences*, qui fut chargé de prononcer sur toutes les difficultés qui s'éleveraient entre l'Inquisition et les magistrats civils; mais les inquisiteurs ne tardèrent pas à faire supprimer ce comité.

Pendant que ces choses se passaient à Murcie, à Grenade et dans presque toutes les autres Inquisitions du royaume, l'inquisiteur-général Pacheco faisait poursuivre à Madrid le comte de Francos, instituteur de Charles II. Ce seigneur avait composé quelques traités sur la politique, dans lesquels il soutenait les droits et l'indépendance des souverains contre le pouvoir indirect des papes, contre les abus de la cour de Rome, des juges ecclésiastiques et du Saint-Office. Ces traités lui valurent de grandes persécutions de la part de l'inquisiteur-général, et si Philippe IV n'avait pris sa défense, le comte de Francos aurait été arrêté et plongé dans les cachots du Saint-Office.

La fin du ministère de Pacheco fut remarquable par un *auto-da-fé* général célébré dans la ville de Cordoue, où figurèrent quatre-vingts condamnés, sans compter les ossements de onze victimes mortes de souffrance, de misère ou de désespoir dans les cachots.

Pacheco mourut le 7 avril 1626. Il fut le chef du Saint-Office pendant quatre ans, et fit brûler en réalité deux cent cinquante-six personnes. Cent vingt-huit le furent en effigie, et douze cent quatre-vingts subirent diverses peines; ce qui offre un total de seize cent soixante-quatre victimes.

Don Antonio de Zapata y Mendosa, cardinal-archevêque de Burgos et patriarche des Indes, fut le *vingtième* inquisiteur-général d'Espagne. Il entra en fonctions au commencement de l'année 1627. Peu de temps après, le Saint-Office de Madrid eut à s'occuper d'une affaire aussi curieuse que ridicule. Trente religieuses, qui passaient toutes pour vertueuses, vivaient en communauté dans un couvent de cette ville qui jouissait de la plus grande réputation. Tout-à-coup plusieurs d'entre elles se trouvèrent dans un état surnaturel. La contagion se répandit promptement, et sur trente filles, vingt-cinq furent atteintes d'une espèce de fureur qui leur faisait faire les choses les plus extraordinaires. On déclara qu'elles étaient possédées du démon, et leur confesseur restait souvent les nuits entières dans le couvent pour les exorciser. Il est difficile de se faire une juste idée de ce qui dut se passer au milieu d'une communauté de femmes enfermées dans une seule maison, avec vingt-cinq démons en possession de leur corps; et il y aurait peut-être de l'indécence à soulever le voile qui couvre la vérité.

L'Inquisition, informée de ce qui avait lieu dans ce couvent, fit arrêter le confesseur, l'abbesse et quelques-unes des religieuses, et entreprit de leur faire un procès comme hérétiques illuminés. Le confesseur et les religieuses furent déclarés fortement suspects d'être tombés dans l'hérésie des *allumbrados*, et condamnés à diverses pénitences. Des consultations furent faites sur l'état de ces filles, et un grand nombre de *savants* du siècle opinèrent qu'elles étaient réellement *possédées* du démon. Le confesseur en savait probablement plus que ces *savants*.

Après s'être débarrassée des *possédées*, l'Inquisition se mit à poursuivre les *allumbrados*, dont la secte faisait quelques progrès en Espagne; et l'on vit un grand nombre de ces extravagants figurer dans les *auto-da-fé* qui eurent lieu à cette époque, principalement à celui qui fut célébré à Séville en l'année 1630, dans lequel une douzaine d'*illuminés* furent brûlés, et plus de cinquante pénitenciés comme suspects.

La même année, l'inquisiteur-général Zapata publia un nouvel index des livres prohibés. Cet index contenait non-seulement tous les ouvrages suspects d'hérésie, mais encore un grand nombre d'autres imprimés en Espagne, et principalement ceux des jurisconsultes Salgado et Sèze, dans lesquels ils avaient défendu l'autorité séculière et la juridiction royale contre les usurpations du Saint-Office.

À la même époque, plusieurs jésuites, et particulièrement Jean-Baptiste Poza, occupaient avec leurs écrits l'Inquisition d'Espagne et même celle de Rome. Poza défendait les prétentions de ses confrères : ses ouvrages furent condamnés par l'Inquisition de Rome. Les ennemis des jésuites désiraient que celle d'Espagne prît la même mesure; mais la crainte de déplaire au duc d'Olivarès, qui était tout-puissant et qui protégeait vivement les disciples de Loyola, l'en empêchèrent pendant long-temps. Le pape Urbain VIII voulait bien aussi déclarer Poza hérétique; néanmoins les mêmes motifs l'obligèrent de se borner à lui défendre d'enseigner sa doctrine. Quelque temps après, le duc d'Olivarès étant mort, l'Inquisition d'Espagne ne balança plus à proscrire les ouvrages des jésuites, et Poza fut lui-même condamné à abjurer les hérésies que l'on crut reconnaître dans sa doctrine. La religion catholique n'était ici que le prétexte de toutes ces dissensions scandaleuses : l'amour-propre des inquisiteurs et des jésuites en était la véritable cause, et l'on vit de part et d'autre des excès d'autant plus violents que chacun des partis tenait plus aux intérêts particuliers qu'il voulait défendre, qu'à ceux de la foi.

D'autres démêlés, relatifs aux préséances, remplirent le reste du ministère de Zapata. Il se démit de son emploi d'inquisiteur général en 1632, après l'avoir exercé pendant six années. Durant cette période, il y eut en Espagne trois-cent-quatre-vingt-quatre individus brûlés en personne, cent-quatre-vingt-douze en effigie, et dix-neuf-cent-vingt pénitenciés : en tout, deux mille quatre cent quatre-vingt-seize condamnés.

D. Fr.-Antonio de Sotomayor, religieux dominicain et confesseur du roi, prit la place de Zapata le 17 juillet 1632.

Ce *vingt-unième* inquisiteur général débuta dans son ministère par offrir au roi un grand *auto-da-fé*, auquel Philippe IV assista, accompagné de toute sa royale famille et de toute sa cour. Cette cérémonie ne fut pourtant pas une des plus divertissantes de ce genre, car on n'y brûla que sept pauvres diables hérétiques judaïsant, nés de parents portugais, juifs d'origine, dont le crime était bien douteux.

Il n'en fut pas de même d'un autre grand *auto-da-fé* qui eut lieu à Valladolid dans l'année 1636, puisque, indépendamment des malheureux qu'on y livra aux flammes, on y vit figurer dix hérétiques judaïsant, auquel le Saint-Office infligea un châtiment tout-à-fait nouveau : on leur cloua une main sur une grande croix de bois, et ce fut dans cet état qu'ils entendirent, au milieu de l'*auto-da-fé*, le rapport et le jugement qui les condamnaient à une prison perpétuelle. Une béate parut aussi dans cette exécution. Cette femme qui, depuis longtemps, se faisait passer pour une sainte, en supposant des apparitions, n'était qu'une dévergondée se livrant au libertinage le plus effréné, et cachant sa mauvaise conduite sous l'apparence de la plus grande dévotion. On voyait souvent en Espagne des hypocrites de cette espèce, et presque toujours elles avaient des moines pour complices.

La ville de Lima, capitale du Pérou, dont l'Inquisition était dépendante de celle d'Espagne, eut ses *auto-da-fé* sous le ministère de Sotomayor. Le premier fut célébré en 1639 : onze personnes y furent brûlées. Parmi celles auxquelles les inquisiteurs imposèrent d'autres peines, on remarquait trois geôliers du Saint-Office, convaincus d'avoir facilité aux prisonniers les moyens de communiquer les uns avec les autres.

Sous le règne inquisitorial de Sotomayor, comme sous celui de ses prédécesseurs, l'Inquisition eut un grand nombre de démêlés avec les autorités civiles, principalement à Tolède, à Séville et à Valadolid. Toutes ces disputes n'avaient d'autre résultat que d'entretenir la discorde dans le royaume, et d'augmenter le nombre des victimes du Saint-Office.

C'est deux ou trois ans avant la retraite de l'inquisiteur-général Sotomayor que les historiens placent l'origine de la franc-maçonnerie, qui, par la suite, devait donner tant d'occupation au Saint-Office. Quoi qu'il en soit des premiers travaux de cette société, il est certain que ses initiations mystérieuses ont commencé à être remarquées en Angleterre sous le règne de Charles I*r*, qui périt sur l'échafaud en 1649. Il paraît que les ennemis de Cromwel et du système républicain établirent alors le grade de grand-maître des loges d'Angleterre, pour préparer les esprits au rétablissement de la monarchie.

Antoine de Sotomayor fut forcé par Philippe IV à se démettre de ses fonctions d'inquisiteur-général : il le fit dans l'année 1643, après avoir exercé son terrible pouvoir pendant onze ans. Sept cent quatre-vingts individus furent brûlés en personne; trois cent trente-deux le furent en effigie, et trois mille cinq cent vingt subirent diverses peines sous son ministère : ce qui présente un total de quatre mille cinq cent soixante-seize condamnés.

Don Diègue de Arce y Reynoso, *vingt-deuxième* inquisiteur-général, remplaça Sotomayor le 8 septembre 1643. A la même époque le duc d'Olivarès, premier ministre de Philippe IV, fut disgracié. Aussitôt un grand nombre de plaintes contre cet ex-ministre furent adressées au roi et à l'Inquisition. Olivarès y était accusé des plus grands crimes politiques et religieux : il fut dénoncé à l'Inquisition comme croyant à l'astrologie judiciaire, comme ennemi de l'Église catholique, et comme ayant voulu faire empoisonner le pape Urbain VIII. Le Saint-Office fit commencer la procédure; mais l'inquisiteur-général Diègue, qui avait été protégé longtemps par Olivarès, le protégea à son tour, en mettant la plus grande lenteur dans l'instruction; de sorte que l'ex-ministre mourut de mort naturelle avant que l'Inquisition l'eût fait emprisonner.

Don Jérôme de Villanueva, protonotaire d'Aragon, c'est-à-dire secrétaire d'État du roi pour ce royaume, fut aussi mis en jugement par l'Inquisition, à l'époque de la disgrâce d'Olivarès, dont il avait été l'ami et le confident. On lui imputa des propositions hérétiques. Il fut enfermé dans les prisons secrètes du Saint-Office, et condamné à faire abjuration; mais dès qu'il eut sa liberté, il appela au pape de ce jugement. La cour de Rome évoqua cette affaire, se fit transmettre la procédure, et acquitta Villanueva. Le pape reconnut un si grand nombre d'injustices et d'irrégularités dans le procès du protonotaire, qu'il expédia un bref à l'inquisiteur-général pour lui en faire des reproches, et pour le charger de veiller à ce que les règles fussent plus fidèlement observées, et à ce que l'on mît plus de justice et de circonspection dans les jugements.

Le procès de Villanueva prouve que sous Philippe IV l'esprit de l'Inquisition était le même que sous Philippe II; que le tribunal de la foi n'était qu'un instrument entre les mains de ceux qui conduisaient les intrigues de la cour, et que les inquisiteurs n'avaient pas perdu l'habitude de falsifier ou de changer les pièces authentiques, lorsque cette manœuvre convenait à leurs vues, quelles que fussent d'ailleurs les incohérences qui pouvaient en résulter, comme on s'en aperçut dans les causes de Carranza et autres victimes.

Le règne de l'inquisiteur-général Diègue fut fécond en procès de ce genre, dont quelques-uns mériteraient d'être cités, si je pouvais étendre les bornes de cet Abrégé : je dois les passer sous silence et m'en tenir aux principaux événements.

Le dernier que présente le règne de Philippe IV fut la béatification de l'inquisiteur Pierre Arbués, assassiné à Saragosse, en 1485. Cette béatification fut l'ouvrage des inquisiteurs, à une époque où l'on avait déjà perdu le souvenir des justes motifs qui avaient fait repousser par la nation l'établissement du Saint-Office. Six générations s'étaient déjà écoulées, et le peuple qui leur avait succédé, imbu dès l'enfance d'idées opposées à celles des hommes du quinzième siècle, révérait comme saint tout ce qui appartenait à l'Inquisition : personne alors n'aurait eu ni assez de courage pour combattre une disposition devenue générale, ni assez d'autorité pour contester ce que les inquisiteurs publiaient, sans s'exposer aux plus grandes persécutions.

Cette cérémonie, à laquelle le roi et le Saint-Office consacrèrent des sommes immenses, eut lieu le 17 avril 1664, sous le règne pontifical d'Alexandre VIII. Les inquisiteurs espagnols se crurent couverts d'une gloire immortelle pour avoir placé sur l'autel de Dieu un moine de leur pays et de leur institution.

L'inquisiteur-général don Diègue de Arce et Philippe IV moururent tous les deux le même jour, vers la fin de 1665. Plusieurs

événements auraient dû faire sentir à une sage administration la nécessité de supprimer le tribunal du Saint-Office, comme impolitique, attentatoire et opposé à l'ordre judiciaire, et même à la tranquillité publique, ou au moins de réduire son pouvoir et de soumettre ses jugements aux formes ordinaires, afin de détruire les grands abus du secret de la procédure; mais l'indolence de Philippe IV opposa la force de l'inertie à ces utiles réformes. Ainsi sous le ministère de don Diègue il y eut encore neuf mille cinq cent soixante victimes, dont quatorze cent soixante-douze furent brûlées en personne, et sept cent trente-six en effigie.

En récapitulant le nombre de condamnations portées par l'Inquisition depuis le dix-neuvième inquisiteur-général Pacheco jusqu'à la mort de don Diègue, ce qui forme les quarante-cinq années du règne de Philippe IV, on trouve que deux mille huit cent cinquante-deux individus ont été brûlés en personne, quatorze cent vingt-huit en effigie, et quatorze mille quatre-vingts condamnés à l'emprisonnement, aux galères, ou à d'autres peines infamantes, avec confiscation de leurs biens. Le tableau des horreurs de l'inquisition ne pâlit donc pas encore.

CHAPITRE V.

Vingt-troisième, vingt-quatrième, vingt-cinquième, vingt-sixième, vingt-septième, vingt-huitième, vingt-neuvième, trentième, trente-unième, trente-deuxième, trente-troisième, trente-quatrième, trente-cinquième, trente-sixième et trente-septième inquisiteurs-généraux. Règnes de Charles II et de Philippe V.

Lorsque Philippe IV mourut, celui de ses enfants qui lui succéda sur le trône d'Espagne n'avait encore que quatre ans. Sa mère, Marie-Anne d'Autriche, devint régente du royaume.

Cette princesse nomma pour *vingt-troisième* inquisiteur-général D. Pascal d'Aragon, cardinal, archevêque de Tolède; mais il ne resta que très-peu de temps en place, la reine lui ayant demandé sa démission, pour donner son emploi au jésuite allemand Jean Everard de Nitardo, son confesseur.

Ce *vingt-quatrième* inquisiteur-général entra en fonctions vers la fin de l'année 1666; il renonça à ce poste éminent trois ans après par ordre de la reine-mère. Nitardo était l'ennemi mortel de don Juan d'Autriche, fils naturel de Philippe IV et frère de Charles II. Ne pouvant se venger ouvertement, il fit intenter au frère de son roi un procès secret par le Saint-Office, dans lequel il se proposait de le faire déclarer suspect d'hérésie; mais des événements politiques ayant obligé la reine de lui demander sa démission, Nitardo eut le regret de laisser cette procédure imparfaite, et de voir son successeur faire suspendre toutes les poursuites dirigées contre don Juan d'Autriche.

On compte sept cent soixante-huit condamnés pendant le ministère de Nitardo, dont cent quarante-quatre furent brûlés en personne, et quarante-huit en effigie. Ainsi le nombre des victimes de l'Inquisition commença à diminuer d'un tiers, comparativement à celui que l'on a trouvé sous les précédents inquisiteurs-généraux.

L'Espagne eut pour son *vingt-cinquième* inquisiteur-général D. Diègue Sarmiento de Valladarès, archevêque et gouverneur du conseil de Castille, dont le long règne inquisitorial n'offre presque aucun événement remarquable, si ce n'est un grand *auto-da-fé* qui fut célébré à Madrid en l'année 1680, lorsque Charles II épousa Marie-Louise de Bourbon, fille du duc d'Orléans et nièce de Louis XIV. Le goût de la nation était alors si dépravé, et sa cruauté se trouvait tellement à l'ordre du jour, que la cour et les inquisiteurs s'imaginèrent flatter la nouvelle reine et lui rendre un hommage digne d'elle en ajoutant aux réjouissances de son mariage le spectacle d'un grand *auto-da-fé* composé de cent dix-huit victimes, dont la majeure partie devait périr dans les flammes.

Sarmiento mourut en l'année 1695, après avoir exercé ses fonctions pendant vingt-six ans. Dans cette période de l'histoire de l'Inquisition, il y eut encore douze cent quarante-huit malheureux brûlés en personne; quatre cent seize en effigie, et quatre mille neuf cent quatre-vingt-douze condamnés à diverses peines : total, six mille six cent cinquante-six victimes.

Jean Thomas de Rocaberti, général des Dominicains et archevêque de Valence, succéda à Sarmiento et fut le *vingt-sixième* inquisiteur-général d'Espagne.

Sous son ministère, Charles II convoqua une grande-junte pour établir une règle dans les altercations entre les inquisiteurs et les juges royaux. Ces altercations étaient devenues très-fréquentes, et il en était déjà résulté de graves inconvénients qui avaient troublé la tranquillité des peuples et empêché l'administration de la justice. La grande-junte rédigea une consultation qui aurait été propre à ramener les choses aux vrais principes, dont les inquisiteurs s'écartaient si souvent; mais tous les moyens indiqués dans cette consultation restèrent sans effet, parce que l'inquisiteur-général Rocaberti vint à bout de changer les bonnes dispositions du roi. Toutes les intrigues imaginables furent employées dans cette circonstance, tant par Rocaberti que par le confesseur du roi, Froilan Diaz, pour détruire l'ouvrage de la grande-junte, lequel faisait le plus grand honneur aux savants et aux jurisconsultes qui y coopérèrent.

Je me permettrai de faire remarquer ici que, dans tous les temps et sous tous les gouvernements, même sous le despotisme des rois et de l'Inquisition réunis, toutes les fois que des assemblées nationales ont eu lieu librement, il est sorti, du sein des peuples les plus abrutis et les plus superstitieux, des hommes qui, débarrassés des entraves dont on surchargeait leur bon sens et leur philosophie naturelle, s'élevaient aussitôt au-dessus de leur siècle, écartaient d'une main hardie le voile qui couvrait les erreurs et les préjugés, et faisaient entendre aux rois et aux nations étonnés le langage de la raison et de l'éternelle vérité. Les consultations de la grande-junte contenaient des principes tellement philosophiques, qu'on ne pourrait les émettre au dix-neuvième siècle, et pendant la restauration des Bourbons, sans être taxé de *perversité*. Rocaberti, qui employa les cinq années de son règne inquisitorial à intriguer pour empêcher les effets des résolutions de la grande-junte, mourut en 1699, après avoir laissé condamner douze cent quatre-vingts personnes, dont deux cent quarante furent brûlées en réalité, et quatre-vingts en effigie.

D. Alphonse Fernandez de Cordova y Aguilar lui succéda aussitôt; mais ce *vingt-septième* inquisiteur-général d'Espagne mourut avant d'avoir pris possession de son emploi. Fernandez fut remplacé, le 30 octobre 1699, par don Balthazar de Mendoza y Sandoval, évêque de Ségovie.

Ce *vingt-huitième* inquisiteur-général était entré en fonctions depuis quelques mois seulement, lorsque Charles II mourut, après un règne d'environ trente-cinq ans. Son gouvernement, aussi faible que sa santé, fut loin de réprimer l'insolence des inquisiteurs, et les abus qu'ils ne cessaient de commettre, tant en Espagne qu'en Amérique, suivirent leur cours habituel.

Le procès le plus célèbre que l'Inquisition ait jugé sous Charles II est celui de son propre confesseur, Fr. Froilan Diaz. Il s'agissait d'exorcismes par lesquels l'inquisiteur-général avait prétendu délivrer le roi Charles II du démon qui, assurait-on, le possédait. On en trouvera l'analyse à la fin de ce volume; mais il est nécessaire de se reporter à l'époque où le procès eut lieu, pour ajouter foi aux turpitudes dont il est rempli. C'est pourtant en s'occupant de ces inepties que l'Inquisition remplissait ses prisons et alimentait ses bûchers depuis plusieurs siècles.

Huit mille sept cent quatre victimes furent condamnées durant le règne de Charles II; seize cent trente-deux subirent la peine du feu en personne, et cinq cent quarante-quatre en effigie. Le surplus fut emprisonné ou envoyé aux galères, avec confiscation de leurs biens.

Charles II n'ayant point laissé d'enfants, la couronne d'Espagne passa, le 1ᵉʳ novembre 1700, sur la tête de son neveu Philippe de Bourbon, petit-fils de sa sœur Marie-Thérèse et de Louis XIV, roi de France.

Le vingt-huitième inquisiteur-général Mendoza exerçait ses fonctions lorsque Philippe V monta sur le trône. Les opinions de la cour d'Espagne étaient alors si dépravées, qu'on s'imagina faire une chose agréable au roi, en célébrant son avénement par un *auto-da-fé* solennel. Philippe ne voulut point suivre l'exemple de ses quatre prédécesseurs, qui s'étaient déshonorés par leur fanatisme : il refusa de se montrer au milieu d'une cérémonie aussi barbare. Cependant ce même roi, qui débutait d'une manière si philantropique, ne laissa pas de protéger l'Inquisition, et il resta fidèle à la maxime que son aïeul Louis XIV lui avait inculquée. C'est ce monarque français qui avait conseillé au nouveau roi d'Espagne de soutenir l'Inquisition comme un moyen de maintenir la tranquillité dans son royaume. Des considérations politiques donnèrent une nouvelle importance au Saint-Office : il s'agissait du serment de fidélité prêté à Philippe de Bourbon par les Espagnols. Les partisans de la maison d'Autriche prétendaient que ce serment n'était point obligatoire, et quelques prédicateurs avaient même prêché qu'il était permis de se révolter contre ce prince étranger.

L'Inquisition se mêla de cette affaire : elle fit publier un acte qui obligeait tous les Espagnols, sous peine de péché mortel et d'excommunication réservée, de dénoncer les personnes qui auraient dit qu'il était permis de violer le serment prêté au roi Philippe; les confesseurs étaient tenus de s'assurer si leurs pénitents s'étaient conformés à ce qu'on leur prescrivait, et de ne point les absoudre avant qu'ils n'eussent obéi. Cette disposition donna lieu à un grand nombre de procès intentés par le Saint-Office pour cause de parjure; mais on n'osa pousser les choses plus loin, surtout en Aragon, où tous les habitants s'étaient prononcés contre cette nouvelle mesure.

L'inquisiteur-général Mendoza faisait un si grand abus de son

pouvoir, que le conseil de la Suprême crut devoir refuser de sanctionner quelques-uns de ses actes. Mendoza, irrité, fit arrêter et charger de fers les trois conseillers qui s'étaient distingués par leur opposition, et forma le dessein téméraire d'ôter au conseil de l'Inquisition le droit d'intervenir dans les procès soumis à sa décision, et aux conseillers le droit de voter en définitive. Ce coup de despotisme inquisitorial obligea Philippe V à prendre une résolution violente contre Mendoza; il le força de renoncer à son emploi et de s'éloigner de Madrid. Le conseil de l'Inquisition fut rétabli dans la possession de ses droits. Le pape, dont le nonce en Espagne avait soutenu Mendoza, se plaignit au roi de la manière dont il avait traité un de ses subdélégués d'un si haut rang, et lui fit parvenir des réclamations dictées par l'esprit ultramontain le plus incompatible avec les droits de sa souveraineté; mais Philippe soutint avec fermeté la résolution qu'il avait prise, et nomma l'évêque de Cuenca, Vidal Marin, à la place de Mendoza.

Ce *vingt-neuvième* chef de l'Inquisition fut confirmé par le pape le 24 mars 1705. Il mourut en 1709, après avoir exercé ses fonctions pendant quatre ans. Son ministère n'offre rien de remarquable, si ce n'est l'établissement d'un dix-septième tribunal du Saint-Office qu'on appela *l'Inquisition de la cour*. Depuis le règne de Philippe IV il y avait à Madrid un inquisiteur et un tribunal; mais ils dépendaient de celui de Tolède. Vidal Marin opéra cette division, afin d'alléger les travaux des inquisiteurs de Tolède, toujours surchargés de procédures; car le nombre des personnes mises en jugement à cette époque était encore plus grand que sous l'inquisiteur-général Mendoza, à cause des dissentions entre les cours de Rome et de Vienne et celle de Madrid. Les opinions politiques étaient alors des délits dont l'Inquisition avait su s'emparer.

D. Antonio Ibagnez de la Riva-Herrera, archevêque de Saragosse, fut le *trentième* inquisiteur-général. Le pape confirma sa nomination en avril 1709, et il exerça ses fonctions jusqu'au mois de septembre 1710, époque de sa mort.

Un cardinal italien, D. François Judice, remplaça Ibagnez. La durée des fonctions de ce *trente-unième* inquisiteur-général fut de six années, pendant lesquelles le Saint-Office a été sur le point d'être supprimé.

Le procureur fiscal Macanaz, qui avait défendu avec courage les droits de la couronne contre les prétentions insupportables de la cour de Rome, fut condamné par l'Inquisition pour le livre qu'il avait composé d'ordre du roi, et ne dut son salut qu'à la fuite. Philippe s'en plaignit au conseil de l'Inquisition, qui osa insulter son autorité. Scandalisé de cet outrage et de la conduite des inquisiteurs, le roi trouva des raisons décisives pour décréter la suppression du Saint-Office. L'ordonnance qui devait l'anéantir fut préparée en 1715; et le coup mortel aurait été porté à ce tribunal sanguinaire, sans les intrigues de la reine, de son confesseur le jésuite Daubenton, et du cardinal Albéroni, ami de l'inquisiteur Judice. Ces intrigues changèrent la situation des affaires, en sorte que la conduite de Macanaz, remplie de zèle et de fidélité, fut présentée comme criminelle. Philippe, un moment irrité, continua à procéder suivant la maxime de Louis XIV. Une nouvelle ordonnance annula les dispositions de la première, et Macanaz fut la victime de la faiblesse du gouvernement espagnol jusqu'à ce que, Philippe V étant mort, Ferdinand VI le fit revenir en Espagne.

Le cardinal Judice, absent de ce royaume, se démit de ses fonctions en 1716, après avoir été à la tête de l'Inquisition pendant six années. Le résultat des condamnations durant son ministère fut à peu près le même que celui observé sous ses prédécesseurs du règne de Philippe V.

D. Joseph de Molinos, auditeur de Rote à Rome, fut nommé par Philippe V, en 1717, pour remplacer le cardinal Judice; mais ce *trente-deuxième* inquisiteur-général fut fait prisonnier de guerre par les Autrichiens, qui le retinrent à Milan, où il mourut. Ainsi l'Inquisition d'Espagne resta sans chef jusqu'en 1720, époque à laquelle Philippe nomma pour *trente-troisième* inquisiteur-général un conseiller de la Suprême, D. Jean d'Arzamendi, qui mourut presque aussitôt.

Il eut pour successeur D. Diègue d'Astorga y Cespedes, évêque de Barcelone, et *trente-quatrième* inquisiteur-général d'Espagne, lequel renonça à sa place la même année pour aller prendre possession de l'archevêché de Tolède.

D. Jean de Camargo, évêque de Pampelune, remplaça D. Diègue le 13 juillet 1720. Ce *trente-cinquième* chef de l'Inquisition fournit une assez longue carrière, durant laquelle la francmaçonnerie s'étendit sur une grande partie de l'Europe et jusqu'en Amérique.

Cette association pénétra en France en l'année 1723; la république de Hollande, la Russie, l'Allemagne et l'Italie la reçurent huit ans après; et en 1733 on comptait déjà plusieurs loges de francs-maçons dans l'Amérique septentrionale.

La première mesure de sévérité employée en Europe contre les francs-maçons fut celle décrétée, le 14 septembre 1732, par la chambre de police du Châtelet de Paris; elle leur défendait de se réunir, et condamnait un M. Chapelot à 1000 livres pour avoir souffert une assemblée maçonnique dans son domicile à la Rapée: sa maison fut murée pour six mois. Louis XIV fit de grandes menaces contre les francs-maçons, mais elles n'eurent aucun effet; car sous son règne deux princes du sang ne craignirent point d'accepter le grade de *grand-orient*.

En 1737, le gouvernement de Hollande défendit les assemblées de francs-maçons par mesure de précaution; mais cette mesure fut bientôt révoquée, et la franc-maçonnerie reçut protection en Hollande.

L'électeur Palatin du Rhin la défendait en même temps dans ses domaines : il éprouva une vive résistance, qui fut suivie d'un grand nombre d'arrestations.

Le duc de Toscane fit aussi publier un décret de proscription contre les loges, et le pape Clément XII, qui venait de défendre les réunions maçonniques à Rome, sous peine de mort, établit un inquisiteur pour poursuivre les francs-maçons. François de Lorraine étant devenu grand-duc de ce pays, chassa l'inquisiteur, fit mettre en liberté les personnes qu'il avait fait arrêter, et se déclara le protecteur de l'institut maçonnique.

Jusque-là la seule Inquisition de Rome s'était mêlée de la franc-maçonnerie, en provoquant la bulle lancée par Clément XII, et en poursuivant les loges d'Italie. Nous verrons bientôt le Saint-Office d'Espagne appliquer les mêmes mesures à la Péninsule, et sévir rigoureusement contre les francs-maçons.

Ce fut sous le ministère de l'inquisiteur-général Camargo que la secte de Molinos fit de grands progrès en Espagne, et qu'elle fournit au Saint-Office l'occasion de déployer toute son activité. Avant d'aller se fixer à Rome, Molinos avait formé en Espagne un certain nombre de disciples qui y répandirent sa doctrine sous le nom de *Molinistes* ou *Molinosistes*. Les apparences d'une perfection spirituelle, associées à un système qui laissait un libre essor aux désordres de l'âme, séduisirent beaucoup de personnes qui n'auraient jamais embrassé aucune hérésie sans le prestige dont Molinos avait entouré ses erreurs. L'évêque d'Oviédo fut déposé et emprisonné par l'Inquisition comme molinosiste; Jean de Causada, le disciple le plus intime de Molinos, périt sur les bûchers, et les inquisiteurs de Logrono condamnèrent à deux cents coups de fouet et à une prison perpétuelle le carme Jean de Longas, le plus zélé champion de cette doctrine.

Elle se répandit promptement dans les couvents; ce qui donna beaucoup d'occupation aux Inquisitions, et particulièrement à celles de Valladolid et de Logrono: car il se passait des choses si scandaleuses et si horribles dans les communautés entre les religieuses et leurs directeurs, qu'on ne pourrait les rapporter sans faire frémir. Le libertinage le plus effréné, les avortements forcés et les infanticides y étaient si fréquents, que chaque couvent en fournissait un grand nombre d'exemples. Mais ce qu'il y a de plus remarquable, c'est que ces horreurs s'y commettaient avec une sorte de bonne foi apparente, et qui ne peut être justifiée que par le fanatisme. C'est ce fanatisme pour les sectes qui faisait croire aux esprits faibles que tout ce qui était autorisé par les confesseurs pouvait être fait sans crime; c'est ainsi qu'on vit dans le couvent de Corella, en Navarre, une supérieure qui avait déjà eu plusieurs enfants d'un provincial de carmes déchaussés, tenir elle-même sa nièce pendant que ce même provincial faisait le premier outrage à la pudeur de cette jeune personne, afin que cette œuvre fût plus méritoire aux yeux de Dieu. C'est ainsi qu'on voyait des religieuses et des moines assister sans honte aux accouchements des autres religieuses, dont les enfants étaient aussitôt étranglés; et tout cela se faisait avec des jeûnes et mille autres signes extérieurs de dévotion.

L'inquisition sévit, il est vrai, contre les religieuses de ces repaires du crime, mais, à quelques exceptions près, les punitions qu'elle leur infligea se bornaient à les disperser dans plusieurs couvents. Il est surprenant qu'après tant de désordres de ce genre dont les archives sont remplies, l'inquisition n'ait pas pris le parti d'ôter aux moines la direction des couvents de femmes.

L'inquisiteur-général Camargo, qui avait été si indulgent pour les religieuses et les moines, mourut le 24 mai 1733, après avoir exercé ses fonctions pendant treize années.

Philippe V les confia à D. André de Orbe y Larreategui, archevêque de Valence et gouverneur du conseil de Castille, *trente-sixième* inquisiteur-général.

Son ministère ne présente d'autre événement remarquable que la séparation de l'inquisition de Sicile avec celle d'Espagne. Cette île avait cessé d'appartenir à la couronne castillane depuis 1713. Le roi de Naples, Charles, obtint une bulle du pape qui créait pour ce pays un inquisiteur-général indépendant, et son successeur, Ferdinand IV, supprima totalement cet odieux tribunal l'an 1782.

De Orbe mourut en 1740, la même année dans laquelle Philippe V fit publier une ordonnance royale contre les francs-maçons, dont un grand nombre furent arrêtés et condamnés aux galères. Les inquisiteurs profitèrent de cet exemple donné par le monarque, pour traiter aussi sévèrement les membres d'une loge qu'ils découvrirent à Madrid.

Philippe ne remplaça de Orbe que deux ans après sa mort, c'est-à-dire qu'en 1742. C'est à l'archevêque de Santiago, D. Manuel Isidore Manrique de Lara qu'il confia ces fonctions.

Manrique, *trente-septième* inquisiteur-général d'Espagne, mit un acharnement incroyable contre le franciscain Bellando, qui avait écrit l'*Histoire civile d'Espagne*, dans laquelle il retraçait tous les principaux événements arrivés dans ce royaume depuis l'avènement au trône de Philippe V, jusqu'en 1733. Le roi avait permis l'impression de cet ouvrage après l'avoir fait examiner deux fois; mais l'Inquisition crut devoir en défendre la lecture, parce que cet auteur avait prouvé que les inquisiteurs ne procédaient pas toujours bien régulièrement. Bellando fut jeté dans les cachots du Saint-Office, où il souffrit les plus indignes traite-

ments, et il n'en sortit que pour être enfermé dans un couvent où il devait passer sa vie, avec défense d'écrire aucun ouvrage.

C'est ainsi que le Saint-Office se débarrassait toujours de tous les écrivains courageux qui cherchaient à éclairer le roi et le peuple.

Manrique mourut en 1745. A cette époque, il y avait encore en Espagne dix-sept tribunaux de l'Inquisition, dont chacun faisait célébrer au moins un *auto-da-fe* chaque année.

Philippe V nomma pour *trente-huitième* inquisiteur-général D. François Perez de Prado y Cuesta, évêque de Teruel, lequel n'avait pas encore reçu ses bulles de confirmation lorsque Philippe mourut.

Ce premier roi d'Espagne de la maison de Bourbon régna quarante-six ans. Vers la fin de son règne, il avait abdiqué la couronne en faveur de son fils Louis Ier; mais ce jeune prince étant mort presque aussitôt, son père reprit les rênes du gouvernement jusqu'au 9 juillet 1746, jour de son décès.

On croit généralement en Europe que l'Inquisition commença à sévir avec moins de rigueur dès l'instant où les princes de la maison de Bourbon furent montés sur le trône d'Espagne; mais cette opinion est erronée. Ces princes ne donnèrent aucune loi nouvelle à l'Inquisition; ils ne firent non plus aucune suppression dans son ancien Code, et, par conséquent, ils n'empêchèrent point la condamnation des victimes de cet odieux tribunal; car le nombre en fut encore très-considérable sous le règne de Philippe V; l'on y compte sept cent quatre-vingt-deux *auto-da-fe*, dans lesquels figurèrent onze mille quatre cent quatre-vingts individus des deux sexes, dont seize cents furent brûlés vifs, et sept cent soixante en effigie.

Les véritables causes de la grande diminution des *auto-da-fé* et des condamnations que l'on va remarquer sous les successeurs de Philippe V, furent l'extinction presque totale en Espagne des cultes judaïque et mahométan; les progrès des lumières et de la philosophie, la renaissance du bon goût en littérature dans ce royaume, l'établissement des feuilles hebdomadaires et des académies, et enfin les dispositions du concordat de 1737. On commença alors à admettre comme raisonnable un grand nombre d'idées que l'ignorance et la superstition avaient présentées autrefois comme anti-religieuses et favorables à l'impiété. Ainsi l'opinion de Galilée, naguère frappée d'anathème avec son auteur, était alors soutenue à Rome, sans qu'on craignît de manquer de respect pour l'Écriture sainte ; plusieurs bons ouvrages, et les résolutions de quelques princes étrangers, qu'un peu plus tôt on aurait pris pour des attentats contre l'Inquisition, commencèrent à être connus en Espagne, et les inquisiteurs eux-mêmes acquirent des lumières par l'effet des circonstances.

Cette révolution fut préparée vers le milieu du dix-huitième siècle ; mais ses heureux résultats ne s'annoncèrent que sous le règne de Ferdinand VI.

CHAPITRE VI.

Trente-huitième, trente-neuvième, quarantième, quarante-unième, quarante-deuxième, quarante-troisième, quarante-quatrième et quarante-cinquième inquisiteurs-généraux. Règnes de Ferdinand VI, de Charles III et de Charles IV.

FERDINAND VI, l'aîné des fils de Philippe V, succéda à son père en 1746. Perez del Prado était alors inquisiteur-général, et il en remplit les fonctions jusqu'en 1758. Il fut remplacé à cette époque par D. Manuel Quintano Bonifaz, archevêque de Pharsale. Ce *trente-neuvième* inquisiteur-général d'Espagne était encore à la tête de l'Inquisition en 1759, lorsque Ferdinand mourut. La couronne échut à Charles III, second fils de Philippe V : il était alors sur le trône de Naples, qu'il quitta aussitôt pour monter sur celui d'Espagne. Son règne fut d'environ vingt-neuf années, durant lesquelles il n'y eut que trois inquisiteurs-généraux, Quintano Bonifaz, qui fut exilé en 1764 ; Philippe Bertrand, évêque de Salamanque, *quarantième* chef de l'Inquisition, mort en 1783, et Augustin Rubin de Cevallos, évêque de Jaën, *quarante-unième* inquisiteur-général, et qui l'était encore en 1788, époque de la mort de Charles III.

Les heureux changements survenus dans les idées et les progrès toujours croissants des lumières et de la philosophie, forcèrent le Saint-Office à se relâcher de son antique sévérité. Il était bien toujours régi par les mêmes lois, mais leur application devenait rare ; et quoique le nombre des procès fût presque toujours le même, parce que le Saint-Office continuait à admettre toutes les dénonciations, néanmoins, sur six cents affaires commencées, il y en avait à peine dix de jugées ; car les préjugés qui faisaient considérer comme graves des charges légères, étaient presque totalement détruits.

Les inquisiteurs de ces deux règnes avaient tout à coup adopté un système de modération inconnu dans l'histoire de l'Inquisition. Presque tous les accusés étaient renvoyés, après avoir subi une légère pénitence secrète; et si quelques-uns furent encore condamnés à la relaxation ou à des pénitences publiques, le nombre en est si petit, proportionnellement aux précédentes périodes, que si on compare les règnes de Ferdinand VI et de Charles III avec celui de Philippe V leur père, il semble qu'ils aient été séparés par un intervalle de plusieurs siècles.

Les *auto-da-fe* devinrent rares pendant les quarante-trois années que vécurent les deux fils de Philippe, et l'on ne compte en tout que deux cent quarante-cinq condamnations, dont quatorze seulement à la mort, et le reste à un emprisonnement. Ainsi le Saint-Office n'était plus que l'ombre de ce monstrueux tribunal qui faisait encore trembler les grands et le peuple, au commencement du même siècle.

La franc-maçonnerie et le jansénisme occupèrent presque totalement les inquisiteurs de cette époque. Le pape Clément XIV lança une nouvelle bulle d'excommunication contre les francs-maçons, et les jésuites, qui étaient alors très-puissants en Espagne firent persécuter tous ceux qui ne suivaient pas l'opinion de *Molina* sur la grâce et le libre arbitre; on les désignait sous le nom de *jansénistes*. La haine que ces deux partis avaient l'un pour l'autre les portait à s'accuser réciproquement de défendre des propositions erronées; l'Inquisition jugeait ces propositions, et elle se bornait souvent à condamner leurs livres. Cette guerre scolastique dura jusqu'au moment de l'expulsion des jésuites du royaume d'Espagne, qui eut lieu en 1769, sous le règne de Charles III.

En même temps, et par l'effet de ce changement de système, on commença par admettre en Espagne une doctrine opposée aux maximes ultramontaines, et par conséquent favorable aux droits du monarque. C'étaient cependant ces mêmes opinions qui avaient fait condamner comme hérétiques et comme impies tant de jurisconsultes et tant de savants distingués; ce qu'on considérait comme un crime au commencement du dix-huitième siècle, devint une vertu cinquante ans après.

Quelque brusque que cette transition ait été, on conçoit aisément qu'elle n'a pu se faire sans passer, au moins rapidement, par quelques gradations. Ainsi, par exemple, l'expulsion des jésuites laissa une faction très-puissante dans l'Inquisition, qui accueillait avidement toutes les dénonciations contre ceux qui avaient provoqué cette expulsion ou qui en avaient été seulement les partisans. Un grand nombre de procès furent commencés contre de grands personnages, qui éprouvèrent des persécutions pendant quelque temps, ou comme jansénistes, ou comme philosophes. Dans ce nombre se trouvait le comte de Roda, ministre et secrétaire d'État, qui avait demandé l'expulsion de la compagnie de Jésus; deux archevêques et trois évêques, membres du conseil extraordinaire, qui avaient opiné pour cette expulsion; Campomanes, savant littérateur et philosophe; le comte de Florida-Blanca, ministre et secrétaire d'État; le comte d'Aranda, ambassadeur en France; Paul Olivade, préfet de Séville; le comte de Ricla, ministre de la guerre; Clavijo, savant naturaliste; Benoît Bayle, grand mathématicien; Thomas Iriate, littérateur profond, et tant d'autres, accusés de professer des opinions philosophiques, qu'on qualifiait d'impies. Plusieurs personnages furent aussi persécutés comme jansénistes; mais toutes ces procédures n'eurent aucun résultat; car la faction jésuitique ayant bientôt perdu son influence, elle se trouva dans l'impossibilité de faire juger toutes ces affaires, et dut se calmer.

Un prêtre français, Clément, qui devint ensuite évêque de Versailles, fut également persécuté par l'Inquisition d'Espagne, sous le règne de Charles III. Se trouvant à Madrid, son zèle pour la pureté de la doctrine lui fit penser que l'on devait profiter des bonnes dispositions de la cour pour réaliser des espérances si souvent déçues. Il rédigea un projet qui tendait à mettre l'Inquisition sous la dépendance de chaque évêque; à obliger tous les moines et toutes les religieuses à reconnaître pour leur chef leur évêque diocésain et à lui obéir, et à ne plus permettre aucune distinction d'école de théologie.

Si ce Français eût bien connu l'Espagne et l'état des moines de ce temps-là, il aurait, sans doute, prévu les persécutions dont il allait être l'objet, puisqu'il avait armé contre lui deux corporations aussi puissantes que celles des inquisiteurs et des religieux; en effet, son plan ayant été connu par les espions du Saint-Office, Clément fut dénoncé comme hérétique, calviniste et ennemi de tous les ordres réguliers. Cependant l'Inquisition, autrefois si hardie, n'osa point faire arrêter Clément, parce que la cour le protégeait, et il en fut quitte pour se réfugier en France.

Malgré les abus qui existaient encore, il est juste de dire que les inquisiteurs des règnes de Ferdinand VI et de Charles III ont été des hommes doués d'une grande modération, si on les compare à ceux du temps de Philippe V, et surtout à ceux des règnes précédents.

Charles VI monta sur le trône le 17 novembre 1788, pendant que le *quarante-unième* inquisiteur-général Cevallos exerçait ses fonctions. Cevallos mourut en 1792, et fut remplacé par D. Manuel Abad-y-la-Sierra, archevêque de Selimbria. La cour força ce *quarante-deuxième* inquisiteur-général à donner sa démission; il le fit en 1794. Le roi nomma alors pour *quarante-troisième* inquisiteur-général le cardinal-archevêque de Tolède, D. François-Lorenzana, qu'il obligea encore à se démettre dans l'année 1797, pour donner sa place à l'archevêque D. Ramon Joseph de Arce, patriarche des Indes. De Arce, *quarante-quatrième* inquisiteur-général, était encore à la tête des inquisiteurs d'Espagne lorsque Charles IV abdiqua en faveur de son fils.

Les lumières, qui avaient commencé à pénétrer en Espagne depuis le milieu du dix-huitième siècle, firent des progrès remarquables sous le règne de Charles IV. Les deux obstacles qui avaient empêché leur propagation n'existaient plus depuis la réforme des six grands collèges de Castille et l'expulsion des jésuites. Le marquis de la Roméa, principal auteur de cette double mesure politique, avait su exciter l'émulation générale, et répandre dans toutes les classes l'instruction et le goût des sciences. Une multitude d'hommes de mérite se formèrent pendant les vingt années qui précédèrent le règne de ce prince, et apparurent au milieu de l'Espagne étonnée.

Mais l'événement le plus influent et le plus décisif pour l'affranchissement des peuples et pour le retour de la société aux principes du droit naturel, produisit un effet tout contraire en Espagne, et vint arrêter l'impulsion donnée aux Espagnols par les philosophes et les savants de cette nation : je veux parler de la révolution française. Une foule d'ouvrages sur les droits de l'homme et du citoyen, sur ceux du peuple et des nations, parut en ce moment en France, et inonda l'Espagne. Charles IV, monarque absolu, fut alarmé par les principes qu'on professait à ses frontières. Il savait que ses sujets lisaient avec avidité toutes les productions enfantées par l'esprit de liberté, et que ces nouvelles idées se répandaient rapidement dans toutes les provinces. Voulant conserver le pouvoir despotique, le ministère espagnol, qui craignait la contagion, ne sut trouver d'autre moyen pour arrêter la doctrine politique française, que de faire rétrograder l'esprit humain. L'inquisiteur-général fut chargé de faire saisir tous les livres et journaux français, et chaque inquisiteur mit alors tous ses soins à en empêcher l'introduction clandestine dans le royaume d'Espagne. Le comte Florida-Blanca, premier ministre, ne se borna pas à cette mesure; il ordonna, comme une conséquence du système qu'il adoptait, la suppression des chaires d'enseignement du droit naturel et du droit des gens dans toutes les universités et dans tous les autres établissements d'instruction publique. Enfin le gouvernement adressa aux inquisiteurs l'ordre formel de s'opposer à l'introduction et à la circulation des livres composés par les partisans de la philosophie moderne, comme contraires à l'autorité souveraine et réprouvés par l'Écriture Sainte; il leur enjoignit de dénoncer au Saint-Office toutes les personnes connues pour leur attachement aux principes de la révolution française.

Le nombre des dénonciations qui furent le résultat de cette mesure du gouvernement de Charles IV est incalculable. Presque tous les jeunes étudiants des universités de l'Espagne, et beaucoup de personnages des premiers rangs de la société monarchique se trouvèrent dénoncés; mais la sévérité du gouvernement et le zèle des inquisiteurs n'eurent d'autre effet que de donner naissance à une prodigieuse quantité de procès, dont l'instruction était presque toujours suspendue faute de preuves, et d'imprimer une force nouvelle aux idées libérales qu'on voulait détruire.

Parmi les nombreux procès entrepris à cette époque, il en est quelques-uns qui fixent l'attention. Celui du Marseillais Michel des Rieux, connu en Espagne sous le nom de l'*Homme de la nature*, présente une catastrophe effrayante et qui révolte l'âme contre l'affreux secret de l'Inquisition. Michel des Rieux fut arrêté en 1791 comme hérétique, et jeté dans les prisons du Saint-Office. C'était un homme très-instruit, qui déclara de bonne foi aux inquisiteurs que la lecture des ouvrages de Voltaire, de Rousseau et des autres philosophes lui avait fait croire qu'il n'y avait de religion sûre que la religion naturelle, et que toutes les autres n'étaient que des inventions des hommes ; qu'il ne s'était jamais proposé dans ses études que la recherche de la vérité, et qu'il était disposé à quitter la religion de la nature pour revenir à celle de l'Église catholique, si quelqu'un voulait lui prouver qu'il était dans l'erreur.

Un évêque entreprit cette conversion : comme il était très-éloquent, il réussit, et l'*Homme de la nature* se montra alors disposé à se réconcilier à l'Église ; le Saint-Office y avait consenti secrètement, puisque des Rieux n'était point hérétique obstiné ; il devait donc comparaître à un *auto-da-fé* particulier pour y être pénitencié ; mais comme on lui laissait ignorer le résultat de son procès, il fut fort étonné de voir entrer, un matin, dans son cachot plusieurs familiers qui lui signifièrent de se revêtir du *san-benito*, de se laisser attacher une corde de genêt au cou, et d'aller, avec un flambeau de cire verte à la main, entendre la lecture de son jugement dans la salle des audiences. Le malheureux s'effraie, s'irrite, et ne veut céder qu'à la force ; à peine a-t-il paru à la porte de la salle qu'il aperçoit une nombreuse assemblée accourue pour être témoin de l'*auto-da-fé*; il n'est plus maître de lui ; il s'emporte contre la barbarie des inquisiteurs, et on lui entend prononcer ces paroles : « S'il est vrai que la religion ca-
« tholique commande de faire ce que vous faites, je l'abhorre

« encore une fois, parce qu'il est impossible qu'une religion qui « déshonore les hommes sincères soit véritable. » Aussitôt on le ramena en prison, où il ne cessa de demander à être conduit au bûcher jusqu'au moment où, fatigué d'attendre ses bourreaux, il se pendit, après avoir avalé un morceau de linge pour être plus promptement étouffé. Telle fut la fin déplorable de l'*Homme de la nature*; il se suicida dans la persuasion où il était que l'Inquisition le ferait mourir sur un bûcher, tandis que sa réconciliation était secrètement décidée.

Le procès intenté à don Louis de Urquijo prouve encore que le Saint-Office avait repris, sous les premières années du règne de Charles IV, une attitude menaçante. Le chevalier Urquijo, avant d'être ministre, était connu par son grand savoir, par son goût pour la philosophie, et par l'indépendance de ses idées. L'Inquisition se disposait à le faire arrêter, lorsque le comte d'Aranda, premier ministre, proposa au roi d'associer ce jeune homme aux affaires publiques, et le fit nommer, en 1792, premier officier de la première secrétairerie d'État. En voyant l'élévation de l'homme qu'ils avaient désigné pour leur victime, les inquisiteurs le laissèrent tranquille. Urquijo étant arrivé par degrés au premier ministère, fit voir qu'il possédait l'art d'apprécier les temps et de connaître les hommes ; il employa tous ses efforts à extirper les abus et à détruire tout ce qui s'opposait aux progrès des lumières ; en conséquence il profita de la mort de Pie VI pour arracher l'Espagne à la dépendance du Vatican, et fit signer un décret qui rendit aux évêques les facultés usurpées sur eux par la cour de Rome. Un pas aussi hardi devait conduire à la réforme de l'Inquisition ; le ministre voulait même qu'on la supprimât entièrement, et que ses biens fussent appliqués aux établissements de bienfaisance et d'utilité publique : il en rédigea le décret et le présenta à la signature du roi. Mais bientôt, victime d'une misérable intrigue, ce ministre philanthrope fut disgracié. Ce fut alors que le Saint-Office chercha à ressaisir sa proie. Urquijo fut enfermé dans des cachots humides, et tenu au secret le plus rigoureux jusqu'au moment de l'abdication de Charles IV. Urquijo mourut à Paris en 1817.

Ici nous commencerons à parler de l'écrivain érudit et laborieux à qui nous devons aujourd'hui de pouvoir écrire une *histoire de l'Inquisition d'Espagne*, sans tomber dans ces erreurs et dans ces exagérations qui déshonorent tant de livres imprimés autrefois. Avant qu'un secrétaire du Saint-Office eût pu recueillir les précieux matériaux que le chanoine Llorente fit imprimer, en 1816, sous le titre d'*Histoire critique de l'Inquisition d'Espagne*, nous n'avions, sur l'Inquisition de ce pays, que des livres en forme de romans, produits par l'imagination plutôt qu'établis sur des faits irrécusables ; les actes du Saint-Office, toujours enveloppés d'un impénétrable secret, n'eussent probablement jamais été exposés au grand jour, si la providence ne s'était servie de la main même d'un fonctionnaire de la *sainte hermandad* pour soulever le voile qui jusque-là les avait cachés à tous les yeux.

Don Juan-Antonio Llorente, né à Rinco del Soto près Calahorra, dans ce royaume d'Aragon qui repoussa si longtemps l'établissement de l'Inquisition, fut choisi, en 1785, par le Saint-Office de Logroño pour remplir les fonctions de son commissaire. Llorente était alors promoteur-fiscal-général ecclésiastique de l'évêque de Calahorra.

Une circonstance de l'admission du chanoine Llorente parmi les membres du Saint-Office prouve que, si à cette époque l'Inquisition avait modéré ses fureurs, elle ne s'était point encore départie de ses formes inquisitoriales. Pour être admis dans le tribunal du Saint-Office, il fallut que Llorente prouvât que ses pères, en remontant jusqu'à la troisième génération, n'avaient encourus aucun châtiment de la part de ce tribunal, et qu'ils ne descendaient ni de juifs, ni de maures, ni d'hérétiques; formalité difficile à remplir, du moins quant au second point : car celui qui voulait purger sa race, en remontant jusqu'à l'établissement de l'Inquisition, devait établir que quatre mille soixante-quatre personnes (nombre calculé d'après le terme moyen de la durée de la vie humaine), ne furent ni juifs, ni maures, ni hérétiques. Aussi se contentait-on de vérifier que le nom d'aucun des ancêtres ne se trouvait inscrit sur les registres du Saint-Office. Llorente ayant satisfait en cela les exigences de l'Inquisition, entra en fonctions. Ce fut là son acheminement au poste beaucoup plus important de secrétaire-général de l'Inquisition de la cour, qu'il occupa, dès 1789, pendant près de trois ans, ayant ainsi à sa disposition les archives de cette terrible et impénétrable institution, dont il devait révéler plus tard au monde les actes et les codes, appuyés sur les plus irrécusables documents.

Pendant que Llorente remplissait ces fonctions délicates, le comte de Florida Blanca, alors ministre principal de la monarchie espagnole, essaya d'imprimer à sa patrie le mouvement qui agitait l'Europe entière : il voulut faire participer l'Espagne aux progrès et aux lumières qui se répandaient tout autour du grand foyer alimenté par la révolution française. Llorente, que ses opinions philosophiques faisait considérer comme un homme du progrès, fut associé à cette entreprise très-périlleuse dans les circonstances où l'Espagne se trouvait. Ils tombèrent l'un et l'autre devant les résistances les plus aveugles et les plus opiniâtres.

Cependant, dès 1793, l'inquisiteur-général Abad-la-Sierra, jeta les yeux sur Llorente pour dresser le plan des modifications importantes qu'il voulait introduire dans la constitution intérieure et les formes de procédure de l'Inquisition. Mais le même parti qui avait fait tomber le comte de Florida Blanca, fit destituer le grand inquisiteur lui-même, avant qu'il eût pu mettre ses projets à exécution.

Les hommes du progrès ne se rebutèrent pas : le plan des réformes était achevé dans le secret, lorsque Jovellanos fut appelé au ministère de grâce et de justice. On essaya alors d'intéresser le Prince de la Paix à l'entreprise pour le succès de laquelle on comptait déjà sur le zèle du ministre de la justice. Llorente fut un instant en faveur; mais il tomba de nouveau avec son plan de réformes, le jour où la chute subite de Jovellanos vint prouver encore la puissance de ceux qui soutenaient la vieille Inquisition.

Déjà les suppôts du Saint-Office préparaient à Llorente les persécutions ordinaires. Leur rage redoubla lorsqu'ils se furent emparés de son travail de réformes pour l'Inquisition. Il reçut l'ordre de se constituer prisonnier dans un couvent, où on ne tarda pas à lui signifier une sentence du Saint-Office qui le privait de ses charges de secrétaire et de commissaire de ce tribunal, le condamnait à un mois de détention et à cinquante ducats d'amende, sans même lui faire connaître le motif de ce jugement.

On touchait alors à la fin de ce dix-huitième siècle, si fertile en grandes réformes et en prodigieux événements. L'odieux tribunal, dont quelques écrivains vantaient la bénignité, poursuivait encore sous divers prétextes, entre autres sous celui de jansénisme, les hommes les plus recommandables de l'Espagne, ceux surtout qui avaient eu des liaisons avec le ministre Jovellanos. Don Antonio de la Cuesta, archidiacre de la cathédrale d'Avila, fut jeté dans les cachots, où il passa cinq années. Don Géronimo, son frère, chanoine pénitencier de la même église, fut obligé de se sauver en France. Tous deux furent déclarés absous; mais sans de puissantes protections, ils n'auraient jamais pu parvenir à faire proclamer leur innocence.

Des procès furent également intentés par l'Inquisition à la comtesse de Montijo, bien qu'elle revêtue de ce qu'on appelle la grandesse d'Espagne; à son cousin Palafox, évêque de Cuenca; à

Don Antonio Tabira, évêque de Salamanque; à Don Augustin Abad-la Sierra, devenu évêque de Barcelone, enfin à plusieurs chanoines de Saint-Isidore.

Ces exemples méritent d'être cités pour prouver que si les lumières du siècle et l'adoucissement des mœurs avaient forcé les familiers de l'Inquisition à sommeiller, il ne fallait rien que la moindre circonstance propre à aviver l'esprit de parti, pour rendre à une institution féroce ses instincts sanguinaires.

Ils reconnaissaient bien ces symptômes, les esprits généreux qui prenaient alors la plume contre le Saint-Office; aussi ne se bornaient-ils plus à solliciter les réformes de l'Inquisition; ils demandaient impérativement l'abolition de cette exécrable institution. « Une fois la sainte hermandad abolie, disaient-ils, la postérité reculée mettra ses cruautés au nombre des effets malheureux, des crimes que l'ignorance enfante, que la civilisation détruit, et qu'un sage gouvernement peut faire oublier. »

Plusieurs autres procès remarquables, tant pour cause de jansénisme que pour les principes qui avaient servi de base à la constitution civile du clergé de France sous l'assemblée constituante, occupèrent encore les inquisiteurs d'Espagne; les jansénistes surtout furent l'objet d'une nouvelle persécution, car les jésuites ayant obtenu, en 1798, la permission de revenir en Espagne, leur présence troubla la tranquillité dont on avait joui depuis leur expulsion, et leur conduite fut si impolitique que le gouvernement dut les bannir une seconde fois du royaume.

CHAPITRE VII.

Lettre de M. Grégoire, évêque de Blois, à don Ramon-Joseph de Arce, archevêque de Burgos, grand inquisiteur d'Espagne.

Il était difficile de comprendre comment l'Inquisition pouvait se maintenir en Espagne au moment où les principes de tolérance religieuse proclamés par les assemblées nationales de la France pénétrant dans toute l'Europe, effaçaient les lignes de démarcation tracées par les croyances diverses et laissaient à l'homme sa liberté de conscience. On s'étonnait même que la République française, en dictant la paix au cabinet de Saint-Ildefonse, n'eût pas exigé l'abolition du tribunal du Saint-Office.

Un ancien membre de la Convention nationale, l'abbé Grégoire, évêque de Blois, qui fut l'un des plus ardents révolutionnaires, sans cesser d'être un véritable chrétien, crut qu'il appartenait à celui dont la vie s'était usée à solliciter l'abolition de l'esclavage, de demander hautement la suppression de l'Inquisition en Espagne. La lettre que l'évêque de Blois écrivit à ce sujet au grand inquisiteur, lettre dont j'obtins de l'obligeance de M. Grégoire une copie authentique, est un monument historique trop précieux pour qu'il ne trouve pas sa place dans une histoire de cette même Inquisition, que cet écrit résume admirablement bien.

Nous allons réimprimer ici la lettre dans tout son contenu, nous bornant seulement à respecter les scrupules qui dirigèrent son auteur, lorsqu'il effaça lui-même le passage que nous laissons en blanc. Voici le résumé critique que l'ancien évêque de Blois fit de l'Inquisition, dont il considérait l'existence comme une calomnie permanente contre l'Église catholique.

« Paris, le 17 février 1798 (9 ventose de l'an vi de la République.)

« Une lettre écrite par un évêque français à un évêque espagnol, grand-inquisiteur, pour lui demander la suppression de l'Inquisition, est une chose qui n'est pas exempte de singularité; mais ce qui doit paraître bien plus étrange aux yeux des hommes éclairés, c'est que, jusqu'à nos jours, l'Inquisition ait prolongé son existence, et que plus de deux siècles après l'époque où le vertueux Carranza fut traîné dans les cachots du Saint-Office, un de ses successeurs à l'archevêché de Tolède ait présidé ce tribunal.

« La franchise, ou plutôt l'aspérité de ce début, ne vous empêchera pas de continuer la lecture de ma lettre : je croirais vous faire injure en élevant des doutes sur votre empressement à rendre hommage aux vérités que l'Europe a proclamées, et à l'égard desquelles on ne verra pas rétrograder l'esprit humain.

« L'Inquisition est-elle un établissement religieux? Je me rappellerai que l'épiscopat étant solidaire, suivant l'expression des Pères de l'Église, surtout de saint Cyprien, les obligations qu'il impose le sont également ; ainsi, lorsque les passions humaines veulent introduire ou maintenir une institution contraire à l'Évangile, tous les évêques, disséminés dans l'étendue de la catholicité, ont droit d'élever la voix contre l'abus, et l'idée d'un droit à exercer en porte nécessairement l'idée parallèle d'un devoir à remplir.

« Si l'on prétend que l'Inquisition, réduite à n'être plus qu'un instrument passif entre les mains de la politique, échappe à la censure d'un étranger, en avouant le principe consacré par la nature et enregistré dans la constitution française, qui défend de s'immiscer dans le gouvernement des autres peuples, j'observerai que certains attentats contre l'humanité forment exception dans le code du droit des gens. La postérité a couvert d'éloges le héros qui interdit aux Carthaginois les sacrifices de victimes humaines ; mais la mutilation des hommes, la traite des nègres, l'esclavage, l'Inquisition, pourraient bien entrer dans la liste des exceptions. Et d'ailleurs, qui pourrait disputer à un individu quelconque la faculté de former des vœux pour le bonheur de ses semblables? de donner à ces vœux, étayés de toute la force du raisonnement, cette publicité dont l'imprimerie a si fort agrandi le domaine, car le bonheur aussi est solidaire entre les peuples. Malheur à celui qui fonde sa prospérité sur l'oppression des autres, même à celui qui fait profession d'indifférence à leur égard! L'égoïsme national, comme l'égoïsme individuel, est un crime; quiconque le partage est coupable de lèze-humanité. Ce sentiment se concilie avec l'attachement de prédilection pour l'agrégation politique dont nous sommes membres, sous les lois tutélaires de laquelle nous vivons, et le moment n'est pas éloigné sans doute où, après avoir écrasé le tyran des mers, les peuples sentiront que leur bonheur, comme celui des individus, ne peut être pur et durable qu'en le partageant avec tous.

« Ce sentiment acquiert plus d'énergie, et l'obligation de travailler au bonheur de ses semblables devient plus étroite entre deux nations dont les cœurs et les intérêts sont rapprochés par une heureuse alliance. Actuellement nous pouvons dire, avec plus de raison qu'un de nos anciens dominateurs : « Il n'y a plus de Pyrénées. » Et quel moment plus opportun pour plaider la cause de la vérité, de l'humanité, que celui où chez nos alliés l'autorité gouvernante a consulté l'opinion publique pour appeler, dit-on, au timon de l'État, le patriotisme et les talents.

« L'Inquisition est un sujet sur lequel, dans ces derniers temps, se sont exercés une foule d'écrivains : les uns l'ont assaillie avec l'arme de la raison; les autres se sont bornés à lui décocher des épigrammes. Quoique ce tribunal, considéré dans les siècles antérieurs, prête tant à la médisance qu'il reste peu de place à la calomnie, quelques auteurs ont encore trouvé moyen d'exagérer les faits et de rembrunir les couleurs. Les uns manquant de justice, et tous de justesse, parlent de l'Inquisition actuelle comme si les auto-da-fé fumaient encore, et que Torquemada fût vivant. Ils reprochent à leurs contemporains les torts des siècles passés; ce qui est aussi juste que si, par anticipation, on leur imputait les fautes des générations futures. La France est-elle complice de la Saint-Barthélemi et des fureurs de nos proconsuls?

« Le divin fondateur du christianisme, qui fut un modèle de douceur et de patience, nous rappelle que Dieu fait *luire également son soleil sur les bons et sur les méchants*. Sa mansuétude à l'égard de ceux-ci se manifeste dans cette parabole du père de famille, qui défend à ses serviteurs d'arracher l'ivraie entremêlée au froment, et qui leur prescrit d'attendre la moisson, c'est-à-dire l'époque où la justice éternelle décernera à chacun la récompense ou la peine due à ses œuvres.

« Lorsqu'il envoie ses disciples annoncer sa doctrine, leur dit-il d'user de violence? Non. Il leur recommande seulement de secouer la poussière de leurs chaussures en quittant les maisons qui n'auront pas voulu accueillir sa parole, et d'aller la prêcher ailleurs. Il blâme des disciples dont le zèle indiscret voulait attirer le feu du ciel sur une ville de la Samarie qui avait refusé de le recevoir. Tous les chrétiens, dignes de ce nom, savent que ce fameux *contrains-les d'entrer*, dont le sens a été si souvent dénaturé par l'ignorance ou par la mauvaise foi, ne signifie que les exhortations pressantes d'une tendre charité; c'est l'expression dont se sert l'Écriture en parlant de Loth à l'égard des anges, de Lydie à l'égard de saint Paul, pour leur offrir l'hospitalité.

« Imbus des maximes de Jésus-Christ, jamais les premiers missionnaires de l'Évangile ne prétendirent asservir les volontés, ni enchaîner la liberté; ils savaient que violenter les consciences, c'est inviter à l'hypocrisie. Dieu repousse les hommages forcés; il veut des hommes qui l'adorent *en esprit et en vérité*. Citera-t-on comme une acquisition heureuse des catholiques qui, ne l'étant que de nom, l'honorent *du bout des lèvres, mais dont le cœur est loin de lui*? Exhorter, édifier, souffrir et mourir, ce fut là toute la science des apôtres, et par là cependant ils firent la conquête de l'univers.

Tels sont les principes dont nous avons hérité de nos pères dans la foi, principes si sagement développés par trois célèbres historiens de l'Église que la France s'honore d'avoir produits, Tillemont, Fleuri et Racine. « La religion, dit ce dernier, doit se
« conserver et s'étendre par les mêmes moyens qui l'ont établie :
« la prédication, accompagnée de discrétion, de prudence, la
« pratique de toutes les vertus, et surtout une patience sans
« bornes. »

« L'intolérance ne fait qu'aigrir les cœurs ; elle donne à la religion des ennemis sans lui donner un ami, parce que, suivant l'expression d'un autre écrivain, il est aussi impossible de soumettre les esprits avec des coups, que de renverser une forteresse par des syllogismes. Du corps, on ne peut tirer que de la douleur ; vouloir persuader les consciences par des rigueurs, c'est une entreprise qui excède les forces humaines. Si l'on n'avait pas donné tant de martyrs à l'erreur, dit Filangieri, combien de prosélytes de plus on eût procuré à la vérité.

« L'amour-propre se cramponne avec d'autant plus de force sur une opinion, que pour la conserver il en a coûté des tourments. En brûlant les Albigeois, on fit plus de sectateurs à Manès que sa doctrine ne lui en avait acquis. Ces observations de fait, applicables à l'erreur, le sont également à la vérité. L'expérience vérifia l'assertion de Tertullien, que *le sang des martyrs était une semence de chrétiens*, et l'heureux effet de la persécution exercée depuis cinq ans, au nom de la philosophie, contre les catholiques français, sera de leur rendre plus chère la religion pour laquelle ils souffrent.

« Si j'appelle en témoignage les écrits des Pères, ils déposent unanimement que l'esprit de l'Église fut toujours de fermer son sein à l'erreur, mais d'ouvrir ses bras à des frères errants, et de ne forcer personne dans l'asile de sa conscience.

« Le même Tertullien déclare que le droit naturel assure à chacun la faculté d'adorer ce qu'il veut, et que forcer les cœurs est une action contraire à l'Évangile.

« Athénagore insiste sur la liberté de conscience établie par les lois impériales, en réclamant la même faculté pour les chrétiens.

« Saint Hilaire, apostrophant Constance et parlant des persécutions qu'exerçaient les ariens contre les catholiques, leur démontre combien il est injuste d'employer la force au lieu de la raison.

« Saint Athanase pose en principe que la religion doit être établie par la persuasion, à l'imitation de notre Sauveur, qui ne contraignait personne à la suivre. Les violences employées par les hérétiques pour forcer à l'adoption de leurs erreurs, ont, par là même, un caractère qui en atteste la fausseté.

« Saint Chrysostôme annonce qu'il n'est pas permis aux chrétiens d'user de rigueur pour détruire l'erreur ; les armes avec lesquelles on doit travailler au salut des hommes sont la douceur et la persuasion : ces maximes se trouvent fréquemment répétées dans ses écrits.

« Saint Augustin apostrophe les Manichéens en ces termes : « Que ceux-là vous maltraitent qui ne savent pas avec combien de peine on découvre la vérité... Pour moi, je ne puis vous maltraiter ; je dois avoir pour vous la même condescendance dont on usait à mon égard lorsque mon aveuglement me portait à soutenir vos erreurs. »

« Lactance tient le même langage en disant que la religion ne peut être forcée, et que les mauvais traitements ne peuvent rien sur la volonté.

« Saint Grégoire-le-Grand indique dans quel esprit de mansuétude on doit travailler à la réunion des frères séparés de l'Église.

« Le vénérable Bède observe que les moines envoyés en Angleterre par ce saint pontife, inculquaient au roi Ethelbert des maximes de tolérance, et que ce prince s'étant converti, il ne contraignit aucun de ses sujets à l'imiter, parce qu'il avait appris de ses docteurs que le service de Jésus-Christ est volontaire.

« Si je ne parlais à un prélat versé dans la connaissance des monuments ecclésiastiques, j'accumulerais ici une immensité de témoignages qui, depuis l'origine du christianisme jusqu'à nos jours, formant une chaîne non interrompue, attestent que tel fut toujours le véritable esprit de l'Église : ce fut aussi celui du

clergé de France, qui, par la bouche de l'évêque de Rennes, disait à Louis XIII : « Nous ne prétendons pas déraciner les er-
« reurs des protestants par la force et la violence. » C'était l'esprit des illustres évêques Godeau, Fléchier, le cardinal Camus, Fénelon; ce dernier écrivait à Louis XI. : « Accordez à tous la
« tolérance civile, non en approuvant tout comme indifférent,
« mais en souffrant avec patience tout ce que Dieu souffre, et
« en tâchant de ramener les hommes par une douce persua-
« sion. »

« Nous devons regarder les Turcs comme nos frères, disait Fitz-James, évêque de Soissons.

« Tel était aussi l'esprit de l'ancienne Église d'Espagne, qui, dans le quatrième concile de Tolède, en 633, recommandait au roi Sisenand d'être plus indulgent que sévère à l'égard des coupables. Ce caractère de sagesse, de douceur, se retrouve dans Ozorius, évêque des Algarves, qui faisait partager au lecteur l'horreur dont il est pénétré à la vue des cruautés exercées envers les juifs espagnols.

« Nous autres Français aimons à citer saint Martin, évêque de Tours, qui, avec une foule de prélats, parmi lesquels on compte saint Ambroise, se sépara de la communion des évêques Itace et Idace, provocateurs des actes de persécution exercés contre Priscillien.

« Étrangère aux beaux siècles de l'Église, l'Inquisition ne pouvait naître que des ténèbres de l'ignorance et de la fange du moyen-âge. Sa conduite ne démentit pas son origine : vicieuse dans son institution, l'est-elle moins dans ses formes? Certaines personnes prétendent qu'on s'aperçoit à peine de son existence actuelle. Je ne contesterai pas à ce tribunal sa modération, que vient de préconiser un de nos écrivains, quoique des lettres arrivées d'Espagne infirment son témoignage, en lui opposant des faits récents arrivés entre autres à Valladolid; quoique nous connaissions dans vos contrées des personnes vivantes dont l'innocence a gémi sous les verrous des prisons du Saint-Office ; mais je dirai que le secret dans lequel il enveloppe sa marche, l'obscurité dont il s'entoure, sont frappés d'improbation chez tous les peuples qui ont des notions saines sur ce qui doit caractériser les formes judiciaires.

« Utile aux prévenus et aux juges, la publicité est en même temps la sauvegarde de l'innocence et le titre justificatif de l'intégrité du magistrat.

« Que servirait de reproduire ici les arguments irréfragables dirigés contre ce tribunal? Je ne veux pas me faire un mérite de copier ce que tout le monde peut lire dans une foule d'écrits imprimés qui, sans doute, vous sont connus; mais permettez-moi de vous le dire, l'existence de l'Inquisition est une calomnie habituelle contre l'Église catholique; elle tend à présenter comme fautrice de la persécution, du despotisme et de l'ignorance, une religion essentiellement douce, tolérante, également amie des sciences et de la liberté.

« Il est une vérité de fait trop peu développée par les historiens de l'Église : c'est qu'au nombre des motifs qui stimulèrent les empereurs et leurs satellites à la persécuter, on doit compter la crainte de voir ébranler le colosse de leur puissance. Ils redoutaient cet Évangile, qui est une véritable déclaration des droits; parlant sans cesse aux hommes de leur égalité primitive, et les consolant des forfaits de la tyrannie, leur recommande expressément de ne pas prendre la qualité de maître, parce qu'ils n'ont qu'*un maître, qui est Jésus-Christ, et qu'ils sont tous frères.*

« Les persécuteurs, ne pouvant noyer le christianisme dans le sang des martyrs, tentèrent de le corrompre. Les richesses s'introduisirent dans l'Église, et les filles, dit saint Bernard, faillirent étouffer la mère. Une coalition criminelle se forma entre les pontifes et les despotes pour river les fers des nations. L'Écriture, qui rappelle souvent aux préposés leurs devoirs envers leurs subordonnés, recommande également aux serviteurs d'*obéir, même à des préposés fâcheux.* On eut la mauvaise foi d'appliquer aux sociétés politiques une maxime de morale qui ne concerne que les individus : on voulut en conclure qu'un peuple n'avait pas le droit de secouer les chaînes forgées par le despotisme. On conçoit que le célèbre discours de Samuel eut rarement les honneurs de la citation, et la doctrine de l'obéissance passive fut presque mise au rang des vérités dogmatiques. Une génération nombreuse de crimes et d'horreurs fut le résultat d'une erreur première, d'un premier crime. Dans quelques contrées, l'autorité civile déclara dominante la religion chrétienne qui est faite, non pour dominer, mais pour édifier les hommes, les consoler, les améliorer; et qui, semblable aux rayons du soleil, ne pouvant être la propriété exclusive d'un peuple, appartient à l'univers.

« Dans les pays d'inquisition, on voulut la maintenir par des rigueurs qu'elle abhorre. Quand je vois des chrétiens persécuteurs, je suis tenté de croire qu'ils n'ont pas lu l'Évangile. Le despotisme, qui est lui-même une grande erreur, appela l'ignorance à son secours, pour cacher sous le boisseau les vérités fondamentales des droits des peuples; il tenta d'associer à son crime cette religion, qui nous a transmis tous les monuments antiques du génie, dont les incrédules jouissent en outrageant la main qui les leur présente; cette religion, qu'on injurie en l'accusant de commander une soumission aveugle, tandis qu'elle appelle la discussion et la lumière, par ce texte de l'Écriture : *Que votre soumission soit raisonnable;* cette religion qui, subordonnant sans cesse l'intérêt personnel à l'intérêt social, commande à l'homme de se pénétrer de sa dignité, de cultiver sa raison, de perfectionner ses facultés, pour concourir au bonheur de nos semblables, dans lequel elle veut que nous trouvions le nôtre, et qui par-là même agrandit devant nous la carrière de tout ce qui est beau, de tout ce qui est grand.

« Assurément tous les hommes éclairés et impartiaux n'imputeront jamais à la religion des excès dont elle gémit : mais, vous le savez, les esprits justes et les cœurs droits sont très-peu nombreux; le préjugé ou la perversité prononce, la multitude répète: ainsi se sont établies contre l'Église catholique des préventions imméritées. Et quoi de plus propre à les accréditer qu'un tribunal qui est un scandale pour les vrais chrétiens, un prétexte pour les mauvais, une pierre d'achoppement pour les faibles, un sujet d'aversion pour des frères séparés de l'unité? Dans diverses contrées, de l'Allemagne surtout, ils manifestent une propension à se rapprocher: pourquoi faut-il qu'elle soit combattue , comme ils s'en expliquent eux-mêmes, par les abus de la cour de Rome et par l'existence de l'Inquisition? N'ont-ils pas raison de nous dire que la persécution des sectaires en Espagne justifierait la persécution contre les catholiques dans les autres pays?

« Peut-être êtes-vous agité par la crainte que, ce tribunal étant supprimé, on ne voie à l'instant l'impiété rompre toutes les digues, ébranler le corps politique, et vouloir, comme chez nous, arracher Dieu même de son trône. Cette considération mérite d'être pesée. Voici ma réponse.

« Un homme sensé et ami de son pays ne proposera jamais de renverser l'Inquisition par une secousse violente, et surtout lorsque, par des mesures douces, on peut arriver au même but : ce serait l'histoire du sauvage dont parle Montesquieu, qui coupe l'arbre par le pied pour avoir plus de facilité à cueillir les fruits. Imitons la nature, non pas dans ses convulsions qui, déchirant les entrailles du globe, vomissent la consternation et la mort, mais dans cette gradation féconde par laquelle éclosent les germes que la main de l'Éternel plaça dans le sein de la terre. La révocation de l'édit de Nantes fut précédée d'une foule d'édits préparatoires; sanctifions, en les appliquant au bonheur des hommes, des combinaisons que la tyrannie inventa pour leur malheur.

« Mais est-il nécessaire de recourir à ces formes prolongées, lorsque déjà l'Inquisition est abolie dans l'opinion publique? Et cette opinion n'a-t-elle pas accompli chez vous les préliminaires d'une opération dont le dénouement est attendu avec impatience? Des bords de la Neva jusqu'aux Pyrénées, il n'est pas un écrivain, digne de ce nom, qui voulût prostituer son talent à se rendre l'apologiste du Saint-Office. N'en est-il pas de même en Espagne, où, sans doute, on trouverait difficilement un second Eymeric, un second Macanas, où tant d'hommes, qui sont connus sous les rapports les plus honorables, même parmi les inquisiteurs, appellent par leurs vœux la suppression d'un tribunal dont, à leur avis, on peut sans danger sonner la dernière heure?

« L'expérience a confirmé l'observation du judicieux Fleury, que les pays d'Inquisition sont précisément ceux où l'on trouve plus de superstitieux et d'incrédules. La liberté de la presse accroîtra l'audace de ceux-ci, mais elle guérira ceux-là. Vos incrédules, comme les nôtres, comme ceux de tous les pays, ressasseront des objections pulvérisées tant de fois, et ils se garderont bien de réfuter les réfutations. D'ailleurs, ils ne lisent pas nos apologies; elles sont étrangères à leurs bibliothèques : ce sont des juges bien décidés à prononcer sur l'audition d'une seule partie. Sans cesse ils affecteront de confondre l'abus avec la chose; méthode facile, avec laquelle la liberté, la vertu, la justice, tout devient attaquable. Souvent le persiflage remplacera le raisonnement; comme chez nous, le mot *fanatisme*, jamais défini, sera toujours en réserve pour lui faire signifier tout ce qu'on voudra.

« Les coryphés auront pour adhérents tous ceux qui, redoutant la morale divine de l'Évangile, trouvent dans leur cœur des motifs pour ne pas l'aimer, et cette tourbe d'êtres nuls qui, ne voulant pas être chrétiens par preuves, préfèrent d'être incrédules sur parole.

« Mais voici le contre-poids. Dans un pays où les évêques eurent toujours les droits les plus étendus à la vénération publique, ils verront accourir une foule d'athlètes pour descendre avec eux dans l'arène, et venger la révélation des attaques de l'orgueilleuse raison; la nécessité ramènera les études; les bons livres se multiplieront; une foule d'idées utiles entreront dans la circulation. La religion, mieux connue, sera mieux pratiquée. Si l'incrédulité ou le vice écartent quelques brebis du troupeau, elles y seront rappelées par la charité, la douceur, bien plus efficaces que des peines temporelles, qui n'atteignent que le corps, et qui révoltent l'âme; chaque pasteur, pénétré de ses devoirs, se fera un mérite de répéter, d'après saint Pacien, évêque de Barcelone : *Ovicula suppositis eportanda cervicibus non est onerosa pastori*.

« Certes, si une Inquisition, quel qu'en fût l'objet, n'était pas repoussée avec horreur par le christianisme, il serait au moins aussi nécessaire d'en créer une pour réprimer le zèle déplacé qui donne tout aux rites, et rien ou presque rien à la vertu ce zèle qui enfanta une foule de dévotions qu'on prétend concilier avec des mœurs dépravées; ce zèle qui dénature la religion par l'alliage impur d'opinions humaines; qui, en préconisant les héros du christianisme, mêle aux vérités historiques cette multitude de fables qui méritèrent une censure véhémente de la part de deux illustres espagnols, Luiz Vivès et Melchior Cano.

« L'historien Racine, et beaucoup d'autres avec lui, ont montré pour la religion, les dangers d'une paix apparente souvent pire que la guerre, parce qu'alors la vigilance s'endort, la ferveur s'attiédit, et souvent la porte s'ouvre à tous les abus; les persécutions entrent dans le plan de son divin fondateur : celle qui a désolé la France, et qui est loin d'être terminée, a fait le triage des bons et des mauvais chrétiens; elle a ranimé le courage des vrais adorateurs, et justifié le pape Hormisdas : *Jamais l'Église ne fait de plus grandes conquêtes que lorsqu'on croit l'avoir réduite à la dernière extrémité.* Mais il faudrait se féliciter des actes de l'autorité souveraine, qui, en maintenant la liberté du culte, se bornerait à déblayer les abus. Le Portugal sera-t-il moins catholique lorsque le siége patriarchal de Lisbonne n'aura plus que l'éclat nécessaire à la dignité de la religion, et qu'on refoulera dans les établissements agricoles et manufacturiers, les dix-neuf vingtièmes d'un revenu évalué à près de deux millions?

« Il a fallu une grande dégénération dans les idées pour arriver à celle que présentent ces mots : *Prince-Évêque*. L'Allemagne catholique le sera-t-elle moins lorsque ses prélats se borneront à chercher le royaume de Jésus-Christ, qui n'est pas de ce monde? Le centre de l'unité sera-t-il moins révéré, lorsqu'enfin s'accomplira le vœu que formait, il y a trois siècles, Laurent Valle, et que réitérait dernièrement, avec tous les bons catholiques, un illustre évêque d'Italie, en m'écrivant ces mots : *Comment pourra-t-on déraciner les abus, tant que le successeur de Pierre pauvre sera le successeur de la grandeur temporelle des Césars?*

« Fasse le ciel que la religion, épurée de tout ce qui n'est pas elle, reparaisse belle comme elle sortit des mains de son auteur; il lui restera tout, c'est-à-dire la certitude de ses dogmes et la sublimité de sa morale. La philosophie sera forcée de se réconcilier avec elle; et si la vie des ministres de l'Évangile présente le miracle continuel des vertus unies aux talents, tenons pour certain que l'Église étendra ses conquêtes, et verra cicatriser les plaies que lui ont faites l'erreur, l'opulence et le vice.

« Si l'on m'objectait que l'Inquisition n'est plus qu'un épouvantail politique destiné à contenir une multitude peu éclairée; après avoir observé que l'ignorance du peuple accuse ceux qui le dirigent, après avoir félicité l'Espagne sur les encouragements accordés à l'industrie et à l'agriculture, sur cette foule de sociétés patriotiques qui répandent des connaissances utiles, je demanderais si le projet de conduire les hommes par la stupidité n'est pas un attentat contre le genre humain, et un blasphème contre Dieu? Quelle est donc cette étrange politique qui, substituant sans cesse le glaive de la terre au flambeau de la raison, enfanta cette multitude de codes où, à travers des milliers de lois pénales, on rencontre à peine une loi rémunératrice?

« La vertu et la vérité sont dans les mêmes rapports que le vice et l'erreur. Il est dans l'ordre essentiel des choses que la vérité soit utile, que l'erreur soit nuisible : malheur aux gouvernements qui prétendent à la stabilité en trompant les hommes! La marche de la raison, semblable à celle de la mer, n'est, dit-on, sensible qu'après des siècles; mais soixante siècles ont mûri des connaissances qu'on n'étouffe pas en fermant, comme on l'a fait chez vous, les chaires de Droit public;.................
....
....
..................L'esprit humain s'est émancipé et ne peut plus rétrograder; toutes les superfétations désavouées par la religion et la saine politique, s'enseveliront dans l'oubli; le cri de la liberté retentit dans les deux mondes: les révolutions commencent seulement en Europe, leur marche doit s'accélérer en raison de l'aveuglement des despotes qui, tous en arrière de leur siècle, précipitent leur chute par des mesures extravagantes, et les sociétés politiques sortant de ces décombres seront recomposées sur un plan nouveau. L'Èbre et le Tage verront aussi leurs rives cultivées par des mains libres; le réveil d'une nation

généreuse sera l'époque de son entrée solennelle dans l'univers pour s'élever à de hautes destinées; elle viendra s'asseoir au rang des peuples qui auront retrouvé la charte de leurs droits, à côté de la France, qui s'est placée avec éclat à l'avant-garde des nations.

« Une mesure préliminaire à ce grand événement sera la suppression du Saint-Office : ailleurs j'ai annoncé qu'il succomberait sous les coups de la puissance la plus formidable qui soit sur la terre, celle de l'opinion publique. Les panégyristes de l'Inquisition nous ont souvent objecté qu'au seizième siècle elle avait préservée l'Espagne des désastres qui désolaient l'Allemagne et la France. On en saurait quelque gré à ce tribunal, s'il n'avait empêché ce malheur par un crime, en se rendant coupable lui-même de l'effusion du sang humain; si en organisant l'espionnage, en sanctionnant la délation, il n'avait favorisé la duplicité et porté l'alarme au sein des familles; si en alimentant les haines nationales, en élevant un mur de séparation entre les peuples, il n'avait arrêté ou fait dévier les mouvements de l'esprit humain, tenu la vérité captive, et fait des efforts pour étouffer le génie dans un pays où le génie est indigène; les progrès des sciences sont la mesure des progrès de l'industrie, du commerce, de l'agriculture; d'après ces données, les publicistes pourraient calculer le résultat des obstacles qu'oppose l'Inquisition à la prospérité nationale et à l'action du gouvernement qui s'améliorerait par une sage tolérance.

Au surplus, en admettant qu'autrefois l'Inquisition ait préservé l'Espagne des troubles qui dévastaient d'autres contrées, on peut présager que l'existence prolongée de ce tribunal produirait actuellement un effet opposé. Ne croyez pas que votre Péninsule assiégée, pour ainsi dire, par les lumières qui resplendissent de toutes parts en Europe, puisse les empêcher d'y faire une irruption, et craignez qu'une secousse n'opère avec fracas un changement que vous pourriez opérer, sans causer à votre pays des convulsions politiques qui enfanteraient des malheurs. L'impression de ces malheurs serait aggravée par la certitude d'avoir pu les prévenir, et par le regret de ne l'avoir pas fait.

« Montesquieu disait : *Quand dans un royaume il y a plus d'a-vantage à faire sa cour qu'à faire son devoir, tout est perdu.* Puisse le ministère actuel s'immortaliser en démentant cette assertion ! Point de ces conceptions timides, de ces vues étroites qui ne savent appliquer que les palliatifs. Dans toutes les grandes entreprises, si l'on ne voulait adopter que des partis qui n'offriraient aucun inconvénient, qui ne froisseraient aucun intérêt, aucun préjugé, on ne déciderait jamais. L'homme d'État balance les inconvénients et les avantages ; il plonge dans l'avenir, et s'élance en avant des générations contemporaines. Les siècles futurs deviennent, pour ainsi dire, son domaine, et par la justice, la fermeté, la douceur, préparant la félicité des générations suivantes, il se place au rang des bienfaiteurs du genre humain.

« Si une misérable vanité pouvait intervenir dans une cause si respectable, je dirais au ministre espagnol, je vous dirais : « En « supprimant l'Inquisition, vous vous couvrirez de gloire ; sa con-« servation ferait votre honte. » Mais qu'importe ce phosphore qu'on nomme la gloire, quand il s'agit des droits de l'humanité et de son bonheur ?

« Il n'est pas rare de rencontrer, surtout dans les postes éminents, des hommes disposés à faire le bien, mais inaccessibles aux projets les plus utiles lorsque d'autres les ont suggérés : d'après ce que la renommée nous raconte, j'outragerais votre caractère si je pouvais concevoir une telle crainte. Pontife d'une religion qui épure tous les sentiments, vous êtes mû par des considérations supérieures aux motifs abjects qui dirigent les courtisans de la célébrité. Depuis longtemps d'autres ont pris l'initiative contre l'Inquisition. Citoyen d'un pays où elle prit naissance, et d'où elle fut expulsée à jamais, je ne suis que l'écho de tout ce qu'il y a d'hommes éclairés ; je ne fais que mêler ma voix à ce cri général qui s'est élevé pour prononcer l'anathème, bien sûr d'avoir pour moi la religion, l'Europe et la postérité.

« Des hommes intéressés au maintien des abus dont ils vivent, jetteront sans doute de l'odieux sur ma demande. L'imposture qui, suivant l'expression d'un de nos écrivains, assure toujours et ne prouve jamais, s'empressera de me classer parmi ceux qu'on accuse de vouloir bouleverser l'Église et l'État : faire du bien à ses détracteurs, c'est la seule vengeance que la religion permette, la seule que je désire exercer; et certes, si des calomnies à supporter pouvaient hâter la destruction d'un établissement qui heurte tous les principes, quel est l'ami de l'humanité qui ne s'applaudît d'avoir à ce prix obtenu ce résultat? Que de fois, de vive voix et par écrit, nous avons censuré certains législateurs, dont la criminelle imbécillité prétendait abstraire l'état social de toute idée religieuse, et rompre cette chaîne indestructible qui lie le ciel et la terre! Il serait plus facile de bâtir une ville en l'air, disait un ancien philosophe qui valait un peu mieux que nos modernes. Je m'honore d'être associé à ces évêques français d'autant plus attachés à la religion et à la république, qu'ils ont souffert pour les défendre. Tandis que des hommes connus pour avoir lâchement déserté l'une et l'autre, semaient contre nous l'imposture dans les contrées étrangères, en Espagne surtout, ici, avec nos dignes collaborateurs, au milieu des outrages et de la misère, en face des échafauds, où plusieurs de nos frères ont monté, en retraçant la conduite des célèbres martyrs dont Euloge de Cordoue nous a laissé une peinture si touchante, nous étions sur la brèche pour défendre cette auguste religion, assaillie par la tempête la plus furieuse dont les fastes de l'Église gallicane aient conservé la mémoire. Je ne suis ici que l'organe du clergé français, qui, dans un écrit revêtu de ses suffrages, a déclaré qu'il abhorrait l'Inquisition. Dernièrement, réuni en concile national, il a solennellement renouvelé ses protestations contre tout acte de violence exercé sous prétexte de la religion. Lorsque nous nous rappelons les relations touchantes qui existaient jadis entre les évêques des deux pays, ainsi que l'attestent les monuments ecclésiastiques, relations qu'il nous serait si doux de renouer, nous apprenons avec peine, ou plutôt avec indignation, que le Saint-Office cherche à rompre les liens qui doivent unir deux nations faites pour s'estimer et s'aimer. J'en découvre la preuve dans le *Diario de Madrid*, du 9 décembre dernier, où se trouve insérée une liste d'ouvrages condamnés. A la vérité, la plupart de ces écrits sont souillés par le blasphème ou la lubricité; mais dans l'article des livres *prohibidos in totum*, l'ouvrage intitulé : *État moral, physique et politique de la maison de Savoie*, est frappé de censures, comme présentant une série de propositions contraires à la souveraineté, la noblesse et le clergé de Savoie, etc.

« Certainement l'Inquisition n'ignore pas que le mot *Savoie* n'appartient plus désormais qu'à l'histoire; que, depuis plus de cinq ans, d'après le vœu librement émis de tous les habitants de cette contrée, elle a été réunie à la république française, dont elle est partie intégrante; et quand on pense que les censures de l'Inquisition sont proclamées dans les églises, on ne peut regarder cet article que comme un moyen indirect de jeter de l'odieux sur une nation loyale et alliée de la vôtre. C'est véritablement un attentat contre la majesté du peuple français.

« Qu'il s'anéantisse donc enfin, ce tribunal dont le nom seul rappelle tant d'idées affligeantes; qu'il soit enfin arraché, cet arbre dont le tronc est à Madrid, qui étend ses rameaux à Lima, à Mexico, et dont les surgeons implantés à Lisbonne, à Goa, y ont produit des fruits non moins amers. Que sur la table des abus détruits, suspendu au frontispice du siècle nouveau qui va commencer, l'Inquisition soit inscrite au premier rang. La religion et l'humanité n'auront-elles pas encore de quoi s'affliger d'être condamnées à conserver de tels souvenirs?

« J'aime à croire que le grand-inquisiteur a l'âme assez héroïque, c'est-à-dire assez chrétienne, pour provoquer lui-même la suppression du tribunal dont il est le chef : il ne fera que devancer glorieusement ce que la force irrésistible des choses produirait bientôt, en couvrant d'ignominie ceux qui tenteraient de s'y opposer; et Dieu sait quel déluge d'écrits, inondant alors l'Espagne, reprocheraient méchamment au christianisme un esprit de domination, auquel il répugne, et qui n'est que le partage des hommes qui abusent de son nom pour opprimer. Laissez à Genève la honte d'avoir, à la fin du dix-huitième siècle, consacré la plus aigre intolérance dans la constitution qu'elle vient d'adopter.

« Ministres d'un Dieu de paix, rappelons sans cesse aux membres de la famille humaine qu'ils sont tous frères; que dans ce bas-monde, appelé avec assez de justesse par un écrivain, *une* raste infirmerie, chacun doit, à la vérité, déployer son courage contre l'erreur et le vice, mais supporter les errants, les vicieux, en faisant luire à leurs regards le flambeau de la vérité; répétons-leur sans cesse que notre existence fugitive sur la terre, n'étant que le berceau de la vie, elle est toujours trop longue pour faire le mal, trop courte pour faire le bien; que chacun doit se hâter d'aimer, de servir ses semblables, et de les conquérir à la vertu par la patience, le bon exemple, les exhortations charitables et les bienfaits.

« H. Grégoire, évêque de Blois. »

SIXIÈME PARTIE.

Derniers moments de l'Inquisition d'Espagne.

CHAPITRE PREMIER.

L'Inquisition relève sa tête belliqueuse. — Règne de Ferdinand VII. — Domination des Français. — Abolition de l'Inquisition. — Restauration de Ferdinand VII. — Gouvernement constitutionnel. — L'armée de la Foi. — Les *Agraciados* crient : *Vive l'Inquisition !* — Récapitulation générale.

Nous ignorons quelle fut la réponse du grand-inquisiteur à l'évêque de Blois; nous croyons même que Don Ramon de Arce garda le silence, car il ne lui convenait guère de solliciter lui-même l'abolition du tribunal de Saint-Office, dans la persuasion où il était sans doute que ce tribunal pouvait plus que jamais rendre de grands services à la catholicité affaiblie.

Ce qui prouve que l'Inquisition relevait alors sa tête altière, ce fut le procès qu'elle intenta contre le fameux Emmanuel Godoï, ministre dirigeant, si connu sous le nom de Prince de la Paix. On conçoit tout ce qu'il fallut d'audace, d'adresse et d'intrigue pour s'attaquer à un personnage dont la faveur était si bien établie, et qui se trouvait le cousin du roi d'Espagne par son mariage avec Dona Marie-Thérèse de Bourbon. Godoï, dénoncé au Saint-Office par l'inimitié du confesseur de la reine et de quelques autres ecclésiastiques haut placés, se vit suspecté d'athéisme, parce que depuis huit ans il ne s'était pas confessé, et parce que la vie qu'il menait avec beaucoup de femmes était un sujet de scandale pour le public.

Ces accusations étaient incontestables; mais l'Inquisition choisissait mal son temps pour essayer ses forces contre un homme qui résumait alors en sa personne la monarchie espagnole avec ses mœurs dépravées et son despotisme caduc.

Pendant que les ennemis de Godoï sollicitaient les poursuites ordinaires contre ce personnage spécialement protégé par la reine, l'inquisiteur de Arce mourut et fut remplacé par Lorenzana, que l'on peut considérer comme le dernier inquisiteur-général d'Espagne. Lorenzana était un homme simple et timide; il n'osa point ordonner l'arrestation du Prince de la Paix. Toutefois, il se serait prêté aux vœux du confesseur de la reine, dans l'intérêt des mœurs et de la religion, si la cour de Rome eût fait le premier pas. Les grands meneurs de cette intrigue s'adressèrent donc secrètement au pape, et supplièrent Sa Sainteté d'ordonner l'arrestation d'Emmanuel Godoï; ce qui eût alors été exécuté à Madrid, où le prince était assez mal vu. Mais le hasard fit que la correspondance suivie entre Madrid et Rome, au sujet de cette arrestation, tomba entre les mains du chef des armées républicaines en Italie; la lettre du pape, dont on avait besoin à Madrid, fut interceptée à Gênes. Le général Bonaparte crut utile à la bonne intelligence qui venait de s'établir entre la nation française et le gouvernement espagnol, d'informer le Prince de la Paix de l'intrigue dont il était l'objet. Il chargea le général Pérignon, alors ambassadeur à Madrid, de remettre la correspondance interceptée au prince de la paix. Ce favori se trouva ainsi à même de faire échouer les projets de ses ennemis et d'éloigner l'inquisiteur-général Lorenzana. Dans cette circonstance, le Saint-Office courut le danger de ne pouvoir plus faire arrêter personne sans l'autorisation du roi.

Suivant l'exemple d'Urquijo, le ministre secrétaire d'État, Melchior de Jovarellos, entreprit de réformer le mode de procédure du Saint-Office, surtout à l'égard de la prohibition des livres; mais ayant perdu sa place, il fut aussitôt dénoncé comme ennemi de l'Inquisition; ce qui le fit exiler à Majorque,

Depuis plusieurs années, les inquisiteurs n'avaient plus prononcé aucune sentence portant relaxation du condamné, c'est-à-dire l'envoi à la mort; cependant, en 1805, le Saint-Office de Saragosse ayant mis en jugement un curé qui avait avancé et soutenu des propositions condamnées par l'Église, les charges devinrent si graves par l'obstination de l'accusé, que les inquisiteurs ne crurent pas pouvoir se dispenser de le condamner à la relaxation. Ce curé tomba dangereusement malade, et mourut dans les prisons. Le conseil de la Suprême défendit de continuer la procédure contre le mort, afin d'empêcher qu'il ne fût brûlé en effigie.

Ce fut là la dernière personne condamnée à la peine capitale par le Saint-Office, et cette peine aurait probablement été commuée, si le curé ne fût mort au moment où le conseil de la Suprême allait réviser son procès.

Un an après cette condamnation à la peine de mort, des troubles politiques très-sérieux eurent lieu à Aranjuez. Charles IV en fut tellement effrayé qu'il préféra abdiquer la couronne en faveur de son fils aîné, le prince des Asturies, que d'exposer ses propres jours, ceux de la reine, et surtout ceux du favori Godoï, qui avait couru les plus grands dangers, et qui se trouvait alors le prisonnier de Ferdinand.

Le nouveau roi prit les rênes du gouvernement le 9 mars 1808, sous le nom de Ferdinand VII, avant qu'aucun acte public eût constaté l'abdication de son père. Charles IV ne tarda pas à protester contre cette abdication, en déclarant qu'elle n'avait pas été libre. Ferdinand n'eut aucun égard à cette protestation, et la discorde agita ses torches au milieu de la famille royale.

On sait comment Napoléon profita de cette circonstance pour détrôner les Bourbons de la Péninsule, et pour donner la couronne à son frère Joseph; mais ce que tout le monde ne sait peut-être pas, c'est que Ferdinand VII écrivit alors de Valencey au roi Joseph pour le féliciter et pour lui demander son amitié, et qu'il ordonna en même temps à tous les Espagnols de reconnaître le nouveau roi.

Ce peuple, qu'un maître si complaisant cédait à un autre

maître étranger comme on cède un vil troupeau, refusa d'obéir au roi qui lui était imposé par les baïonnettes françaises, se souleva, fit capituler le général Dupont à Baylen, et força la nouvelle cour à repasser l'Ebre. Ces événements obligèrent Napoléon à entrer lui-même en Espagne avec une puissante armée ; il gagna les batailles de Burgos et de Guadarrama, et Madrid se rendit par capitulation.

Quoique l'Inquisition fût presque anéantie par l'effet de l'occupation de ce royaume par les troupes françaises, et que le *quarante-quatrième* inquisiteur général eût cessé ses fonctions, Napoléon, qui voulait se créer des partisans en Espagne, décréta le 4 décembre 1808, à Chamartin, village près de Madrid, la suppression du Saint-Office, *comme attentatoire à la souveraineté* ; il fit faire un *auto-da-fé* de presque toutes les procédures qui se trouvaient dans les archives du conseil de la Suprême. Les registres des résolutions du conseil, les ordonnances royales, les bulles et les brefs de Rome furent néanmoins conservés, parce qu'ils pouvaient être utiles.

Tous les Espagnols auraient sans doute applaudi à cette suppression, si elle n'avait pas été décrétée par un étranger ; mais cette circonstance blessa l'amour-propre castillan, et peu s'en fallut que le Saint-Office ne fût aussitôt réorganisé en haine de l'étranger. Les serviles partisans de l'Inquisition s'étaient déjà fait un prétexte de cet acte de Napoléon pour demander le maintien de ce tribunal. Heureusement les libéraux espagnols furent d'un autre avis, et ne laissèrent échapper aucune occasion de préparer les esprits à voir solennellement abolir cette institution, née de la fange du moyen-âge, comme le disait notre abbé Grégoire.

Llorente, qui avait été comblé de bienfaits par le gouvernement des Français en Espagne, fut choisi pour examiner les vastes archives de l'Inquisition, et pour écrire l'histoire du tribunal ecclésiastique. Pendant deux années, plusieurs personnes furent employées à copier ou à extraire, d'après ses indications, les pièces originales qui se trouvaient dans ces archives. La réunion de ces précieux matériaux, joints à ceux qu'il s'était occupé à rassembler depuis 1789, lui permirent enfin de tracer les annales du

Saint-Office. Llorente commença à publier, en Espagne même, le premier jet de son *Histoire critique de l'Inquisition*, travail incomplet sans doute, mais auquel il devait mettre la dernière main en France, lorsque les revers de l'armée française eurent forcé le roi Joseph Napoléon à quitter la Péninsule Ibérique.

Bientôt les députés espagnols, réunis à Cadix et munis de pouvoirs illimités pour la discussion et la résolution des points indiqués dans leurs lettres de convocation, furent installés en Assemblée nationale, et annulèrent toutes les renonciations et transactions de Bayonne, ainsi que tout acte qui émanerait du roi, tant qu'il serait au pouvoir de Napoléon.

La liberté de la presse fut proclamée, après une discussion des plus lumineuses. Les droits seigneuriaux, les nombreux privilèges et les autres reliques du régime féodal disparurent en même temps, et la constitution d'Espagne fut solennellement promulguée à Cadix au commencement de 1812. Tous les Espagnols l'accueillirent avec enthousiasme.

L'Inquisition se trouvait indirectement détruite par la constitution, néanmoins les Cortès générales crurent devoir à la nation espagnole de supprimer, d'une manière expresse et formelle, une barbare institution, qui avait si puissamment contribué à tous les maux de ce pays, en mettant des obstacles insurmontables au développement de l'esprit humain, en poursuivant jusqu'à la pensée, et en retenant la civilisation captive dans les limites étroites qu'elle lui avait constamment imposées, considérations qui avaient échappé à Napoléon, aux yeux duquel le plus grand crime de l'Inquisition était de s'être placée au-dessus de la souveraineté royale.

Cette suppression fut décrétée à la majorité des deux tiers des voix, et presque tous ceux qui s'y opposèrent ne défendaient l'Inquisition qu'en demandant la modification des formes. De toutes parts on bénit les représentants de l'Espagne d'avoir aboli cet odieux tribunal ; de toutes parts on leur rendit grâces de la victoire qu'ils venaient de remporter sur l'ignorance, le fanatisme, la superstition et les préjugés ; en un mot, telle fut la disposition des esprits à la nouvelle d'une abolition si longtemps désirée, qu'il eût été impossible de ne pas reconnaître que cette suppression était sanctionnée par l'opinion générale.

Après avoir détruit l'Inquisition, les Cortès s'occupèrent de la réforme des moines. Elles réduisirent le nombre des couvents, et mirent des bornes à la faculté d'admettre des novices. Les députés prirent aussi des mesures pour diminuer la masse des biens du clergé, qu'ils appliquèrent en partie à l'extinction de la dette publique; mais en tout ils usèrent de grandes précautions et s'interdirent toute résolution extrême. On ménagea aux moines la faculté de rentrer dans la vie séculière; on assigna des pensions à ceux qui sortaient du cloître; et quant aux chapitres ecclésiastiques, on se borna à suspendre les prébendes sans fonctions.

Malheureusement, toutes ces réformes salutaires devinrent inutiles. Ferdinand VII rentra en Espagne dans le mois de mars 1814. Il fut bientôt entouré d'hommes imbus de préjugés et d'idées gothiques, sans talents, étrangers aux lumières du siècle, et ne prenant pour guide que leurs passions. Ces hommes s'emparèrent du pouvoir. Un des premiers actes du gouvernement de Ferdinand VII fut le rétablissement de l'Inquisition, qui eut alors pour chef don François Mier y Campillo, évêque d'Almeira.

Ce *quarante-cinquième* inquisiteur-général publia un édit au commencement de 1815 qui, tout en contenant des maximes absurdes, aurait fait honneur au Saint-Office; mais l'expérience avait prouvé que la douceur et la modération, recommandées dans les édits des inquisiteurs, étaient immédiatement suivies des résultats les plus déplorables. Effectivement, les dénonciations, enfantées par la haine, l'envie, la vengeance et l'esprit de parti, n'avaient jamais produit en Espagne autant d'effets désastreux qu'à cette époque. Heureusement le pape Pie VII venait d'abolir la torture; mais les prisons secrètes et les bagnes se remplirent de nouvelles victimes de l'Inquisition, et les îles se peuplèrent d'illustres proscrits.

L'atrocité des traitements que l'on fit endurer aux membres des deux assemblées des Cortès et à tous les hommes qui, pendant la guerre, avaient le mieux servi l'Espagne, faisait justement craindre de voir renaître pour ce royaume ces siècles d'ignorance et de Barbarie, où l'on décimait sa population. Mais l'irrésistible force de l'opinion ne cessa de lutter contre le despotisme armé et contre le Saint-Office.

Le despotisme et l'Inquisition pesaient de nouveau sur cette malheureuse terre d'Espagne, lorsqu'un cri libérateur se fit entendre dans l'île de Léon, ces mêmes troupes que l'on y avait rassemblées pour aller river les fers des peuples de l'Amérique, proclamèrent, au mois de janvier 1820, cette même constitution que les Espagnols avaient cimentée de leur sang huit ans plus tôt. Toutes les provinces se déclarèrent promptement pour le régime constitutionnel. Le gothique édifice sur lequel reposait le pouvoir absolu ne trouvant aucun appui dans la nation, s'écroula de lui-même, et l'Inquisition, ses familiers et ses bûchers disparurent du sol castillan. Partout où il y avait un tribunal du Saint-Office le peuple en enfonça les portes, délivra les victimes qui y gémissaient, démolit les palais des inquisiteurs et leurs affreux cachots, brisa les cruels instruments des tortures, et érigea des trophées à la constitution, sur l'emplacement qu'avaient si longtemps souillés ces odieux monuments.

Il ne fut plus question de l'Inquisition durant le régime constitutionnel. Mais dès l'instant où les congrès de Laybach et de Vérone eurent arrêté de forcer les Cortès à modifier la constitution de Cadix, on vit se former dans les provinces espagnoles limitrophes de la France, ces bandes connues sous le nom d'*armée de la foi*, qui avaient à leur tête un trapiste. Ces hordes, levées et soldées par le clergé espagnol, qui les faisait agir, se battirent contre les troupes constitutionnelles, non-seulement pour replacer Ferdinand dans l'exercice du pouvoir absolu, mais encore pour rétablir l'Inquisition. Comme toutes les troupes guidées par le fanatisme religieux, celles de la foi ne commirent partout que des désordres et des crimes. Les Français, qui envahissaient l'Espagne, furent honteux d'avoir de pareils auxiliaires, et se virent dans la nécessité d'exiger leur licenciement.

Ce fut alors que ces satellites du despotisme et de l'Inquisition prirent le masque du royalisme. Soldés par le clergé et les moines, armés et habillés par les juntes dites *apostoliques*, ils portèrent la terreur dans toute l'Espagne sous le nom de *volontaires royalistes*. C'était toujours les familiers de l'Inquisition, ou plutôt cette *milice du Christ* que l'Inquisition avait jadis voulu créer en Espagne, et que Philippe II repoussa comme dangereuse.

Les excès graves auxquels se portèrent ces fanatiques furent longtemps tolérés, parce que ces misérables étaient appuyés par la junte apostolique, devenue plus puissante que le gouvernement de Ferdinand. Mais à la fin, ces prétendus royalistes furent tellement méprisés, que les ministres purent sévir contre quelques-uns des chefs de ces bandes, et ordonnèrent leur désarmement. Ce fut alors que l'on vit élever des conflits de juridiction ecclésiastique par plusieurs évêques protecteurs des moines qui avaient commandé ou fait partie de ces bandes, et l'autorité séculière fut assez faible pour admettre ces conflits.

Les troubles excités par les volontaires royalistes, ou plutôt par les bandes qui avaient pour mot de ralliement : *Vive l'Inquisition!* étaient à peine apaisés, lorsqu'une rebellion des plus étonnantes mit la Catalogne à feu et à sang.

Sous le nom d'*agraviados* (mécontents), on vit se former simultanément dans toutes les parties de la Catalogne des corps nombreux qui, sous prétexte de rétablir la couronne dans la plénitude de ses prérogatives, dont les *agraviados* la supposaient en partie dépouillée, prirent les armes contre le roi, et brisèrent tous les liens de l'obéissance, afin de fortifier et agrandir la puissance royale.

Il n'était pas difficile de voir que derrière ces faux-semblants d'un royalisme outré se cachaient les espérances et les complots d'un parti qui veut à tout prix ressaisir sa domination exclusive, et révoquer le peu de concessions que la nécessité lui avait arrachées. On sut bientôt que le foyer des machinations occultes qui venaient de mettre la Catalogne en révolte ouverte était dans quelques cloîtres; que là se cachaient les plus ardents instigateurs, dont toutes les manœuvres tendaient à reconquérir l'Inquisition.

Je laisse ici parler M. Dechesa, fiscal de l'audience de Barcelone, à qui l'on attribue le fameux exposé des véritables causes de l'insurrection de la Catalogne, présenté à Ferdinand VII lors de son arrivée à Tarragone.

« La sédition de la Catalogne, dit ce fiscal, est le résultat d'un plan vaste et profond, concerté avec calme, médité et amendé à plusieurs reprises, et exécuté avec résolution. C'est l'œuvre d'une conjuration implacable et sanguinaire : elle a des ramifications chez des puissances étrangères : elle exerce une influence redoutable sur toutes les classes de l'Etat; elle a des appuis respectables à l'abri desquels elle a impunément attenté aux droits du monarque légitime, aux institutions de l'Etat, à notre sainte religion : elle marche avec audace à l'extermination générale de ceux qui n'en font point partie, dût-il en coûter la moitié de la génération présente.

« Une partie nombreuse du clergé espagnol est à la tête du complot odieux qui ensanglante le royaume. Le clergé (faut-il le dire?), uni à des courtisans ambitieux, à des militaires sans honneur, à des nobles, à des misérables de la dernière condition; le clergé, dis-je, soutenu par l'inaction d'une multitude opprimée et ignorante, et par la coopération de la plus vile populace; appuyé par ses immenses richesses, par ses moyens d'influence et de séduction, protégé par les prêtres des autres nations, a levé l'étendard de la rébellion qui menace de couvrir de deuil la terre des Pélages.

» Tandis qu'on attribue sans contrôle la révolte des peuples contre leur souverain aux progrès du libertinage, au mépris de la religion et à la corruption des mœurs, il fallait qu'au grand scandale de l'univers, ce fût du sein même du clergé, du foyer présumé de la piété, de la gloire et de toutes les vertus, que naquît la désastreuse révolution qui nous tourmente ; il fallait que les ministres des autels donnassent le signal de renouveler, avec une fureur inouïe, les scènes sanglantes de la guerre civile, qu'ils avaient flétrie avec tant de ferveur à la face de Dieu et des hommes. C'est du fond des cloîtres qu'est dirigée et poussée la foule aveugle qui demande, les armes à la main, des réformes auxquelles elle n'entend rien, et qui sème la désolation et la ruine dans son propre pays. C'est du fond du sanctuaire que partent les appels à l'incendie, que viennent les récompenses accordées au crime et à l'astuce, les encouragements au fanatisme et à la superstition. Ce fait est à peine croyable; et pourtant rien n'est plus certain. Voyez les membres du clergé espagnol s'organisant en associations secrètes, se lier par des serments épouvantables, et dépasser les crimes qu'ils avaient maudits. Ils marchent tranquillement à l'exécution de leurs projets, sans être arrêtés ni par l'infamie, ni par la bassesse des moyens qu'il faut employer; ils se permettent tout : le mensonge, l'assassinat, la calomnie, en un mot, la violation de toutes les lois divines et humaines, ainsi que les préceptes les plus simples de notre sainte religion. Ici des monastères se changent en arsenaux, là des couvents en casernes. Le poignard se cache sous la robe de l'anachorète; l'écho des temples répète des vœux exécrables de sang et d'extermination. Les moines les plus hardis deviennent chefs de bandes, le fer meurtrier brille sur les insignes sacerdotaux. Le lévite impudique prend l'épée pour châtier sur les enfants le crime des pères qui ont voulu le réduire aux règles de son institut, et les nobles sans pudeur, inutiles à la société, ont offerts leurs services pour le soutien de cette idole, sous le pouvoir de laquelle ils succomberont quelque jour. Enfin, on voit partout les enfants d'Israël dévorés par leurs pasteurs; le sang des victimes ruisselle sur les autels du Dieu de miséricorde, et la foule imbécile des fanatiques se prosterne et obéit à la voix du prêtre sacrilège, qui dresse l'échafaud pour son frère à côté de la croix de Jésus-Christ.

« Lorsqu'on ose sonder les abîmes de l'avenir, la perspective paraît terrible. Si la main du souverain légitime ne parvient pas à détruire la conjuration; si le gouvernement est faible; si ses employés tremblent, et si l'on n'est point entièrement convaincu que dans une révolution comme celle-ci il faut vaincre ou mourir, et qu'il vaut mieux succomber en essayant de l'étouffer, que de périr lentement dans les cachots ou dans les tortures d'un insolent et implacable vainqueur; en un mot, si le plan atroce dont l'exécution a commencé en Catalogne doit se consommer, malheureuse Espagne, il ne restera de toi qu'un triste souvenir, destiné à effrayer l'étranger; les peuples dociles, plongés dans la misère la plus profonde, deviendront le patrimoine des cloîtres et des couvents, et finiront par disparaître, en ne laissant que des ruines et des cadavres! Le deuil, les échafauds, les cris des victimes, le sang innocent marqueront la route qui doit conduire un jour ces hardis hypocrites jusqu'au trône lui-même; et pour dernière conséquence de notre dissolution sociale, nos enfants seront réduits à recevoir leur appui des mains souillées du sang de leurs pères, ou bien ils deviendront la proie du premier conquérant étranger qui daignera prendre en pitié notre dégradation. »

Tel est le langage que le fiscal de Barcelone tint à Ferdinand VII lorsque ce prince, effrayé des progrès et de la nature de l'insurrection fomentée en Catalogne, se rendit dans cette province, précédé de vingt à vingt-cinq mille hommes de ses meilleures troupes, pour étouffer cette révolte. Ferdinand connaissait très-bien l'influence occulte qui avait provoqué les tentatives menaçantes de guerre civile ; il paraissait disposé à s'armer d'une juste sévérité contre les hommes pour lesquels sa condescendance avait été jusqu'à la faiblesse. Il ne s'était point trompé sur les véritables fauteurs de l'insurrection. Mais ces fauteurs étaient des coupables difficiles à atteindre, parce qu'ils se tenaient enveloppés du manteau de la religion. Le roi se vit donc forcé de recourir à des amnisties pour faire déposer les armes aux rebelles, et à des circulaires pour prier les évêques d'exhorter les fidèles à obéir aux autorités. Ces faibles moyens n'ayant produit aucun résultat définitif, Ferdinand crut devoir ordonner à tous les archevêques et évêques de la Catalogne de se rendre à Tarragone.

La réponse qu'il reçut alors de l'évêque de Vich dut lui prouver que le rétablissement de l'Inquisition était le but que le clergé et les moines s'étaient proposé en provoquant la guerre civile.

« Sire, lui dit cet évêque, Votre Majesté avait ordonné la formation d'une junte de sages catholiques, chargés d'examiner tous les ouvrages actuellement existants ; loin de là, nous voyons circuler des productions empoisonnées, telles que celles de *Kempis*, d'*Eliguen*, et plusieurs autres livres catholiques manifestement entachés d'hérésie.

« Votre Majesté a ordonné qu'on rétablît les affaires dans l'état où elles étaient avant la révolution du 7 mars 1820, et l'on n'a point rétabli le tribunal de la *sainte Inquisition*, qui avait déjà recueilli les écrits anti-religieux et anti-monarchiques. »

L'évêque de Vich se fondait sur ces motifs pour ne pas obéir aux ordres des ministres « dans un moment, disait-il au roi, où vos sujets combattent pour une cause juste. »

Ni la présence du roi, ni celle des troupes nombreuses qui parcoururent la Catalogne n'ont pu, jusqu'au moment où nous écrivons ce dernier chapitre, (1828), faire rentrer dans l'obéissance les bandes d'*agraciados* qui crient : *Vive l'Inquisition ! mort aux négros !* (libéraux). Quelques chefs avaient d'abord déposé les armes ; mais voyant qu'au mépris de l'amnistie proclamée on les retenait en prison, ceux qui n'avaient pas encore fait leur soumission se sont retirés dans les montagnes, où les soldats du comte d'Espagne les poursuivent sans relâche. Ceux qui sont faits prisonniers sont mis à mort ; et pendant plus d'un mois la ville de Tarragone a été le théâtre des plus sanglantes exécutions, qui ne se sont ralenties que par l'effet d'un conflit qui s'est élevé entre l'autorité ecclésiastique et l'autorité civile. C'était une sorte d'assaut de barbarie entre les suppôts de l'Inquisition et les troupes de la royauté. Toutefois il est nécessaire de faire remarquer que, tant qu'on n'exécuta que les chefs militaires qui s'étaient compromis pour le clergé, les prêtres avaient laissé faire la justice ; mais lorsqu'on en fût venu à ceux des chefs des agraviados qui appartenaient aux cloîtres, le clergé remua le ciel et la terre pour empêcher leur mise à mort. C'est ainsi que le supplice du chanoine Corrons et du Père Pugnal (*Poignard*, nom de guerre que ce moine avait pris d'après la nature de ses exploits) a été suspendu. Il en est résulté au moins quelque chose de bon : on a cessé de répandre le sang, et on n'a pas osé attacher d'autres gens au gibet, tandis que ces deux chefs restaient impunis.

A l'époque qui nous occupe, la prison du fort royal de Tarragone, où étaient enfermés les agraviados, reçut de ces fanatiques le surnom de *Chemin du ciel*. Ce chemin du ciel n'était pourtant autre chose qu'un antre comme ceux de l'Inquisition, où un grand nombre d'individus étaient exécutés sans jugement.

Tel est en ce moment le résultat de la révolte des agraviados, révolte qui est loin d'être étouffée, puisqu'on crie encore dans plusieurs provinces de la malheureuse Espagne : *Vive l'Inquisition !*

Nous terminerons ce livre par une :

Récapitulation générale des victimes de l'Inquisition d'Espagne, depuis l'année 1481 jusqu'en 1808.

	BRULÉS vifs.	BRULÉS en effigie.	CONDAMNÉS aux galères ou à la prison.
DE 1481 A 1498, Sous le ministère de l'inquisiteur-général Torquemada.	10,220	6,840	97,371
DE 1498 A 1507, Sous le ministère de Deza.	2,592	829	32,952
DE 1507 A 1517, Sous celui de Cisneros.	3,564	2,232	48,059
DE 1517 A 1521, Sous celui d'Adrien.	1,620	560	21,835
DE 1521 A 1523, (Interrègne).	324	112	4,481
DE 1523 A 1538, Sous le ministère de Manrique.	2,250	1,125	11,250
DE 1538 A 1545, Sous celui de Tabera.	840	420	6,520
DE 1545 A 1556, Sous celui de Loaisa et sous le règne de Charles V.	1,320	660	6,600
DE 1556 A 1597, Sous le règne de Philippe II.	3,990	1,845	18,450
DE 1597 A 1621, Sous celui de Philippe III.	1,840	692	10,716
DE 1621 A 1665, Sous celui de Philippe IV.	2,852	1,428	14,080
DE 1665 A 1700, Sous celui de Charles II.	1,632	540	6,512
DE 1700 A 1746, Sous celui de Philippe V.	1,600	760	9,120
DE 1746 A 1759, Sous celui de Ferdinand VI.	10	5	170
DE 1759 A 1788, Sous celui de Charles III.	4	»	56
DE 1788 A 1808, Sous celui de Charles IV.	»	1	42
TOTAUX.	34,658	18,049	288,214

HISTOIRE DE L'INQUISITION.

Ainsi le total général des victimes de l'Inquisition d'Espagne, seulement depuis 1481 jusqu'en 1808, s'élève à 340,921, non compris celles qui ont subi l'emprisonnement, les galères ou l'exil sous le règne de Ferdinand VII, dont le nombre est encore bien considérable.

Si l'on ajoutait aux condamnations qui ont eu lieu dans la Péninsule celles des autres pays soumis à l'Inquisition d'Espagne, tels que la Sicile, la Sardaigne, la Flandre, l'Amérique, les Indes, etc., on serait effrayé de la quantité de malheureux que le Saint-Office a condamnés pour les rendre meilleurs catholiques.

Plus de cinq millions d'habitants ont disparu du beau sol de l'Espagne pendant que le Saint-Office y a exercé son terrible ministère, et l'on peut dire de cette barbare institution ce que Montesquieu a dit d'un empereur d'Orient : « Justinien, qui dé- « truisit les sectes par l'épée ou par ses lois, et qui, les obli- « geant à se révolter, s'obligea à les exterminer, rendit in- « cultes plusieurs provinces. Il crut avoir augmenté le nombre « des fidèles, il n'avait fait que diminuer celui des hommes. »

SEPTIÈME PARTIE.

Procès curieux et extraordinaires jugés par les inquisiteurs.

Les innombrables procès jugés par le Saint-Office pour cause d'hérésie, ne différant entre eux que par de légères nuances de cruauté, ou par la qualité et le rang des personnes persécutées et qui devinrent les victimes de ce redoutable tribunal, il m'a paru inutile d'entrer dans d'autres détails que ceux que j'ai déjà donnés. Je ne reviendrai pas non plus sur les autres procès pour cause de bigamie, de pédérastie, d'usure, de contrebande et de cent autres crimes ou délits dont l'Inquisition s'est emparée, et contre lesquels elle a prononcé des jugements plus ou moins sévères, plus ou moins absurdes.

Mais parmi ces délits, il en est d'une classe particulière dont les procédures offrent des circonstances tellement incroyables aujourd'hui, que je ne puis me dispenser de les rapporter en entier. Je veux parler des prétendus sorciers et magiciens que le Saint-Office fit griller en Espagne, à différentes époques, et particulièrement dans le commencement du seizième et du dix-septième siècles. Ces procédures donneront une juste idée de la superstitieuse ignorance des inquisiteurs, et démontreront combien ces moines ont retardé la civilisation et condensé les ténèbres qui enveloppaient les populations entières, en condamnant, comme convaincus de sorcellerie ou de magie, des imbéciles et des fous qu'il eût été bien plus humain d'éclairer, et des hypocrites ou des jongleurs qu'il fallait démasquer pour les couvrir de honte.

Il est assez naturel que les inquisiteurs aient accusé de magie les hommes qui s'étaient élevés beaucoup au-dessus de tous les théologiens de l'époque par leur savoir et leur science profonde, et je ne suis pas étonné que des moines ignares aient regardé

comme des êtres surnaturels les Pic de la Mirandole et les Galilée, dont les systèmes furent condamnés à Rome. Mais comment croire, même en se reportant à ces temps d'ignorance, que les papes et les inquisiteurs aient pu se persuader que des paysans grossiers, sans esprit, sans instruction, sans aucune connaissance des effets naturels de la physique, ni de ceux de la chimie, fussent de dangereux sorciers ou de redoutables magiciens? Ces pauvres gens n'étaient pourtant que les dupes des illusions provoquées par quelque boisson, ainsi qu'on va en juger par les faits que je vais rapporter, et qui sont extraits littéralement de l'historien espagnol Sandoval, et des archives de l'Inquisition.

Déjà, en l'année 1507, l'Inquisition de Calahorra avait fait brûler plus de trente femmes comme sorcières et magiciennes. Cette sorte de visionnaires étaient alors extrêmement nombreuse; cette secte reconnaissait le diable pour son maître et patron, lui promettait obéissance et l'honorait d'un culte particulier. De son côté, le diable était censé donner à ses adorateurs le pouvoir d'envoyer des maladies aux animaux, de nuire aux fruits de la terre, de lire dans l'avenir, de découvrir les choses les plus cachées, etc.

Vingt ans après, on découvrit dans la Navarre un grand nombre de personnes qui se livraient aux pratiques de la sorcellerie : ce qui donna lieu au procès que je transcris ici, en rappelant au lecteur que ce sont les historiens espagnols qui parlent.

« Deux filles, l'une de onze ans, l'autre de neuf, s'accusèrent elles-mêmes, devant les membres du conseil royal de Navarre, d'être sorcières, elles avouèrent qu'elles s'étaient fait recevoir dans la secte des *Jurguinas*, c'est-à-dire des sorciers, et s'engagèrent à découvrir toutes les femmes qui en étaient, si l'on consentait à leur faire grâce. Les juges l'ayant promis, ces deux enfants déclarèrent qu'en voyant l'œil gauche d'une personne, elles pourraient dire si elle était sorcière ou non. Elles indiquèrent l'endroit où l'on devait trouver un grand nombre de ces femmes, et le lieu où elles tenaient leurs assemblées. Le conseil chargea un commissaire de s'y transporter avec ces deux enfants et cinquante cavaliers. En arrivant dans chaque bourg ou village, il devait y faire enfermer les deux filles dans deux maisons séparées, s'informer auprès des magistrats s'il y avait des personnes suspectes de magie, les faire conduire dans ces maisons, et les présenter aux deux enfants, afin de faire l'épreuve du moyen qu'elles avaient indiqué. Il résulta de l'expérience que celles de ces femmes qui avaient été signalées par les deux filles comme sorcières, l'étaient réellement. Lorsqu'elles se virent en prison, elles déclarèrent qu'elles étaient plus de cent cinquante; que lorsqu'une femme se présentait pour être reçue dans leur société, on lui donnait, si elle était nubile, un jeune homme bien fait et robuste, avec qui elle avait un commerce charnel. On lui faisait renier Jésus-Christ et sa religion. Le jour où cette cérémonie avait lieu, on voyait paraître au milieu d'un cercle un bouc tout noir, qui en faisait plusieurs fois le tour; à peine avait-il fait entendre sa voix rauque, que toutes les sorcières accouraient et se mettaient à danser à ce bruit semblable au son d'une trompette; elles venaient toutes baiser le bouc au fondement, et faisaient un repas avec du pain, du vin et du fromage. Lorsque le festin était fini, chaque sorcière chevauchait avec son voisin, métamorphosé en bouc; et après s'être frotté le corps avec les excréments d'un crapaud et de plusieurs reptiles, elles s'envolaient dans les airs, pour se rendre aux lieux où elles voulaient faire du mal. Elles avaient des assemblées générales la nuit avant Pâques et les grandes fêtes de l'année. Lorsqu'elles assistaient à la messe, elles voyaient l'hostie noire; mais si elles avaient envie de renoncer à leurs pratiques diaboliques, l'hostie leur paraissait dans sa couleur naturelle.

« Le commissaire, voulant s'assurer de la vérité des faits par sa propre expérience, fit venir une vieille sorcière, lui promit sa grâce à condition qu'elle ferait devant lui toutes ses opérations de sorcellerie, et lui permit de s'échapper pendant son travail si elle en avait le pouvoir. La vieille ayant accepté la proposition, demanda la boîte d'onguent qu'on avait trouvé sur elle, et monta avec le commissaire dans une tour, où elle se plaça avec lui devant une fenêtre. Elle commença, à la vue d'un grand nombre de personnes, par se mettre de son onguent dans la paume de la main gauche, au poignet, au nœud du coude, sous le bras, dans l'aine et au côté gauche; ensuite elle dit d'une voix très-forte : *Est-tu là ?* Tous les spectateurs entendirent dans les airs une voix qui répondit : *Oui, me voici.* La femme alors se mit à descendre le long de la tour, la tête en bas, en se servant de ses pieds et de ses mains à la manière des lézards. Arrivée au milieu de la hauteur, elle prit son vol dans l'air, devant les assistants, qui ne cessèrent de la voir que lorsqu'elle eut dépassé l'horison.

« Dans l'étonnement où ce prodige avait plongé tout le monde, le commissaire fit publier qu'il accorderait une somme d'argent considérable à quiconque lui ramènerait la sorcière. Elle fut arrêtée par des bergers qui la lui présentèrent au bout de deux jours. Le commissaire lui demanda pourquoi elle n'avait pas volé assez loin pour échapper à ceux qui la cherchaient. A quoi elle répondit que son maître n'avait voulu la transporter qu'à la distance de trois lieues, et qu'il l'avait laissée dans le champ où les bergers l'avaient rencontrée.

« Cette expérience ayant convaincu le commissaire que cette malheureuse était réellement une sorcière, il fit livrer à l'Inquisition plus de cent cinquante autres femmes de la même secte, que le Saint-Office condamna sérieusement comme magiciennes. Elles reçurent deux cents coups de fouet et furent emprisonnées pour longtemps. »

L'Inquisition de Saragosse jugea aussi plusieurs sorcières qui avaient fait partie de l'association de celles de Navarre, ou qui avaient été envoyées en Aragon pour y faire des disciples. Elles furent convaincues de sorcellerie et de magie sur de simples soupçons, et sur les dépositions des témoins qui n'avaient point vu les sorcières, mais seulement entendu parler de leurs opérations. Ces malheureuses, n'ayant point voulu avouer les crimes dont on les accusait, périrent dans les flammes, comme sorcières obstinées, et comme ayant un pacte avec le démon.

Le curé du village de Bargota, diocèse de Calahorra, fut également mis en jugement par les inquisiteurs de Logrogno. Parmi les choses extraordinaires contenues dans son procès, on y trouve que « pendant qu'il se livrait aux plus grandes opérations de la sorcellerie dans le pays de la Rioja et de Navarre, il lui prit envie d'exécuter de grands voyages en peu de minutes; qu'il vit les fameuses guerres de Ferdinand V en Italie, ainsi que plusieurs de celles de Charles-Quint, et qu'il ne manqua jamais d'annoncer à

Logrogno et à Viana les victoires qui venaient d'être remportées le même jour ou la veille; ce qui était toujours confirmé dans les rapports arrivés ensuite par les courriers. On ajoute qu'il trompa un jour son démon pour sauver la vie au pape Alexandre VI ou à Jules II. Suivant les Mémoires particuliers de sa vie, le pape entretenait un commerce scandaleux avec une dame dont le mari occupait un emploi considérable auprès de lui, et n'osait par con-

séquent se plaindre ouvertement; mais il n'en conservait pas moins le désir de venger son honneur, et il forma un complot contre la vie du pape. Le diable apprit au curé que le pape mourrait cette nuit même d'une mort violente. Le prêtre de Bargota, prend la résolution d'empêcher cet attentat, et sans en instruire son esprit familier, il lui propose de le transporter à Rome pour y entendre l'annonce de cette mort, assister aux funérailles du pape, et être témoin de ce qu'on dira de la conspiration. Il arrive avec son démon dans la capitale du monde chrétien, et se rend tout seul au palais pontifical, où il raconte au pape tout ce qui s'est passé entre lui et le diable, et obtient pour récompense de sa bonne action l'absolution des censures qu'il avait encourues. Le curé de Bargota fut mis entre les mains des inquisiteurs de Logrogno, qui l'acquittèrent en vertu de l'absolution du pape, après lui avoir fait promettre de rompre pour jamais tout commerce avec le démon. »

———

Quelque singulier que soit le procès du curé de Bargota, il l'est encore bien moins que celui du docteur Eugène Torralba, dont Cervantes a parlé dans la deuxième partie des *Aventures de don Quichotte*. Voici son histoire telle qu'elle est rapportée dans les auteurs espagnols :

« Torralba naquit dans la ville de Cuença. A l'âge de quinze ans, il alla à Rome, où il fut attaché en qualité de page à D. François Soblerini, évêque de Volterre, nommé cardinal en 1503. Il y étudia la philosophie et la médecine. Parvenu au grade de docteur, il eut plus d'une fois de vives discussions avec des savants sur l'immortalité de l'âme et la divinité de Jésus-Christ, qu'ils attaquaient par des raisons si fortes, que, quoiqu'il ne pût étouffer dans son âme les principes de religion qu'on lui avait inculqués pendant son enfance, il tomba néanmoins dans le pyrrhonisme, et commença à mettre tout en doute, ne sachant plus de quel côté était la vérité.

« Parmi les amis qu'il s'était faits à Rome se trouvait un certain moine de Saint-Dominique, appelé frère Pierre; celui-ci lui dit un jour qu'il avait à son service un ange de l'Ordre des bons esprits, dont le nom était *Zequiel*, si puissant dans la connaissance de l'avenir et des choses cachées, qu'aucun autre ne l'égalait, mais d'une nature si particulière, qu'au lieu d'obliger les hommes à un pacte avant de leur communiquer ses connaissances, il avait en horreur ce moyen; qu'il voulait rester toujours libre, et servir seulement par amitié celui qui mettait en lui sa confiance; qu'il lui permettait même de faire part aux autres de ses secrets; mais que toute contrainte employée pour obtenir de lui des réponses l'éloignerait à jamais de l'homme auquel il se serait attaché. Frère Pierre lui avait alors demandé s'il serait bien aise d'avoir pour serviteur et pour ami *Zequiel*, ajoutant qu'il pouvait lui procurer cet avantage, à cause de l'amitié qu'ils avaient l'un pour l'autre. Torralba témoigna le plus grand empressement pour faire connaissance avec l'esprit de frère Pierre.

« *Zequiel* parut bientôt sous la figure d'un jeune homme, vêtu d'un habit couleur de chair et d'un surtout noir : il dit à Torralba : *Je serai à toi pour tout le temps que tu vivras, et te suivrai partout où tu seras obligé d'aller.* Depuis cette promesse, *Zequiel* se montrait à Torralba aux différents quartiers de la lune, et toutes les fois qu'il avait à se transporter d'un endroit à un autre, tantôt sous la figure d'un voyageur, tantôt sous celle d'un ermite. *Zequiel* ne parlait jamais contre la religion chrétienne ; jamais il ne lui insinua aucun principe ni ne lui conseilla aucune action criminelle ; il lui faisait, au contraire, des reproches lorsqu'il lui arrivait de commettre quelque faute, et il assistait avec lui, dans l'église, à l'office divin. Toutes ces circonstances avaient fait croire à Torralba que *Zequiel* était un bon ange, puisque s'il ne l'avait pas été, sa conduite eût été bien différente.

« Torralba vint en Espagne vers l'année 1502. Quelque temps après il visita toute l'Italie; et s'étant fixé à Rome, sous la protection du cardinal de Volterre, il s'acquit la réputation d'un habile médecin, et jouit de la faveur de plusieurs cardinaux. La plupart des annonces faites par *Zequiel* étaient relatives aux affaires politiques. Aussi Torralba étant retourné en Espagne en 1510, et se trouvant à la cour du roi Ferdinand-le-Catholique, *Zequiel* lui dit que ce prince recevrait bientôt une nouvelle désagréable. Torralba se hâta d'en faire part à l'archevêque de Tolède, Ximenès de Cisneros (qui fut ensuite cardinal inquisiteur-général), et au grand capitaine Gonzale Fernandez de Cordoue, et le même jour un courrier apporta des lettres d'Afrique qui annonçaient le mauvais succès de l'expédition entreprise contre les Maures, et la mort de don Garcie de Tolède, fils du duc d'Albe, qui la commandait.

« Ximenès de Cisneros ayant appris que le cardinal de Volterre avait vu *Zequiel*, désira le voir aussi, et connaître la nature et les qualités de cet esprit. Torralba, pour plaire à l'archevêque, supplia l'ange de se montrer à lui sous la figure humaine qui lui conviendrait le mieux; mais *Zequiel* ne jugea point à propos de paraître; seulement, pour adoucir la rigueur de son refus, il chargea Torralba de dire à Ximenès de Cisneros qu'il parviendrait à être roi; ce qui se vérifia, au moins quant au fait, puisqu'il fut gouverneur absolu de toutes les Espagnes et des Indes.

« Une autre fois, étant toujours à Rome, l'ange lui dit que Pierre Morgano perdrait la vie s'il sortait de la ville. Torralba, n'ayant pu avertir à temps son ami, celui-ci sortit de Rome et fut assassiné.

« *Zequiel* lui annonça que le cardinal de Sienne ferait une fin tragique; ce qui se vérifia en 1517, après le jugement qu'il fit porter contre lui.

« De retour à Rome en 1513, Torralba eut une extrême envie de voir son intime ami, Thomas de Becara, qui était alors à Venise. *Zequiel*, qui connut son désir, le mena dans cette ville, et le ramena à Rome en si peu de temps, que les personnes qui faisaient sa société ordinaire ne s'aperçurent point qu'il se fût absenté.

« En 1525, l'ange lui dit qu'il ferait bien de retourner en Espagne, parce qu'il obtiendrait la place de médecin de l'infante Éléonore, reine veuve de Portugal, et depuis femme de François Ier, roi de France. Notre docteur fit part de cette affaire au duc de Béjar et à D. Etienne-Manuel Mérino, archevêque de Bari : ils sollicitèrent pour lui la place qu'il ambitionnait, et elle lui fut accordée l'année suivante.

« Enfin, le 5 mai de la même année, *Zequiel* dit au docteur que le lendemain la ville de Rome serait prise par les troupes de l'empereur. Torralba pria son ange de le conduire à Rome pour en être témoin. *Zequiel* l'ayant promis, ils sortirent ensemble de Valladolid à onze heures du soir, comme pour se promener : ils n'étaient pas encore fort loin de la ville, lorsque l'ange remit à Torralba un bâton plein de nœuds, en lui disant : « Ferme les yeux, ne t'effraie pas, prends ceci dans ta main, et il ne t'arrivera rien de fâcheux. » Lorsque le moment de les ouvrir fut arrivé, il se vit si près de la mer, qu'il pouvait la toucher avec la main; la nuée noire qui l'environnait fit place aussitôt à une vive lumière qui fit craindre à Torralba d'en être consumé; *Zequiel* s'en étant aperçu, lui dit : « Rassure-toi, grosse bête. » Torralba ferma de nouveau les yeux, et crut au bout de quelque temps qu'ils étaient arrivés à terre. *Zequiel* l'avertit d'ouvrir les yeux, et lui demanda ensuite s'il savait où il était. Le docteur ayant regardé autour de lui, reconnut qu'il était à Rome dans la *tour de Nasa*. Ils entendirent alors l'horloge du château, qui sonnait cinq heures de la nuit (c'est-à-dire minuit, d'après la manière dont comptent les Espagnols; d'où il résultait qu'ils n'avaient mis qu'une heure à faire ce voyage. Torralba parcourut Rome avec *Zequiel*, et vit ensuite le sac de cette ville et tous les autres événements de cette terrible journée. En une heure et demie il fut de retour à Valladolid, où *Zequiel* le quitta en lui disant : Désormais, tu devras croire tout ce que je te dirai.

« Torralba publia tout ce qu'il venait de voir; et, comme on ne parlait plus de lui sans le qualifier de grand et vénérable nécromancien, sorcier, enchanteur et magicien, l'Inquisition ne tarda pas à se mêler de cette affaire, et le fit arrêter. Le docteur avoua d'abord tout ce qui regardait l'ange *Zequiel* et les merveilles qu'il avait opérées, persuadé qu'il ne serait pas question d'autre chose, comme le commencement semblait l'annoncer, et qu'on ne s'occuperait plus de la dispute qu'il avait eue, ni des doutes qu'il avait exprimés touchant l'immortalité de l'âme et la divinité de Jésus-Christ. Lorsque les juges se crurent assez instruits, ils se réunirent pour donner leurs voix; mais ayant opiné diversement, le tribunal s'adressa au conseil de la *Suprême*, qui décréta que Torralba serait appliqué à la question, autant que son âge et sa qualité le permettaient, afin de savoir qu'elle avait été son intention en recevant et en gardant auprès de lui l'esprit *Zequiel*; s'il croyait fermement que ce fût un mauvais ange, comme un témoin avait assuré l'avoir entendu dire; s'il avait fait un pacte pour se le rendre favorable; quel avait été ce pacte; comment s'était passé la première entrevue, et si alors, ou depuis le jour il avait employé les conjurations pour l'invoquer. Aussitôt que cette mesure aurait été prise, le tribunal devait voter et prononcer la sentence définitive.

« Torralba n'avait jamais varié jusqu'à ce jour sur ce qu'il avait dit de son *esprit familier*, qu'il avait assuré appartenir à l'ordre des bons anges; mais lorsqu'il se vit entre les mains des bourreaux, les douleurs de la question lui firent dire qu'il voyait bien que *Zequiel* était un mauvais ange, puisqu'il était la cause de son malheur présent. On lui demanda s'il lui avait prédit qu'il serait arrêté par l'Inquisition; il répondit qu'il l'en avait averti plus d'une fois, en le détournant d'aller à Cuença, où un malheur l'attendait; mais qu'il avait cru pouvoir mépriser ce conseil. Sur tout le reste, il déclara qu'il n'y avait aucune espèce de pacte, que les choses s'étaient passées comme il l'avait rapporté.

« Les inquisiteurs admirent comme vrais tous les détails que Torralba avait déclarés; et, après lui avoir fait faire une nouvelle déclaration, ils suspendirent son procès par un motif de compassion, et avec le désir de voir un si fameux nécromancien se convertir et avouer les pactes et les sortilèges qu'il avait toujours niés.

« Enfin, après avoir passé plus de trois ans dans les prisons du Saint-Office, Torralba fut condamné à faire abjuration générale des hérésies, et à subir la peine de la prison et du *san-benito* pour tout le temps qu'il plairait à l'inquisiteur-général; à ne plus avoir ni entretien ni communication avec l'esprit *Zequiel*, et à ne jamais prêter l'oreille à aucune de ses propositions; ces conditions lui étaient imposées pour la sûreté de sa conscience et le bien de son âme. »

―――

Vers la fin de l'année 1610, les inquisiteurs de Logrogno célébrèrent un *auto-da-fe* des plus solennels, dans lequel figurèrent encore vingt-neuf sorciers. Leurs procès contiennent des déclarations si singulières, que, malgré tout ce que je viens de rapporter sur cette secte, je crois devoir les consigner ici.

Ces vingt-neuf sorciers étaient tous des bourgs de Vera et de Zuggaramurdi, dans la vallée de Bastan, en Navarre. Leurs assemblées avaient lieu dans un endroit appelé *Pré du Bouc*. C'est là, suivant leurs confessions, que le diable se présentait à eux sous la figure d'un gros Bouc. Voici l'analyse de ces confessions :

« Les lundi, mercredi et vendredi de chaque semaine étaient les jours marqués pour les assemblées, outre les grandes fêtes de l'Église, comme Pâques, la Pentecôte, Noël, etc. Dans chaque séance, et surtout lorsqu'il il y a quelque réception à faire, le diable prend la figure d'un homme triste, colère, noir et laid ; il est assis sur un siége élevé, tantôt doré, tantôt noir comme l'ébène : il porte une couronne de petites cornes, deux autres grandes cornes sont sur le derrière de la tête, et une troisième, qui est pareille, au milieu du front ; c'est avec celle-ci qu'il éclaire le lieu de l'assemblée. Sa lumière est plus brillante que celle de la lune et moindre que celle du soleil. Ses yeux sont grands, ronds et bien ouverts, lumineux, effrayants ; sa barbe est semblable à celle d'une chèvre : il est moitié homme et moitié Bouc. Ses pieds et ses mains sont ceux d'un homme, ses doigts égaux sont terminés par des ongles démesurés, qui s'allongent et finissent en pointe. Le bout de ses mains est recourbé à la manière des serres d'un oiseau de proie, et celui de ses pieds imite les pattes d'une oie. Sa voix est comme celle de l'âne, rauque, discordante et formidable. Ses paroles sont mal articulées, prononcées sur un ton bas, fâché et irrégulier, et d'une manière grave, sévère et arrogante. Sa physionomie exprime la mauvaise humeur et la mélancolie.

« A l'ouverture de l'assemblée, tout le monde se prosterne et adore le démon, en l'appelant son maître et son dieu, et en répétant l'apostasie qui a été prononcée lorsqu'on a été reçu dans la secte ; chacun lui baise le pied, la main et le côté gauche, l'anus et la verge. C'est à neuf heures du soir que la séance commence ; elle finit ordinairement à minuit, et ne peut être prolongée que jusqu'au chant du coq.

« À cette cérémonie en succède une autre qui est une imitation diabolique de la messe, où des diables subalternes dressent l'autel, et servent leur chef comme les enfants de chœur servent la messe des chrétiens. Le diable interrompt la célébration pour exhorter les assistants à ne jamais retourner au christianisme, et il leur promet un paradis bien préférable à celui destiné aux chrétiens.

« Lorsque la messe est finie, le diable s'unit charnellement avec tous les hommes et toutes les femmes, et leur ordonne ensuite de l'imiter; ce commerce finit par le mélange des deux sexes, sans distinction de mariage ni de parenté. Les prosélytes du démon tiennent à honneur d'être appelés les premiers aux œuvres qui se font, et c'est le privilège du *roi* des sorciers d'avertir ses élus, comme c'est celui de la *reine* d'appeler les femmes qu'elle préfère.

« Satan renvoie tout son monde après la cérémonie, en ordonnant à chacun de faire autant de mal qu'il pourra aux chrétiens, et à tous les fruits de la terre, après s'être transformé pour cela en chien, en chat, en loup, en renard, en oiseau de proie, ou en d'autres animaux suivant le besoin, comme aussi en employant des poudres et des liqueurs empoisonnées, qui se préparent avec l'eau tirée du crapaud que chaque sorcier porte avec lui, et qui est le diable lui-même obéissant à son commandement sous cette métamorphose, depuis le moment où il a été reçu dans la secte.

« Cette réception ou affiliation a lieu dans l'assemblée: le candidat renonce au culte de Dieu, et promet au démon obéissance et fidélité jusqu'à la mort. Satan marque alors l'initié avec les ongles de sa main gauche, et lui imprime la figure d'un très-petit crapaud sur la prunelle de l'œil gauche, sans lui causer la moindre douleur. C'est cette figure de crapaud qui sert à tous les sorciers de signe de reconnaissance. On livre ensuite au nouveau sorcier un petit crapaud habillé, qui possède la vertu de rendre invisible son nouveau maître, de le transporter en peu de temps et sans fatigue aux lieux les plus éloignés, comme aussi de le métamorphoser en toute sorte d'animaux.

« Avant de se rendre à l'assemblée, les sorciers ont l'attention de s'oindre le corps avec une liqueur qui a été vomie par le crapaud, et qui s'obtient en le frappant à coups de petites verges, jusqu'à ce que le démon qui est logé dans le reptile dise: C'est assez. Ce n'est qu'après s'être frotté de cette bave, que le sorcier peut s'envoler et voyager aussi vite que l'éclair; mais ces courses ne peuvent avoir lieu que durant la nuit, car dès que le coq annonce l'aube, le crapaud disparaît, et le sorcier se trouve réduit à son état naturel.

« Le diable accorde aussi au profès le talent de composer des poisons mortels, en y employant des reptiles, des insectes, des cervelles d'hommes morts et des sucs de diverses plantes. Les sorciers se servent de ces poisons de différentes manières, et peuvent même les rendre mortels à une très-grande distance.

« De toutes les superstitions qui plaisent au démon, aucune ne le flatte autant que de voir ses adorateurs enlever des tombeaux des églises les corps des chrétiens, en manger les petits ossements et la cervelle préparée avec l'eau vomie par les crapauds.

« La tendance au mal est si naturelle au démon, que si un sorcier reste longtemps sans nuire, soit aux hommes, soit aux animaux, soit aux fruits de la terre, il le fait fustiger en pleine assemblée. »

Tous ces détails, ainsi que beaucoup d'autres de la même nature, furent donnés aux inquisiteurs par dix-neuf sorciers repentants, qui évitèrent le feu en révélant tout. Le Saint-Office se contenta de leur faire porter le *san-benito* pendant l'*auto-da-fe* qui suivit leur jugement. Quant aux autres dix sorciers qui furent condamnés à la *relaxation*, comme ayant dogmatisé ou présidé les assemblées, voici à peu près les déclarations que les inquisiteurs en obtinrent, soit par les tortures, soit par l'adresse:

« Marie de Zuzaya avoua qu'elle avait causé beaucoup de mal à un grand nombre de personnes qu'elle nomma, en leur faisant éprouver par enchantement de vives douleurs, et en leur occasionnant de longues maladies; qu'elle avait fait mourir un homme au moyen d'un œuf empoisonné qui lui avait donné des coliques atroces; qu'elle était visitée toutes les nuits par le diable, qui lui tint lieu de mari pendant plusieurs années, et enfin qu'elle s'était souvent moquée d'un prêtre qui aimait à chasser le lièvre, en prenant la figure de cet animal et en fatigant le chasseur par les longues courses qu'elle lui faisait faire. » Le Saint-Office admit tous ces faits comme véritables, et condamna Marie de Zuzaya à la *relaxation*, quoiqu'elle parût repentante : elle fut étranglée et brûlée après sa mort. »

« Michel Goiburu, roi des sorciers de Zugarramurdi, avoua tout ce qui passait dans les assemblées de la secte ; quant à ce qui le concernait particulièrement, il confessa qu'il était tombé très-fréquemment dans le péché le plus familier au diable ; tantôt comme passif avec lui, tantôt d'une manière active avec d'autres sorciers ; qu'il avait plusieurs fois profané les églises en arrachant les morts de leurs tombeaux, pour faire au diable son offrande d'os humains et de cervelles. Il déclara en outre qu'il s'était plusieurs fois réuni au démon pour jeter un sort sur des champs et sur des hommes, et qu'en sa qualité de *roi* des sorciers, il portait le bénitier rempli de bave de crapaud, dont le diable se servait pour faire ses opérations. Goiburu convint qu'il avait fait mourir beaucoup d'enfants, dont il nomma les familles, et même son propre neveu, en leur suçant le sang par le fondement ou par les parties naturelles ; et tout cela pour complaire au démon, qui aimait beaucoup à voir les sorciers commettre tous ces crimes.

« Jean de Goiburu, frère du roi et mari de la reine des sorciers, avoua les mêmes choses que les autres sorciers, sur les circonstances générales, et déclara que c'était lui qui faisait danser les sorciers et les sorcières au son du tambourin. Il avait également commis plusieurs crimes dans ses voyages aériens et nocturnes, et n'avait pas même épargné son propre fils, dont les ossements lui avaient servi pour donner un repas à plusieurs sorciers. Il ajouta qu'ayant un jour prolongé sa musique jusqu'au-delà du chant du coq, son crapaud disparut aussitôt, et qu'il fut obligé de faire plusieurs lieues à pied pour retourner chez lui.

« La femme de Jean Goiburu était la *reine* des sorcières : elle confessa qu'ayant été jalouse d'une autre femme, à cause de l'amour que le diable avait pour sa rivale, elle la fit mourir avec du poison qu'elle avait préparé ; qu'elle avait aussi causé la mort violente de plusieurs enfants dont elle haïssait les mères, et qu'elle avait souvent préparé des repas d'ossements et de cervelles de morts déterrés.

« Sa fille déclara qu'elle avait vu souvent le démon; que Satan avait joui d'elle comme il avait voulu, et qu'elle avait éprouvé de grandes douleurs dans son commerce avec son maître. Elle ajouta qu'elle avait fait mourir neuf petits enfants en leur suçant le sang par les parties naturelles, et que neuf autres personnes étaient mortes par l'effet du poison et des breuvages qu'elle leur avait donné. Sa sœur confessa les mêmes crimes.

« Un cousin du roi des sorciers raconta aussi tout ce qui se passait dans leurs assemblées nocturnes, et il déclara que c'était lui qui jouait de la flûte pendant que le démon abusait des hommes et des femmes; car ce passe-temps lui faisait beaucoup de plaisir.

« Une autre sorcière raconta aux inquisiteurs comme elle avait fait périr beaucoup de personnes en les frottant avec l'onguent mortel que le diable lui avait appris à préparer; elle avait aussi empoisonné une de ses petites filles.

« La sœur de cette femme assura que Satan l'avait fait fustiger, parce qu'elle avait manqué à une réunion.

« Le bourreau secret des assemblées du *Pré du Bouc* confessa que, lorsqu'il fut reçu novice, le diable lui imprima sa marque sur l'estomac, et que ce point devint impénétrable. Les inquisiteurs ordonnèrent qu'on y enfonçât de fortes épingles; mais, quoiqu'elles pénétrassent aisément dans toutes les autres parties du corps, il fut impossible de les faire entrer dans le point invulnérable.

« Quelques autres sorcières déclarèrent que, dans plusieurs circonstances, des personnes étonnées de voir ce qui se passait dans leurs assemblées, ayant prononcé le nom de Jésus, tout le monde avait aussitôt disparu, et le pré s'était trouvé aussi désert que s'il n'y avait jamais eu aucune réception.

« Enfin une autre sorcière apprit aux inquisiteurs que, pour punir des enfants qui avaient divulgué le secret de ce qui se passait au *Pré du Bouc*, elle et plusieurs de ses compagnes avaient été chargées de les fustiger, et que toutes les nuits d'assemblée elles les enlevaient de leurs lits et les emportaient dans les airs, jusqu'au lieu destiné au supplice qu'on leur destinait, qui était celui de les fouetter cruellement. Ces enfants déposèrent devant les inquisiteurs, et confirmèrent la déclaration de la sorcière. »

Telle est l'analyse des circonstances constatées dans la procédure du Saint-Office de Logrogno. L'*auto-da-fé* eut lieu, et malgré les crapauds, et les poudres, les sorciers et les sorcières subirent les peines qui leur furent infligées.

Rien n'est plus extraordinaire, dans ces monstrueux procès, que la conviction des inquisiteurs, qui, au lieu de chercher à soulever le voile superstitieux dont s'environnaient ces prétendus sorciers, en remontant aux causes, préféraient croire à leur pouvoir et à leurs enchantements, et donnaient ainsi une consistance à de simples illusions produites sans doute par des boissons narcotiques et assoupissantes. Plusieurs auteurs de cette époque écrivirent des volumes contre la sorcellerie, mais aucun d'eux n'osa la mettre en doute.

A une autre époque beaucoup plus rapprochée du siècle de la philosophie, c'est-à-dire vers la fin du dix-septième siècle, l'Inquisition d'Espagne s'occupa d'un procès non moins extraordinaire. C'est celui du dominicain Froilan Diaz, évêque d'Avila et confesseur de Charles II.

La faiblesse habituelle de la santé de Charles fit naître le soupçon que ce monarque était hors d'état d'user du mariage, par l'effet surnaturel de quelque maléfice. Le cardinal Portocarrero, l'inquisiteur-général Rocaberti et le confesseur Diaz crurent au sortilège, et, après avoir persuadé au roi qu'il était maléficié, ils le prièrent de permettre qu'on l'exorcisât. Charles y consentit et se soumit aux exorcismes de son confesseur. Quelques autres prêtres se mirent à l'exorciser. Un dominicain employait en ce temps-là le même moyen pour délivrer une religieuse du démon dont elle se disait *obsédée*. Le confesseur du roi, d'accord avec l'inquisiteur-général, chargea ce dominicain de commander au démon de la religieuse *énergumène* de déclarer s'il était vrai que Charles II fut maléficié, et, dans ce cas, qu'elle était la nature du sortilège, et les moyens d'en détruire les faits.

Le dominicain exécuta les ordres de l'inquisiteur-général, et parvint, dit-on à découvrir, par l'organe du démon de la possédée, qu'il y avait eu en effet un sort jeté sur le roi par une personne qui fut désignée. Le confesseur se mit alors à faire des conjurations pour détruire le prétendu maléfice; et il aurait sans doute exorcisé longtemps si l'inquisiteur-général Rocaberti ne fût mort pendant qu'on se livrait à cette opération sur le roi.

Mendoza, qui succéda à Rocaberti, fit mettre le confesseur du roi en jugement comme suspect d'hérésie par sa superstition, et comme coupable d'avoir embrassé une doctrine condamnée par l'Église, en accordant sa confiance aux démons et en se servant d'eux pour découvrir des choses cachées. Mais telle était l'opinion des théologiens de cette époque, qu'ils déclarèrent, à l'unaninité, que la conduite du confesseur Diaz n'offrait aucune proposition ni aucun fait qui méritât la censure théologique. Le conseil de la Suprême décréta que Diaz serait mis en liberté et hors d'instance, attendu qu'il n'avait rien fait qui fut contraire à la religion catholique.

Que de sujets de réflexions dans la conduite du confesseur du roi, et dans celle des qualificateurs et des inquisiteurs!

Nous trouvons encore, dans les détails que Llorente a publiés sur la secte de *Molinos*, quelques procès curieux qui furent lus lors des divers *auto-da-fé* de Valladolid. En voici un, entre autres, qui causa un grand scandale dans les inquisitions de cette ville et celle de Logrono. Nous le copions tel que Llorente lui-même l'a inséré dans son *Histoire critique de l'Inquisition d'Espagne*, sans y changer un seul mot:

« Les procès que ce dernier tribunal, dit-il, en parlant de celui de Logrono, fit lire dans ses *auto-da-fé*, depuis le 20 octobre jusqu'au 22 novembre 1743, ont donné lieu à plusieurs relations manuscrites qui circulent en Espagne, et qui m'imposent, comme historien, le devoir de rappeler les faits avec impartialité. Je dois commencer par la femme qui figura le plus dans cette horrible tragédie.

« Elle s'appelait Dona Agueda de Luna, née à Corella, en Navarre. Elle entra religieuse carmélite dans le couvent de Lerma en 1712, avec une si grande réputation de vertu, qu'elle fut regardée comme une sainte. En 1713, elle avait déjà embrassé l'hérésie de Molinos, et elle en suivait les principes avec toute l'ardeur du sectaire le plus dévoué. Elle passa plus de vingt ans dans le couvent, et sa renommée ne fit que s'accroître par les récits des extases et des miracles adroitement répandus par le frère Jean de Longas, le prieur de Lerma, le provincial et d'autres religieux du premier rang, qui, tous, étaient complices de la fourberie de la mère Agueda, et intéressés à faire croire à sa sainteté.

« Il fut question de fonder un couvent dans le lieu de sa naissance, et les supérieurs dont je viens de parler, l'en nommèrent prieure. Elle y continua sa mauvaise vie, sans perdre la bonne réputation dont elle jouissait, laquelle devenait au contraire tous les jours plus grande; en sorte qu'on accourait de tous les pays voisins implorer sa protection auprès de Dieu pour les secours dont on avait besoin. Comme le bourg de Rincon del Soto, ma patrie, poursuit Llorente, n'est éloigné de Corella que de deux lieues et demie, mes parents se décidèrent à se rendre auprès d'elle pour lui recommander un de leurs enfants qui était malade, et qu'elle promit de guérir en lui appliquant une de ses pierres, et avec le secours de quelques autres remèdes. Cependant l'événement prouva la vanité de sa promesse, puisque l'enfant mourut peu de temps après.

« Un des prodiges simulés de la mère Agueda, qui excitait la plus grande surprise et qu'on regardait comme la cause de beaucoup d'autres merveilles, était la faculté qu'avait cette prétendue sainte d'évacuer certaines pierres qu'une de ses complices composait avec de la brique réduite en poudre, mêlée avec des substances aromatiques, et sur lesquelles on voyait d'un côté l'empreinte d'une croix et de l'autre côté celle d'une étoile, l'une et l'autre de couleur de sang. On disait dans le monde que, pour récompenser la vertu admirable de la mère Agueda, Dieu lui avait accordé la faveur singulière de rendre ces pierres miraculeuses pour la guérison des maladies, par la voie des urines et en éprouvant des douleurs pareilles à celles de l'enfantement. Ces douleurs, en effet, n'étaient pas inconnues à dona Agueda, qui les avait ressenties plusieurs fois à Lerma et à Corella, soit au milieu des avortements qu'elle s'était procurés, soit dans les accouchements naturels, où elle avait été assistée par les moines ses complices et par des religieuses qui avaient été séduites.

« Comme un abîme entraîne ordinairement dans un autre abîme, la mère Agueda, ajoute l'auteur de l'*Histoire critique de l'Inquisition*, ayant probablement envie de faire de nouveaux miracles pour rendre sa réputation encore plus brillante, invoqua le démon; et, s'il faut s'en rapporter aux informations qui furent faites pendant le procès, elle fit un pacte avec lui, en lui donnant son âme, par un acte en forme, écrit de sa main, et en l'adorant comme son maître, véritablement Dieu tout-puissant, et en reniant Jésus-Christ, sa religion et tout ce qu'elle enseigne.

« Enfin, après avoir rempli sa vie de mille iniquités secrètes et cachées sous le voile du jeûne et des autres signes extérieurs de la sainteté, la mère Agueda fut dénoncée au Saint-Office de Logrono, qui la fit enfermer dans les prisons secrètes de cette ville. Elle y mourut des suites de la torture, avant que son procès fut en état d'être jugé.

« Elle déclara, au milieu des tourments qu'on lui fit souffrir, que sa prétendue sainteté n'avait été qu'une imposture, parut se repentir dans ses derniers moments, se confessa et reçut l'absolution.

« Fr. Jean de la Vega, dit encore Llorente en continuant le

récit de ce procès où se trouvaient tant de complices, parut dans un petit *auto-da-fé* du 3 octobre 1743. Ce provincial de Carmes déchaussés, avait été dès l'année de 1715, le directeur spirituel et l'un des complices de la mère Agueda, n'ayant alors que trente-cinq ans. Il en avait eu cinq enfants, d'après les preuves de son procès, et ses discours avaient perverti d'autres religieuses, en leur faisant croire que ce qu'il leur conseillait était la véritable vertu. Il avait écrit la vie de sa principale élève, et il en parlait comme du vrai modèle de la sainteté. Il y racontait une multitude de miracles et tout ce qui pouvait servir ses vues. Il s'acquit lui-même une si grande réputation, qu'on le nommait l'*extatique*; les moines qu'il avait pour complices publiaient partout que, depuis saint Jean-de-la-Croix, il n'y avait pas eu en Espagne de religieux plus ami de la pénitence que lui. Il fit faire le portrait de la mère Agueda, qui fut exposé dans le chœur. On y lisait quatre vers à double entente, dont voici la substance :

> O Jésus! que dans mon cœur
> Ta main plante la fleur;
> Le fruit viendra dans sa saison,
> Car le champ en est bon.

« Plusieurs complices, des religieuses innocentes et autres personnes déclarèrent que Fr. Jean de la Vega avait fait aussi un pacte avec le démon; mais l'accusé persista à nier le fait, même au milieu de la question, qu'il supporta avec courage, malgré son âge avancé. Il fut déclaré suspect au plus haut degré et envoyé au couvent désert de Duruelo, où il mourut peu de temps après.

« Le provincial et le secrétaire de ce temps-là nièrent les faits, ainsi que deux moines qui avaient rempli les dernières fonctions dans l'ordre pendant les trois années précédentes; ils furent enveloppés dans les mêmes déclarations, arrêtés, mis à la question, et relégués dans les couvents de leur institut, à Majorque, Bilbao, Valladolid et Osma. L'annaliste de l'institut avoua le crime, et fut dispensé pour cela de porter le *san benito* dans l'*auto-da-fé*.

« Doña Vincenta de Loya, nièce de la mère Agueda, fut

reçue à l'âge de neuf ans dans le couvent de Corella, lorsque sa tante y arriva pour en être supérieure. Celle-ci lui enseigna sa mauvaise doctrine, aidée du provincial Fr. Jean de la Vega ; et ses leçons eurent tant de succès qu'elle la tenait de ses propres mains lorsque le provincial fit le premier outrage à sa pudeur, afin, disait-elle, que l'œuvre fût plus méritoire aux yeux de Dieu. Dona Vincenta confessa, aussitôt qu'elle fut prise et sans que l'on eut recours à la question, toutes ses fautes, et déclara celles des personnes qu'elle connaissait coupables : elle assura seulement qu'elle n'avait jamais admis dans son âme aucune erreur hérétique qu'elle sût être condamnée par l'Église, quoiqu'elle regardât comme permis tout ce qu'elle faisait, parce que ses confesseurs et sa tante le lui avaient persuadé, et qu'elle avait la plus haute idée de la vertu de ces personnes, et particulièrement de sa tante, qui passait pour une sainte. La sincérité de Dona Vincenta lui valut la grâce de paraître dans l'*auto-da-fé* sans le scapulaire du *san benito*, dont furent revêtues quatre autres religieuses qui avaient nié, même dans la question, avoir commis le crime dont il s'agit, excepté une seule, qui avoua qu'elle avait appris la mauvaise doctrine dans son enfance de Fr. Juan de Longas.

« Je ne m'arrêterai pas à rapporter tous les détails que je trouve dans mes notes sur les procès auxquels cette affaire donna lieu, ajoute Llorente, parce qu'ils n'ont d'autre garantie que les déclarations des religieuses innocentes du couvent, qui formaient un parti contraire, et étaient par conséquent disposées à croire un grand nombre de choses invraisemblables et même incroyables. Cependant, il n'est pas permis de révoquer en doute l'histoire des pierres dont la mère Agueda prétendait s'accoucher, puisque l'Inquisition en recueillit un très-grand nombre. Je dois en dire autant des accouchements de cette supérieure, parce que dona Vicente de Loya indiqua les lieux où les enfants étaient mis à mort et enterrés aussitôt après leur naissance : on y fit des perquisitions, et la découverte de plusieurs ossements prouva la vérité de cette déclaration.

« Les religieuses qu'on trouva coupables furent dispersées

dans plusieurs couvents, et la communauté fut renouvelée par ordre du Saint-Office. On y fit venir une supérieure du couvent d'Ocagna et d'autres religieuses de différentes communautés de l'ordre. Il eût été à désirer, concluait Llorente, que pour prévenir de semblables scènes, l'inquisiteur-général eût mis ce couvent sous la surveillance de l'ordinaire diocésain, comme on l'avait fait pour un motif bien moins sérieux, à l'égard de celui des Carmélites déchaussées de Saint-Joachim-de-Tarrazona, lorsqu'on y fit passer plusieurs religieuses du couvent de Sainte-Anne, pour maintenir la paix et l'ordre dans la maison. Puisque l'Inquisition se mêle de ce qui se passe dans les couvents, il est surprenant qu'après tant de désordres de ce genre (dont les archives sont remplies, et dont l'indécence ne me permet de consigner ici l'histoire), elle n'ait pas pris le parti d'ôter aux moines la direction des couvents de femmes. Les jésuites furent toujours assez prévoyants, dans leur politique, pour la craindre, et ils évitèrent de s'en charger. »

Pendant que l'église d'Espagne était occupée à poursuivre avec plus de rigueur que jamais de paisibles luthériens, elle fut obligée de prendre des mesures contre les prêtres catholiques qui, abusant de la confession, sollicitaient leurs pénitentes à un commerce criminel. La politique des inquisiteurs leur indiquait la plus grande prudence dans ces sortes d'affaires, parce qu'elles pouvaient fournir aux hérétiques de nouvelles armes contre la confession auriculaire, et aux catholiques un prétexte pour ne plus y avoir recours aussi fréquemment.

Toutefois, le pape Paul IV adressa, en janvier 1556, un bref commun aux inquisiteurs de Grenade, dans lequel Sa Sainteté ordonnait à tous les chefs du Saint-Office de poursuivre les prêtres que la voix publique accusait d'un aussi grand crime, et de ne faire grâce à aucun. Bientôt le même pontife se vit dans la nécessité d'appliquer son bref à toutes les autres provinces de l'Espagne, et il adressa à ce sujet une bulle au grand inquisiteur-général Valdés, pour qu'il eût à procéder contre tous les confesseurs du royaume et domaines de Philippe II qui auraient commis ce crime. Les coupables devaient être considérés comme fauteurs d'hérésie.

En conséquence, ce délit fut ajouté à *l'édit des dénonciations*, qu'il était d'usage en Espagne de lire dans chaque église, un dimanche de Carême, afin que tout le monde eût à s'y conformer.

« Or, il arriva, dit Raynaldus Gonzalvius-Montanus, en parlant de l'effet de ces dénonciations dans Séville, qu'elles donnèrent lieu à un si grand nombre de révélations, que les greffiers du Saint-Office ne suffisaient plus pour les enregistrer ; ce qui obligea d'assigner un terme de trente jours à chaque femme dénonciatrice pour se présenter une seconde fois en affirmation. Mais comme ce renvoi fut suivi de plusieurs autres, il ne fallut pas moins de cent vingt jours pour recevoir toutes les dénonciations, et encore les inquisiteurs se virent-ils forcés de changer de plan, et renoncèrent-ils à poursuivre les coupables.

« Parmi les femmes qui se présentaient pour la déclaration de subornation par leurs confesseurs, ajoute le même écrivain, il y en avait d'une naissance illustre et très-respectables qui, rougissant de tout ce qui s'était passé entre elles et leurs directeurs spirituels, se déguisaient et se couvraient d'un voile pour se rendre auprès des inquisiteurs occupant le château de Triana, dans la crainte d'être rencontrées ou aperçues par leurs maris. Malgré ces précautions, plusieurs furent instruits de ce qui se passait, et cette affaire faillit donner lieu à de graves désordres.

« Les inquisiteurs, voyant un si grand nombre de coupables, prirent le parti d'abandonner leur entreprise ; ce qui fit accréditer le bruit que les prêtres et les moines avaient envoyé au pape une forte somme d'argent pour arrêter les poursuites. »

Tel est le récit fait par Raynaldus Gonzalvius, au sujet de ces poursuites ordonnées par le pape Paul IV.

L'historien Llorente le taxa d'exagération.

« Si ces dénonciations s'arrêtèrent, dit-il, c'est que l'obligation imposée aux pénitentes de dénoncer les auteurs du crime, fut levée par ordre du conseil de la Suprême. » Ce qui est loin de prouver que Raynaldus avait exagéré ; car ce même Llorente dit un peu plus loin que le conseil de la Suprême, malgré sa répugnance, se vit dans la nécessité de laisser ajouter à l'*édit des dénonciations* l'article suivant :

« Vous déclarerez si vous savez que quelque confesseur, prêtre
« séculier ou régulier, quels que soient son état, sa condition et
« sa qualité, a sollicité ou entrepris de solliciter quelque personne
« du sexe dans le tribunal de la pénitence, en l'induisant ou la
« provoquant à des actions honteuses ou déshonnêtes. »

Les dispositions de cet édit furent, dans la suite, beaucoup plus étendues. L'Inquisition, comprenant par la nature même du crime dont il s'agissait, la difficulté d'entendre des témoins autres que les femmes qui dénonçaient leurs confesseurs, prescrivit aux juges d'agir avec la plus grande circonspection ; parce qu'il paraissait possible qu'une jeune femme abusât de la faculté qu'on lui laissait pour dénoncer un prêtre qu'elle haïrait, ou pour se rendre l'instrument de quelque ennemi intéressé à le perdre.

En conséquence, il fut défendu de poursuivre aucun confesseur dénoncé sans s'être assuré, par le moyen d'une instruction préparatoire et secrète, simplement verbale, si les femmes dénonciatrices jouissaient d'une bonne réputation, si leur conduite était honnête, en un mot, si elles étaient dignes de confiance. On devait aussi s'informer secrètement de la réputation, de la conduite, des opinions, du caractère, de la santé, des talents, de la fortune et de la vie ordinaire du dénoncé.

Après avoir suivi ces errements propres à fixer les inquisiteurs sur la probabilité ou la fausseté de l'accusation, l'affaire se poursuivait comme dans les procès pour cause de propositions hérétiques. Lorsque l'accusé avouait les faits, il était interrogé sur l'intention, c'est-à-dire qu'on lui demandait s'il croyait que sa conduite eût été innocente. Dans l'affirmation, il était regardé comme hérétique ; dans l'autre cas, il n'avait rien de grave à redouter. Presque tous les dénoncés déclaraient qu'ils avaient cru commettre un crime ; mais ils s'excusaient, les uns, sur la fragilité humaine exposée aux plus grands dangers ; les autres en donnant aux faits une interprétation équivoque, quoique la pénitente les eût pris en mauvaise part.

Les prêtres qui avouaient le fait de subornation, ajoutaient ordinairement qu'aucune croyance erronée ne s'était mêlée avec leurs tentatives ; tous déclaraient avoir été entraînés par la violence de la passion, par les circonstances et la faiblesse humaine, sans jamais douter que leur péché ne fut très grand, tant ils redoutaient d'être condamnés comme hérétiques ! Mais s'il résultait de quelque expression employée par eux pour la perpétration du crime qu'ils avaient essayé de persuader que l'action à laquelle ils provoquaient leur pénitente n'était point un péché, ou n'était qu'un péché léger, on pouvait alors soumettre l'accusé à la *question*, afin de connaître son opinion à ce sujet.

Généralement ces sortes d'affaires, si communes en Espagne dans les seizième et dix-septième siècles, finissaient presque toujours, pour les confesseurs qui avouaient et qui reconnaissaient avoir commis un grand péché contre le décalogue, par une abjuration de *levi* ; et encore cette abjuration avait lieu non pas dans un *auto-da-fé* ordinaire et public, mais dans ce qu'on appelait un petit *auto-da-fé*, c'est-à-dire en une pénitence infligée secrètement dans la salle même des audiences et à huis-clos ; tant les inquisiteurs craignaient de divulguer la conduite coupable des moines et des prêtres confesseurs ! Il est vrai qu'on les bannissait ordinairement de la ville où le crime avait été commis, et qu'on leur interdisait la confession. Mais combien ces peines ne paraissent-elles pas légères, quand on les compare à celles infligées à tant de malheureux accusés d'avoir voulu interroger leur for intérieur sur les croyances mystérieuses de la religion catholique !

Ainsi que le fait remarquer Llorente, la différence entre les peines prononcées contre ces confesseurs et ces religieuses convaincues d'infanticide, crime que les lois civiles eussent puni au dernier degré, est si choquante, en comparaison des condamnations qui frappaient les malheureux soupçonnés d'hérésie, qu'on se demande si l'Inquisition n'étendait pas volontairement un voile miséricordieux sur la conduite coupable de tous ces habitants des cloîtres.

Et ces mêmes inquisiteurs, qui se contentaient de réconcilier les confesseurs suborneurs et les religieuses convaincues d'infanticide ; ces inquisiteurs qui croyaient avoir assez puni ces hommes et ces femmes pervers en changeant le théâtre de leurs crimes, condamnaient à la peine du feu les luthériens ou seulement les personnes soupçonnées de luthérianisme, lors même que ces derniers n'étaient point relaps et qu'ils demandaient la réconciliation. Ces cruelles maximes firent couler des torrents de sang en Espagne, et effrayèrent l'Europe, sous le ministère de l'inquisiteur-général Valdès.

Voici encore un autre procès fait, quelques années avant la révolution française, à un Espagnol coupable d'avoir mis en doute l'existence du démon.

Jean Perez, de Madrid, fut arrêté par les familiers du Saint-Office pour avoir dit, dans quelques entretiens familiers, qu'il n'y avait ni démons, ni diables, ni aucune autre espèce d'esprits infernaux capables de se rendre maîtres des âmes humaines.

Il avoua, dans la première audience, tout ce qui lui était imputé, en ajoutant qu'il en était alors persuadé, pour les raisons qu'il exposa ; et il déclara qu'il était prêt à détester de bonne foi son erreur, à en recevoir l'absolution, et à faire la pénitence qui lui serait imposée.

« J'avais éprouvé, dit-il en se justifiant, un si grand nombre de malheurs dans ma personne, ma famille, mes biens et mes affaires, que j'en perdis patience, et que dans un moment de désespoir, j'appelai le diable à mon secours dans l'embarras où je me trouvais et afin qu'il me vengeât de quelques personnes qui m'avaient offensé ; je lui offris en retour ma personne et mon âme. Je renouvelai plusieurs fois, en quelques jours, mon invocation, mais inutilement ; car le diable ne vint point.

« Je m'adressai à un homme pauvre qui passait pour sorcier : je lui fis part de ma situation. Il me dit qu'il me conduirait chez une femme qu'il me vanta comme beaucoup plus habile que lui dans les opérations de la sorcellerie. Je vis cette femme : elle me conseilla de me rendre trois nuits de suite sur les collines de *Vistillas* de saint François, et d'apeler Lucifer à grands cris, sous le nom d'*Ange de lumière*, en reniant Dieu et la religion chrétienne, et en lui offrant mon âme au démon.

« Je fis tout ce que cette femme m'avait conseillé; mais je ne vis rien. Alors elle me dit de quitter le rosaire, le scapulaire et les autres signes de chrétien que j'avais coutume de porter sur moi, et de renoncer franchement et de toute mon âme à la loi de Dieu, pour embrasser le parti de Lucifer, en déclarant que je reconnaissais sa divinité et sa puissance pour supérieure à celles de Dieu même; et après m'être assuré que j'étais véritablement dans ces dispositions, de répéter pendant trois autres nuits ce que j'avais fait la première fois.

« J'exécutai ponctuellement ce que cette femme venait de me prescrire, et cependant l'*ange de lumière* ne m'apparut point. La vieille me recommanda de prendre de mon sang, et de m'en servir pour écrire sur du papier que j'engageais mon âme à Lucifer, comme mon maître et mon souverain; de porter cet écrit au lieu où j'avais fait mes invocations, et pendant que je le tiendrais à la main, de répéter mes anciennes paroles. Je fis tout ce qui m'avait été recommandé, mais toujours inutilement.

« Et rappelant alors tout ce qui venait de se passer, je raisonnai ainsi : « S'il y avait des diables, et s'il était vrai qu'ils
« désirassent de s'emparer des âmes humaines, il serait impos-
« sible de leur en offrir une plus belle occasion que celle-ci
« puisque j'ai véritablement désiré de leur donner la mienne. Il
« n'est donc pas vrai qu'il y ait des démons; le sorcier et la
« sorcière n'ont donc fait aucun pacte avec le diable, et ils ne
« peuvent être que des fourbes ou des charlatans l'un et l'autre. »

Telles étaient en substance les raisons qui avaient fait apostasier Jean Perez, dont j'écris l'histoire, ajoute Llorente. Il les exposa en confessant sincèrement son péché.

On entreprit de lui prouver que tout ce qui s'était passé ne prouvait rien contre l'existence des démons, mais faisait voir seulement que le diable avait manqué à l'appel; Dieu le lui défendant quelquefois pour récompenser le coupable de bonnes œuvres qu'il avait pu faire avant de tomber dans l'apostasie. Il se soumit à tout ce qu'on voulut, reçut l'absolution, fut condamné à une année de prison, à se confesser et à communier pendant le reste de ses jours, aux fêtes de Pâques, de Noël et de la Pentecôte, sous la conduite d'un prêtre qui lui serait donné pour directeur spirituel, à réciter une partie du Rosaire et à faire tous les jours des actes de foi, d'espérance, de charité et de contrition; enfin, sa conduite ayant été humble, sage, régulière, depuis le premier jour de son procès, il se tira d'affaire plus heureusement qu'il ne l'avait espéré.

—

Ce ne fut pas ainsi que se termina, quelque temps après, un autre procès du même genre, mais dans lequel l'accusé, Pierre Martinez, se montra digne de toute la sévérité de l'Inquisition.

Cet infâme, qui était boiteux, fut condamné à la peine d'un *auto-da-fé* particulier dans l'église de Saint-Dominique-le-Royal de Madrid. Il s'était donné pour sorcier afin de séduire plus facilement de jeunes femmes faibles et confiantes. Il leur persuadait qu'il ne tenait qu'à lui de leur gagner le cœur des hommes qu'elles aimaient et dont elles désiraient d'être aimées; mais il exigeait qu'elles se soumissent à sa direction pour faire tout ce qu'il leur dirait. Il y eût plusieurs femmes qui furent dupes et qui tombèrent dans ses pièges, et il est prouvé par l'histoire même du procès que quelques-unes appartenaient à des familles distinguées.

Les moyens qu'il employait étaient: 1° de leur faire avaler dans de l'eau des poudres qu'il disait avoir été préparées avec des os voisins des parties viriles d'un pendu jeune et robuste, et qu'il leur vendait fort cher, parce que pour obtenir la permission d'exhumer le cadavre, il avait eu beaucoup d'argent, disait-il, à donner aux gens de l'église de Saint-Geniès: 2° de porter toujours une parcelle d'os et quelques poils qu'il assurait avoir appartenu au même pendu; 3° de prendre dans leurs mains ces objets aussitôt qu'elles verraient un homme qu'elles voudraient avoir pour amant, de les tenir dans une petite bourse afin de le faire plus commodément, et de prononcer certaines paroles qu'il assurait avoir apprises d'un grand enchanteur du pays des Maures, lequel les lui avait données comme une excellente formule de conjuration; 4° d'exiger qu'on lui permît de prendre certaines libertés pendant qu'il prononcerait les paroles les plus mystérieuses du sortilège, et d'y revenir au moins trois fois pour assurer le succès de l'opération.

On avait trouvé sur ce misérable des os et des poils dont il paraissait s'être servi, de petites figures d'hommes et de femmes en cire, et d'autres de la même matière qui représentaient les parties naturelles des deux sexes.

Il avoua que ces moyens n'étaient que des fourberies dont il s'était servi pour amasser de l'argent et jouir des femmes, et qu'il n'était ni sorcier ni enchanteur, quoiqu'il eût dit le contraire pour tromper le monde.

Il fut condamné à recevoir deux cents coups de fouet dans les rues de Madrid et à passer dix années dans un fort d'Afrique.

« Le peuple, dit Llorente, approuva ce jugement de l'Inquisition; mais ce fut un horrible scandale de voir célébrer l'*auto-da-fé* du condamné dans l'église d'un couvent de religieuses, où chaque assistant allait entendre lire l'extrait du procès rempli de détails et d'expressions les plus obscènes. Il fallait être fanatique, ignorant et aveuglé par les préjugés pour ne pas prévoir le mal que cette lecture abominable devait faire à des religieuses parmi lesquelles il s'en trouvait qui avait conservé toute leur innocence, puisqu'elles étaient dans le couvent depuis leur enfance et au milieu d'autres religieuses, dont la plupart étaient leurs parentes.

« Que l'on ne s'imagine pas que dans ces sortes de pièces on évitât avec soin les mots et les détails scandaleux; on y lisait au contraire le texte même sur lequel les charges contre le condamné avaient été rédigées; et il est certain que ce texte était l'expression fidèle de tous les détails, de toutes les circonstances, en un mot, de tout ce que les témoins avaient dit, afin que l'accusé fût plus en état de se rappeler les faits qu'on lui reprochait et d'y répondre. Qu'on ajoute à cette formalité ce que j'ai dit de la manière dont le procureur fiscal formait son acte d'accusation, et l'on verra que le même propos ou la même action déshonnête étaient rapportés dans l'extrait de la procédure autant de fois qu'il y avait eu de témoins, si, en racontant le même fait, ils y avaient mis la plus légère différence. N'est-ce pas là un des plus grands excès de barbarie que les hommes puissent commettre ? Devait-on l'attendre d'un tribunal de prêtres assemblés au nom de la religion. »

Je termine ici l'analyse de ces sortes de procès, car je crois qu'un seul doit suffire pour donner une juste idée de la superstitieuse ignorance des inquisiteurs d'Espagne et de tous les obstacles qu'ils ont constamment opposés aux progrès de la civilisation. Quand on voudra replonger ce beau pays dans la barbarie et les ténèbres, et corrompre de nouveau les mœurs de ce peuple héroïque, le plus sûr moyen d'y parvenir sera de rétablir dans la Péninsule le Saint-Office, ses codes et ses familiers.

L'INQUISITION A ROME.

Quoique nous ayons parlé de l'Inquisition d'Espagne avant celles de Rome, d'Italie et de France, et que nous ayons par là renversé l'ordre chronologique de ces différents établissements, le lecteur n'a pu se méprendre sur nos intentions. En plaçant, la première dans ce livre, l'Inquisition d'Espagne, nous avons agi ainsi parce qu'il nous a semblé nécessaire de réunir dans ce premier tableau tout ce que l'Inquisition a offert au monde de codes et de règlements aussi absurdes qu'inhumains, tout ce que ses actes ont eu de barbare et d'atroce; nous avons cru qu'il serait plus facile de fournir ainsi d'un même trait une foule d'exemples de la perversité de ces moines ignorants, chargés de convertir à la catholicité pure les nombreux dissidents que l'Église appelait *hérétiques*, parce qu'ils ne cessaient de reprocher au clergé ses mœurs dissolues, son faste, et l'abus qu'il faisait en maintes occasions des choses les plus révérées de tous. Comme l'Inquisition d'Espagne ne laisse rien à désirer sous ce rapport, nous avons cru qu'il fallait commencer par elle, si nous voulions bien faire connaître ce *tribunal* dit *de la foi;* car nulle part cette institution, *née de la fange du moyen-âge*, ne se développa si largement qu'à l'ombre du trône de Castille.

Nous avons déjà démontré que c'est en France, et pendant les sanglantes guerres religieuses, que l'Inquisition eut son triste berceau. Nous allons dire, en quelques lignes, ce qui amena la cour de Rome, ou plutôt les papes à décréter la formation de ce tribunal, capable de soulever toute la chrétienté contre son inique jurisprudence.

Jusqu'au milieu du douzième siècle, l'Église catholique paraît avoir joui d'une paix profonde, que divers historiens attribuent à la bonne intelligence qui régna longtemps entre les papes et les empereurs, entre le sacerdoce et les pouvoirs laïcs.

Mais cette union ayant été rompue par les furieux démêlés qui survinrent alors entre la cour de Rome et les empereurs d'Allemagne, les choses furent poussées de part et d'autre aux dernières extrémités. Dans cette lutte de plus de cinquante années entre les divers contendants au pouvoir temporel, la porte s'ouvrit aux *hérésies*, c'est-à-dire aux dissidences plus ou moins graves en matière de foi.

« Il était bien difficile que les choses allassent autrement, dit un auteur qui a cherché à expliquer la naissance de toutes les hérésies; car, comme les papes avaient un grand nombre de partisans qui portaient l'autorité de l'Église au-delà de ses justes bornes, les empereurs, de leur côté, n'en manquaient pas qui travaillaient à la rabaisser plus qu'il ne fallait, et qui lui assignaient des limites plus étroites qu'elle n'en devait avoir. C'est de là, ajoute cet auteur, que prirent naissance ce que les papes et le clergé appelaient les *hérésies*. »

Or, on comprend avec quelle ardeur la cour de Rome dût combattre ces dissidences, puisqu'elles avaient pour objet d'amoindrir le pouvoir temporel des papes.

Mais, d'un autre côté, dès que les peuples et les princes se crurent autorisés à contrôler la puissance temporelle des successeurs de saint Pierre, ils passèrent bientôt de ces questions à celles concernant la discipline ecclésiastique, la morale relâchée du clergé tant séculier que régulier, et enfin la grande autorité de l'Église même. C'est principalement sur ces points que les *Albigeois* attaquèrent avec le plus d'obstination le catholicisme.

Les papes, voyant l'Église romaine menacée par des endroits si délicats, ne négligèrent rien pour réduire au silence de si dangereux ennemis. Mais le nombre en était devenu si considérable que la cour de Rome se vit plus d'une fois obligée de les supporter, faute de moyens pour les réduire. Ajoutons encore que les papes furent forcés de dissimuler, en présence de l'appui secret et même patent que les princes prêtaient à ceux de leurs sujets ligués contre l'Église romaine.

Ce n'est pas que les papes aient jamais cru devoir renoncer à étouffer toutes les hérésies qui se développaient à chaque instant; ils ne négligèrent jamais rien de ce qui était en leur pouvoir pour l'extinction des hérétique ; et on les voyait continuellement occupés à écrire aux évêques, aux princes, aux magistrats de toutes les contrées de la chrétienté pour les exhorter à exterminer ces ennemis de l'Église et de la foi. Mais soit que les princes et les magistrats ne voulussent pas perdre des gens qui ne leur paraissaient pas si coupables qu'on les faisait, ou même qu'ils pussent croire avantageux de les tolérer afin d'abaisser la puissance de la papauté et du clergé, ils ne se mirent pas fort en peine de réprimer les hérésies. Les évêques eux-mêmes, ne se sentant pas assez forts pour arrêter ce torrent, n'y opposèrent que de faibles digues; et les hérétiques du douzième siècle devinrent si puissants qu'ils se virent en état de tenir tête aux papes eux-mêmes.

Les *Arnaudistes* surtout réduisirent la papauté à de grandes extrémités. Plus d'une fois ils contraignirent les papes à chercher un asile hors de Rome; et il est probable que la cour romaine n'aurait jamais pû se maintenir dans sa propre capitale, si le chef de cette secte n'eût été pris et exécuté publiquement comme hérétique et séditieux.

Les *Vaudois* et les *Albigeois*, dont nous avons fait connaître les sentiments à l'égard du clergé catholique, ne furent ni moins ennemis de l'autorité de l'Église, ni moins ardents à l'attaquer que ne l'avaient fait leurs prédécesseurs les *arnaudistes*. La protection que Raimond, comte de Toulouse, les comtes de Foix et de Comminges accordèrent à ces réformateurs du treizième siècle, les rendit plus entreprenants, en même temps qu'ils devinrent plus redoutables par leur nombre. Les papes se virent donc dans la nécessité de recourir à des moyens plus efficaces que ceux employés jusqu'alors contre les hérétiques.

Innocent III, pontife entreprenant et heureux dans ses entreprises, résolut de publier une croisade, afin de pousser contre les Albigeois tous les catholiques du midi. Mais préalablement il envoya des missionnaires pour opérer la conversion de ces dissidents par les voies de la douceur. Ces missionnaires, qui eurent pour chefs Pierre de Castelnau et Dominique de Gusman, ne furent pas heureux ; l'un d'eux, Pierre de Castelnau, fut même massacré à Toulouse. La croisade fut donc résolue dès-lors. Le pape accorda des indulgences au moine Dominique et à ses collègues ; et l'on publia partout que ceux qui contribueraient de leur crédit, de leurs biens à la ruine des hérétiques, gagneraient ces indulgences aussi bien que ceux qui prendraient l'épée. Ainsi fut mise sur pied une puissante armée.

Comme nous n'écrivons point ici l'histoire de cette longue guerre fratricide que le fanatisme rendit si atroce, et que d'ailleurs elle fut étrangère à l'Inquisition du tribunal de la foi, quoiqu'elle eût pour motif ce que les papes appelaient les hérésies des *Albigeois*, nous passerons rapidement sur les vingt années de fureurs, de massacres et d'incendies qui furent les seuls résultats de cette barbare croisade, prêchée contre des hommes inoffensifs. Après diverses chances favorables ou funestes aux Albigeois, c'est-à-dire aux réformateurs du treizième siècle, le fils du fameux Raimond, comte de Toulouse ayant été forcé de se rendre, se trouva dans la nécessité de signer, de Pavie où il fut conduit, des arrêts très-sévères contre ces mêmes Albigeois, à la tête desquels son père avait si longtemps et si vaillamment combattu pour la liberté de la conscience.

D'un autre côté, les comtes de Comminges et de Foix se trouvant trop faibles pour soutenir le choc de tant d'ennemis qui leur tombaient incessamment sur les bras, se rendirent aux meilleures conditions qu'ils purent obtenir. Ainsi finit la guerre dite des Albigeois, guerre qui avait coûté plus d'hommes, de sang et d'or qu'il n'en eût fallu pour conquérir un empire.

C'est à cette guerre ouverte contre les Albigeois que succéda celle non moins redoutable de l'Inquisition permanente, établie quelque temps auparavant par l'autorité d'Innocent III. Ce pape, considérant que quoique l'on pût faire à force ouverte contre les restes de ces malheureux dissidents, il s'en trouverait toujours assez pour corrompre les populations méridionales par la profession de leurs doctrines, crut qu'il fallait établir contre ce mal et contre toutes les autres hérésies qui pourraient naître, un remède efficace et permanent, c'est-à-dire, un tribunal de la foi, composé de gens uniquement appliqués à la recherche des hérétiques, et qui n'aurait d'autre soin que d'en procurer la punition. Ayant fixé son choix sur les deux ordres de Saint-Dominique et de Saint-François, par les considérations que nous avons exposées à l'occasion de l'Inquisition d'Espagne, et surtout parce que ces moines avaient pour la cour de Rome un attachement sans bornes, Innocent III leur confia la charge d'*inquisiteurs de la foi* dans toutes les contrées où avaient existé et où pourraient exister encore des hérétiques, et principalement ceux dits *Albigeois* et *Vaudois*.

Nous devons répéter ici que le premier de ces établissements permanents se fixa dans la France méridionale. On verra plus loin comment le tribunal de la foi exerça ses terribles fonctions à Toulouse, à Carcassonne, à Albi, etc. Le coup d'œil rétrospectif que nous jetterons sur les actions de l'Inquisition en France, complétera, si nous ne nous trompons, les faits historiques qui ont caractérisé l'érection de l'Inquisition dite ancienne. Nous renvoyons donc le lecteur aux actes des inquisiteurs de France, en nous bornant ici à faire connaître l'organisation et les actes principaux de l'Inquisition de Rome, souche, centre et modèle de toutes les autres, qui ne se guidaient guère que sur les bulles et instructions émanant des papes.

Comme toutes les grandes institutions, celle de l'Inquisition de la foi eut son enfance avant d'arriver à la domination qu'elle exerça sans opposition dans plusieurs contrées. Les motifs de son établissement ayant été d'abord fort spécieux, il arriva que n'en ayant pas encore éprouvé les inconvénients et les populations ne pouvant pas même les prévoir, ce tribunal, après avoir été reçu en France, le fut sans grandes difficultés, dans plusieurs provinces de l'Italie, telles que la Lombardie, la Romagne, la marche d'Ancône, la Toscane et les états de Gênes.

Les papes, qui savaient admirablement bien profiter de toutes les conjonctures favorables à leurs desseins; les papes, qui avaient aperçu dans l'établissement de l'Inquisition le levier de leur domination sur toute la chrétienté, s'empressèrent d'adresser aux magistrats, recteurs et communautés des villes où l'Inquisition s'était établie sans trop de répugnance de la part des habitants, étourdis et surpris, une bulle en trente-un chapitres, qui étaient autant de réglements pour la conduite des inquisiteurs. Or, la cour de Rome exigeait que ces réglements fussent enregistrés dans tous les greffes publics, pour être inviolablement observés, nonobstant toute opposition quelconque; et elle prononçait l'interdiction contre les personnes et les lieux qui refuseraient de se conformer à ces réglements.

Mais quelle que fût l'autorité du Saint-Siége dans ces provinces, où il avait un parti considérable, la bulle y reçut tant d'opposition pendant sa vie et après sa mort, qu'Alexandre VI, son successeur, fut obligé de la renouveler, sept ans après, et d'y apporter toutes les modifications auxquelles la cour de Rome n'avait jamais voulu consentir. Malgré ces adoucissements, les oppositions continuèrent sous les cinq papes qui succédèrent à Alexandre VI, et forcèrent enfin la cour romaine de se relâcher complètement de ses prétentions.

Pendant que les papes travaillaient de toutes leurs forces à établir et à consolider le tribunal de la foi dans les lieux où il n'existait pas encore ou bien qui l'avaient repoussé d'abord, ils mettaient aussi leurs soins à donner à cette organisation toutes les garanties dont elle avait besoin pour inspirer le respect des peuples.

C'est ainsi que l'Inquisition de Rome, ou *congrégation du Saint-Office*, appelée aussi *conseil de la Suprême*, reçut toutes les améliorations dont ce conseil était susceptible pour atteindre le but que l'on se proposait.

Ce conseil de la Suprême fut successivement modifié de diverses manières, jusqu'à ce qu'on se fût arrêté à le composer de cardinaux, afin de lui donner plus d'importance. Ces cardinaux remplissaient les fonctions de juges et de consulteurs; ils tenaient

lieu d'avocats, et ils étaient chargés d'examiner les dogmes, les sentiments et les actions des personnes, ainsi que l'orthodoxie des livres déférés au Saint-Office. C'était sur l'opinion de ce conseil de la Suprême que les cardinaux-inquisiteurs formaient leurs jugements et leurs décrets. Il y avait encore deux secrétaires et un procureur fiscal, seule partie connue des accusés. Le nombre des moines et officiers était fort grand, parce que tous les employés de l'Inquisition jouissaient de grands priviléges, et que n'étant justiciables que de ce même tribunal, ils se mettaient, par ce moyen, à couvert de la justice ordinaire, et pouvaient s'en jouer impunément.

La *congrégation du Saint-Office* de Rome, dont le pape était le chef, avait une autorité suprême sur toutes les inquisitions particulières, qui étaient, à son égard, comme des cours subalternes à l'égard des cours souveraines. Le pape nommait les cardinaux qui la composaient, comme il nommait aussi les autres inquisiteurs de l'Italie et de l'État ecclésiastique. Ces inquisiteurs étaient amovibles et pouvaient être destitués par le pape, qui confirmait seulement les nominations faites par les rois d'Espagne et de Portugal.

L'Inquisition de Rome, ou la *congrégation du Saint-Office*, prescrivait les règles des procédures, ainsi que la forme des jugements ; elle abolissait ou modifiait les lois anciennes, et en décrétait de nouvelles lorsqu'elle le jugeait à propos. On devait la consulter sur tout ce qui arrivait de considérable dans toutes les autres inquisitions, constamment tenues de se conformer à ses ordres et à ses avis. Comme les inquisiteurs étaient indépendants les uns des autres, la congrégation suprême jugeait encore les différents qui pouvaient naître entre eux, et recevait les plaintes qu'on lui adressait contre les excès provenant d'eux-mêmes ou de leurs agents.

Ayant assez développé l'organisation de l'Inquisition d'Espagne dans le livre précédent, nous n'y reviendrons pas ici, ce résumé ne pouvant avoir d'autre objet que de faire connaître celle de Rome, c'est-à-dire la *congrégation du Saint-Office*, formant le conseil suprême de l'Inquisition.

Quant aux inquisitions particulières établies en Italie, elles étaient aussi nombreuses qu'il y avait de grandes villes dans les diverses provinces. Chacune d'elles se composaient généralement d'un inquisiteur, d'un vicaire, d'un procureur fiscal, d'un notaire, de deux ou trois secrétaires, de plusieurs consulteurs, et d'un nombre considérable de geôliers et officiers ou agents subalternes.

Il est hors de doute, aujourd'hui, que si la religion fut pour quelque chose dans l'établissement de l'Inquisition ancienne, la politique eut plus de part encore au zèle que les papes mirent plus tard à imposer le tribunal de la foi partout où s'étendait leur domination spirituelle. C'est la politique de la cour de Rome qui a toujours maintenu cette institution envers et contre tous; c'est encore la politique du Vatican qui a élevé le Saint-Office à ce comble de puissance et d'autorité qui l'a rendu si terrible pendant des siècles. Aussi la cour romaine regardait-elle l'Inquisition comme son chef-d'œuvre, et comme le plus ferme appui de sa puissance temporelle et spirituelle.

En effet, cette cour de vieillards astucieux ne veillait à rien tant qu'à la conservation de cette terrible institution; et elle avait mis les choses sur ce pied, dans les pays qui l'ont reçue, que quelque loin que le Saint-Office voulût porter ses prétentions, il n'y a personne qui ne les favorisât, ou du moins qui osât les contredire. « L'on va sur cela, dit un auteur du seizième siècle, aussi loin que l'on veut; rien n'arrête, tout ploie, tout fait joug; les maximes les plus outrées passent pour incontestables, et les prétentions les moins fondées sont considérées comme ayant force de loi. Ainsi, l'infaillibilité pour les faits, la supériorité du pape sur les conciles généraux, son domaine sur les biens de toutes les églises du monde, le pouvoir d'en disposer comme il lui plaît, sa prétendue puissance sur le temporel des souverains, le droit tout à fait incontestable que les papes s'attribuent de les déposer, d'absoudre leurs sujets du serment de fidélité et de disposer de leurs États, sont des maximes dont personne n'ose douter et encore moins les combattre dans les pays d'inquisition, sans s'exposer à toutes les rigueurs de ce terrible tribunal (1).

« L'attachement aveugle et passionné que, de son côté, l'Inquisition a pour tous les intérêts de la cour de Rome, l'ardeur avec laquelle elle appuie toutes ses prétentions, et l'application continuelle qu'elle met à faire valoir l'autorité sans bornes que

---

(1) La condamnation du célèbre Galilée et son emprisonnement dans les cachots de l'Inquisition pour avoir voulu démontrer que la terre tournait, est un fait trop connu pour que nous le répétions ici.

cette cour s'attribue, sont cause que l'on a si fort étendu la juridiction du Saint-Office, qu'on lui a attribué de si grands droits, qu'on l'a rendu si puissant, et qu'il est devenu redoutable non-seulement aux peuples, mais encore à ceux des princes qui ont commis la faute de recevoir l'Inquisition dans leurs États. »

Examinons maintenant quelles étaient les prérogatives que possédait le tribunal du Saint-Office pour être devenu si redoutable.

Au premier coup d'œil, on ne trouve guère que six cas, ou plutôt six sortes de personnes que l'Inquisition eût le droit de juger; c'étaient : 1° les hérétiques; 2° ceux qui ont donné lieu d'être soupçonnés d'hérésie; 3° les fauteurs des hérétiques, et ceux qui les protègent ou les favorisent de quelque manière que ce soit; 4° les magiciens, sorciers, enchanteurs, et tous ceux qui usent de maléfices; 5° les blasphémateurs; 6° ceux qui résistent aux officiers de l'Inquisition, ou qui troublent sa juridiction de quelque manière que ce puisse être.

C'étaient là d'abord les seuls justiciables du tribunal de la foi, avant que les papes subséquents eussent compris dans ces catégories les juifs, les mahométans et tous les infidèles, quelque religion qu'ils professassent, et enfin tous ceux qui font tort aux membres et aux officiers de l'Inquisition, en leurs personnes, leur honneur, leurs biens et dans tout ce qui leur appartient, même hors l'exercice de leur charge.

On peut croire facilement, dès le premier abord, que cette juridiction est restreinte à quelques cas ou à quelques personnes seulement.

Mais ces cas ne sont pas aussi bornés qu'on le supposerait; car, premièrement, pour ce qui est des hérétiques, il faut savoir que l'on comprend sous ce nom, dans l'Inquisition, tous ceux qui ont écrit, enseigné ou prêché quelque chose de contraire à l'Écriture sainte, au symbole, aux articles de foi, aux traditions de l'Église, ou seulement à quelques passages de ces livres. Ceux qui ont renié la religion chrétienne pour embrasser toute autre religion que ce puisse être, ou qui, sans changer de religion, suivent les coutumes et les cérémonies des autres, ou pratiquent quelqu'une de ces coutumes, ou qui tiennent que l'on peut faire son salut dans toutes sortes de religions, pourvu qu'on y soit engagé de bonne foi.

Ce n'est pas tout, le Saint-Office comprenait encore, sous le nom d'*hérétiques*, tous ceux qui désapprouvaient quelque cérémonie, quelque usage ou quelque coutume reçue non-seulement dans l'Église universelle, mais même dans les Églises particulières où l'Inquisition est admise. Tous ces gens-là passent au moins pour suspects d'hérésie aux yeux de l'Inquisition.

L'on comprend encore sous ce nom tous ceux qui disent ou enseignent quelque chose de contraire aux sentiments reçus à Rome et en Italie touchant l'autorité souveraine et illimitée des papes, leur supériorité sur les conciles même généraux, et le pouvoir qu'ils ont sur le temporel des princes; aussi bien que ceux qui écrivent, disent et enseignent quelque chose contre les déterminations prises par les papes. A ce sujet, la plupart des Français et des Allemands, même catholiques, passent pour luthériens dans les pays de l'Inquisition.

Le soupçon d'hérésie a plus d'étendue encore. Ainsi, par exemple, pour l'encourir, il ne faut qu'avancer quelque proposition qui effarouche ou scandalise ceux qui l'entendent. Il suffit même de n'avoir pas voulu dénoncer au Saint-Office ceux qui en avouaient de pareilles. L'on est, en outre, suspect d'hérésie quand on abuse des sacrements ou des choses saintes; qu'on méprise, qu'on outrage ou qu'on déchire les images; qu'on lit, qu'on retient ou qu'on donne à lire à d'autres des livres condamnés par l'Inquisition.

Il suffit encore, pour tomber dans le cas de ce soupçon, de s'éloigner des usages ordinaires des catholiques en matière de piété, comme de passer une année sans se confesser et communier, de manger de la viande les jours défendus, et de négliger d'aller à la messe les jours commandés par l'Église.

L'on soupçonne encore d'hérésie ceux qui sont assez impies pour dire la messe ou entendre les confessions sans être prêtres, ou qui, l'étant, disent la messe sans consacrer, ou réitèrent les sacrements qui ne se réitèrent pas, ou qui étant engagés dans les ordres sacrés, ou étant profès de quelque religion, entreprennent de se marier, et ceux encore qui, étant mariés, épousent une ou plusieurs femmes.

Enfin, pour être soupçonné d'hérésie, il suffit d'assister une seule fois aux sermons des hérétiques ou à quelques autres de leurs exercices publics; de négliger de comparaître à l'Inquisition, lorsque l'on a été cité, ou de ne pas se faire absoudre dans l'année quand on a été excommunié; d'avoir quelque hérétique pour ami; d'en faire estime, de le loger, de lui faire des présents, ou même de lui rendre visite, et surtout d'empêcher qu'il ne soit mis à l'Inquisition et de lui donner les moyens de s'en sauver, quelles que soient les raisons d'amitié, de devoir, de reconnaissance, de pitié, d'alliance et de parenté qui aient poussé à le faire.

L'Inquisition portait les choses si loin à ce sujet, que non-seulement il n'était pas permis de sauver un hérétique, mais que l'on était même obligé de le dénoncer, quand ce serait un frère, un père, un mari, une femme, et cela sous peine d'excommunication, de se rendre soi-même coupable d'hérésie et d'être exposé aux rigueurs de l'Inquisition, comme fauteur d'hérétiques. C'est là le troisième chef soumis au jugement de ce tribunal. Mais il faut savoir que les inquisiteurs comprennent sous cette désignation tous ceux qui favorisent, défendent ou donnent conseil ou secours, en quelque manière que ce soit, à ceux contre lesquels le Saint-Office a commencé de procéder; ceux encore qui, sachant que quelqu'un est hérétique, ou qu'il a été cité et qu'il ne veut pas comparaître, le logent, le cachent, ou lui donnent secours ou conseil pour éviter les poursuites; ou bien, supposé qu'il ait été emprisonné, l'aident à forcer les prisons, lui fournissent quelque instrument pour le faire, ou empêchent, par des menaces ou autrement les officiers de l'Inquisition de faire leur devoir, ou qui, sans les empêcher eux-mêmes, aident et favorisent ceux qui s'y opposent.

L'on comprend encore sous la dénomination de *fauteurs d'hérétiques* ceux qui parlent, sans permission, aux prisonniers du Saint-Office ou qui leur écrivent, soit que ce soit pour leur donner conseil ou simplement pour les consoler; ceux qui gagnent les témoins par argent ou autrement pour les obliger à se taire, ou à favoriser les accusés dans leurs dépositions, ou qui cachent, dérobent, brûlent ou s'emparent, de quelque manière que se soit, des papiers qui traitent des affaires de l'Inquisition.

Enfin, ce qu'il y a de plus extraordinaire, c'est que tout commerce avec les hérétiques, ne fût-ce que pour le trafic, rend suspect d'hérésie, et qu'on ne peut leur envoyer des marchandises, de l'argent ou quelle autre chose que ce soit, leur écrire ou recevoir de leurs lettres sans tomber dans le soupçon d'hérésie.

« Le quatrième chef, qui comprend les magiciens, les sorciers, etc., a encore plus d'étendue, surtout en Italie, où la nation, dit l'auteur que nous copions est fort superstitieuse, où les femmes sont encore plus curieuses et plus crédules que partout ailleurs, et où les plus habiles sont persuadés de toutes les folies qu'on publie du sabbat et de toute la part qu'on peut donner au démon sur les actions humaines. Je ne m'arrêterai pas, ajoute cet auteur, à rapporter le détail des accusations qui se peuvent faire sur un pareil sujet, parce que, outre quelques crimes énormes que l'on peut commettre et qui sont assez connus, parce qu'ils sont les mêmes partout, le reste ne comprend que des superstitions ridicules, qui sont plutôt l'effet d'une imagination malade ou travaillée par une basse crédulité, que d'une volonté déréglée et d'un cœur corrompu. Je me contenterai de dire que, de tous les cas soumis au jugement de l'Inquisition, il n'en est point qui remplisse les prisons d'un plus grand nombre de femmes de toutes les conditions, et que l'astrologie judiciaire y est soumise, quand on s'en sert pour prédire les choses futures. »

Quoique le blasphème, qui est le cinquième chef, soit fort commun, et qu'il soit réputé par l'Inquisition comme l'un des plus grands crimes que l'on puisse commettre, les inquisiteurs ne prennent connaissance que de ceux qui contiennent quelque hérésie.

Pour ce qui est des juifs, des mahométants et des autres infidèles, quoiqu'ils ne soient pas soumis à l'Inquisition en beaucoup de choses, ils le sont néanmoins pour les crimes qui offensent la religion chrétienne. Ces crimes sont : premièrement, ceux que les chrétiens peuvent commettre, comme fauteurs d'hérétiques, blasphémateurs, magiciens, etc., ou en s'opposant à l'exécution des ordres de l'Inquisition.

Outre cela, ils sont sujets à l'Inquisition quand ils publient, écrivent ou avancent de quelque manière que ce soit, quelque chose de contraire aux actes et aux articles de la foi qui nous sont communs avec eux. Ainsi, si un juif ou un mahométan niait l'unité de Dieu ou sa providence, l'Inquisition en connaîtrait et le punirait comme hérétique.

Ils sont encore soumis à l'Inquisition quand ils empêchent quelqu'un de leur secte de se faire chrétien, ou qu'ils persuadent ou engagent quelque chrétien à quitter sa religion pour embrasser la leur, ou qu'ils le favorisent dans ce changement.

Il ne leur est pas permis non plus de vendre, débiter ou même garder le Talmud et autres livres défendus par l'Inquisition, ou qui réfutent ou traitent avec mépris la religion chrétienne. Enfin, il ne leur est pas même permis d'avoir des nourrices chrétiennes, ni de faire quoi que ce soit au mépris de notre religion. L'Inquisition prend connaissance de tous ces cas, et elle les punit avec d'autant plus de sévérité, que le besoin d'éviter les supplices auxquels ils sont condamnés est souvent un motif pour ces malheureux de changer de religion.

Tel est le tableau bien incomplet, des crimes et délits que l'Inquisition poursuivait pour la plus grande gloire de la religion catholique, et pour conserver pure la foi de l'Église de Rome. On comprend combien il était facile au Saint-Office, au moyen de ses fiscaux, de ses consulteurs et de ses casuistes d'étendre sa juridiction sur toutes les familles, sur toutes les personnes de l'un et l'autre sexe qui avaient le malheur de vivre dans les pays où il régnait souverainement; l'on y était dans la continuelle appréhension qu'une dénonciation, quelque futile qu'elle fût, ne vînt, vous ou vos amis, vous mettre sous la main des inquisiteurs, de leurs geôliers et de leurs alguazils.

Comme l'une des principales maximes de l'Inquisition était de se rendre terrible et de se faire redouter des peuples qui lui étaient soumis, elle punissait toujours sévèrement tous ceux qui avaient offensé, de quelque manière que ce fut, ses membres, ses officiers ou ses suppôts. Il n'y avait, sur ce point, aucune offense légère; tout était crime capital; ni naissance, ni rang, ni dignités ne pouvaient mettre personne à couvert, et les moindres menaces faites au moindre de ses officiers, ou même contre les délateurs, étaient punies de la dernière rigueur.

Nous ne reviendrons point ici sur la manière de procéder de ce tribunal effroyable; nous l'avons exposée en détail dans l'*Histoire de l'Inquisition d'Espagne*, et nous ne pourrions que nous répéter à ce sujet, comme à l'égard de beaucoup d'autres. Tout ce que nous pourrions ajouter encore de relatif à l'Inquisition de Rome n'apprendrait à nos lecteurs rien qu'ils n'aient déjà lu dans celle d'Espagne.

Mais comme on pratiquait dans le tribunal du Saint-Office une morale et une justice directement contraires à celles adoptées par tous les autres tribunaux, et que cette morale et cette justice si extraordinaires pourraient passer pour incroyables, nous ne saurions assez répéter ce que ces procédures avaient d'attentatoire aux droits de l'humanité, afin qu'on ne puisse l'oublier jamais.

Aux temps primitifs de l'Église chrétienne, lorsqu'un hérétique se repentait de ses erreurs et qu'il se soumettait à la pénitence, l'Église lui ouvrait ses bras, et on le réconciliait avec joie.

Dans l'Inquisition, quand on avait pardonné une seule fois, ce qui était rare, il n'y avait plus de miséricorde; le malheur d'avoir été induit en erreur deux fois ne s'expiait que par le feu. Partout ailleurs, la mort finissait toutes les procédures et terminait toutes les rigueurs dont on pouvait user contre les criminels. Dans l'Inquisition on procédait tout autrement: toutes les procédures entamées du vivant de l'accusé étaient continuées après sa mort, et l'on exerçait sur les *os*, sur les *cendres* et les *statues* des coupables, les mêmes rigueurs que l'on eût exercées sur eux-mêmes. Le temps ne faisait rien oublier aux inquisiteurs qui, maintes fois, commencèrent des poursuites contre des personnes enterrées depuis plus d'un siècle.

Partout ailleurs l'on n'impute point à crime à un fils d'avoir caché son père, recherché pour être jeté dans les prisons ou pour être conduit au supplice; une femme n'est point coupable pour avoir sauvé son mari d'un grand danger; l'on regarde même ces bons offices comme des devoirs naturels dont on ne doit point se défendre. Dans les pays d'Inquisition, tous ces devoirs sont défendus; et dès que quelqu'un a eu le malheur d'être déféré à cet inique tribunal, il est abandonné de tout le monde. Un fils n'oserait donner retraite à son père, un père à son fils, ni une femme à son mari. Et si l'on était convaincu de l'avoir fait, l'on serait sujet à l'Inquisition comme fauteur d'hérétiques.

Partout ailleurs, quand on a été accusé à faux, et emprisonné sans motifs, tourmenté sans excuse, on peut publier son innocence et s'en faire honneur. On peut se plaindre, et ces plaintes ne passent pas pour un nouveau crime qui donne droit à la justice de nous saisir de nouveau. Les juges même, la plupart du temps, ne font point de difficulté d'avouer qu'ils ont été surpris; ils sont les premiers à déclarer innocents ceux qu'ils reconnaissent pour tels. Mais l'on ne voit rien de semblable dans l'Inquisition, où l'on ne fait point de pareils aveux. Le Saint-Office ne reconnaît jamais qu'il s'est trompé; il a toujours raison; tout a toujours été bien fait par lui; et si un innocent, échappé des mains des inquisiteurs, osait publier son innocence et s'en faire honneur, le Saint-Office ne manquait pas de s'en saisir de nouveau et de le punir du dernier supplice, comme coupable d'avoir diffamé l'Inquisition.

Toutes ces iniquités paraîtront incroyables, surtout en France, où, depuis des siècles, on a pu heureusement oublier jusqu'au nom de l'Inquisition; mais les peuples qui ont eu le malheur de vivre sous cette cruelle institution les tiennent pour irrécusables.

Écoutons les États assemblés à La Haye, s'expliquant dans les termes les moins équivoques au sujet de ce tribunal, après l'avoir ignominieusement chassé:

« Qu'y a-t-il de plus insupportable pour les peuples libres, s'écriaient-ils, que cette Inquisition, digne invention de la barbarie des Sarrazins et des Maures, et que l'Espagne veut introduire sous un faux prétexte de religion? Qu'y a-t-il de plus impie que de défendre aux fidèles l'usage de la parole de Dieu et la lecture de l'Écriture sainte, pour y substituer des condamnations de proposition et des anathèmes, afin d'imposer aux simples? Que d'établir une juridiction altérée de sang, des formules de jugement inusitées et un tribunal qui sape tous les fondements de la liberté chrétienne? A quoi tendent toutes ces nouveautés? Le monde entier en connaît maintenant les motifs odieux : on veut abolir les droits les plus sacrés, les priviléges, les libertés, les coutumes et les lois des peuples... Les Napolitains, les Milanais, les Grenadins et les Indiens nous ont appris ce que doivent craindre les peuples malheureux qui obéissent à l'Espagne et à l'Inquisition... »

Nous terminerons ici l'exposition des faits incroyables qui ont été révélés au monde par un grand nombre d'écrivains dignes de foi qui se sont attachés à reproduire les actes des diverses Inquisitions; nous ferons remarquer seulement que la congrégation du Saint-Office, en sa qualité de conseil de la Suprême, dirigeant toutes les autres congrégations émanant de celle de Rome, donnait toujours l'impulsion première, et se chargeait de frapper les grands coups, lorsqu'elle en éprouvait le besoin, dans l'intérêt des papes.

Ses armes étaient les interdictions, les excommunications, les anathèmes qu'elle lançait, de loin comme de près, tantôt sur des royaumes entiers, tantôt sur des villes ou communautés, et tantôt sur les princes; car le tribunal du Saint-Office, pour se rendre plus redoutable, affectait de n'épargner qui que ce fût, et d'humilier les personnes les plus relevées comme les moindres du peuple.

Ce fut dans ces vues de domination suprême que les papes, à l'instigation du Saint-Office qui avait commencé par déclarer hérétiques les souverains osant lutter avec la cour de Rome, s'attribuèrent le droit d'excommunier et de déposer ces souverains. L'histoire des papes, à partir de Grégoire VII, qui ouvrit cette voie, nous offre une foule d'exemples de royaumes, de villes mis en interdit, d'empereurs, de rois et de seigneurs excommuniés comme hérétiques ou fauteurs d'hérétiques, et dépossédés de leurs domaines. Dans le nombre de ces souverains excommuniés et déposés pour crime d'hérésie, nous citerons Mathieu Galeas Visconti, qui s'était fait nommer prince et seigneur de Milan, malgré l'opposition du pape Jean XXII. La procédure instruite contre ce seigneur ne fut pas longue : l'Inquisition le déclara hérétique par plusieurs motifs, et le pape le priva de ses dignités, confisqua ses biens, et le nota d'infamie, lui, ses enfants et sa postérité. Mathieu Visconti se moqua de son excommunication, de même que de l'interdit lancé contre la ville de Milan. Quelques jours avant sa mort, ayant fait assembler le clergé dans la grande église, il se fit placer devant l'autel, et là il prononça à haute voix le symbole des apôtres ; puis, levant la tête, il s'écria : « Telle est la foi que j'ai toujours professée ; si l'on m'a accusé d'autre chose, c'est faussement. »

Nous avons déjà fait connaître l'excommunication lancée contre le doge et le sénat de Venise ; celle qui frappa l'empereur Frédéric et qui lui enleva l'empire est aussi du ressort de l'Inquisition, car c'était ce tribunal qui préparait les foudres du Vatican. L'Inquisition fut aussi la cause de l'excommunication lancée contre don Juan de Portugal et même contre Henri III de France.

Mais à force de déployer cette audace et cette sévérité qui marquèrent tous les pas de l'Inquisition, le peuple de Rome s'indigna ; la haine qu'il portait au pape qui avait autorisé tant d'iniquités, éclata sans réserve, et lorsque Paul IV mourut, le peuple de Rome se porta à de graves séditions contre la mémoire du pontife accusé d'avoir encouragé les rigueurs excessives de l'Inquisition. Les statues de Paul furent renversées et traînées honteusement par la ville durant plusieurs jours. Le peuple, qui en voulait surtout à l'Inquisition, brisa les portes des prisons, en tira de force les prisonniers dont elles étaient remplies, mit le feu au palais du Saint-Office ; et ne s'apaisa qu'après en avoir brûlé tous les livres et papiers. L'an 1568, Mantoue faillit aussi être bouleversé par une sédition pareille, excitée à l'occasion de l'Inquisition. On pût croire un instant que l'Inquisition avait cessé d'exister en Italie.

Mais le peuple n'a de colère et de persévérance que pendant quelques jours; le lendemain, les intrigants de toutes les robes, les fourbes de toutes les conditions, travaillent de concert à le calmer, et ne tardent pas à river ses fers plus fortement que jamais.

Quelque temps après l'incendie du palais des inquisiteurs à Rome, l'Inquisition de cette ville, ou plutôt la congrégation du

Saint-Office relevait sa tête hideuse et exerçait des vengeances cruelles. Elle s'établissait dans l'immense couvent dit de la *Minerva*.

Heureusement les progrès incessants des lumières forcèrent plus tard cette institution à se dépouiller insensiblement de son extrême rigueur; quelques papes philosophes contribuèrent à cet heureux résultat. Puis vint la révolution française qui, portant ses principes de justice éternelle jusque sur les bords du Tibre, renversa toutes les barbares institutions nées des ténèbres et de l'ignorance. Malheureusement, cette révolution laissa debout les palais d'où la superstition avait régné sur les peuples abrutis.

Comme la marche de l'esprit humain est devenue depuis lors irrésistible, soixante ans après, on vit s'élever dans la ville éternelle une jeune et vigoureuse République, qui promettait de marcher sur les traces de celle qu'illustrèrent les Scipion, les Caton, les Marius et les Gracques.

A peine la nouvelle république romaine eut-elle été proclamée par la Constituante issue du vote universel, que cette assemblée, comme celle de France en 1789, comprit qu'elle avait tout à réformer, tout à refondre, si elle voulait briser les liens qui, dans les États de l'Église, plus que partout ailleurs, avaient entravé l'essor du génie national et de la richesse publique. Il fallut donc porter une main vigoureuse sur tous les abus dont la religion avait été la cause ou le prétexte : on commença par l'abolition des tribunaux ecclésiastiques exceptionnels.

Comme en France avant notre première révolution, le sol et les richesses de toutes natures se trouvaient immobilisés entre les mains des corporations religieuses : les biens du clergé furent déclarés propriété de l'État, après avoir assigné aux ecclésiastiques un traitement fixe et suffisant. En conséquence, les propriétés des Jésuites et celles de la trop fameuse Inquisition, furent administrées par les agents de la République.

Bientôt les décrets des 5 et 30 avril affectèrent les bâtiments du Saint-Office au logement des familles pauvres, qui reçurent en même temps des terres ayant appartenu au clergé. Les salles basses de ces mêmes bâtiments ayant dû être appropriées pour le matériel de l'artillerie de la République, on ne tarda pas à lire dans les feuilles françaises la traduction suivante (1) du procès-verbal dressé par ordre du gouvernement, pour constater les recherches opérées au fond du palais de l'Inquisition. Cette pièce historique si curieuse contient les plus intéressants détails sur les *derniers moments de l'inquisition de Rome*. La voici :

« Par deux décrets en date des 21 et 28 février 1849, la République romaine avait ordonné le retour à l'État des bâtiments de l'Inquisition, et l'appropriation de ces bâtiments au logement des pauvres de la cité : quinze jours furent accordés aux *frères de la Minerve*, vulgairement *dominicains*, pour vider les lieux; ils durent mettre à profit ce trop constant délai ! Or voici, d'après des témoins oculaires, ce qu'ils laissèrent à l'observation publique :

« Le gouvernement républicain, obligé d'approprier les salles du Saint-Office au logement des chevaux d'artillerie, allait faire percer un gros mur touchant à la chambre du second PÈRE COMPAGNON, dont il sera parlé tout-à-l'heure ; un révérend frère DOMINICAIN s'opposa à l'exécution de cet ordre, au nom du pape et de la sainte Inquisition. On ne dut pas tenir compte de cette protestation. La pioche entrait dans le mur, lorsqu'à certain coup, on vit avec épouvante s'abattre un plancher à bascule correspondant à une trappe pratiquée dans le plancher au-dessous, par laquelle on tombait dans un souterrain sans jour et sans issue, dans un *in pace* enfin ! Cette découverte fit ouvrir les yeux sur la manière de procéder de cet abominable tribunal.

« On sait que quand ses pourvoyeurs avaient une victime à saisir, ils attendaient la nuit, et choisissaient l'instant où elle était hors de son domicile pour la faire disparaître du milieu des vivants, sans que personne, à ses côtés, pût révéler la cause de sa disparition soudaine. Ces précautions prises, ils la jetaient, en un tour de main, dans une voiture bien close, et quand, par mille détours, ils lui avaient fait perdre la trace des lieux, et qu'ils

---

(1) La traduction libre que nous publions ici de ce document officiel, est due à la plume élégante d'une femme d'esprit, madame de Longueville.

étaient sûrs qu'elle ne pourrait reconnaître où elle était, ils la laissaient éperdue au rez-de-chaussée de la première cour, du côté de la grande porte. Là elle commençait son initiation dans une pièce circulaire où dix squelettes, collés à la muraille, lui annonçaient que parfois dans cette hôtellerie on clouait les hôtes tout vifs, pour les laisser patiemment attendre la mort. Après ce saint avis, dans une galerie voisine, elle rencontrait encore des squelettes humains, non plus attachés debout et comme en posture de recevoir les visiteurs, mais couchés en manière de mosaïque ou de parquet ; dans la même galerie, à droite, elle pouvait distinguer clairement un four souillé de nombreuses taches de graisse, et consacré apparemment à remplacer en secret les bûchers des places publiques, tombés en désuétude devant la pruderie du siècle corrompu.

« On rencontre peu de cellules proprement dites dans ce premier bâtiment ; mais en revanche, au second étage, à droite, on trouve la salle du saint tribunal, ornée d'un superbe écusson de Pie V et d'une figure de l'Église terrassant l'hérésie ; au-dessus du siège du père commissaire, un Christ en compagnie du terrible *Gusman* DOMINIQUE, dont le chien tient encore entre ses dents le flambeau de la vérité, comme pour le dévorer. Aux extrémités de cette salle, la victime en sortant trouvait deux portes, l'une la conduisait à la chambre dite du *premier père compagnon*, l'autre à celle du *second père compagnon*, au-dessus de laquelle elle pouvait lire : STANZA DEL SECONDO PADRE COMPAGNO (résidence du second père compagnon). Ainsi s'appellent deux inquisiteurs chargés de la double fonction d'aider le suprême procureur à découvrir les criminels et à *convertir définitivement les condamnés*.

« Le premier *padre*, tout bénin d'apparence et de langage, apprenait très-mielleusement au patient la grandeur du crime dont il était coupable : il le suppliait de se repentir, et invoquait sur lui la miséricorde de Dieu, qui ne l'éprouvait évidemment sur cette terre que pour lui faire mériter le ciel. Puis, après des questions et des réponses multipliées sur tous les tons, quand aucune révélation n'était plus à espérer, que la confession paraissait épuisée sans retour, le *premier* PADRE la bénissait à pleines mains et l'adressait au second.

« Touché d'une si miséricordieuse conférence, le patient béni, croyant aller à la liberté, entendait avec bonheur la seconde porte rouler sur ses gonds et s'ouvrir à son approche; il apercevait avec joie le *second padre compagnon*, nonchalamment étendu dans un vaste et moelleux fauteuil, muet et glacé, les yeux à demi-ouverts et fixés sur lui comme dans l'attente d'un événement. Le malheureux avançait plein d'espoir; mais, au premier pas qu'il faisait sur le seuil de la fatale chambre, le parquet se dérobait sous lui en même temps qu'un marteau s'abattait sur sa tête, et le précipitait abasourdi dans les profondeurs du souterrain, tombe vivante où il allait achever de râler et de mourir, sur les ossements et les chairs mortes et demi-fondues déjà de ses devanciers.

« On découvrit avec horreur dans ces souterrains une couche de terreau noir, gras, mou, parfois huileux, entremêlé d'ossements, de chevelures, de tresses de cheveux, dont plusieurs conservaient leur fraîcheur et leur éclat; des vêtements de forme plus ou moins ancienne, parfois gâtés, moisis, déchiquetés, souvent intacts, dépouilles des infortunés morts dans la famine, le silence et la nuit! Depuis combien de temps? Une figure de Pie VII, avec le millésime de 1823, sur une pièce de monnaie qu'on y trouva, semble prouver jusqu'à ces derniers temps la continuité de ces exécutions sauvages.

« Le hasard avait ainsi mis sur la trace d'une foule de ces casernes de mort : elles se prolongeaient jusque sous le milieu de la place Saint-Pierre, et parfois étaient étagées l'une sur l'autre, comme les cases des cercueils dans les tombeaux. Une tête d'enfant, d'environ dix ans, fut distinguée parmi beaucoup d'autres dans un caveau dont le sommet s'ouvrait dans une cellule au rez-de-chaussée du second bâtiment. Une dalle retombait sur le condamné, dont les froides et silencieuses murailles, les ténèbres et la faim finissaient à la fois les supplications, les cris, les pleurs, les rages et la vie.

« A l'une des extrémités de ce caveau, dans un mur presque

neuf, mais barbouillé en gris sale pour imiter le vieux, sous un amas d'objets d'église, mis en tas comme des friperies abandonnées, on avait dissimulé la première marche d'un escalier d'en-

viron trente degrés : c'était l'entrée de la longue série de cachots du saint pape Pie V; c'est là qu'il a approvisionné un peuple de squelettes, au nom du Dieu d'amour, en disant de la clémence, *qu'elle consistait dans l'impitoyable punition des hérétiques.*

« Certaines parois offrent des dispositions qui rappellent le *colombarium* des anciens : ici, les squelettes sont couchés côte à côte sur le sol; là, ils sont accrochés à des anneaux de fer; plus loin, ils sont tenus en demi-cercles par des chaînes; là, les têtes empilées s'élèvent en pyramides comme les boulets d'un arsenal; quelquefois les corps ont été enterrés dans le sol et la chaux jusqu'aux épaules; enfin, sur tous ces ossements nus, vous pouvez lire encore l'empreinte des dernières convulsions de la vie; mais sur les derniers surtout vous distinguez très-bien les crispations des membres, leurs tensions inutiles pour s'arracher à la ténacité de la chaux.

« L'Inquisition utilisait jusqu'à ses égouts pour varier les supplices : on y voit de petites cases où les suppliciés ne pouvaient se tenir qu'accroupis, la moitié du corps dans une eau sale et puante; chaque case communiquait à un corridor obscur par où les gardiens apportaient le pain destiné à faire durer l'agonie.

« Nous voilà au second corps de bâtiment : c'est là que se trouvent les principaux *in pace* et une foule de cachots de toutes sortes; c'est, assurément, le point le plus riche en cellules : les trois étages en sont pleins.

« Le Saint-Office, il faut lui rendre cette justice, avait trop le flair des tourments et la soif d'en diversifier artistement les douleurs, pour n'avoir pas devancé le raffinement de nos prisons cellulaires! Il avait presque inventé d'inspiration les araignées humaines de ces infâmes prisons, qui, du centre de leurs toiles de pierres, sucent, goutte à goutte, non le sang, mais la pensée, l'intelligence, la vie, l'entendement enfin, de leurs suppliciés; qui s'efforcent, à petits coups, de leur soutirer le sens de l'amitié, de la volonté, l'idée et le sentiment même de la société, tout, jusqu'aux mouvements du corps, jusqu'aux battements du cœur, jusqu'à la parole et au geste, ne leur laissant de tous ces éléments de la vie que ce qu'il en faut à un ver, à un végétal pour ne pas mourir.

« Chaque cellule est faite pour une seule personne (à deux la souffrance serait moindre); elle donne sur de longs et étroits corridors chargés de peintures et d'inscriptions : c'est la mort avec sa faulx, l'enfer et son attirail de flammes, de diables cornus, de chaudières, grils, fourches, monstres et damnés de toute espèce se tordant dans le mal, enfin, tous les meubles et effets meublants de ces sortes d'endroits; à chaque pas et au-dessus de chaque porte, se retrouve la figure du Christ, non pas celui de l'Évangile, plein d'une tendresse infinie pour le genre humain et de compassion pour les misères; non, mais bien du Christ fait à l'image de la sainte Inquisition.

« Certaines cellules sont sans lit; d'autres n'ont qu'un peu de paille hachée, des couvertures en lambeaux, des chaises, des tables cassées, des cruches ébréchées, tout est désordre et saleté! çà et là quelques vêtements, quelque objet à l'usage des derniers hôtes frappaient les regards avides. Sauf une casquette et une vieille veste d'homme du peuple, le chapeau tout frais encore d'un jeune garçon d'environ douze ans, quatre sandales et quelques cordons de moines, tout indiquait que ces hôtes avaient été des femmes; ajoutez de petits paniers remplis d'amulettes, de médailles, de chapelets et de crucifix, un rouet à filer qui avait l'air de ne faire que de finir son dernier tour; des bas inachevés encore pendant aux aiguilles, un béret de *Contadine*, et un fragment de beau châle arraché violemment; du reste, tous ces débris touchaient jusqu'aux larmes les cœurs préoccupés encore des terribles mystères des cachots et des trappes.

« Un petit charriot et un petit soulier d'enfant, à côté des chaussures de religieuses, attiraient surtout notre tendre curiosité : une pauvre vestale, infidèle à des vœux contre nature, avait-elle expié, avec son fils innocent, le crime d'un amour involontaire?... On voyait le peuple romain, sensible autant qu'ardent, faire revivre tant de douleurs et s'émouvoir d'un souvenir comme d'une scène encore palpitante de réalité : presque tous, en passant, recueillaient pieusement quelques pincées de la terre des martyrs, quelques mèches des cheveux qui y abondaient.

« Les murailles, aussi, racontaient les angoisses poignantes des esprits brisés et des volontés broyées sous la terreur; les pensées expirantes, qui y étaient écrites, n'exprimaient généralement que la défaillance des forces et la résignation. La place du bûcher n'était pas moins éloquente, non plus que la galerie ménagée tout exprès pour donner, par les yeux, un avant-goût de cet affreux supplice à ceux qui y étaient réservés, et que l'exhaussement d'un mur, le long de cette galerie, pour empêcher ces prédestinés de se jeter dans la cour, et, par cette mort imprévue, de priver l'Inquisition de les brûler vifs et dans les formes. C'est dans cette cour, de deux cents mètres de longueur, que se trouve l'entrée des égoûts utilisés comme supplices.

« Divers instruments de torture, disséminés de tous côtés, ajoutaient à l'horreur de ces tristes lieux; on distinguait, entre autres, les chevalets pour la question par l'eau, qu'un auteur contemporain, ci-devant consulteur du Saint-Office, signale comme la plus fréquemment employée dans ces derniers temps.

« La troisième partie du monument renferme le très-confortable logement des dignitaires du second degré du Saint-Office. Les dignitaires du premier degré n'y logent point.

« A la suite des appartements particuliers de ces messieurs, s'étendent les archives, qui prennent presque le reste du bâtiment. Elles se composent de tous les jugements rendus sur soupçon d'hérésie ou de protection d'hérésie, sur maléfice, sortilège, enchantement, blasphème, sur toute espèce d'injures, résistance, offense à l'Inquisition, à ses officiers, à tous ceux qui lui appartiennent, à leurs personnes, à leur réputation, à leurs propriétés, à leurs ordonnances, et sur toute tentative pour sauver un accusé, le faire échapper, ou toute négligence à le dénoncer, fût-ce un frère, un père ou une mère; sur la violation des commandements de l'Église, comme de rester plus d'un an sans confession, d'avoir mangé de la chair aux jours défendus, etc.

« Ces archives contiennent les jugements prononcés sur les Israélites, Mahométans, Bouddhistes, enfin, sur tous les incrédules aux choses du pape, athées, théistes ou panthéistes, sur tous ceux qui professent ou enseignent quelque chose de contraire aux opinions de la cour de Rome, ou de contraire à l'autorité temporelle et illimitée des papes, à leur supériorité à l'égard des conciles mêmes généraux et œcuméniques, à leur droit d'arbitre souverain entre les peuples et les princes de la chrétienneté entière : car toutes ces choses sont de la compétence de l'Inquisition.

« On y trouve encore les décisions rendues entre tous les inquisiteurs et toutes les inquisitions des diverses provinces ou nations du monde chrétien; tous ressortissaient de celle de Rome pour les conflits qui pouvaient s'élever à raison des règles de la juridiction, de la forme et du fond, et enfin à raison de toutes les affaires les plus graves en religion et en politique concernant les intérêts généraux de la cour de Rome en lutte avec l'intelligence humaine; car, par un bras tendu à côté de l'Inquisition, la congrégation de l'index, composée d'inquisiteurs émérites, permettait ou défendait à son gré la science au monde catholique. Du reste, tout ce qui remonte en ce point au-delà du quinzième siècle ou à peu près se trouve entassé dans les combles du château Saint-Ange; ce n'est donc qu'à partir de cette époque que l'Inquisition peut dater ses collections.

« La bibliothèque en forme la première section.

« Tous les ouvrages traitant, dans toutes les langues du monde, de l'Inquisition dans le sens catholique, et vantant sa gloire et ses services, s'y pressent en foule et s'étalent au grand complet sur les tablettes les plus apparentes; vous voyez d'abord l'*Index*, le recueil entier des ouvrages réprouvés; et parmi ces ouvrages, tous ceux qui contiennent les plus hautes découvertes, les plus belles conquêtes des arts, des sciences et de l'esprit humain : toutes les manifestations les plus grandes, les plus hardies, les plus éclatantes, les plus admirables de l'intelligence et de la pensée, depuis l'invention de l'imprimerie jusqu'au suffrage universel; ce recueil montre le catholicisme toujours au guet et l'arme prête pour se jeter sur le génie de l'homme et étouffer à son apparition le rayon de Dieu.

« Vous voyez encore les premières éditions des ouvrages de tous les philosophes et de tous les réformateurs italiens, morts pour la plupart ou dans l'exil, ou dans les tortures et les oubliettes, ou sur le bûcher; ouvrages inconnus partout ailleurs des plus savants, et dont les plus riches du monde ne pourraient à aucun prix se procurer ni exemplaire, ni copie! L'Inquisition a saisi cette proie; elle a détruit ou brûlé les auteurs et les livres, et jusqu'à ceux qui auraient cru pouvoir en retenir une copie.

« Vous y voyez des manuscrits sans nombre de toutes sortes d'écrits, confisqués avant l'impression aux génies et aux peuples. Nous nous rappelons y avoir parcouru une étude de géographie d'un certain chevalier Fontane, qui ne touchait en rien à la religion, mais qui accumulait les documents statistiques dont l'ensemble établissait, d'une manière aussi claire qu'irréfutable, que l'administration papiste n'était pas d'une excellence tout à fait irréprochable. »

Qui n'aurait cru, à la lecture des horreurs révélées par le procès-verbal de cette affreuse découverte, que ce ne fût là un de ces coups réservés par la Providence pour rendre impossible à tout jamais la réapparition du tribunal de la foi sur les terres de la chrétienté! Ne pouvait-on pas dire en toute assurance, de cet acte officiel, qu'il éclairait les *derniers moments de l'Inquisition de Rome?*

Hélas! tous ceux qui s'étaient félicités d'être enfin délivrés de cette barbare institution, n'avaient pas réfléchi à la proverbiale ténacité de cette cour de vieillards sans expérience!

À peine l'inqualifiable politique du président de la République française, Louis-Napoléon Bonaparte, se fut-elle donné la fratricide mission de renverser la jeune et héroïque république romaine, que la cour de prêtres réinstallée au Vatican, sous la protection de baïonnettes françaises, s'empressa de rétablir, à Rome, la congrégation du Saint-Office, qui reprit aussitôt ses terribles fonctions. Les actes contre lesquels le tribunal ecclésiastique crut devoir procéder ne manquèrent pas de se présenter en foule. Malheur à tous ceux qui avaient servi le gouvernement républicain! Tous parurent justiciables de la congrégation de la foi; et l'Inquisition déploya une telle activité au service de ses vengeances, qu'on aurait pu se croire aux quinzième et seizième siècles.

Dès que la petite cour papale de Gaëte fut rentrée au Vatican, les prisons du Saint-Office se remplirent d'une foule considérable de démocrates; les condamnations se succédèrent avec une rapidité effrayante; et si le tribunal de la foi n'osa plus rendre des sentences de mort, pour être exécutées publiquement, on le vit néanmoins pousser ses rancunes au point d'infliger à un seul et même accusé jusqu'à *cent cinq années de galères!*

Les livres et les journaux ayant contribué à opérer la révolution qui avait délivré les Romains, l'Inquisition, toujours la même, s'en prit aussi aux livres, et les feuilles officielles, à défaut d'autres éléments de publicité, se trouvèrent journellement remplies de suppléments successifs à l'ancien *Index* de la congrégation.

Aujourd'hui, la lutte vient de recommencer plus violente que jamais entre l'intolérance religieuse et la liberté des consciences, entre la presse et les ennemis des lumières, entre la barbarie et la civilisation, entre l'Inquisition et la philosophie. Faudra-t-il encore des siècles pour amener une nouvelle révolution? Non, assurément; car le génie humain s'éclaire chaque jour, et les ténèbres de l'ignorance n'étant plus à redouter, le monde ne peut plus marcher à reculons.

L'INQUISITION EN FRANCE.

Quoique tous les auteurs dignes de foi que nous avons pu consulter sur l'origine de l'Inquisition se soient accordés à assurer que cette barbare institution fut introduite en France vers le commencement du treizième siècle, alors que régnait Philippe II, il est probable que ce ne fut là qu'un tribunal ambulant, une sorte de commission créée pour poursuivre les restes des hérétiques albigeois, ceux que n'avait pu atteindre la dague du féroce comte de Montfort. Il est même démontré que les inquisiteurs n'eurent pas d'abord toute l'autorité que les siècles suivants leur donnèrent, le pouvoir qui leur fut accordé par Innocent III étant borné alors à la conversion des hérétiques, par la voie de la prédication et de l'instruction. Ils devaient aussi exhorter les princes et les magistrats à punir, même du dernier supplice, ceux qui persisteraient avec obstination dans ce que la cour de Rome appelait leurs erreurs, leurs crimes; à s'informer du nombre et de la quantité des hérétiques; du zèle des princes et des magistrats catholiques à les poursuivre; du soin et de la diligence des évêques et de leurs officiaux à en faire la perquisition. Les inquisiteurs envoyaient ensuite à Rome toutes ces informations, pour que le pape pût prendre les déterminations qu'il jugerait convenables, soit contre les hérétiques, soit contre les princes eux-mêmes.

C'est de ces informations et de ces recherches que vinrent les dénominations d'*Inquisition* et d'*inquisiteurs*.

Il paraîtrait qu'après l'extermination des hérétiques albigeois, le tribunal des inquisiteurs cessa de fonctionner pendant quelque temps en France. Ce qui est positif, c'est que les querelles des papes avec les empereurs d'Allemagne, querelles qui ensanglantaient l'Europe, ne permirent pas à la cour de Rome de s'occuper sérieusement de son projet favori, qui était l'établissement de l'Inquisition dans tous les états de la chrétienté.

Lorsque des circonstances plus favorables se présentèrent, et que les papes purent songer sérieusement à ce qu'ils considéraient comme les affaires de la religion, le projet d'un tribunal permanent et indépendant, composé seulement d'ecclésiastiques, et chargé de punir le crime d'hérésie, fut repris à Rome, avec une grande ténacité.

L'interrègne, ou plutôt la vacance de l'empire, à la suite de la déposition par le pape de l'empereur Frédéric et de sa dynastie, permettait alors au Vatican d'agir en Lombardie et dans le reste de l'Italie comme s'il en fut le maître. C'est donc en Italie que le pape Innocent commença ses essais de l'Inquisition permanente.

Mais on ne tarda pas à s'apercevoir qu'au milieu des obstacles de toutes sortes que rencontrerait l'établissement de ce tribunal, il s'en présentait de très-difficiles à surmonter. Or, ces obstacles se rencontraient partout, en Italie comme en France.

Et d'abord, les évêques s'opposaient à l'érection d'un tribunal qui leur ôtait le pouvoir de connaître des affaires d'hérésie, dont ils avaient toujours été en possession. Ces évêques ne manquaient pas de dire qu'ils étaient d'aussi bons juges que des moines étrangers, nouvellement établis et n'ayant aucune autorité morale; et ils paraissaient déterminés à défendre leurs prérogatives et leur juridiction.

D'un autre côté, se trouvaient les juges laïcs qui, excipant du droit qu'ils avaient toujours eu de faire le procès aux hérétiques, droit qui leur avait été confirmé même par les ordonnances de Frédéric II, lorsque cet empereur eut augmenté l'autorité des inquisiteurs, s'opposaient, avec non moins de vigueur que les évêques, à l'érection d'un tribunal qui devait ruiner une partie de leur juridiction.

Enfin, les princes eux-mêmes ne semblaient pas moins intéressés à empêcher l'établissement, dans leurs états, d'une institution qui allait ôter à leurs magistrats l'autorité qu'ils leur avaient donnée, et qui voudrait même partager les prérogatives de la souveraineté, en s'emparant du droit de vie et de mort de leurs sujets.

Ces obstacles étaient de nature à ne pouvoir être franchis de front. Aussi la cour de Rome, qui n'abandonnait pas facilement ce qu'elle avait une fois entrepris, usa de ses expédients ordinaires pour les aplanir l'un après l'autre. Les papes parurent se relâcher sur quelques-unes des attributions qu'ils voulaient donner aux inquisiteurs, bien convaincus que le temps et les circonstances feraient le reste.

C'est ainsi qu'ils établirent le tribunal ecclésiastique de l'Inquisition dans les provinces italiennes les plus soumises à leur autorité.

Cela fait, la cour de Rome essaya de l'établir en France ; et, malgré l'opposition des évêques, elle réussit en partie dans ses vues, puisque l'Inquisition permanente fut reçue dans le Languedoc, ainsi que dans plusieurs des provinces méridionales.

La plupart des historiens qui ont parlé de l'établissement de l'Inquisition en France, ou plutôt dans les contrées méridionales où se trouvaient encore de nombreux hérétiques albigeois et vaudois, n'ont attaché aucune importance aux actes de cette Inquisition, qu'ils considèrent comme un établissement éphémère, n'ayant exercé que rarement sa juridiction, et s'étant enfui aux premières émeutes des populations.

Cela n'est pas exact. Le tribunal du Saint-Office a été établi longtemps, trop longtemps dans nos provinces méridionales, et ses ravages s'y sont fait sentir avec la même fureur qu'au-delà des Pyrénées, surtout dans les treizième et quatorzième siècles. Nous trouvons, à ce sujet, les renseignements les plus précis dans le *Discours sur quelques auteurs qui ont traité de l'Inqui-*

sition, écrit important, dont l'authenticité et la véracité ne sauraient être contestées. Cette pièce, annexée à l'édition de Cologne de 1769 du livre si peu connu intitulé *Histoire des Inquisitions* (1), nous fournit une foule de renseignements irrécusables sur les actes de l'Inquisition établie dans le Midi de la France, et principalement à Toulouse, à Cahors, à Alby, à Carcassonne, à Auch, à Agen, à Montauban, actes qui se trouvent également mentionnés dans l'*Histoire générale du Languedoc*. Non-seulement un autre auteur ayant écrit l'*Histoire de l'Inquisition* en latin, Limborch, a fait entrer dans son livre une centaine de sentences curieuses prononcées à Toulouse contre un grand nombre de personnages accusés d'hérésie, mais encore, il définit les peines que les inquisiteurs de cette ville infligeaient aux malheureux Albigeois qui tombaient dans leurs mains, peines aussi sévères, aussi barbares, aussi anti-chrétiennes que celles appliquées plus tard par le Saint-Office des Espagnes.

« Ceux qui confessaient d'abord leurs crimes, et qui en témoignaient un sincère repentir, dit cet historien, on les obligeait de porter des croix sur leurs habits pendant un certain temps, une ou plusieurs selon la différence des crimes que l'on avait avoués. Ceux qui avaient peine à avouer ce dont ils étaient accusés, et qui montraient une certaine répugnance à se repentir, étaient condamnés à une prison perpétuelle, et l'on enchaînait ceux qui différaient plus longtemps leur conversion : Les inquisiteurs se réservaient néanmoins le pouvoir et la liberté d'aggraver ou de diminuer les peines dans la suite, suivant la différence de conduite que tenaient les pénitents.

« A l'égard de ceux qui refusaient de se convertir et des *relaps*, c'est-à-dire de ceux qui, après des marques de conversion et de repentir, étaient retombés dans le même état duquel ils avaient paru sortir, ils étaient condamnés à la peine du feu, sans miséricorde, mais toujours avec la clause, pour l'ordinaire très-

(1) L'édition qui existe à la Bibliothèque nationale de Paris et qui porte la date de Cologne (1696), ne renferme ni cette pièce, ni l'extrait du *Manuel des Inquisiteurs*, ajoutés l'une et l'autre à l'édition de 1769, devenue ainsi la plus précieuse.

inutile, qu'on prierait les juges séculiers d'épargner leur sang. Dans les *actes de foi*, qu'on appelait alors *sermons de la foi*, on ne manquait jamais de faire prêter serment aux juges-royaux, aux consuls et échevins des villes, de défendre l'église catholique et de poursuivre les hérétiques avec vigueur. »

Quoi qu'il en coûte de l'avouer, nous sommes donc forcés de déclarer que c'est en France qu'on vit siéger l'Inquisition permanente, à la suite des premières guerres religieuses, et que les inquisiteurs établis dans le midi de la France furent les premiers à donner l'exemple de ces condamnations iniques et cruelles, de ces *auto-da-fé* barbares qui ne tardèrent pas à faire trembler l'Espagne tout entière.

Nous devons dire plus encore : la France eut ses Torquemada dans un de ses inquisiteurs du nom de *Foulques de Saint-Georges*, dominicain et inquisiteur de la foi dans le Toulousain. C'est donc des moines de la France méridionale que les Espagnols ont pris tout ce que leur inquisition a eu de plus exécrable, hommes et choses.

En effet, bien avant le règne du fameux Torquemada, l'opinion publique du Languedoc s'était soulevée contre divers inquisiteurs de la foi ou ecclésiastiques.

Les habitants de la ville et diocèse d'Alby se plaignirent vivement, en particulier, de Bernard de Castanet, leur évêque, qui, à ce qu'ils prétendaient, avait condamné, de concert avec les inquisiteurs, plusieurs innocents comme hérétiques ; ils s'unirent avec ceux de Carcassonne, adressèrent leurs plaintes au roi, à la reine et au conseil de Sa Majesté, dit l'historien que nous avons déjà cité. Mais ces populations ne tardèrent pas à être punies de leur audace. L'évêque et les inquisiteurs leur imposèrent une réconciliation, qui eut lieu à l'église du château de Cordes, en Albigeois. Elle se fit de la manière suivante, par les inquisiteurs de Toulouse et de Carcassonne, et par le vicaire-général de Bérard, évêque d'Alby :

« Ces trois commissaires s'étant transportés sur les lieux, à la fin du mois de juin de l'an 1321, commencèrent cette cérémonie dans la place du marché, par un sermon en langue vulgaire, qui fut prononcé par le provincial des frères prêcheurs ou dominicains. Ensuite les consuls de Cordes, leurs assesseurs et conseillers, demandèrent, au nom de tout le peuple présent, l'absolution pour tout ce qu'ils pouvaient avoir commis autrefois, tant contre feu Bernard de Castanet, leur évêque, que contre les inquisiteurs : ils en témoignèrent un grand regret et en demandèrent pardon. Les commissaires le leur accordèrent, après que le peuple eut promis d'obéir à l'avenir aux ordres de l'Église. Ils leur imposèrent entr'autres, pour pénitence, de faire bâtir, dans deux ans, une chapelle en l'honneur de saint Pierre martyr, de sainte Cécile, de saint Louis et de saint Dominique, et d'y fonder un chapelain. Ils exceptèrent de l'absolution six ou huit d'entre eux, comme plus coupables, et dont ils se réservèrent le jugement, afin de leur imposer de plus grandes pénitences. »

A la même époque, les habitants du haut Languedoc furent plus heureux dans les plaintes qu'ils eurent le courage de formuler contre les cruautés exercées par l'inquisiteur de la foi à Toulouse, frère Foulques. « Cet inquisiteur, nous apprend l'auteur de l'*Histoire générale du Languedoc*, ayant agi avec trop de dureté et même avec beaucoup d'injustice, les prélats, les ecclésiastiques, les comtes, les barons et tous les notables du pays en portèrent des plaintes à Philippe-le-Bel. Ils accusèrent frère Foulques d'exercer des extorsions et des violences inouïes; de faire souffrir d'horribles tourments à ceux qu'il avait fait emprisonner sous prétexte d'hérésie, pour leur faire avouer les crimes dont ils n'étaient point coupables (1), de suborner des témoins, etc.; en sorte que tous les peuples paraissaient disposés à la révolte.

« Philippe-le-Bel, pour mettre ordre à tous ces abus, donna des lettres portant que la prison de Toulouse, qu'on appelait *des emmurés*, resterait sous la dépendance du sénéchal, et que l'inquisiteur ne pourrait faire arrêter personne, sans en avoir délibéré auparavant avec l'évêque. En même temps, il défendit à ses offi-

(1) C'est probablement ce Foulques qui, le premier, parmi les inquisiteurs, appliqua la question, au nom de l'Église catholique, apostolique et romaine

ciers d'obéir à l'évêque et à l'inquisiteur, lorsqu'ils agiraient séparément : « Car, ajoutait-il très-sagement, nous ne saurions « supporter que la vie et la mort de nos sujets soient livrées à « l'arbitraire ou à la fantaisie d'une seule personne, peut-être peu « instruite, et conduite par la passion. » Le roi fit en même temps des plaintes aux Dominicains de Paris de la conduite de frère Foulques, inquisiteur de Toulouse, et les pria de le destituer de sa charge. On traita de cette affaire dans un chapitre qui fut tenu au couvent de Saint-Jacques; mais on n'y eut pas égard aux remontrances du roi. On ordonna seulement que frère Foulques prendrait un adjoint, tiré de son ordre, mais qu'il demeurerait en place jusqu'à la mi-carême, afin de lui laisser le temps de terminer les procès qu'il avait commencés.

« Le prince manda à l'évêque de Toulouse que ce tempérament ne remédiait pas aux abus ni aux scandales, et lui déclara qu'il ne pouvait le supporter. En effet, Philippe-le-Bel écrivit aux sénéchaux de Toulouse, de Carcassonne et d'Agen, pour les charger du soin des prisonniers, avec défense absolue de permettre que frère Foulques continuât d'exercer ses fonctions d'inquisiteur. Les Dominicains se déterminèrent enfin à destituer frère Foulques, et mirent à sa place frère Guillaume de Morières, dont on rendit un bon témoignage au roi... »

Qui ne voit, dans ce frère Foulques, si fortement soutenu par les Dominicains, le précurseur du fameux Torquemada, le bourreau de l'Espagne, comme Foulques le fut du Languedoc!

Afin de démontrer que l'Inquisition se montra la même partout où elle put s'établir, nous rappelerons encore ici ce qui arriva aux habitants de Béziers, à l'occasion d'un commentaire sur l'Apocalypse laissé par un frère Jean d'Olive, livre qui donna naissance à l'hérésie qu'on appela des *fratricelles*. Les opinions de ce religieux ayant été condamnées après sa mort, les inquisiteurs firent, par ordre du pape, exhumer ses ossements, qui furent livrés aux flammes avec ses écrits. Mais cette procédure singulière ayant irrité les partisans du défunt, l'hérésie des *fraticelles* se répandit et donna beaucoup d'inquiétudes aux inquisiteurs. Ils s'en prirent d'abord aux habitants de Béziers, et ils les taxèrent d'hérésie auprès du pape Boniface VIII, d'après les accusations suivantes portées contre eux :

1° Comme ayant imposé les ecclésiastiques, qu'ils soumettaient aux autres impositions communes, sans s'embarrasser des censures qui étaient décernées contre ceux qui commettaient de pareilles entreprises ;

2° Comme ne faisant aucun cas de l'interdit ni de l'excommunication ;

3° Comme parlant mal du pape et de son autorité, c'est-à-dire, apparemment de ses prétentions ;

4° Enfin, comme s'adressant aux juges séculiers pour se faire relever des censures qu'ils avaient encourues, et dans lesquelles ils persévéraient avec opiniâtreté depuis plus de deux ans.

Sur cette déclaration, le pape écrivit à l'inquisiteur de Carcassonne d'informer contre les habitants de Béziers, et de faire leur procès, s'ils étaient véritablement coupables.

C'est ainsi que la cour de Rome cherchait de jour en jour à accroître l'autorité des inquisiteurs, et que ceux-ci se permettaient d'entrer sans cesse dans une infinité de détails propres à troubler les personnes en place, les familles et les villes entières.

Quant à ce que l'on appelait alors en France les *sermons de la foi*, devenus depuis les *auto-da-fé*, il nous est facile de démontrer qu'il en fut célébré, dans le Languedoc, un nombre presque aussi considérable que celui reproché aux inquisiteurs d'Espagne.

On lit à cet effet, dans le registre des sentences de Toulouse, que ce *sermon public* était pratiqué par l'Inquisition de cette ville dès l'an 1276. On y trouve surtout cette cérémonie pratiquée dans la cathédrale, le premier dimanche de carême des années 1307, 1308, 1309, 1310, 1311 et 1312, et enfin, le second dimanche de carême, 7 mars, 1315.

Comme tous ces actes de foi étaient à peu près les mêmes, il suffira d'en rapporter ici un exemple, que nous copions de l'auteur de l'*Histoire générale du Languedoc* ; cet exemple prouvera encore que l'Inquisition d'Espagne a tout emprunté à celle du midi de la France :

« Le dimanche 30 septembre de l'an 1319, dit cet auteur, frère

Bernard Guidonis et frère Jean de Beaune, inquisiteurs de l'hérésie *dans le royaume de France, par l'autorité apostolique*, dont le premier résidait à Toulouse et l'autre à Carcassonne, se rendirent dans la cathédrale de Toulouse, où on avait amené tous les accusés des prisons de l'Inquisition, et qui était remplie de peuple. Frère Bernard Guidonis, outre sa qualité d'inquisiteur, était encore revêtu de l'autorité ordinaire des évêques Guillaume de Cahors, Raymond de Saint-Papoul et Guillaume de Montauban, qui lui avaient donné leurs pouvoirs pour cette fois, à l'égard de ce qui regardait les accusés de leurs diocèses. Les grands vicaires de Jean, évêque de Comminges, du chapitre et de l'église d'Auch, le siège vacant de Béraud, évêque d'Albi, et de Pilfort, évêque de Rieux, qui avaient jugé, de concert avec les inquisiteurs, les personnes de leurs diocèses accusées d'hérésie, s'y trouvaient aussi en qualité de commissaires nommés par ces prélats.

« On commença la séance par la lecture des lettres de l'archevêque de Toulouse du 7 septembre précédent, suivant lesquelles ce prélat consentait que, dans le prochain *sermon général*, les inquisiteurs de Toulouse, les évêques des environs de cette ville ou leurs vicaires, et les commissaires députés par le chapitre d'Auch, le siège vacant, pussent procéder pour cette fois et faire tous les actes judiciaires avec les inquisiteurs, seulement par rapport aux accusés qui étaient de leurs diocèses. On lut ensuite le pouvoir que les évêques de Cahors, Saint-Papoul et Montauban avaient donné à frère Bernard Guidonis d'agir en leur nom. Guiard Guidonis, chevalier, sénéchal de Toulouse, les autres juges royaux, les douze consuls de Toulouse, le juge mage de la sénéchaussée et le viguier de la même ville prêtèrent après cela serment de conserver la foi de l'Église romaine; de poursuivre et dénoncer les hérétiques; de ne commettre aucun office public à des gens suspects ou diffamés pour cause d'hérésie, et enfin d'obéir à Dieu, à l'Église romaine et aux inquisiteurs, en ce qui regarde l'Inquisition. Ce serment fut suivi d'une sentence d'excommunication lancée par l'archevêque de Toulouse et les inquisiteurs contre tous ceux qui mettraient obstacle directement ou indirectement à l'exercice de l'Inquisition. Cette sentence fut lue en présence de plusieurs officiers royaux de la sénéchaussée et divers jurisconsultes et ecclésiastiques séculiers et réguliers.

« Ces préliminaires étant finis, les deux inquisiteurs et les grands-vicaires des évêques ci-dessus nommés lurent, en premier lieu, publiquement le nom de vingt personnes présentes, qui avaient été condamnées à porter des croix sur leurs habits pour fait d'hérésie, et à qui on permit par grâce de les quitter. En second lieu, ils lurent les noms de cinquante-six *emmurés* ou prisonniers pour le même crime, tant hommes que femmes, auxquels on fit grâce de la prison, à condition de porter des croix sur leurs habits, de faire quelques pèlerinages, d'accomplir d'autres pénitences ou œuvres pies, etc., avec privation de tout office public. Les croix qu'ils devaient porter étaient au nombre de deux, et elles devaient être cousues sur le devant et sur le derrière de leurs habits, entre les épaules. Ils étaient obligés de les porter sur tous leurs habits, excepté sur la chemise, et elles devaient être de feutre et de couleur jaune : la branche perpendiculaire avait deux palmes de long et la transversale une palme et demi ; leur largeur était de trois doigts. Ceux qui étaient condamnés à les porter étaient tenus de les refaire toutes les fois qu'elles se déchiraient. Les inquisiteurs et les grands-vicaires déclarèrent qu'ils se réservaient le pouvoir d'augmenter ou de diminuer les peines quand ils le jugeraient à propos, et ils firent la même déclaration pour les peines qu'ils imposèrent aux autres accusés. Ils reçurent ensuite l'abjuration de ces cinquante-six personnes, et ils leur donnèrent l'absolution de l'excommunication dont elles avaient été frappées. En troisième lieu, ils enjoignirent à quatre hommes et à une femme, qui avaient fréquenté les hérétiques, de faire quelque pèlerinage, sans les assujettir à porter des croix comme les autres, et on leur donna l'absolution, après qu'on eût lu publiquement les fautes dont ils étaient coupables.

« Ils condamnèrent ensuite vingt hommes ou femmes à porter des croix de la même manière qu'on l'a déjà expliqué, après qu'on eût lu publiquement leur confession, dans laquelle ils s'accusaient d'avoir favorisé ou fréquenté les hérétiques ou les Vaudois, d'avoir participé à leurs cérémonies, etc. On leur imposa diverses pénitences et des pèlerinages qu'ils devaient commencer dans trois mois en divers lieux de dévotion de la France désignés audit acte. Avant l'imposition de ces pénitences, les accusés abjurèrent leurs erreurs et promirent d'obéir à l'Église : ils reçurent l'absolution de l'excommunication dont ils étaient liés. Les inquisiteurs ordonnèrent à quelques-uns de ces accusés qu'ils jugeaient plus coupables que les autres, de porter des doubles croix.

« En cinquième lieu, on lut la confession de vingt-sept, tant hommes que femmes, qui avaient favorisé plus particulièrement les hérétiques ou les Vaudois, ou qui avaient été initiés à leurs mystères, et celle d'un juif converti, *relaps*. On publia ensuite la sentence qui les condamnait à la prison perpétuelle, où ils devaient faire pénitence au pain et à l'eau. Quelques-uns de ceux-ci, comme plus coupables, furent condamnés à être resserrés plus étroitement, et avoir les fers aux pieds et aux mains. Les inquisiteurs se réservèrent d'abréger ou d'augmenter cette peine dans la suite.

« 6° On fit la lecture de la confession qu'avaient faite neuf accusés, hommes et femmes, qui étaient décédés, et qui, suivant leurs fautes, auraient dû être renfermés dans une prison perpétuelle, s'ils avaient vécu, excepté un qu'on aurait livré au bras séculier. Tous leurs biens furent confisqués.

« 7° On publia la confession et la sentence d'un autre accusé qui était mort *croyant* des hérétiques ; on déclara ses biens confisqués, et que, s'il eût été encore vivant, et qu'il eût refusé de se convertir, on l'aurait abandonné au bras séculier.

« 8° On publia une autre sentence d'un homme, mort fauteur des hérétiques ; on ordonna que ses ossements seraient exhumés, sans cependant être brûlés, et que ses biens seraient confisqués.

« 9° On lut encore une autre sentence contre un homme marié qui disait la messe, et prétendait consacrer sans avoir été ordonné, et contre une femme relapse, morts l'un et l'autre dans l'impénitence ; on ordonna que leurs ossements seraient déterrés et brûlés.

« 10° On lut la confession et la sentence d'un prêtre bourguignon, qui avait embrassé l'hérésie des Vaudois, et qui était relaps; il fut condamné à être dégradé et abandonné ensuite au bras séculier.

« 11° On lut les informations qui avaient été faites contre quatorze hérétiques, fauteurs d'hérétiques, ou relaps, fugitifs, tant hommes que femmes. Ils furent tous condamnés comme hérétiques par contumace.

« 12° On prononça une sentence contre deux Vaudois ou pauvres de Lyon, relaps, et on les abandonna au bras séculier.

« 13° Enfin, on abandonna au bras séculier, pour être brûlé vif, un accusé qui, après avoir été convaincu d'hérésie en jugement, soit par sa propre confession, soit par témoins, avait rétracté ensuite sa confession, *prétendant* que c'était la force des tourments qui la lui avaient arrachée, et qui avait déclaré qu'il ne voulait ni se défendre ni se purger. On lui donna cependant quinze jours pour se reconnaître, et il fut dit qu'en cas que, dans cet intervalle, il avouerait son crime, on ne le condamnerait qu'à une prison perpétuelle.

« Ainsi finit, ajoute l'auteur de *l'Histoire générale du Languedoc*, cette longue et humiliante cérémonie. Il est à remarquer que les informations contre les accusés et leurs confessions leur furent lues en langue vulgaire ou en provençal, quoiqu'elles soient rédigées en latin dans le registre. »

Tous ces documents, irrécusables s'il en fut, ne permettent pas le moindre doute sur l'établissement de l'Inquisition dans le Midi de la France, et démontrent, par des dates certaines, que là fut son berceau. Ils prouvent encore que cette Inquisition du Languedoc fut la première à déployer ses rigueurs, et qu'elle eut des chefs aussi cruels, aussi sanguinaires que le furent plus tard les Torquemada, les Valdès, etc.

Toutefois, il est juste de reconnaître que les populations luttèrent constamment contre les actes de ce tribunal ecclésiastique et contre le Saint-Office lui-même. L'excessive sévérité que les inquisiteurs déployèrent dans l'exercice de leurs fonctions, provoqua de fréquentes émeutes; de toutes parts on se souleva surtout contre la rigueur avec laquelle ils levaient les impôts destinés à leur entretien, et les exactions qu'ils commettaient sous ce prétexte. Ces plaintes furent accompagnées d'une déclaration précise des villes et communautés soumises à cette contribution, portant qu'elles ne voulaient ni ne pouvaient plus obtempérer à un ordre de choses si ruineux et si vexant. La cour de Rome ne s'étant pas pressée de prendre en considération les justes griefs des populations, les inquisiteurs ne tardèrent pas à devenir l'objet de la haine générale.

Bientôt des soulèvements populaires éclatèrent dans toutes les villes méridionales contre ces moines; ils se virent successivement chassés des lieux où ils exerçaient, et forcés d'abandonner, bon gré mal gré, les autres localités, faute de pouvoir s'y maintenir; ou plutôt, dit un historien, parce que loin d'y être en quelque considération, comme ils le désiraient, ils n'étaient plus que l'objet de l'aversion publique tellement prononcée, qu'il parut impossible de la vaincre, même en revêtant la peau de brebis.

Ce fut ainsi que le redoutable tribunal de l'Inquisition s'éloigna, une première fois, de la France méridionale, seule partie de ce royaume où des inquisiteurs permanents se fussent installés pendant quelque temps : elle y tomba, comme plus tard à Naples et en Sicile, sous les soulèvements populaires qu'elle avait provoqués. Insensiblement il n'en exista plus de traces en France que celles laissées dans les villes du comtat d'Avignon, alors soumis directement à la cour de Rome.

Mais après trois siècles de répit, et lorsque Luther ayant commencé à prêcher ses doctrines en Allemagne se fut fait un parti considérable, l'Inquisition, qui avait cessé ses poursuites en plusieurs contrées, peut-être faute de coupables, dit l'auteur de l'*Histoire des Inquisitions*, reparut tout-à-coup, et recommença avec une vigueur nouvelle à poursuivre ces nouveaux hérétiques. Cet exemple pernicieux infecta aussi la France, soutenu qu'il y fut par le faux zèle du chancelier Duprat.

« Cet homme, raconte un historien du seizième siècle, tint un concile provincial en 1528, au mois de février, dans lequel, après avoir fait condamner avec raison les doctrines de Luther, de

Mélanchton, de Zwingler, d'Œcolampade et de leurs adhérents, il fit un décret général qui renouvelait tous les anciens canons du concile de Latran contre les hérétiques, leurs fauteurs, leurs défenseurs, ceux qui seraient même soupçonnés d'hérésie, les relaps, etc. Il y exhorta tous les princes chrétiens à extirper de leur royaume l'hérésie et ceux qui l'enseignaient ou qui la soutenaient.

Ce décret ne fut que trop rigoureusement suivi ; ce qui rétablit pendant quelque temps en France l'Inquisition, dont on ne connaissait plus que le nom.

Il est certain que François Ier choisit, sous son règne, des inquisiteurs de la foi parmi les religieux de l'ordre de Saint-Dominique. Un édit du 30 mai 1536, établit en cette charge Mathieu ou Michel Orry, docteur en théologie, de l'ordre des Frères Prêcheurs. Le fondateur des Jésuites, Ignace de Loyola, accusé de quelque dissentiment dans les articles de foi, fut obligé de comparaître, comme suspect, devant cet inquisiteur, qui le renvoya absous. Quatre ans après, un diplôme du même roi François Ier, établit pour inquisiteur général dans tout le royaume, Joseph de Corregio ou Courège, encore religieux dominicain. En 1543, un troisième acte de François Ier donne tout pouvoir aux juges ecclésiastiques et aux inquisiteurs de la foi de poursuivre tous luthériens et autres hérétiques, à condition de renvoyer aux juges ordinaires ceux qui seraient laïques ou qui ne seraient point engagés dans aucun ordre sacré. Enfin, par un règlement de Henri II, fait à Saint-Germain-en-Laye, le 22 juin 1550, le roi déroge à l'édit de François Ier, et décharge Mathieu Orry de l'obligation où il était, en qualité d'inquisiteur de la foi, de communiquer les procédures qu'il avait instruites contre les hérétiques, aux cours souveraines, aux baillis et aux sénéchaux, pourvu qu'il en donnât communication aux ordinaires des lieux, c'est-à-dire aux évêques ou à leurs vicaires généraux. Quant au surplus, ce dernier règlement laisse à Orry le même pouvoir qui lui avait été accordé, de ramener à la foi orthodoxe, par ses avis, ses exhortations, ses instructions, ceux qui s'en seraient écartés ; d'accorder le pardon à ceux qui se repentiraient, et de corriger et de punir ceux qui persévéreraient avec obstination dans leurs erreurs. Cet édit fut même enregistré au Parlement de Paris, qui y mit seulement pour condition que, dans les cas privilégiés, l'inquisiteur n'agirait que de concert avec les juges royaux, à qui il serait tenu de donner communication de sa procédure.

Là fut le dernier acte officiel sur l'Inquisition, relatif à l'époque de son rétablissement en France. « Heureusement, dit un historien, ce rétablissement de l'Inquisition ne subsista pas longtemps; car, depuis un grand nombre d'années, le nom même de ce tribunal est abhorré dans ce royaume. Les guerres civiles religieuses de cette dernière époque eurent au moins cela de bon qu'elles firent disparaître l'Inquisition au milieu de ce terrible incendie général. »

« Vers la fin du XVIIe siècle, ajoute Marsolier, répondant à ceux qui prétendent que l'Inquisition permanente n'a jamais été fixée en France, on voyait encore à Carcassonne et à Toulouse les maisons de l'Inquisition. Il y a même encore dans ces villes des Dominicains qui portent la qualité d'inquisiteur; mais c'est là un titre sans fonctions. Néanmoins ces Dominicains prétendent que, s'il s'élevait de nouveaux hérétiques, auxquels on n'eût pas accordé la liberté de conscience, ils seraient en droit de procéder contre eux. L'on ne voit pas sur quoi est fondée cette prétention, remarque le même historien, puisque les évêques, en France, sont en position incontestable de juger ces dissidents, comme les magistrats ont conservé le droit de les condamner et de les faire exécuter. »

A l'époque où écrivait l'abbé Marsolier, le *grand-roi* pouvait très-bien se passer du ministère d'inquisiteur pour détruire les Calvinistes; les *dragonnades* n'étaient-elles pas un moyen plus sûr? Aussi, ce même historien, tout en se flattant que l'Inquisition ne sera plus nécessaire en France, convient-il que les rois ne manquent pas d'autres moyens d'y rétablir et d'y conserver la pureté de la foi. Ces moyens nouveaux, le grand roi les avait fait appliquer dans les Cévennes, et l'histoire lui en tient compte.

Nous terminerons ce coup d'œil sur l'Inquisition de France

en mettant sous les yeux de nos lecteurs les sentiments professés par quelques écrivains célèbres au sujet du tribunal dit de la foi.

De Thou, après avoir affirmé que le Saint-Office était en horreur depuis que Ferdinand le Catholique s'était servi de cette juridiction pour exterminer, en Espagne, les restes des sectes juive et mahométane, ajoute :

« Cette horreur était encore augmentée par la forme bizarre et inique que ce tribunal emploie contre l'ordre, la raison et l'équité naturelle, surtout par les tourments horribles dont la violence oblige souvent d'innocentes et malheureuses victimes à déclarer, contre la vérité, tout ce que des juges barbares veulent qu'on avoue. Une pareille juridiction semble donc moins imaginée pour conserver la vraie religion (ce qui pouvait se faire par des voies plus douces, suivant l'ancienne discipline de l'Église), que comme un moyen funeste d'enlever les biens et d'ôter la vie aux plus honnêtes gens. »

Le célèbre historien de l'Église, l'abbé Fleury, ne craint pas de mettre l'Inquisition au premier rang des causes qu'il indique comme ayant contribué à exciter l'indignation des laïques contre le clergé.

« On voit, dit-il, combien ce tribunal était odieux, par la difficulté de l'établir même en Italie et dans les États ecclésiastiques, et par les inquisiteurs mis à mort, comme Saint-Pierre de Vérone, compté entre les martyrs, le bienheureux Pierre de Castelnau, et tant d'autres. Or, l'Inquisition n'était pas seulement odieuse aux hérétiques, qu'elle recherchait et poursuivait, mais aux catholiques même, aux évêques et aux magistrats, dont elle diminuait la juridiction, et aux particuliers, auxquels elle se rendait terrible par la rigueur de sa procédure..... »

Enfin, l'avocat-général Talon, dans un de ses plaidoyers où il avait été forcé de parler du tribunal de l'Inquisition, s'écriait avec raison : « Nous faisons sagement d'en redouter jusqu'à l'ombre ! »

L'INQUISITION A VENISE.

Quoique la ville de Venise soit fort ancienne et qu'elle ait fait profession du christianisme dès la naissance de cette religion, il y a apparence que ses habitants se conservèrent exempts de toutes les hérésies qui s'étaient déjà révélées en diverses contrées dès le treizième siècle. Nous trouvons la preuve de cette assertion dans l'acte qui fut présenté à Jacques Thiépolo, lorsqu'il fut élu Doge, afin qu'il eût à s'y conformer et à le faire observer. Cet acte contient l'énumération des crimes et des punitions qu'on devait appliquer à ceux qui les auraient commis; et quoique cette énumération paraisse complète, on n'y trouve rien de mentionné qui ait quelques rapports aux délits que l'Inquisition considérait comme étant de son ressort.

Plus tard, et toujours sous le gouvernement de ce même doge, une nouvelle *déclaration* fut publiée contre les criminels. On y trouve beaucoup de ces délits pour lesquels l'Inquisition d'Espagne fit brûler tant de malheureux dans les quinzième, seizième et dix-septième siècles, c'est-à-dire les prévenus de sortiléges, de maléfices, etc.; mais il n'y est fait aucune mention des hérésies proprement dites; ce qui démontre qu'on ne connaissait pas encore à Venise ces sortes de crimes contre la religion catholique.

Ce ne fut qu'à l'époque où la mésintelligence éclata entre le pape Innocent IV et l'empereur Frédéric II, que l'Italie, se trouvant partagée en deux factions, celle qui tenait pour le pape et celle qui se rangeait du côté de Frédéric, vit les hérésies de toutes les sortes se glisser dans ses villes. Venise en fut d'autant plus infestée que le gouvernement y était doux ; les hérétiques croyant y jouir de la plus grande liberté, s'y étaient rendus de toutes les contrées soumises à la domination de la thiare.

« Le doge et le Sénat, dit Marsolier, dans la juste appréhension qu'un si grand concours de gens infectés de différentes hérésies ne corrompît à la fin la religion qu'ils avaient eu le soin de conserver pure pendant tant de siècles, commencèrent, dès l'an 1249, à prendre des mesures pour se préserver d'un si grand mal. »

Marsolier ne dit pas que le gouvernement de Venise fut porté, par les sollicitations des papes, à se mêler de ces sortes d'affaires ; mais cela résulte des mesures elles-mêmes, si conformes à celles adoptées par l'évêque de Rome et prêchées par ses légats.

Ces mesures étaient à peu près celles généralement appliquées partout où existait l'Inquisition religieuse. Une sorte de consulte fut créée pour rechercher les hérétiques, qui devaient être traduits devant un conseil composé du patriarche de Grade et des autres évêques des États vénitiens. Les individus reconnus coupables devaient être remis à la disposition de la justice séculière, et, à la pluralité des voix du conseil du doge, pouvaient être condamnés à périr par le feu.

Ces poursuites dirigées contre les hérétiques et ces punitions extrêmes n'étaient pourtant point encore l'Inquisition, c'est-à-dire un tribunal en dehors du droit commun, ayant ses codes et des formes autres que celles indiquées par les lois du pays. La procédure n'était pas celle adoptée par la sainte Inquisition, puisque l'on y suivait les lois établies pour les crimes ordinaires. Ni le doge, ni ses conseillers ne voulurent passer alors pour les exécuteurs des jugements exclusivement ecclésiastiques ; ils maintinrent les droits des citoyens, comme le fit longtemps le grand justicier d'Aragon. Mais à Venise, comme dans ce dernier royaume, la cour romaine ne cessa de peser de tout son poids, et se montra constamment attentive à atteindre son but, qui était l'établissement de l'Inquisition, avec ses tribunaux, ses codes et ses formes barbares.

Ici, les papes avaient affaire à un gouvernement libre, et non à des princes intimidés ou vendus au Vatican. Les Vénitiens,

soumis à un ordre de choses qui faisait prévaloir avant tout l'intérêt du pays, se montrèrent les justes appréciateurs des conséquences que toute déviation à leurs formes semi-républicaines pouvait amener : aussi ne voulurent-ils jamais consentir à admettre les prétentions de la cour de Rome ; ils ne cessèrent d'opposer à ses exigences la plus grande fermeté. Quoique les papes Innocent, Alexandre, Urbain, Clément, et les sept autres qui leur succédèrent, renouvelassent incessamment leurs demandes, les Vénitiens rendirent inutiles tous les moyens employés par les partisans de l'Inquisition pour prendre pied sur les lagunes. Les excès de cette Institution fournirent alors aux citoyens de Venise des arguments d'un grand poids, comme les fureurs des moines et des prédicateurs catholiques en avaient fourni aux protestants pour persévérer dans les réformes religieuses. On ne parlait partout que des désordres et des séditions causées par les violentes prédications des moines. Au premier caprice qui leur passait dans la tête, ces hommes, qu'emportait un zèle maladroit, publiaient des croisades contre les hérétiques, et mettaient successivement à feu à sang de paisibles contrées. Milan, Parme, avaient été au moment de périr par les séditions que les prédicateurs dévoués à l'Inquisition y avaient excitées, et toute l'Italie retentissait des plaintes que les populations adressaient à la cour de Rome contre ces auxiliaires du Saint-Office.

On comprend combien le Sénat de Venise se servit avantageusement de ces désordres pour justifier le refus qu'il faisait si persévéramment de recevoir l'Inquisition. Malheureusement, les doges qui se succédèrent ne mirent pas tous la même persistance à repousser les prétentions des papes, et Nicolas IV obtint enfin ce que ses prédécesseurs avaient si longtemps sollicité en vain. Le Sénat, obsédé, se décida à recevoir l'Inquisition dans les villes de la République ; mais il stipula lui-même les conditions de cette concession, et crut par là avoir évité les scandales, les désordres et les vexations qui résultaient ordinairement des prétentions du Saint-Office.

L'on convint donc que l'Inquisition n'aurait point d'autres officiers, pour l'exécution de ses procédures, que ceux de la République ; qu'afin d'éviter l'arbitraire que les inquisiteurs mettaient en tout, les revenus nécessaires à l'entretien du tribunal ecclésiastique seraient levés par les agents du gouvernement vénitien, et non par ceux de ce tribunal; que la République lui assignerait un fonds, et nommerait un receveur pour en percevoir les fruits, payer les gages des inquisiteurs et de leurs officiers, et acquitter toutes les dépenses admises. Enfin, on stipula que les produits des amendes et confiscations, prononcées légalement contre les hérétiques condamnés, seraient versés aux officiers de la sérénissime République, pour être employés à ses besoins.

Quoique le pape fût loin de goûter cet arrangement, et qu'il eût préféré faire recevoir l'Inquisition dans les états vénitiens sans conditions aucunes, comme elle l'avait été dans les autres états d'Italie, il ne laissa pas, dit l'historien Marsolier, d'agréer l'acte qui lui fut présenté, et de le confirmer par une bulle spéciale. La cour de Rome agit en cela suivant son système habituel : elle comprit que le plus difficile, l'établissement de l'Inquisition dans une contrée d'où elle avait été si longtemps repoussée, étant obtenu, le reste ne consistant plus qu'en affaires de formes, elle arriverait tôt ou tard à ses fins. Le Vatican espérait qu'il lasserait enfin les Vénitiens, et qu'il les amènerait à se relâcher insensiblement jusqu'à laisser l'Inquisition aussi libre de toute entrave et aussi puissante qu'elle l'était partout ailleurs.

Mais ici l'astuce des papes et de leur conseil ne put rien gagner sur l'inflexible fermeté des doges et des conseillers de la République. Pendant près de trois siècles, le Sénat, persuadé peut-être qu'il avait trop fait en recevant à composition l'institution sur laquelle les papes fondaient leur puissance, demeura ferme dans sa résolution à ne point souffrir d'empiétements. Il fit plus encore; bien loin de consentir à l'abrogation des conventions de 1289, il les réunit en un règlement composé de trente-neuf chapitres, selon lequel l'Inquisition devait se gouverner dans tout l'état vénitien.

Il y était dit qu'il y aurait toujours trois sénateurs délégués pour assister, à Venise, à tous les actes, procédures et jugements de l'Inquisition: et comme les villes de sa dépendance devaient se régler sur les lois de la capitale, celles de ces villes où siègerait le tribunal du Saint-Office délégueraient, à la place des trois sénateurs, les recteurs, et à leur défaut, le podesta ou son vicaire, pour assister à ces actes et jugements. C'était donc une Inquisition mixte que les Vénitiens avaient reçue chez eux, et non un tribunal purement ecclésiastique, comme ceux établis dans les autres états européens. Il est vrai que, par une disposition additionnelle, les commissaires vénitiens chargés d'assister auxdits jugements, ne devaient se mêler, en aucune manière, ni de l'instruction ni de la sentence; mais ils étaient chargés de veiller à ce qu'il ne se fît rien de préjudiciable à l'autorité qui régissait la République, rien qui fût contraire à la tranquillité publique, rien qui fût de nature à provoquer des scandales et opprimer les sujets des états vénitiens, rien enfin qui fût contraire à l'équité. Dans tous les cas, les officiers de la République, chargés d'assister les inquisiteurs, devaient prévenir le Sénat de ce qui se passait au tribunal de l'Inquisition. C'était-là un bon moyen pour détruire les abus qui se commettaient partout où le secret le plus inviolable protégeait le tribunal du Saint-Office.

Une des prérogatives que s'était encore réservées le doge ou le Sénat, consistait à ne permettre l'entrée en fonctions des inquisiteurs nommés par le pape, qu'autant que ces juges seraient agréables au chef de l'État. Il eut été nécessaire, peut-être, de stipuler que ces juges ne pourraient être pris que parmi les sujets vénitiens, comme l'avait stipulé la cour de Madrid à l'égard des fonctionnaires de l'Inquisition d'Espagne; mais la sérénissime République crut sans doute avoir assez fait en se réservant l'exéquatur.

Plusieurs autres articles de ce réglement étaient consacrés à l'obligation imposée aux *assistants* de se trouver à tous les procès intentés par l'Inquisition, soit à des laïques, soit à des ecclésiastiques; ils devaient connaître de tout ce qui se rapportait aux procès quelconques, comme citations, prises de corps, emprisonnement, audition de témoins, torture, abjuration, absolution, et généralement à tout ce qui se passait dans le tribunal du Saint-Office, et cela sous peine de nullité à l'égard de toute procédure qui aurait été instruite en leur absence.

Les *assistants* avaient aussi pour mission de veiller à ce qu'il ne fut inséré dans les procédures des statuts faits hors de l'État. Ils devaient surtout empêcher que les prisonniers et les dossiers fussent envoyés hors de l'État, lors même que les complices de ces prisonniers y seraient. Pour obtenir cette extradition, il fallait l'autorisation préalable du Doge. Les assistants devaient veiller encore sur tout décret de prise de corps, si le crime ne leur paraissait pas du ressort de l'Inquisition, et en donner avis à l'autorité supérieure, si le cas leur semblait douteux.

Ces délégués étaient encore chargés d'empêcher les inquisiteurs de procéder contre les prétendus sorciers, les devins, ainsi que les enchantements et les maléfices, excepté dans le cas où les prévenus se seraient rendus manifestement coupables d'hérésie.

Les blasphémateurs, ceux qui se rendraient coupables de railleries contre les choses saintes, de voies de fait contre les images révérées des chrétiens, et enfin les bigames, devaient aussi être jugés par les tribunaux laïcs de la République, et conformément aux lois canoniques, qui renvoyaient ces causes, comme celles de l'usure, aux magistrats séculiers.

L'article 24 de ces conventions portait que les juifs et généralement tous les autres infidèles, à quelque religion qu'ils appartinssent, ne devaient point être justiciables de l'Inquisition, quelle que fût la nature du crime dont ils se seraient rendus coupables. Il en devait être de même des Grecs et de toute autre peuple demeurant sur les terres de la République, auxquels on avait accordé le droit d'avoir leurs prélats particuliers.

L'article 27, le plus important de tous ceux arrêtés entre Venise et les papes, au sujet de l'Inquisition, était conçu en des termes qui honorent la République :

« Les biens de ceux qui auront été condamnés par l'Inquisition pour cause d'hérésie, y était-il dit, ne leur seront point confisqués; mais ils seront laissés à leurs enfants et autres héritiers légitimes, avec défense très-expresse d'en faire aucune part aux condamnés. »

A ces dispositions, contrastant si fort avec celles adoptées par les princes qui se déclaraient les *protecteurs de la très-sainte Inquisition*, le Conseil des Dix en joignit encore quelques autres propres à prouver combien les républicains des Lagunes devançaient les contrées soumises aux royautés dans les idées de liberté civile et religieuse.

Ainsi, par exemple, aucune bulle des papes ou ordonnance de l'Inquisition ne pouvait être publiée dans les états vénitiens qu'avec la permission du gouvernement.

En ce qui concernait les livres défendus par la cour de Rome, la convention que nous faisons connaître ici défendait encore aux inquisiteurs de faire publier aucun autre catalogue que celui arrêté mutuellement entre la République et le Saint-Siége.

Il était encore défendu aux inquisiteurs de juger les douaniers, bouchers, cabaretiers, hôteliers, qui vendaient de la viande en carême ; tous ces gens n'étaient justiciables que des magistrats séculiers.

Enfin, l'édit que les inquisiteurs étaient dans l'usage de faire publier lorsqu'ils prenaient possession de leur charge, devait être réduit, dans sa forme et teneur, à six chefs, sans que les inquisiteurs pussent y rien ajouter. Ces six chefs permettaient d'instruire :

1° Contre ceux qui, étant hérétiques, ou qui connaissant des hérétiques, ne les dénoncent pas ;

2° Contre ceux qui ouvrent des conférences et des assemblées au préjudice de la religion catholique ;

3° Contre ceux qui célèbrent la messe, ou qui s'ingèrent d'entendre les confessions sans en avoir caractère ;

4° Contre les blasphémateurs qui donnent quelque soupçon d'hérésie ;

5° Contre ceux qui empêchent et troublent la juridiction de l'Inquisition, qui en offensent les ministres, et qui, au sujet de cette fonction, menacent ou maltraitent les délateurs et les témoins ; bien entendu que ce soit réellement au sujet de cette fonction ; car si c'est pour un autre motif, comme, par exemple, d'avoir offensé un officier de l'Inquisition hors le cas de ses fonctions, ce délit devra être jugé par la magistrature ordinaire.

Le sixième chef, enfin, était dirigé contre ceux qui tiennent, imprim[...] font imprimer des livres hérétiques et contre la religion[...]

« [...] inquisiteur veut passer plus avant et ajouter quelque[...] au décret, portait le texte de la convention; s'il voulait insérer quelque chose de plus que ce qui est exprimé dans les six articles qu'on vient de rapporter, les assistants l'empêcheront et en donneront avis au prince (le Doge). »

Tel était le texte ou le sens des fameux trente-neuf articles réglementaires, arrêtés entre le Saint-Siège et la République, au sujet de l'établissement de l'Inquisition dans les États vénitiens.

Certes, il était difficile de se montrer plus prudent, plus réservé, plus soupçonneux même que ne l'était le Sénat, lorsque se rendant aux insistances de la cour de Rome, il permit l'introduction du Saint-Office dans les états soumis aux lois de la République. Ce qui étonne encore plus à une époque où tout cédait à l'autorité abusive et tyrannique des papes, c'est que la République des Lagunes ait pu persévérer dans ses prudentes précautions, et n'ait jamais permis à l'Inquisition mixte, qu'elle tolérait en la faisant surveiller, de se renfermer dans les seules attributions que lui accordait le règlement dont il s'agit ici, tandis que partout ailleurs cette institution, si modeste et si humble d'abord, n'avait pas tardé à dominer les trônes et à dicter ses lois. Combien de fois, dans le seizième et le dix-septième siècles, la cour romaine n'a-t-elle pas renouvelé ses tentatives pour étendre les attributions de son tribunal ecclésiastique à Venise! Le Sénat, persuadé que s'il se relâchait sur un point quelconque, c'en serait fait de la juridiction séculière, sut toujours résister aux plaintes et même aux menaces du Vatican, et maintint, envers et contre tous, son règlement en entier; ce qui épargna à la République plus d'une sédition, plus d'une guerre civile ou étrangère. Pendant près de deux cents ans, le gouvernement de Venise continua de tenir sous sa dépendance et sous les lois de la République cette institution dont il avait autorisé imprudemment l'établissement dans ses états; tandis que partout ailleurs l'Inquisition se montrait glorieuse d'émaner directement des papes, et de ne se gouverner que par les bulles du Vatican, et par ses propres réglements; réglements barbares, que les Vénitiens eurent le bon sens de laisser fleurir dans d'autres climats.

Ce qui prouve invinciblement que l'Inquisition de Venise fut constamment indépendante de celle de Rome et de toute autre, c'est que la République, et non l'Église, pourvut toujours aux dépenses nécessaires pour l'entretien de ce tribunal. Toutes les offres de la cour de Rome à ce sujet, furent constamment repoussées par le Sénat, qui aima mieux imposer des sacrifices à l'état vénitien, que d'y laisser introduire les abus résultant de l'administration du Saint-Office.

La question de l'*assistance* des sénateurs ou recteurs dans le tribunal de l'Inquisition fut surtout celle sur laquelle les papes cherchèrent à revenir à diverses reprises. Paul V, qui ne travailla toute sa vie qu'à accroître la puissance de l'Église; ce pape qui ne cessait de dire que Dieu lui avait mis la thiare sur la tête pour humilier les puissances séculières, ne pouvait s'habituer à l'idée de voir les inquisiteurs des états vénitiens placés sous la dépendance de laïcs.

Jules III ne put dissimuler le ressentiment qu'il en éprouvait: aussi le vit-on sans cesse lutter sur ce point avec l'ambassadeur de Venise à Rome. Jules prétendait que cette assistance était contraire aux décrets des papes, ses prédécesseurs, et aux règles de l'église catholique. Et comme l'ambassadeur de la République avait l'ordre de ne point céder aux prétentions de la cour de Rome, Jules menaça la République d'une bulle expresse pour abolir cet usage.

Ce pape parut pourtant se calmer lorsqu'à la suite d'explications données par le doge, il fut reconnu que les assistants ne prenaient pas la qualité de juges.

Mais plus tard, un autre pape, Grégoire IV, entreprit encore de revenir sur cet article, et déclara, par bulle expresse, que le crime d'hérésie étant purement de la juridiction ecclésiastique, le magistrat séculier n'avait aucun droit de s'en mêler, nonobstant les coutumes contraires. Le sénat soutint, avec raison, que la nature du concordat intervenu renfermant le consentement des parties contractantes, il ne pouvait appartenir à l'une de ces parties d'y déroger, au mépris de l'opposition de l'autre partie; que l'assistance étant une des principales conditions de l'admission de l'Inquisition dans les états de la République, il est probable que cette admission eût été refusée, sans le correctif ajouté par le Sénat.

Cette réponse énergique ayant fait craindre au pape que le tribunal du Saint-Office ne fut chassé des Lagunes, comme il venait de l'être du royaume de Naples, il ne fut plus question de cette affaire, et l'inquisition continua de rester mixte, tant à Venise que dans les autres villes de la République.

La prudente fermeté du sénat vénitien fut d'autant plus louable, qu'en ce même moment, l'Inquisition donnait, dans le Milanais, les preuves les plus palpables des abus de son autorité, en faisant arrêter l'ambassadeur des Suisses, qui s'était rendu en Lombardie pour protester contre les ordonnances de Charles Borrhomée. Peu s'en fallut que cet abus n'allumât la guerre entre les Suisses et les Lombards. Les Vénitiens restèrent donc convaincus de plus en plus que le zèle mal réglé des inquisiteurs avait besoin d'un frein puissant qui pût les ramener à l'ordre, toutes les fois qu'ils manifesteraient l'intention de s'en écarter.

Quoique battue incessamment sur ce point, la cour de Rome n'en continua pas moins à agrandir les attributions de son institution la plus importante, et l'Inquisition ne cessa de mériter la reconnaissance des papes par sa hardiesse à s'attaquer aux princes eux-mêmes. Chaque jour était témoin d'une entreprise nouvelle dirigée contre les hommes et les choses les plus respectables.

On sait déjà que les inquisiteurs, par des vues et des intérêts assez connus, entreprenaient, lorsque cela leur plaisait, des informations secrètes contre des gens d'honneur et de réputation qui n'avaient pas le bonheur de plaire à la cour de Rome. Ces informations, faites presque toujours sur la déposition de quelques témoins corrompus, que les inquisiteurs prenaient sous leur protection, étaient envoyées à Rome ou ailleurs, mais toujours hors de l'État, et l'on y rendait, dit Marsolier, des jugements secrets très-préjudiciables à l'honneur, à la fortune, à la vie même de plusieurs particuliers, qui restaient dans une ignorance complète de ces actes, jusqu'au moment où l'Inquisition jugeait opportun de les faire valoir.

« En l'an 1590, et à l'occasion des guerres civiles de la France, raconte le même historien, plusieurs sujets de la République étant allés au-delà des monts porter les armes pour le roi contre la ligue, qu'on savait bien moins formée pour maintenir la religion que pour appuyer les desseins ambitieux de la maison de Guise, frère Albert, inquisiteur de Vérone, fut assez hardi pour faire de pareilles informations contre le Doge et le Sénat, comme fauteurs d'hérésies. Il reçut, à cet effet, les dépositions de plusieurs personnes perdues et noircies de divers crimes, mais qu'il transforma en honnêtes gens. Heureusement les informations n'eurent pas toutes les suites fâcheuses auxquelles ce faux zèle expose les personnes que l'Inquisition veut perdre : le Sénat, averti par les *assistants* de cet attentat contre les chefs du gouvernement de la République, fit arrêter l'inquisiteur de Vérone, et le punit lui-même comme le temps et les circonstances le permettaient. » Ajoutons que la cour de Rome ne crut pas devoir intervenir, l'inquisiteur de Vérone ayant manifestement foulé aux pieds le pacte qui liait l'Inquisition aussi bien que les papes. »

Cette surveillance de tous les jours exercée à l'égard de l'Inquisition et au profit du gouvernement et des citoyens de la République, ne cessa de réprimer l'ardeur que les inquisiteurs montraient partout à faire preuve du zèle le plus outré, le plus aveugle, disons le mot, le plus barbare ; aussi l'histoire de l'Inquisition dans cette belle partie de la Péninsule italique n'offre-t-elle aucun de ces grands épisodes dramatiques dont fourmillent les annales des autres inquisitions. Il y eut bien dans les états de la République quelques procès célèbres, quelques scandales provoqués par les inquisiteurs de ce pays; mais ces procès, ces scandales disparaissent devant ceux bien autrement nombreux, célèbres ou tragiques dont l'inquisition d'Espagne, la plus fameuse de toutes celles établies en Europe et en Amérique, nous a laissé tant de recueils.

Nous nous bornerons donc ici à un résumé bien succint, afin de ne pas répéter ce que nous avons déjà dit en traitant de cette inquisition d'Espagne, modèle unique en ce genre, quoiqu'elle ne fut que la fille de celle de Rome, souche de toutes les autres.

Toutefois, comme les localités diverses sur lesquelles a régné l'Inquisition ont fourni des traits caractéristiques qui manquent en d'autres lieux, nous raconterons ici quelques-uns des actes de l'Inquisition de Venise qui se rapportent principalement à ce peuple essentiellement commerçant.

Venise, la reine de l'Adriatique et de toute la Méditerranée, avait dû, comme chacun sait, sa grande prospérité et ses immenses richesses à son trafic maritime, à cet échange perpétuel des produits de toutes les parties du monde connu qui se faisait au moyen de son port et de ses nombreuses succursales. Venise devait donc sa protection à tous les peuples des côtes de la Dalmatie, de l'Archipel et du Levant. Aussi avait-elle stipulé avec le plus grand soin la liberté de conscience de ces nations diverses, qui concouraient si puissamment à son illustration. Force fut donc à l'Inquisition de Venise de laisser à celle d'Espagne toutes ses rigueurs contre les Maures, les juifs et les nouveaux chrétiens de ses royaumes.

Mais tout à coup les inquisiteurs de Venise aperçoivent devant eux un vaste champ où ils pourront exercer leur zèle, sans être arrêtés par les trente-neuf articles. Profitant de l'animosité excitée par les prédicateurs de croisades contre les infidèles, l'Inquisition de Venise rendit un décret portant défense à toutes les personnes, de quelque qualité qu'elles fussent, de fournir aux Sarrasins des armes ou tout autre chose dont ils pussent se servir contre les chrétiens. Ne voyant dans cette prohibition qu'une mesure de prudence, autorisée par le droit des gens et réclamée par les circonstances où l'on était, tout le monde s'y soumit volontairement.

Mais comme l'Inquisition n'avait pas plus tôt obtenu une concession qu'elle en abusait pour en exiger de nouvelles, on vit aussitôt Clément V publier une bulle par laquelle il défendait, sous peine d'excommunication et autres de droit, de porter dans le Levant quelle marchandise que ce fut, et cela sous prétexte que les chrétiens ne devaient avoir aucun commerce avec les infidèles.

La cour de Rome, prévoyant que les Vénitiens ne s'arrêteraient pas devant les censures de l'Église, stipula encore que quiconque contreviendrait à la bulle de Clément V, en sortant ou laissant sortir des ports de la République des marchandises pour le Levant, payerait à la chambre apostolique une somme égale à la valeur des marchandises exportées.

Cette mesure tyrannique ne pouvait manquer d'avoir des effets ruineux pour le commerce vénitien; et l'on ne comprend pas comment le Sénat, toujours si attentif à assurer la liberté des transactions utiles à la République, ne trouva aucun moyen d'empêcher l'exécution de cette bulle. Apparemment qu'il considéra le décret comme une des lois à l'égard desquelles les Italiens sont dans l'usage de dire :

Fata la legge, trovato l'inganno.

En effet, les armateurs et commerçants de cette opulente cité ne crurent pas devoir exécuter une loi qui allait les réduire à la misère en leur ôtant les moyens périlleux, mais honorables, de continuer à suivre les errements de leurs pères. Le commerce avec le Levant ne discontinua point ; les rapports de Venise avec ces contrées étant cimentés depuis des siècles, et les échanges, comme disent les économistes modernes, se trouvant tout à l'avantage des Républicains.

« Malgré la bulle de Clément, si préjudiciable au commerce et à la liberté publique, dit Marsolier, il se commit dans toutes les villes d'Italie, et particulièrement à Venise, une infinité de contraventions. Ceux qui les avaient faites pendant leur vie ne s'en embarrassèrent pas beaucoup, parce qu'ils en étaient quittes pour le refus de l'absolution, dont ils ne se mettaient pas fort en peine, soit qu'ils fussent persuadés qu'on n'avait pas raison de la leur refuser, soit que l'intérêt l'emportât sur les motifs de conscience.

« Mais le scrupule de partir de ce monde chargés des censures ecclésiastiques, la crainte d'être privés, après leur mort, de la sépulture chrétienne, les remontrances vives et efficaces que faisaient les confesseurs lorsque quelqu'un était en danger de mort, et le refus obstiné de lui donner l'absolution, s'il ne satisfaisait pas à la bulle, en payant la somme à laquelle elle le condamnait, obligèrent à la fin une infinité de commerçants, ajoute cet historien, de s'y soumettre.

« La difficulté de *restituer* tous les capitaux qui avaient été employés à l'achat des marchandises ne fut pas petite, parce que, comme plusieurs citoyens avaient fait souvent le voyage du Levant, il se trouvait que tout leur bien n'aurait pas suffi pour l'acquit des sommes dues. La cour de Rome ne trouva qu'un remède à cela; il consistait à faire la chambre apostolique héritière, au préjudice même des enfants et généralement de tous autres qui auraient eu droit à ces successions.

« Ce remède fut pris faute d'autres dont la chambre apostolique voulut bien se contenter. Mais, par ce moyen, en moins de quinze années, la cour romaine se vit en état de ruiner sans ressources, à son profit, la ville la plus riche de l'Europe.

« Or, il arriva, poursuit Marsolier, que les héritiers et autres exécuteurs testamentaires, soit pour se parer de leur ruine devenue inévitable, soit qu'ils fussent convaincus que les testaments dont il s'agit étaient nuls, ne s'étaient pas mis en peine de les exécuter; mais Jean XII, successeur de Clément V, pape intéressé s'il en fut jamais, envoya deux nonces à Venise, pour en procurer l'exécution.

« Leur commission portait expressément de contraindre, par l'excommunication et les autres censures ecclésiastiques, tous ceux qui étaient redevables à la chambre apostolique, à restituer les sommes dues. A cet effet, les nonces du pape exigèrent que les notaires eussent à produire les testaments originaux des morts. Les nonces se mirent à l'œuvre; mais ce fut avec des vexations si étranges et des violences si préjudiciables aux familles, qu'ils ne tardèrent pas à indisposer contre eux-mêmes les plus endurants. Non-seulement les nonces prononcèrent l'excommunication contre un grand nombre de Vénitiens de qualité, hommes et femmes, mais encore ils s'attaquèrent aux procurateurs de Saint-Marc.

« La patience du Sénat fut mise à bout. Il fit assembler les consulteurs de la République pour connaître leur sentiment à ce sujet. Ceux-ci déclarèrent unanimement que les prétentions des papes et les procédures des nonces étant également abusives et insoutenables, on était obligé de s'y opposer, et d'en empêcher l'exécution par tous les moyens.

« Conformément à cet avis, le Sénat fit déclarer aux nonces qu'ils eussent à se désister de ce qu'ils avaient entrepris, et de s'éloigner de Venise, s'ils ne voulaient y être contraints.

« En présence de cette déclaration énergique, les nonces ne jugèrent pas devoir commettre davantage la cour de Rome avec la République. Ils quittèrent donc Venise, sans renoncer à leurs prétentions; et, durant deux années entières, ils continuèrent de lancer leurs excommunications, perpétuant ainsi le scandale qu'ils avaient commencé pendant leur mission. Ces prêtres poussèrent la rage si loin, que le pape lui-même se vit dans la nécessité de désavouer leur conduite comme contraire à ses intentions, qui étaient, dit-il, d'exiger ses droits sans vexer personne. Il suspendit les censures fulminées par ses agents, et commit l'archevêque de Ravenne pour l'exécution de sa bulle. »

Par une de ces contradictions difficiles à expliquer, ce même pape, qui déclarait ne vouloir vexer personne, donnait pour instructions à son nouveau mandataire d'assigner tous les citoyens précédemment excommuniés pour comparaître eux-mêmes ou par procureur à Avignon, qui était alors le siège du gouvernement pontifical, et ce afin de composer sur les sommes dues à la Chambre apostolique. Mais les Vénitiens, fatigués par tant de menaces et d'extorsions, y mirent d'eux-mêmes un terme, en déclarant qu'il n'y avait aucun mal à trafiquer avec les infidèles, pourvu qu'on ne leur portât ni armes ni autre chose qui pût servir à la guerre. En conséquence, il fut décidé que le pape n'avait aucun droit de défendre ce commerce. Le pape, pressentant une scission ouverte, recourut à des moyens dignes de l'époque pour conjurer l'orage, sans céder de ses prétentions. Une nouvelle bulle, confirmative de la précédente, déclara hérétiques tous ceux qui oseraient soutenir que ce n'est pas un péché que de trafiquer avec les hérétiques, pourvu que ce commerce n'aille point jusqu'à leur fournir des objets dont ils pourraient se servir pour faire la guerre aux chrétiens.

Ayant ainsi sauvegardé son infaillibilité, Jean XII se disposait à faire les concessions que son successeur exécuta plus tard, quand les différends qui survinrent entre lui et l'empereur Louis de Bavière, le forcèrent de s'occuper d'affaires plus graves. Louis soutenait que l'empereur et l'empire étaient indépendants des papes; ce qui était entièrement opposé aux prétentions qu'avait la papauté d'être au-dessus des souverains. L'Europe fut alors troublée sérieusement par ces deux prétentions rivales : de part et d'autre on se porta aux plus grandes extrémités; et la guerre occupa le reste du pontificat du pape Jean XII, sans qu'il pût trouver le temps et les moyens de faire exécuter sa bulle contre le trafic du Levant.

Son successeur, qui n'était pas à beaucoup près si entreprenant, aurait bien voulu se réconcilier avec la république de Venise, en révoquant les bulles lancées par Jean, et en laissant à cette population essentiellement commerçante la liberté qui lui était nécessaire pour exister dans l'aisance. Mais les besoins de la Chambre apostolique s'opposèrent aux bonnes intentions de ce pape, et le forcèrent à recourir à un moyen imaginé par son prédécesseur quand il s'était vu dans la nécessité de prendre un biais à l'égard des Vénitiens.

Ce biais fut la faculté qu'il se réserva d'accorder des permissions aux commerçants qui voulaient trafiquer avec les infidèles, afin qu'ils pussent le faire en toute sûreté de conscience. Ce fut là une nouvelle extorsion à ajouter à toutes celles que la cour de Rome autorisait sous le manteau de la religion; ce qui faisait dire que tout était vénal dans ce gouvernement de gens d'Église, habitué lui-même à trafiquer de tout, sans courir les chances ordinaires auxquelles les commerçants s'exposent, et en trafiquant même des choses les plus respectées, les plus saintes, pourvu qu'elles fissent entrer de l'or dans ses coffres.

« Comme ces permissions ne se donnaient pas gratuitement, ajoute Marsolier, elles rapportaient au trésor du pape à peu près le même profit, quoique d'une manière moins odieuse que par le fait des ordonnances de Jean XII, si elles eussent été exécutées. Il n'en faut pas d'autres preuves que les neuf mille ducats d'or que le pape Innocent VI exigea de la République pour une pareille permission, accordée seulement pendant une année. Or, cette vexation dura jusqu'au moment où l'ignorance commençant à se dissiper, tout le monde demeura convaincu que le commerce avec les infidèles était une chose permise, sans que l'on eût besoin d'une licence du pape pour l'exercer.

« Il était d'autant plus juste d'empêcher ces sortes de vexations, ajoute le même historien, qu'outre l'embarras qu'elles causent aux marchands et le préjudice qu'elles pourraient enfin porter au commerce, des familles très-honnêtes se trouvent notées d'infamie par ces sortes de procédures, qui se font sur les lieux mêmes où ces familles ont leur résidence. »

Comme on le pense, le Sénat, qui n'avait cessé de lutter avec la cour de Rome pour empêcher l'introduction dans les États vénitiens de bulles papales et des règlements du Saint-Office contraires aux conventions établies, avait beaucoup contribué à affranchir le commerce, en persistant à ne point reconnaître comme obligatoires pour les Vénitiens les bulles et décrets publiés depuis le concordat. La République s'était toujours montrée très-difficile à ce sujet; et toutes les fois que la cour de Rome adoptait quelque mesure nouvelle, le Sénat ne l'accueillait qu'avec la plus grande circonspection. Avant tout, il cherchait à pénétrer la pensée secrète qui était au fond de ces bulles, persuadé que toutes les démarches du Vatican, quoique couvertes du manteau de la religion, avaient toujours un but opposé aux intérêts des états séculiers.

Ainsi, lorsque le pape lançait une bulle commune à plusieurs princes, les Vénitiens étaient toujours les derniers à la recevoir; ils voulaient, par là, avoir le temps de découvrir les fins et les vues de cette cour astucieuse. Le Sénat apportait tant de précautions à cet égard, qu'il ne put jamais être surpris.

C'est surtout à l'égard des nouveaux décrets relatifs à l'Inquisition, que le Sénat se montrait prudent à l'extrême. Il se faisait une loi, non-seulement de faire examiner avec soin si le décret envoyé était en opposition avec quelques-uns des articles des règlements, mais encore, s'il ne dérogeait pas aux lois et coutumes de la République. Plus d'une fois on vit ce sénat déclarer qu'il refusait de faire publier telle bulle à laquelle la cour de Rome tenait beaucoup, parce qu'il la considérait comme une déviation du concordat. Dans ces circonstances, la République ne manquait jamais de déclarer qu'elle était prête à faire publier toutes les bulles utiles à la religion, sans être nuisibles à l'État, et pourvu que la cour de Rome agît de concert avec la Sérénissime, comme le portait expressément les conventions, et non pas avec les hauteurs, qui ne peuvent être de mise qu'entre le souverain et les sujets.

Le Sénat tenait surtout à ce que l'article relatif aux livres défendus par la cour de Rome fût constamment exécuté dans toute sa teneur. Il voyait avec peine les artifices employés par l'Inquisition pour introduire de nouveaux ouvrages dans le catalogue publié en vertu de l'ancien concordat; il voulait que tout livre traitant de la foi et mis à l'index par la cour de Rome, fût examiné par les magistrats de la République, et dans le cas où ceux-ci auraient opiné pour en défendre la lecture, cette défense devait être faite au nom du doge, sans que les inquisiteurs y parussent en rien.

Par ces précautions, le Sénat de Venise se faisait une loi de laisser publier tous les ouvrages, très-nombreux alors, qui parlaient contre la suprématie de la cour de Rome, contre l'infaillibilité du pape, contre son autorité temporelle, livres que le Vatican plaçait sur son index. La politique du Sénat le portait à ne point considérer l'opinion du Vatican comme la règle des autres princes dans ces sortes d'affaires, où il se trouvait à la fois juge et partie. Il était naturel de penser que la cour de Rome n'approuverait jamais les livres qui tendaient à maintenir les droits des souverains contre ses propres prétentions, et qu'elle s'efforcerait d'en empêcher la lecture par tous les moyens dont elle disposait.

« L'on peut ajouter, dit à cet égard l'auteur de l'*Histoire des Inquisitions* imprimée à Cologne en 1693, que ce serait un mauvais gouvernement que celui qui n'aurait pas en soi les moyens de pourvoir aux choses nécessaires, et qui serait réduit à attendre que le remède dont il a besoin lui fût fourni par ceux qui ont intérêt à la prolongation du mal, ou qui même n'y pourvoiraient jamais que selon leurs desseins particuliers, et non pas selon l'intérêt public et les intérêts des princes.

« La politique de la République en particulier est tout à fait opposée à celle des papes; ce qui est bon pour l'État ecclésiastique, ne l'est pas pour celui de Venise, et quand il le serait, l'on ne pourrait pas prétendre avec justice qu'elle fût obligée de s'y conformer. Ainsi, une doctrine peut être bonne à Rome, qui serait pernicieuse à Venise, à Paris, à Vienne, à Madrid et partout ailleurs, parce que les vues et les intérêts sont différents. L'approbation du pape ne peut donc ôter aux princes le pouvoir de condamner des livres qui causeraient du désordre dans leurs États... »

Pour terminer ce coup-d'œil sur l'Inquisition de Venise, nous dirons qu'elle fut constamment la moins sévère et la plus tolérante de toutes celles établies par la cour de Rome. Mais si tel fut son caractère, il ne faudrait point en faire un mérite aux inquisiteurs qui se succédèrent dans les états vénitiens, car les inquisiteurs furent les mêmes partout; seulement, à Venise, ils se trouvaient sous la prudente surveillance de sénateurs ou de recteurs laïcs, tous jaloux d'empêcher que le Saint-Office de ces contrées ne déviât en aucune manière au concordat qui avait permis l'établissement de ce tribunal dans les villes de la République, concordat dont les dispositions précises tendaient à faire de l'Inquisition vénitienne un établissement mi-partie ecclésiastique et mi-partie séculier, et surtout un établissement régi par d'autres maximes que celles suivies par les tribunaux qui dominaient en Espagne, en Portugal, aux Indes, à Rome et dans la plus grande partie de la Péninsule italique.

Ainsi, par exemple, et pour rappeler ici les principales et les plus humaines des prescriptions du fameux règlement en *trente-neuf* articles, l'Inquisition des états vénitiens ne pouvait procéder contre qui que ce soit sans *l'assistance* de trois sénateurs ou recteurs laïcs; et ces assistants devaient empêcher de tout leur pouvoir que les inquisiteurs n'usurpassent la juridiction temporelle.

Par l'obligation où ils étaient d'informer le doge ou le Sénat de tout ce qui se passait au tribunal du Saint-Office, le terrible secret dont l'Inquisition enveloppait ses actes partout ailleurs, n'existait plus.

Les assistants pouvaient en outre faire surseoir à l'exécution des jugements; ce qui mettait un terme à la précipitation fâcheuse de quelques-uns de ces arrêts.

Les inquisiteurs ne pouvaient pas se livrer à ces instructions secrètes, causes de tant d'iniquités commises par l'Inquisition d'Espagne et de Rome même.

Ils ne pouvaient se gouverner que par les coutumes des États vénitiens, et non pas par celles de l'Inquisition de Rome.

Les prisonniers de l'Inquisition de Venise ne pouvaient être transférés hors des états de la République, et la cour de Rome ne pouvait évoquer les affaires qu'elle avait intérêt à connaître, ainsi que cela lui était permis à l'égard des autres inquisitions.

Celle de Venise ne pouvait juger les prétendus sorciers, magiciens, blasphémateurs, à moins que ces délits ne fussent l'indice de l'hérésie caractérisée; le jugement des bigames leur était aussi enlevé, ainsi que les délits d'usure.

Les juifs et autres infidèles vivant sur les terres de la République n'étaient point justiciables de l'Inquisition vénitienne. Il devait en être de même des Grecs, comme s'étant séparés de l'Église romaine et observant les canons qui soumettent leur nation à ses propres prélats et à ses magistrats; la République, en recevant les Grecs sous sa protection, leur permettait de vivre selon leurs coutumes et usages.

Les inquisiteurs ne pouvaient faire citer les sujets de la République demeurant au-delà des monts.

Ils ne pouvaient prononcer la confiscation des biens des personnes qu'ils auraient condamnées, lesquels biens devaient appartenir aux enfants et autres héritiers, afin qu'on ne pût dire que l'intérêt et le profit étaient les principaux mobiles du Saint-Office.

Il n'était pas permis aux inquisiteurs de faire aucuns monitoires contre les magistrats ni contre les communautés pour tout ce qui était relatif à l'administration de la justice. Cette défense avait pour objet d'empêcher les excommunications en masse que les autres inquisiteurs se permettaient journellement, tant en Espagne qu'ailleurs, lorsqu'ils s'en prenaient à toute une ville de l'hérésie d'un seul ou de quelques-uns.

Enfin l'Inquisition de Venise était tenue de laisser punir par les tribunaux laïcs les calomniateurs et les faux témoins, afin que les citoyens ne pussent être impunément attaqués dans leur vie privée et publique. Le Sénat n'était pas sans savoir que le faux témoignage restait impuni dans d'autres contrées soumises à l'Inquisition, ou qu'il ne l'était que par des peines très-légères, telles que les simples pénitences imposées par un confesseur; aussi insistait-il constamment pour que satisfaction fût donnée aux personnes qui avaient pu souffrir des suites d'une dénonciation calomnieuse ou malveillante.

Telles furent les lois et les maximes selon lesquelles l'Inquisition de Venise se gouverna si longtemps; ce qui la rendit le plus doux de tous les autres établissements pareils. Comme le Sénat avait établi ces lois et ces maximes avec beaucoup de sagesse, il les maintint, dans toutes les circonstances possibles, avec la plus grande fermeté.

« L'Inquisition, dit l'auteur qui nous fournit ces renseignements; l'Inquisition, qui est toute composée de gens du monde les plus soumis, lorsqu'ils ne se sentent pas appuyés, et les plus fiers lorsqu'ils croient avoir de l'appui, n'a jamais cessé d'en faire des plaintes et de chercher à secouer le joug, et la cour romaine, dont les intérêts sont si unis avec ceux du Saint-Office, qu'elle les regarde comme les siens propres, n'a épargné ni sollicitations ni intrigues pour faire révoquer ou adoucir les principaux articles de la convention. Mais toutes ses plaintes furent constamment repoussées, et ses efforts se trouvèrent impuissants devant la fermeté du Sénat. Il ne voulut jamais souffrir que la moindre atteinte fût portée aux conventions relatives à l'Inquisition, stipulées entre la République et la cour de Rome, conventions acceptées par les deux états, après avoir été mûrement méditées.

« Mais si ce que nous avons rapporté de l'Inquisition de Venise se présente sous un jour avantageux à cette République, combien ne devons-nous pas accorder d'éloges aux états qui n'ont jamais voulu se soumettre à ce joug terrible! Ces derniers états savaient par expérience que quelques mesures que l'on prenne avec l'Inquisition, quelles que lois qu'on lui impose, et sous quelles conditions qu'on la reçoive, rien ne peut l'empêcher de prétendre à l'indépendance à laquelle elle travaille sans cesse, d'aspirer à une autorité sans bornes, et d'être une occasion continuelle de disputes, de différends et de brouilleries avec la cour romaine : on la vit toujours préférer sa grandeur au bien-être des peuples, au repos des nations et aux droits les plus inviolables des princes. »

Les faits historiques que nous venons de rappeler, et le système adopté par la République de Venise au sujet de l'Inquisition, prouvent assez que la cour de Rome vivait ordinairement en mauvaise intelligence avec le Sénat, et que la cause incessante en était dans la fermeté de ce conseil à repousser les prétentions des papes.

La cour de Rome employait en vain et la menace et les refus pour atteindre son but, qui était l'abrogation de tout ou partie des conventions établies pour l'introduction du Saint-Office dans les états vénitiens; le Sénat résista constamment et avec une énergie admirable, eu égard à l'époque.

Un état permanent d'hostilité entre ces deux gouvernements, existait donc, sous les apparences de la politesse; et comme la cour de Rome ne pardonnait jamais à ceux qui lui résistaient, il était permis de croire que cette cour de vieillards irascibles saisirait avec empressement la moindre occasion pour exercer sa vengeance.

Cette occasion se présenta vers le milieu du dix-septième siècle.

Le Sénat, pour des crimes énormes, avait fait emprisonner un chanoine de Vicence et l'abbé de Nervèse. Le pape Paul V prétendit aussitôt que les ecclésiastiques ne pouvaient être jugés par les séculiers, et demanda impérieusement que les prisonniers fussent remis entre les mains du nonce.

Le Sénat, persuadé qu'il n'avait rien fait que tout souverain ne fût en droit de faire, refusa de lâcher les deux ecclésiastiques; ce qui fut considéré par la cour de Rome comme une offense grave, et le pape jura qu'il s'en vengerait avec éclat.

Il crut que le Sénat venait de lui en fournir l'occasion, en portant deux lois qui touchaient à ce que les papes appelaient leurs prérogatives. L'une de ces lois, datée de 1603, défendait de bâtir de nouvelles églises, sans permission expresse; l'autre loi, de 1605, prohibait l'aliénation des biens séculiers aux ecclésiastiques. Elles avaient été l'une et l'autre commandées par l'abus que l'on faisait de ces deux puissants auxiliaires du pouvoir religieux.

Demander aujourd'hui si le Sénat était en droit de porter ces lois, serait ignorer les premiers principes des sociétés civiles et politiques de tout gouvernement. Mais à l'époque même où le Sénat rendit ces lois prohibitives, on ne pouvait plus contester qu'elles ne fussent du ressort de l'autorité civile. On rappela qu'une loi semblable à celle qui défendait l'aliénation, avait été publiée dans les États vénitiens, dès l'an 1337, et qu'elle fut renouvelée en 1459, en 1515 et 1562, sans que les papes y trouvassent à redire. On cita même divers autres exemples pris en Angleterre, en France et en Belgique.

Mais comme Paul V avait envie de quereller les Vénitiens, il leur commanda de révoquer ces lois; et, sur le refus qu'ils firent d'obéir, le pape, irrité à l'excès, s'emporta jusqu'à lancer l'excommunication contre le Doge et les sénateurs, et à mettre tout l'État de Venise en interdit, après avoir déclaré nulles les deux lois qui lui servirent si à propos de prétexte.

Or, l'excommunication lancée ainsi sur toute une nation ne tendait à rien moins qu'à la séparer du reste de la catholicité, c'est-à-dire de l'Église entière, à priver les citoyens des sacrements, des prières et de l'entrée des temples, et même à rompre tout commerce civil avec le peuple placé en interdit. Dans des temps plus reculés, c'eût été un coup foudroyant pour les Vénitiens.

Mais le Sénat avait prévu les extrémités où se porterait la cour de Rome; aussi ne fut-il point surpris de cet interdit. Il

protesta, par un acte public, de la nullité de l'excommunication, et défendit ensuite, sous peine de la vie, à tous ecclésiastiques séculiers et réguliers de garder l'interdit.

Les Vénitiens se firent un devoir d'observer la défense du

Sénat, et l'interdit ne fut pas plus gardé que s'il n'eût jamais existé. Le pape fut même obligé de lever ses censures, sans avoir pu obtenir aucune satisfaction de la part du Sénat, dont la conduite fut approuvée par tous les princes de la chrétienté.

Nous avons dit que la cour de Rome ne pardonnait jamais ce qu'elle considérait comme une atteinte portée à sa suprématie. On peut affirmer avec autant de raison que l'Inquisition se montra toujours attentive à exécuter les vengeances du Vatican. Nous allons en donner la preuve par ce qui arriva à l'un de ceux qui ont le plus contribué à illustrer les états vénitiens:

Marc-Antoine de Dominis, d'une des premières familles de Venise, avait été élevé par les jésuites. Il passait pour l'homme le plus véritablement savant de l'Italie et de tout son siècle. En effet, il avait lu immensément, et n'avait rien oublié; sciences, théologie, histoire sacrée et profane, il était consulté sur toutes sortes de matières, et répondait sur chacune comme s'il ne se fût jamais appliqué qu'à elle seule. Son grand savoir, joint à l'élévation de son caractère, le firent appeler successivement à l'évêché de Segni, ensuite à l'archevêché de Spalatro, et finalement il devint primat de Dalmatie.

Comme tous les hommes instruits de son époque, de Dominis voulut connaître les écrits du fameux Luther, et ils le séduisirent au point que, quoique prêtre, il les soutint avec toute la force dont il était capable, dans son grand ouvrage de la *République ecclésiastique*. « Malheureusement pour lui, il le fit avec tant d'aigreur contre le pape et la cour romaine, dit l'abbé Marsolier, que les plus grands ennemis de la catholicité n'avaient jamais écrit contre elle d'une manière plus outrée.

« La passion qu'il eut de publier cet ouvrage de son vivant, ajoute le même historien, et le peu d'apparence de pouvoir rester en Italie, s'il le publiait, le firent se retirer d'abord en Allemagne, et ensuite en Angleterre, où l'accueil qu'il reçut du roi Jacques Ier, et les offres avantageuses que lui fit ce roi l'y retinrent. Il y fut traité de manière à pouvoir y vivre conformément à ses dignités, et Jacques Ier n'épargna rien pour l'engager à rompre tout à fait avec Rome et avec l'Église catholique.

« La cour romaine, de son côté, soit qu'elle ne voulût pas laisser une personne de son caractère et de son savoir entre les mains de ses ennemis, soit qu'elle craignît d'avoir pour adversaire une puissance intellectuelle, ou plutôt, comme il parut depuis, soit qu'elle méditât de se venger et faire un grand exemple, elle n'épargna rien pour l'engager à retourner en Italie, et à revenir dans ses premières opinions. Elle lui fit donc écrire par tout ce qu'il avait d'amis et de parents en Italie. Enfin, don Diego Sarmiento, ambassadeur d'Espagne en Angleterre, lui fit des offres si avantageuses, qu'il se laissa éblouir et ensuite gagner.

« Ce malheureux prélat, oubliant dans cette occasion, la plus importante de sa vie, les maximes qu'il avait si souvent répétées dans ses ouvrages, à savoir, qu'on n'offensait jamais impunément la cour romaine; qu'elle ne savait ce que c'était que de pardonner une injure, et que quand on avait une fois tiré l'épée contre elle, il en fallait jeter le fourreau; de Dominis, disons-nous, partit pour Rome, malgré les oppositions les plus pressantes de ses nouveaux amis d'Angleterre, qui ne cessaient de lui prédire les malheurs qu'il pouvait prévoir mieux que personne.

« A peine arrivé à Rome, il reconnut, mais trop tard, la faute qu'il avait faite. D'abord, on ne lui tint rien de tout ce qu'on lui avait promis; puis on lui fit faire abjuration publique des hérésies qu'il avait répandues dans ses livres.

« Bientôt il s'aperçut que, sous l'apparence de la liberté de ses actions, on le faisait suivre par une foule d'agents qui surveillaient tous ses mouvements. Enfin, on finit par savoir qu'il entretenait des correspondances en Angleterre, et qu'il n'avait pas rompu tout à fait les liaisons qu'il y avait formées.

« C'en fut assez pour sa perte. L'Inquisition s'empara de sa personne; et sans aucun égard à son rang ni aux assurances qui lui avaient été données, de Dominis fut jeté dans les prisons secrètes du Saint-Office.

« Les inquisiteurs se mirent à travailler à son procès; mais ce fut avec des lenteurs calculées plus grandes encore que celles apportées aux causes ordinaires. De Dominis, qui prévoyait la fin honteuse que les inquisiteurs, auxiliaires de la cour de Rome, lui réservaient, finit par mourir en prison, soit de chagrin, soit de l'appréhension du sort qui l'attendait. Quelques historiens affirment qu'en présence de la mort ignominieuse à laquelle il se croyait réservé, il résolut au moins de se soustraire, par le poison,

à la honte et à la rigueur d'un supplice dont l'infamie n'eût pas manqué de rejaillir sur son illustre famille. »

Ainsi périt misérablement l'homme le plus savant de son siècle, le dignitaire le plus élevé de l'Église, après le pape.

L'INQUISITION

à Naples, en Sicile, dans les Pays-Bas, en Portugal et aux Indes.

Les états qui repoussèrent sans cesse l'Inquisition furent d'abord l'Allemagne, où les papes tentèrent inutilement et à plusieurs reprises d'implanter cette terrible institution. « L'humeur libre et généreuse des Allemands, dit à cet effet l'auteur des *Mémoires historiques concernant l'Inquisition*, ne pouvait s'accommoder des rigueurs excessives de ce tribunal ; ils s'y opposèrent avec une fermeté qui obligea la cour de Rome d'abandonner cette entreprise. »

Néanmoins, les papes, persuadés que le temps et les ménagements dont on pourrait user aplaniraient les obstacles qu'ils rencontraient, persévérèrent toujours ; mais le temps apprit aux souverains de Rome que les Allemands ne subiraient jamais le joug que le Vatican voulait leur imposer. En effet, ils ne dissimulaient pas leur mépris pour l'abus que les prêtres et les moines faisaient de leur domination ; et quand, à force de ruses, l'Inquisition crut avoir pris pied dans quelques villes de ces contrées, les populations ne tardèrent pas à l'en chasser, malgré le soin que les inquisiteurs eurent d'afficher une douceur qui ne leur était pas habituelle.

Il en fut de même en Angleterre : l'Inquisition y fut constamment repoussée comme une chose monstrueuse, au milieu du peuple le plus habitué à discuter et à dogmatiser en toute liberté.

Nous avons parlé, dans *l'Histoire de l'Inquisition d'Espagne*, des difficultés extrêmes que les inquisiteurs de ce pays eurent pour faire recevoir le tribunal du Saint-Office à Naples et en Sicile. Les révoltes que la présence de ces moines fit éclater dans ces deux parties de l'Italie méridionale sont trop connues pour que nous y revenions ici. Chassée successivement de Naples et de Palerme, l'Inquisition essaya à plusieurs reprises de venger ses affronts.

La possession du royaume de Naples par les rois d'Espagne parut un moment devoir faciliter l'établissement du Saint-Office; mais les différends qui ne cessèrent d'exister entre ces rois et les papes au sujet des prétentions réciproques qu'ils affichaient mutuellement, sauvèrent les Napolitains du malheur d'être placés sous le joug. Chose étrange! les papes eux-mêmes contribuèrent à ce résultat. Les rois d'Espagne, d'accord avec les grands inquisiteurs de ce pays, ayant prétendu placer l'Inquisition de Naples sous la dépendance de celle qui dominait chez eux, la cour de Rome s'y opposa constamment; et ce conflit fut une des causes principales qui sauvèrent les Napolitains du terrible tribunal.

Quant aux pays héréditaires, ils surent résister longtemps aux désirs des papes, conservant ainsi à leurs évêques le droit de juger tous les cas d'hérésie, et à leurs magistrats celui de condamner les hérétiques et de les faire punir.

Mais dès que les doctrines de Luther eurent subjugué une partie de l'Allemagne, et qu'un grand nombre de ses sectateurs se furent répandus sur les contrées soumises à Charles-Quint; cet empereur, qui n'aimait pas les luthériens, et qui pût craindre qu'ils ne devinssent les plus forts dans les pays héréditaires, décida, de son propre mouvement, par un édit de 1550, que l'Inquisition y serait établie comme elle l'était en Espagne.

L'édit de Charles-Quint ne fut pas plus tôt publié, que sa sœur, la reine de Hongrie, gouvernante des Pays-Bas, lui remontra que tous les marchands étrangers et une partie des naturels quitteraient infailliblement ces contrées pour aller chercher ailleurs la liberté de conscience dont ils avaient joui jusqu'alors. L'empereur se décida à exempter les étrangers de la juridiction du Saint-Office, et à adoucir les procédures à l'égard des naturels.

Quoique fortement atténué, l'édit de Charles-Quint ne fut pas exécuté, soit que les peuples, les évêques et les magistrats en prévissent les conséquences désastreuses, soit qu'ils jugeassent que l'empereur n'était point alors en état de les forcer à subir ce joug contre leur gré. Ainsi, il est permis d'affirmer que, tant que Charles-Quint vécut, l'Inquisition ne fut point établie dans les Pays-Bas; les choses restèrent donc en leur premier état, à l'égard des hérétiques.

Mais son fils et son héritier, Philippe II, à qui les Pays-Bas échurent en partage, n'oublia rien pour y établir une inquisition aussi rigoureuse que celle d'Espagne. Les États s'y opposèrent d'abord par des remontrances qui ne pouvaient être ni plus respectueuses ni plus fermes. Mais Philippe, comme tous les despotes, voulait être obéi; aussi n'eût-il aucun égard à ces représentations, et l'Inquisition fut donc forcément établie dans quelques villes de ces contrées.

À peine les moines de Saint-Dominique eurent-ils commencé à fonctionner, que la population de ces villes se souleva contre le Saint-Office, et déclara que personne ne voulait être violenté sur l'article de la religion.

Nous n'entreprendrons pas de raconter ici toutes les guerres longues et sanglantes que les citoyens des Pays-Bas soutinrent pour conserver la liberté religieuse et même la liberté civile que le tyran de l'Espagne leur avait ainsi ravies. Nous nous bornerons à dire que jamais révolte ne fut ni plus légitime ni plus opiniâtrement soutenue. La guerre que l'Inquisition suscita dans ces provinces dura plus de soixante ans et toujours avec une animation sans égale. Comme à l'ordinaire, les soldats de la tyrannie, conduits par le terrible duc d'Albe et autres chefs aussi féroces que ce général de Philippe, donnèrent l'exemple des cruautés les plus raffinées. Malgré les forces considérables que l'Espagne, alors le premier état militaire de l'Europe, envoya contre ce qu'on appelait les rebelles, les *gueux*, les chances ne lui furent pas toujours favorables; et, s'il se crut parfois en état d'établir une autorité plus absolue qu'aucun de ses prédécesseurs ne l'avait possédée, les rebelles eurent souvent aussi le bonheur de triompher des soldats les plus aguerris du monde, et finirent par parler en maîtres à la monarchie espagnole.

Quand les deux partis se lassèrent enfin d'une guerre aussi longue et aussi ruineuse pour tout le monde, les rebelles d'autrefois, ceux qu'on appelait les *gueux*, se trouvèrent en état de dicter la loi aux fiers Castillans. Il en coûta aux rois d'Espagne, pour obtenir la paix, la plus belle partie des Pays-Bas, dont se forma la jeune République des sept provinces unies. La cour de Madrid fut obligée de reconnaître l'indépendance de cette glorieuse République, et elle ne conserva le reste des provinces, dites héréditaires, qu'à la condition humiliante, pour la couronne d'Espagne, d'augmenter les privilèges dont ces contrées jouissaient. L'une de ces clauses portait qu'il ne serait jamais plus parlé de l'établissement de l'Inquisition, et que les cas d'hérésies se traiteraient selon l'ancien droit et de la manière accoutumée.

Ainsi finit la terrible guerre des Pays-Bas, dont l'Inquisition avait été la cause principale.

Depuis lors, les provinces qui s'étaient battues si longtemps pour la repousser ont pu persévérer dans leur prudente réserve; mais les contrées qui se sont soumises aux inquisiteurs ont courbé le front. Les conséquences de ces changements divers n'ont pas tardé à se faire remarquer : du côté où se fit sentir l'influence des moines et où régna l'Inquisition, on ne vit plus qu'un peuple ignorant et bigot, sans véritable religion, un peuple se dépouillant insensiblement de ses bonnes qualités naturelles pour s'adonner à la superstition et à la paresse ; perdant son énergie pour trembler devant la moindre menace d'un prêtre ; s'appauvrissant sans cesse, laissant tomber ses plus belles fabriques et son immense commerce, par la crainte perpétuelle des confiscations, et oubliant jusqu'aux plus simples notions de la liberté politique pour ramper aux pieds de quelques tyranneaux, toujours prêts à inonder de sang ces riches contrées, objet constant de leur convoitise.

De l'autre côté, un peuple rajeuni par la jouissance de toutes les libertés, les défendant intrépidement et glorieusement envers et contre tous; ravissant le sceptre des mers à l'Angleterre, et tenant parfois les destinées de l'Europe entre ses mains ; présentant au monde le spectacle sublime d'une nation nouvelle sortie tout à coup d'un immense marais, pour devenir le centre du commerce de toutes les parties du globe ; un peuple, enfin, éclairé, laborieux et riche, intrépide et fier parce qu'il se sentait libre.

Tel fut le contraste que présentaient, aux yeux de l'observateur, ces deux parties des Pays-Bas, devenues si distinctes après les guerres de Philippe II : Ici l'Inquisition et ses terreurs ; là la liberté et ses bienfaits !

Quoique les Portugais ressemblent beaucoup aux Espagnols sous le rapport de la dévotion et de la superstition religieuse, l'antipathie, la haine internationale qui régna longtemps entre ces deux peuples fut une des causes principales qui fit repousser l'Inquisition du royaume de Portugal, par cela seulement que le Saint-Office régnait en Espagne. Cette institution barbare ne fut même introduite chez les dominateurs de l'Inde que par une sorte de surprise et par un faux ; car tous les historiens s'accordent à reconnaître que les Portugais ne doivent l'établissement du tribunal de la foi chez eux qu'à ce fameux Saavedra, faussaire et escroc, connu dans l'histoire d'Espagne sous le nom de *faux nonce du pape*, et dont nous avons raconté les prouesses dans la partie de notre livre consacrée à *l'Inquisition d'Espagne*.

Ce fut donc vers l'année 1557, sous le règne de Jean III, et lorsque le Saint-Office existait depuis longtemps dans toutes les provinces espagnoles, que ce tribunal fut organisé à Lisbonne ; car Saavedra, en sa qualité supposée de *legat a latere*, avait déployé le plus grand zèle pour donner les provisions nécessaires aux nouveaux inquisiteurs ; de sorte que lorsque les fourberies de ce *faux nonce* furent découvertes, le Saint-Office était en exercice à Lisbonne, et les inquisiteurs ne se montrèrent pas d'humeur de quitter leurs charges ; loin de là, ils firent régulariser leur position par le roi, qui s'y prêta d'assez bonne grâce.

Ces moines firent valoir la nécessité d'un tribunal de la foi, attendu que la majeure partie des juifs chassés de l'Espagne et réfugiés à Lisbonne, ne cessaient de *judaïser*, quoique presque tous se fussent fait baptiser, afin d'être à l'abri des tracasseries auxquelles les Israélites se trouvaient en butte partout où ils s'établissaient : les inquisiteurs voulaient donc punir de leurs pratiques contraires à la foi, ceux auxquels on appliquait la dénomination de *Christianos novos*, dénomination aussi fatale pour eux que celle de *Marranos* l'avait été pour leurs pères en Espagne.

On comprend déjà que ces conversions forcées ou conseillées par la politique des intérêts ne durent pas être toutes bien sincères; aussi accusait-on généralement les *Christianos novos* de judaïser secrètement; ce qui était considéré par les inquisiteurs comme un crime inexpiable.

L'Inquisition de Portugal, confirmée par le pape avec le plus grand empressement, fut bientôt à la hauteur de celle d'Espagne. Le modèle était tout prêt: on n'eût qu'à l'imiter. Et comme les nouveaux venus se montrent ordinairement plus zélés, plus sévères que leurs maîtres, les inquisiteurs de Portugal ne tardèrent pas à user envers les juifs convertis d'une inflexibilité propre à inspirer de l'horreur pour le Saint-Office.

« Heureusement, il se trouva à la cour de Lisbonne, dit l'auteur de l'*Histoire des Inquisitions*, des ministres assez honnêtes gens pour représenter au prince le tort que faisaient à son État cette jurisprudence inouïe et les cruelles exécutions, si iniques, que le Saint-Office ordonnait. Comme les rois de Portugal n'avaient jamais montré un grand empressement à laisser régner l'Inquisition à l'abri de leur trône, les remontrances des ministres produisirent sur Jean III les effets qu'on avait le droit d'attendre de tant de vexations. Il fit venir secrètement de Rome un bref par lequel le pape accordait un pardon général à tous ceux qui étaient accusés de judaïsme. En conséquence, le roi de Portugal ordonna aux inquisiteurs d'ouvrir les prisons et d'élargir sans exception tous ceux qui s'y trouvaient renfermés.

« La notification de ce bref aux inquisiteurs de Portugal fut un coup de foudre contre eux; ils crièrent au scandale, à l'iniquité; mais ils furent forcés d'obéir; et plusieurs centaines de malheureux, plus ou moins fortement accusés par le Saint-Office des crimes qu'on leur imputait, purent bénir l'humanité du pape, du roi et de ses ministres. »

Mais bientôt, les inquisiteurs se vengèrent de cette amnistie sans *auto-da-fé*, en lançant de nouveaux mandats d'amener contre un plus grand nombre d'anciens israélites, dits *Christiams novos*; et ils se préparaient à les punir par le feu, lorsque le duc de Bragance parvint au trône de Portugal de la manière que chacun sait.

Ce prince, dont on vantait les sentiments chevaleresques et généreux, fut au moment d'inaugurer son règne par l'abolition de l'Inquisition dans tous ses états; car l'Inquisition s'était établie avec rapidité de Lisbonne aux autres provinces, et des provinces jusqu'aux Indes orientales, alors soumises aux lois du Portugal. On comptait déjà quatre grandes Inquisitions: celle de Lisbonne, de Coimbre, d'Evora, et celle de Goa, aux Indes. Jean IV, esprit éclairé, connaissait parfaitement les abus qui se commettaient à l'ombre du secret dont s'environnait le tribunal de la foi; il était persuadé que l'orgueil et l'avarice, bien plus que la religion, servaient de mobile aux inquisiteurs; que la piété et la justice n'étaient chez eux que de grands mots qu'ils avaient incessamment à la bouche pour tromper les fidèles. N'osant pas encore frapper les grands coups sur l'Inquisition, il commença l'attaque contre les inquisiteurs par le côté le plus faible, et abolit la confiscation des biens appartenant aux malheureux que le Saint-Office condamnait, biens dont ses officiers s'emparaient et disposaient sans contrôle, ne cessant de dire que l'Inquisition devait toujours avoir beaucoup d'argent afin d'être bien servie.

Cette déclaration du roi porta un moment la terreur chez les moines inquisiteurs et chez leurs satellites; se voyant frustrés du plus considérable des avantages de leurs charges, ils mirent tout en œuvre pour faire rétablir les choses en leur premier état. A l'insu du roi, ils sollicitèrent et obtinrent un bref du pape par lequel le chef de la congrégation du Saint-Office ordonnait que les confiscations eussent lieu en Portugal comme on les pratiquait en Espagne et dans les autres pays où l'Inquisition était établie. En conséquence, le pape annula, de son autorité infaillible, la déclaration de Jean IV, et prononça même l'excommunication contre tous ceux qui s'opposeraient à son bref.

Munis de cet ordre de la cour romaine, les inquisiteurs allèrent en corps trouver le roi au moment où il venait de faire sa communion pascale. L'un d'eux portant la parole, pria Sa Majesté, au nom du Saint-Office tout entier, d'agréer qu'en sa présence et celle de toute sa cour, on fit lecture d'un bref de Sa Sainteté.

Don Juan l'ayant écouté avec la plus grande attention, comprit à l'instant que c'en était fait de son autorité s'il cédait aux intrigues des inquisiteurs. Et aussitôt, demandant, avec une admirable présence d'esprit, au profit de qui devait tourner ces confiscations, il força les inquisiteurs à déclarer que c'était au profit du trésor royal ; c'est-à-dire du roi, ce qui dans les pays despotiques est la même chose. « Puisque cela est ainsi, répliqua don Juan, et qu'il m'est sans doute permis de faire de mon bien ce qu'il me plaît, pour ne pas contrevenir aux ordres du pape, et pour lui marquer le profond respect que j'ai pour lui, je consens que vous confisquiez les biens de ceux que vous ferez arrêter, pourvu que l'on en fasse un inventaire bien exact. Mais je déclare dès à présent que je leur fais don, à eux et à leurs familles, de ces mêmes biens, et que j'entends qu'ils leur soient rendus fidèlement, à quelque peine que vous ayez jugé à propos de les condamner. »

Tel est l'acte honorable pour l'ancien duc de Bragance que nous font connaître plusieurs historiens ; et il faut bien que cette équitable résolution de Jean IV ait eu lieu, puisque d'autres auteurs assurent que, jusqu'à sa mort, les biens confisqués sur les prisonniers du Saint-Office furent religieusement rendus à ces derniers ou à leurs héritiers légitimes.

La lutte la plus invétérée, la lutte des intérêts individuels ne cessa donc d'exister entre les inquisiteurs de Portugal et le roi de ce royaume.

Mais si l'Inquisition pliait quelquefois, elle ne se tenait jamais pour battue ; ses rancunes survivaient aux hommes ; et lorsque le Saint-Office croyait être dans des circonstances plus favorables à ses vues, il revenait à la charge jusqu'à ce que la victoire lui restât enfin.

A peine Jean IV était-il dans la tombe, que les inquisiteurs de Portugal obsédèrent la reine, sa veuve, au sujet des confisrations. Ils lui représentèrent que le roi défunt, ayant formellement contrevenu aux ordres du pape, avait encouru l'excommunication portée dans le bref de Sa Sainteté contre ceux qui en empêchaient l'exécution. Cette princesse, moins ferme que ne

l'avait été le roi Jean IV, eut la faiblesse de permettre que les inquisiteurs, revêtus de leurs habits sacerdotaux, fissent la cérémonie d'absoudre le cadavre de Don Juan de cette prétendue excommunication, et qu'en présence de ses propres fils, Don Alphonse et de Don Pedro, les restes mortels d'un roi de Portugal fussent exhumés de la tombe pour recevoir les coups de houssine qui devaient purifier ce roi populaire de ses péchés.

Certes, les inquisiteurs s'inquiétaient bien peu, au fond, de l'âme d'un roi qui avait su refréner leurs prétentions; ce qu'ils voulaient, en procédant à cette cérémonie expiatoire, ou plutôt à cette violation des tombeaux, punie chez tous les peuples, c'était faire peur aux grands du royaume et aux princes eux-mêmes; c'était faire trembler les populations, afin qu'on se soumît complétement à l'autorité et aux rigueurs sans bornes du tribunal de la foi.

Par cette momerie, l'Inquisition de Portugal gagna son procès : elle régna dès-lors en souveraine absolue, sans que personne osât mettre le moindre obstacle à ses lois comme à ses caprices sanguinaires.

Nous laisserons donc l'Inquisition de Portugal continuer à rivaliser de fureur avec celle d'Espagne, et offrir au monde un nouvel exemple des excès de pouvoir dont ce tribunal, sans frein, se rendait journellement coupable, en présence d'une population abrutie et craintive, à laquelle les inquisiteurs étaient parvenus, au nom du ciel, à ôter tout sentiment du juste et de l'injuste, toute idée d'humanité et de dignité.

On raconte, comme une preuve des rigueurs de ce tribunal et de la haine qu'il portait aux nouveaux chrétiens portugais, que, vers l'an 1672, un sacrilége fut commis dans l'une des églises de Lisbonne : le saint-ciboire et les autres vases sacrés furent volés effrontément, et les hosties consacrées répandues par terre et piétinées par les voleurs.

A peine cette coupable profanation fut-elle connue, que le peuple accourut en foule à cette église et se déchaîna contre les nouveaux chrétiens, que l'on soupçonnait d'être seuls capables de commettre un pareil sacrilége. La haine fomentée par l'Inquisition contre ces malheureux fils de juifs, éclata par des cris de mort, et s'accrut jusqu'aux dernières limites.

Les seigneurs de la *Relaçam*, qui est le parlement de Lisbonne, donnèrent d'abord leurs ordres pour qu'il fût fait des visites rigoureuses dans les maisons de tous ceux qui étaient soupçonnés de ce crime, et ces ordres furent exécutés avec tant de sévérité qu'on voulut savoir où avaient passé la nuit précédente tous ceux qui n'étaient point restés dans leurs maisons. On exigea qu'ils fissent connaître en détail les motifs pour lesquels ils s'étaient absentés et en quelle compagnie ils avaient été. On arrêta, sur les moindres indices, une infinité de personnes de tout sexe et de tout âge, qui furent conduites dans les prisons du Parlement. On les examina avec toutes les exactitudes possibles; mais, après tout, on ne put découvrir les auteurs de cet énorme attentat.

Il fut très-heureux, pour les personnes soupçonnées et arrêtées, que le Parlement eût évoqué sur le champ cette affaire; car si l'Inquisition s'en fût mêlée, comme elle le voulait, bien de ces malheureux n'eussent probablement jamais revu la lumière des cieux, et ils eussent été appliqués à toutes les questions possibles.

Le mal fut néanmoins bien grand, car les ennemis des nouveaux chrétiens se servirent de ce prétexte pour exciter contre eux la fureur du peuple, qui n'était déjà que trop porté à les haïr et à les persécuter. Le désordre fut poussé si loin, que pendant longtemps ces malheureux n'osèrent plus se montrer en public, et qu'on mit en délibération s'il ne serait pas à propos de chasser tout d'un coup du royaume tous les nouveaux chrétiens.

Mais il arriva que les inquisiteurs furent les premiers à s'opposer à cette mesure générale, non pas par des raisons d'humanité ni de droit des gens, mais par la seule crainte que n'ayant plus à poursuivre cette classe d'hommes, l'Inquisition ne se trouvât tout à coup sans occupation et frustrée de la facilité de remplir ses coffres; on pouvait même admettre que le tribunal du Saint-Office ne fût insensiblement supprimé, en Portugal, comme une institution devenue inutile.

Si ce ne furent pas là les motifs qu'alléguèrent hautement les inquisiteurs, ce sont au moins les raisons que donnent plusieurs historiens de ce passage subit de la persécution à la protection, de la haine à la bienveillance. Les inquisiteurs disaient bien, pour expliquer une conduite qui surprenait, qu'on ne pouvait en conscience envoyer dans des pays étrangers, où chacun vit et pense comme il lui plaît, des personnes faibles et chancelantes dans leur foi, qui ne tarderaient pas à abandonner tout à fait la religion chrétienne dès qu'elles n'auraient plus rien qui les retînt dans le devoir. Mais il était facile de comprendre que l'intérêt du ciel n'était pas le seul qui les portât à s'opposer au bannissement des chrétiens nouveaux; et la conduite qu'ils tinrent envers cette race, si maltraitée aussitôt que la frayeur de l'exil général fut passée, prouva jusqu'à la dernière évidence que les inquisiteurs ne l'avaient combattu que dans le seul intérêt de leur avarice insatiable.

En effet, dès qu'on ne parla plus d'expulsion, les prisons du Saint-Office se remplirent plus que dans toute autre circonstance; les procédures et les tortures devinrent plus nombreuses chaque jour, et les confiscations alimentèrent le trésor de la Sainte-Inquisition, dite de la foi. Les inquisiteurs, se flattant toujours de trouver enfin les coupables du vol sacrilège, leurs examens ne cessèrent d'être très-rigoureux.

Mais pendant que le parlement de Lisbonne était ainsi occupé, lui aussi, à rechercher les auteurs de ce crime, un particulier, ancien chrétien, fut surpris en flagrant délit, volant dans un village proche de la capitale. On le conduisit dans les prisons ordinaires de la ville, et, en le fouillant, on trouva sur lui la croix du ciboire qui avait été volé quelques mois auparavant. Interrogé sur ce premier vol, ce misérable confessa qu'il en était seul coupable, qu'il avait brisé le ciboire, dont il s'était seulement réservé la croix, et qu'il avait toujours porté sur lui cette croix qui venait de le faire découvrir. L'auteur de ce sacrilège ayant été puni comme il le méritait, après l'instruction de son procès, le Parlement s'empressa de faire élargir tous les nouveaux chrétiens dont les prisons étaient remplies.

On vit alors un de ces revirements de l'opinion publique, si fréquents chez les peuples méridionaux: les vieux chrétiens, *christianos velhos*, de Portugal parurent revenir sur leurs préventions contre les chrétiens nouveaux; à la haine succéda un sentiment de compassion pour ces malheureux qui avaient tant souffert, et il y eut une sorte de réconciliation générale, qui parut ne pas faire le compte de l'Inquisition.

Après avoir empêché le bannissement des fils de juifs, comme certains peuples empêchent l'exportation des denrées nécessaires à leur existence, les inquisiteurs de Portugal reprirent leurs premiers errements contre les nouveaux chrétiens, et les persécutèrent plus que jamais. Ceux que le Parlement avaient élargis comme innocents, furent les premiers exposés aux fureurs du Saint-Office; ces pauvres gens ne venaient d'échapper à un premier danger que pour tomber dans un autre incomparablement plus terrible.

Les rigueurs extrêmes du tribunal de la foi finirent par indigner tous les honnêtes gens de la cour et de la ville. Un grand nombre de seigneurs et d'hommes de mérite de toutes les classes résolurent d'adresser au roi don Pedro de vives remontrances à ce sujet. Le marquis de Gouea, le marquis de Marialva, don Antonio de Mendoza, alors archevêque de Lisbonne, l'évêque des Martyrs, Alméida, lord Russel, le marquis de Tavora, le marquis de Fontes, le comte de Villaflor, don Sanche Mancel et divers autres docteurs et religieux de différents ordres, eurent le courage de prendre l'initiative contre le tribunal de la foi.

Cette ligue d'honnêtes gens représenta au prince le tort irréparable que ses sujets recevaient de la manière dont le Saint-Office procédait envers tout le monde; de sorte que personne n'était sûr qu'il y eût un lendemain pour les familles; ce qui devait amener infailliblement la ruine de l'État.

Les raisons qu'alléguèrent les auteurs du placet firent une si vive impression sur l'esprit de don Pedro, qu'il ordonna immédiatement à son ambassadeur à Rome d'y solliciter un bref qui permît aux prisonniers de l'Inquisition et à tous ceux menacés par elle de se plaindre directement au pape des procédures du Saint-Office. Ce bref ayant été obtenu et signifié dans toutes les Inquisitions de Portugal, on y suspendit les exécutions, et les chrétiens nouveaux eurent la permission de nommer des procureurs pour agir en leur nom tant à Rome qu'en Portugal, afin de réduire les procédures du Saint-Office aux règles prescrites par le droit civil et canonique.

Certes, les demandes de ces procureurs étaient bien modestes:

ce qu'ils voulaient, c'est que le pape pût prendre connaissance lui-même de quelques procédures iniques du Saint-Office ; et à cet effet, ils suppliaient Sa Sainteté d'ordonner que quatre de ces procédures, prises au hasard parmi celles de personnes condamnées au feu, seraient envoyées, en original, à la cour de Rome, afin que par l'inspection de ces pièces, le pape fût pleinement convaincu de la justice des plaintes qu'on lui adressait, et qu'il agît en conséquence.

Le pape écouta avec charité les raisons de ces victimes du Saint-Office; il se montra sensible à leur infortune, et ordonna aux inquisiteurs de Portugal de lui envoyer, en original, quatre procédures, afin qu'il pût se rendre un compte exact de la manière dont procédait l'Inquisition de Portugal, surtout envers ceux des condamnés qualifiés de *convaincus négatifs*.

Les inquisiteurs sentirent aussitôt le danger dont ils étaient menacés si le pape pouvait lire, en original, les iniquités et les turpitudes dont fourmillaient toutes ces procédures, dirigées par l'ignorance et les passions les plus cruelles. Ils résistèrent aux ordres du pape.

Alors s'établit un long échange d'explications de leur part et d'ordres impératifs de la cour de Rome. Les inquisiteurs soulevèrent obstacles sur obstacles, intrigues sur intrigues ; ils firent même changer l'ambassadeur portugais à Rome, et finirent par n'envoyer au pape que deux procédures choisies par eux, au lieu de quatre, prises au hasard. Les bonnes intentions du pape à l'égard des *Christianos novos* du Portugal demeurèrent ainsi sans effet ; et malgré le règlement dressé par la cour de Rome à ce sujet, les choses restèrent à peu près comme elles étaient auparavant. L'Inquisition de Portugal continua de faire ses nombreux actes de foi, où figuraient sans cesse et les *convaincus négatifs*, et les *relaps*, et cette foule de malheureuses victimes condamnées sans savoir pourquoi.

Nous regretterions beaucoup de ne pouvoir mettre sous les yeux des lecteurs quelques-unes de ces procédures originales que le pape lui-même ne put obtenir, car de pareilles pièces en disent plus que toutes les déclamations auxquelles un historien indigné pourrait se laisser entraîner contre les actes du tribunal de la foi ; mais nous sommes heureux de pouvoir remplacer ici les procédures originales par la relation de ce qui est arrivé à l'un de nos concitoyens, M. Dellon, jeune médecin, qui avait été s'établir dans une des villes de l'Inde portugaise, à Daman, pour y exercer son état. Cette relation détaillée de tout ce que ce Français eût à souffrir dès l'instant où quelques paroles imprudentes l'eurent fait tomber entre les mains de l'Inquisition de Portugal, fut d'abord imprimée à Cologne, en 1696. Depuis lors, il en a été fait diverses éditions, toujours en pays étranger, et bien des historiens en ont copié les pages qui peignent le mieux le tribunal de la foi et ses officiers. Personne n'a jamais osé mettre en doute la sincérité et la véracité de l'écrit tracé par notre malheureux compatriote ; et quoique ce précieux document paraisse avoir été oublié pendant tout un siècle, nous l'exhumons avec le plus vif plaisir, parce que nous avons la conviction qu'on n'a jamais imprimé drame plus curieux, plus attachant, plus terrible et surtout plus vrai que la RELATION DE CE QUE L'INQUISITION DE GOA A FAIT SOUFFRIR AU SIEUR DELLON.

Comme nous ne voulons pas ôter à cette relation le mérite qu'elle tire principalement de la simplicité du récit, nous laisserons toujours parler M. Dellon lui-même, sans changer un seul mot à son écrit si palpitant d'intérêt. Nous pousserons même le scrupule jusqu'à faire reproduire les admirables gravures de 1696, qui ont rendu si fidèlement et les préliminaires des *auto-da-fé*, et l'*auto-da-fé* lui-même. Il est impossible qu'en présence des détails que présentent ces gravures si exactes, on ne s'écrie pas aussitôt : *l'auteur a assisté à ces scènes terribles !*

Relation de ce que l'Inquisition de Goa a fait souffrir à M. DELLON, médecin français.

« Je vivais à Daman d'une manière fort tranquille et fort agréable ; j'y étais plus estimé et plus employé que naturellement un médecin de mon âge ne le devait espérer, et je m'y étais fait des amis, dans la conversation desquels je pouvais me délasser des fatigues de l'étude, et de celles où m'engageait ma profession. Rien ne paraissait pouvoir être capable de troubler mon repos, lorsque Dieu permit qu'on me suscitât une persécution affreuse, sous le poids de laquelle il est surprenant que je n'aie pas succombé. Je fus arrêté par ordre de l'Inquisition, où mon procès me fut fait de la manière que l'on verra dans la suite.

« On trouve dans plusieurs livres les maximes de la jurisprudence inouïe qui s'observe dans les tribunaux de l'Inquisition, avec l'examen de ces maximes et ce qui s'en est suivi en diverses rencontres; mais je ne connais personne qui se soit donné la liberté de dire ce qui se passe dans le secret de ce tribunal. Les magistrats de cette juridiction ont trop d'intérêt à la maintenir, pour en découvrir le secret; et quant à ceux qui ayant eu des affaires avec ces magistrats et leurs ministres, sont informés de ce qui s'y pratique, et auraient quelque raison de s'en plaindre, la crainte des peines affreuses dont on a soin de punir ceux qui seraient convaincus de n'avoir pas gardé le serment par lequel on leur fait promettre le secret avant que de leur rendre la liberté, rend les mystères de l'Inquisition si impénétrables qu'il est presque impossible d'apprendre jamais la vérité, si l'on est assez malheureux pour être conduit dans les prisons et en faire ainsi soi-même l'expérience; ou si l'on en est instruit par quelqu'un qui ait été assez heureux pour ne pas succomber sous un si grand malheur, encore faut-il que celui qui a été renfermé dans les affreuses solitudes du Saint-Office, ait eu soin, pendant sa détention, d'observer soigneusement ce qui s'y passe, et qu'après avoir obtenu la liberté il puisse, sans aucune appréhension, raconter ce qu'il y a appris et ce qu'il y a éprouvé.

« Toutes ces raisons font que très-peu de personnes savent au vrai ce qui se passe dans ce redoutable tribunal; et comme après l'obligation de rendre à Dieu ce qu'on lui doit, nous n'en avons pas de plus pressante que celle de servir le prochain, et surtout le public, j'ai cru lui devoir faire le récit de ce que j'ai souffert et de ce que j'ai remarqué dans les prisons de l'Inquisition; j'y joindrai ce que j'ai appris par des personnes dignes de foi, que j'ai connues familièrement, pendant le temps de ma détention et depuis ma sortie.

« J'ai longtemps douté si je pouvais publier cette relation, car il y avait plus de huit ans que j'étais de retour en France, et il y en avait plus de quatre que cette histoire était écrite, lorsqu'elle a été imprimée la première fois. Je craignais de scandaliser le Saint-Office et de manquer à mon serment, et cette crainte avait été fomentée par des personnes pieuses, mais timides, qui étaient dans les mêmes sentiments. Mais d'autres personnes, aussi pieuses, et qui me paraissaient plus éclairées, m'ont depuis fait comprendre qu'il était important au public, en plusieurs manières, de bien connaître ce tribunal, et que cette relation pourrait même être utile à Messieurs du Saint-Office, s'ils en savent profiter, et encore plus à ceux qui ont droit d'en régler les procédures et d'en borner la juridiction; et qu'à l'égard d'un serment aussi injustement extorqué que celui qu'on exige à l'Inquisition sous peine du feu, l'utilité publique en dispense suffisamment pour mettre en liberté la conscience de celui qui l'a fait, et lui, par conséquent, dans une espèce d'obligation de dire ce qu'il sait.

« Voilà les raisons qui m'avaient empêché de donner cette relation, et celles qui m'ont engagé à la donner dans la suite; et si ce retardement a privé pendant quelque temps le public d'une connaissance utile, il aura du moins servi à m'assurer que je n'ai rien précipité, et que le ressentiment des mauvais traitements que j'ai soufferts n'a aucune part à ce récit. Au reste, ce que j'ai à dire de l'Inquisition de Goa doit être entendu de celles de Portugal et d'Espagne; car encore que cette dernière soit moins cruelle que les deux autres, en ce que ces exécutions publiques que l'on appelle actes de foi, y sont moins fréquentes, et que l'ignorance soit encore plus grande aux Indes qu'en Portugal, on voit néanmoins que c'est par le même esprit et par les mêmes règles que se gouvernent tous les inquisiteurs, et qu'on exerce la même rigueur dans toutes les exécutions de l'Inquisition en ces différents pays.

« La maison de l'Inquisition, que les Portugais appellent *Santa Casa*, c'est-à-dire la Sainte Maison, est située à un des côtés de la grande place qui est devant la cathédrale, dédiée à sainte Catherine. Cette maison est grande et magnifique : elle a dans sa face trois portes; celle du milieu est plus grande que les deux autres, et c'est elle qui répond au grand escalier par lequel on monte à la grande salle dont je parlerai ailleurs. Les portes des côtés conduisent aux appartements des inquisiteurs, dont chacun est assez grand pour loger un train raisonnable. Il y a, outre cela, plusieurs appartements pour les officiers de la maison. En pénétrant davantage on trouve un grand bâtiment divisé en plusieurs corps-de-logis à deux étages, séparés les uns des autres par des basses-cours. Dans chaque étage il y a une galerie en forme de dortoir, divisé en sept ou huit chambres ou cachots, chacun de dix pieds en carré, et le nombre de ces chambres peut être en tout d'environ deux cents.

« Il y a de ces dortoirs dont les cachots sont obscurs, n'ayant point de fenêtres, et ne pouvant recevoir de jour que par la porte, qui est ordinairement fermée, comme je l'expliquerai plus bas. Outre cela, ces cellules sont plus petites et plus basses que les autres, et on m'en fit voir une, un jour que je me plaignais d'être traité avec trop de rigueur, pour me faire connaître que j'aurais pu être encore plus mal.

« À l'exception de ces chambres obscures, toutes les autres sont carrées, voûtées, blanchies, propres et éclairées par le moyen d'une petite fenêtre grillée qui ne se ferme point, et à laquelle l'homme le plus grand ne saurait atteindre.

« Les murailles de ces cachots ont partout cinq pieds d'épaisseur. Chaque chambre ferme à deux portes, dont l'une est en dedans et l'autre en dehors de la muraille : celle de dedans est à deux battants; elle est forte, bien ferrée, et ouverte par la moitié d'en-bas en forme de grille. Elle a en haut une petite fenêtre, par où les prisonniers reçoivent la nourriture, leur linge, et les autres choses dont ils ont besoin, et qui y peuvent passer : cette petite fenêtre se ferme à la clef, et avec deux bons verrous.

« La porte qui est en dedans de la muraille n'est pas si forte ni si épaisse que l'autre, mais elle est entière et sans aucune ouverture. On la laisse ordinairement ouverte depuis six heures du matin jusqu'à onze, afin que le vent puisse entrer par les fentes de l'autre qui est grillée, et que par ce moyen l'air de ces cachots soit purifié et rendu plus sain. Dans tous les autres temps cette seconde porte est aussi exactement fermée que la première.

« On donne à chacun de ceux que leur malheur conduit dans ces prisons, un pot de terre plein d'eau pour se laver, un autre pot plus propre, de ceux qu'on appelle *gurguleta*, aussi plein d'eau pour boire, avec un *pucaro*, ou tasse faite d'une espèce de terre sigillée qui se trouve communément aux Indes, et qui rafraîchit admirablement bien l'eau, quand on l'y laisse quelque temps. On leur donne aussi un balai, afin qu'ils tiennent leur chambre propre, une natte pour étendre sur une estrade où ils couchent, un grand bassin pour leurs nécessités, qu'on change de quatre en quatre jours, et un pot pour le couvrir, qui sert aussi pour mettre les ordures qu'on a balayées.

« Les prisonniers sont nourris à la manière du pays: les noirs avec du canhé ou eau de riz, avec du riz et un peu de poisson frit; les blancs de même, excepté qu'on leur donne du fruit et quelque peu de viande les jeudis et les dimanches à dîner, et jamais le soir, pas même le jour de Pâques; et ce régime ne s'observe pas moins pour l'épargne que pour mortifier davantage des personnes qu'on prétend avoir encouru l'excommunication majeure, et les garantir en même temps du cruel mal que les Indiens appellent *Mordechi*, qui n'est autre chose que l'indigestion, qui est fréquente et dangereuse dans ces climats brûlants, et surtout dans un lieu où l'on ne fait aucun exercice.

« Cette maladie commence presque toujours par une fièvre violente, accompagnée de tremblements, d'horreurs et de vomissements. Ces accidents sont bientôt suivis du délire et de la mort, si l'on n'y apporte un prompt remède. Il y en a un dont les Indiens se servent préférablement à tout autre, parce que l'expérience journalière leur fait connaître qu'il est spécifique dans cette occasion, et qu'on ne l'omet guère sans exposer le malade à un danger évident.

« Ce remède consiste à appliquer un fer rougi au feu sous le pied du malade, à l'endroit du talon le plus calleux et le plus dur. On se sert pour cela ou d'une broche ou de quelque autre fer qui soit à peu près de même figure; on l'applique en travers, et on le laisse sur la partie jusqu'à ce que le malade témoigne par ses cris qu'il en ressent la chaleur. Cette application, au reste, est fort peu douloureuse, et elle n'empêche pas celui à qui on l'a faite de marcher immédiatement après avec la même liberté qu'auparavant, si d'autres raisons ne le retiennent au lit. Cependant par ce seul moyen, surtout si l'on s'en sert de bonne heure, on arrête presque infailliblement ce cruel mal; et une personne qui sans ce secours aurait risqué de perdre la vie, se trouve souvent guérie dans très-peu de temps, sans autre remède que celui-là. Il faut observer, en passant, que la saignée est tout à fait pernicieuse dans ces sortes de maladies, et qu'un médecin étranger qui se trouve aux Indes doit bien prendre garde à ne s'y pas tromper, n'y allant rien moins que de la vie du malade.

« Les médecins et les chirurgiens vont quelquefois visiter les malades; mais dans les maladies dangereuses on n'administre à personne ni le Viatique ni l'Extrême-Onction, de même qu'on n'y entend jamais ni sermon ni messe.

« Ceux qui meurent dans les prisons sont enterrés dans la maison sans aucune cérémonie; et si, selon les maximes de ce tribunal, ils sont jugés dignes de mort, on les désosse, et on conserve leurs ossements pour être brûlés au premier acte de foi.

« Comme il fait toujours fort chaud dans les Indes, et que dans l'Inquisition on ne donne de lits à personne, les prisonniers n'y voient jamais le feu ni d'autre lumière que celle du jour. Il y a dans chaque cellule deux estrades pour se coucher, parce que quand la nécessité le requiert, on y enferme deux prisonniers.....

« La cause véritable de toutes les persécutions que les ministres de l'Inquisition m'ont fait endurer, fut une jalousie mal fondée du gouverneur de Daman. Il n'est pas mal aisé de juger que cette cause n'a jamais été alléguée dans mon procès; mais pour satisfaire la passion de ce gouverneur, on se servit de divers prétextes, et l'on trouva enfin le moyen de m'arrêter, et de m'éloiguer des Indes, où j'aurais peut-être passé le reste de mes jours.

« Il faut avouer que quoique les prétextes dont on se servit fussent insuffisants pour des personnes instruites dans la Foi et dans le Droit, ils ne suffisaient cependant que trop à des gens comme les Portugais, par rapport à leurs préventions et à leurs maximes; en sorte qu'à cet égard je les ai trouvés moi-même si plausibles, que je n'ai découvert les vraies causes de ma détention que dans la suite de l'affaire.

« La première occasion que je donnai à mes ennemis de se servir de l'Inquisition pour me perdre, fut un entretien que j'eus avec un religieux indien, théologien de l'ordre de Saint-Dominique. Mais avant que de passer outre, je dois dire ici qu'encore que mes mœurs n'aient pas toujours été entièrement conformes à la sainteté de la religion dans laquelle j'ai été baptisé, j'ai cependant toujours été fort attaché à la foi de mes pères, c'est-à-dire à celle de l'église catholique, apostolique et romaine; et que Dieu m'a donné plus d'affection aux instructions qu'on y reçoit, que n'en ont ordinairement la plupart des chrétiens. J'ai donc toujours pris plaisir à écouter et à lire, et je n'ai rien lu avec tant d'attachement, que les saintes Écritures, tant de l'Ancien que du Nouveau Testament, que je portais d'ordinaire avec moi; j'avais même soin de ne pas ignorer tout à fait la théologie scolastique, parce que dans les longs voyages on roule continuellement avec toute sorte de gens, parmi lesquels on en trouve de toutes les religions et de toutes les sectes, et je disputais assez volontiers avec les hérétiques et les schismatiques que je trouvais en mon chemin. Je portai des livres par rapport à cela, et entre autres un abrégé de théologie par le père Dom Pierre de Saint-Joseph, Feuillant, et je m'étais assez instruit par les entretiens et par les lectures durant le grand loisir de la mer et du séjour que j'avais déjà fait en plusieurs endroits de l'Inde. Je croyais donc être en état d'entrer en conversation et même en dispute avec des théologiens de profession, et je tombai fort innocemment dans ce piège avec ce religieux dominicain. J'avais logé, ainsi que je l'ai déjà dit, pendant environ quinze jours dans le couvent des Jacobins; je continuais d'y vivre avec tous les religieux avec beaucoup de familiarité; je leur avais rendu service toutes les fois que l'occasion s'en était présentée, en reconnaissance de l'amitié qu'ils me témoignaient, et des bontés que le père Juan de Saint-Michel avait eu en particulier pour moi. Nous avions ensemble de fréquentes conversations; et celle que j'eus avec le religieux dont je parle, fut sur les effets du baptême. Nous convenions des trois espèces que l'Eglise catholique reconnaît; et ce ne fut que par manière d'entretien, et non pas pour en douter, que je voulus nier l'effet de celui que l'on appelle *Flaminis*, et que pour soutenir mon sentiment j'alléguai ce passage : *Nisi quis renatus fuerit ex aqua et spiritu sancto*, etc.

« Cependant à peine avais-je achevé de parler, que ce bon père se retira sans me rien répondre, comme s'il eût eu quelque affaire pressante, et alla, selon les apparences, me dénoncer au commissaire du Saint-Office. Je parlai depuis, plusieurs fois à ce même religieux, et comme il ne me témoigna aucune froideur, j'étais bien éloigné de croire qu'il m'eût joué un si mauvais tour.

« Je m'étais souvent trouvé en des assemblées où l'on porte de petits troncs, sur lesquels est peinte l'image de la Sainte Vierge, ou celle de quelque autre saint. Les Portugais ont coutume de baiser l'image qui est sur ce tronc; et ceux qui ont dévotion à ces confréries mettent leurs aumônes dans ces boîtes, où il est libre de donner ou non, mais que l'on ne peut se dispenser de baiser, sans scandaliser les assistants. Je n'étais alors âgé que d'environ vingt-quatre ans, et je n'avais pas toute la prudence requise à une personne qui vit chez des étrangers aux manières desquelles il est bon de se conformer autant qu'il se peut; et comme d'ailleurs je n'étais pas accoutumé à ces sortes de cérémonies, je refusai très-souvent de prendre et de baiser ces boîtes, d'où l'on inférait assez témérairement que j'avais du mépris pour les images, et que par conséquent j'étais hérétique.

« Je me trouvai un jour chez un gentilhomme portugais, dans le temps qu'on allait saigner son fils malade : je vis que ce jeune homme avait dans son lit une image de la sainte Vierge faite d'ivoire, et comme il aimait fort cette image, il la baisait souvent et lui adressait souvent la parole. Cette manière d'honorer les images est fort ordinaire chez les Portugais, et elle me faisait quelque peine, parce qu'en effet les hérétiques l'interprétant en mal, cela les empêche, autant qu'aucune autre chose, de revenir à l'Église. Je dis donc à ce jeune homme que s'il n'y prenait garde, son sang jaillirait contre l'image ; et m'ayant répondu qu'il ne pouvait se résoudre à la quitter, je lui représentai que cela embarrasserait l'opération. Alors il me reprocha que les Français étaient des hérétiques, et qu'ils n'adoraient pas les images. À quoi je répondis, que je croyais qu'on devait les honorer, et que si on pouvait se servir du mot d'*adoration*, ce ne pouvait être qu'à l'égard de celles de Notre-Seigneur Jésus-Christ; encore fallait-il que cette adoration fut rapportée à Jésus-Christ représenté dans ces images, et sur cela je citais le Concile de Trente. *Session 25*.

« Il arriva à peu près dans ce même temps, qu'un de mes voisins venant chez moi, et voyant un crucifix au chevet de mon lit, me dit : Souvenez-vous, monsieur, de couvrir cette image, si par hasard il vous arrive de faire venir chez vous quelque femme, et de l'y garder. « Comment, lui dis-je, croyez-vous donc qu'on puisse se cacher ainsi aux yeux de Dieu? Et êtes-vous du sentiment de ces femmes débauchées qui sont parmi vous, qui, après avoir serré sous le chevet de leurs lits les chapelets et les reliques qu'elles portent ordinairement au col, croient pouvoir s'abandonner sans crime à toute sorte d'excès? Allez, monsieur, ayez de plus hauts sentiments de la Divinité, et ne pensez pas qu'un peu de toile puisse cacher nos péchés aux yeux de Dieu, qui voit clairement ce qu'il y a de plus secret dans nos cœurs; au reste, qu'est-ce que ce crucifix, sinon un morceau d'ivoire? »

« Nous en demeurons là, et mon voisin s'étant retiré s'acquitta fort exactement de son prétendu devoir, en m'allant dénoncer au commissaire de l'Inquisition : car il est bon de savoir en passant que toutes personnes vivant en des pays sujets à la juridiction du Saint-Office, sont obligées, sous peine d'excommunication majeure réservée au grand inquisiteur, de déclarer, dans l'espace de trente jours, tout ce qu'elles ont vu faire ou entendu dire touchant les cas dont ce tribunal prend connaissance; et parce que bien des gens pourraient ne pas craindre cette peine, ou douter si effectivement ils l'auraient encourue, pour obliger les peuples à obéir ponctuellement à cet ordre, les inquisiteurs ont voulu que ceux qui manqueraient à faire cette déclaration dans ledit temps, fussent réputés coupables, et ensuite punis comme s'ils avaient commis eux-mêmes les crimes qu'ils n'ont pas révélés. Ce qui fait qu'en matière d'inquisition les amis trahissent leurs amis, les pères leurs enfants, et que les enfants, par un zèle indiscret, oublient souvent le respect que Dieu et la nature les obligent de porter à ceux qui leur ont donné la vie.

« L'opiniâtreté que j'avais fait paraître à ne pas vouloir porter de chapelet au col, ne contribua pas moins à faire croire que j'étais hérétique, que le refus que je faisais de baiser les images. Mais ce qui servit plus que tout le reste de motif à mon emprisonnement et à ma condamnation, fut que m'étant trouvé dans un endroit où l'on parlait de la justice des hommes, je dis qu'elle méritait bien moins ce nom, que celui d'injustice; que les hommes ne jugeant que selon les apparences, qui sont très-souvent trompeuses, étaient sujets à ne rendre que peu de jugements équitables, et que Dieu seul connaissant les choses telles qu'elles sont, il n'y avait aussi que Dieu que l'on pût appeler véritablement juste. Un de ceux devant qui je parlais prit la parole, et me dit que, généralement parlant, ce que j'avais dit était vrai; que cependant il y avait cette distinction à faire, que si en France on ne trouvait point de justice véritable, ils avaient cet avantage sur nous, que l'on trouvait chez eux un tribunal dont les arrêts n'étaient ni moins justes ni moins infaillibles que ceux de Jésus-Christ. « Pensez-vous, lui dis-je, que les inquisiteurs soient moins hommes et moins sujets à leurs passions que les autres juges? » « Ne parlez pas ainsi, me dit ce zélé défenseur du Saint-Office; si les inquisiteurs étant au tribunal sont infaillibles, c'est parce que le Saint-Esprit préside toujours à leurs décisions. » Je ne pus supporter plus longtemps un discours qui me paraissait si déraisonnable, et pour lui prouver par un exemple que les inquisiteurs n'étaient rien moins que ce qu'il disait, je lui rapportai l'aventure du père Ephraïm de Nevers, capucin français et missionnaire apostolique dans les Indes, lequel, selon la Boulaye-le-Goux et Tavernier, avait été arrêté à l'Inquisition par surprise et par envie, il y avait environ dix-sept ans, où il avait été fort maltraité pendant environ un an et demi ; et je conclus en lui disant que je ne doutais pas que ce bon religieux ne fût plus vertueux et plus éclairé que ceux qui l'avaient ainsi fait croupir dans une étroite prison, sans lui permettre seulement de dire son bréviaire. J'ajoutai que j'estimai la France heureuse de n'avoir jamais voulu admettre ce sévère tribunal, et que je me croyais heureux moi-même de n'être pas sujet à sa juridiction. Cette conversation ne manqua pas d'être exactement rapportée au père commissaire; et cela, joint à ce que j'avais déjà dit, servit dans la suite à faire mon procès.

« Nonobstant le secret inviolable que l'Inquisition exige par serment de tous ceux qui approchent de ses tribunaux, je ne laissai pas d'avoir quelque vent des dépositions qu'on avait faites contre moi. Cela me fit appréhender de tomber entre les mains du Saint Office, et me détermina à aller trouver le commissaire, duquel j'espérais de la protection et des conseils, à cause que je lui avais été recommandé par des personnes qui méritaient que l'on eût de la considération pour elles, et que depuis que j'étais à Daman, il avait toujours affecté de paraître de mes amis.

« Je lui racontai donc naïvement et de point en point comment les choses s'étaient passées, et je le priai ensuite de m'apprendre de quelle manière je me devais comporter à l'avenir. Je lui témoignai que comme je n'avais eu aucun mauvais dessein, j'étais prêt de me corriger et de me dédire, s'il jugeait que j'eusse avancé quelque chose qui ne fût pas bien.

« Ce bon père m'avoua que mon procédé avait scandalisé bien des gens; qu'il était persuadé que mon intention n'avait pas été mauvaise, et qu'il n'y avait même rien dans tout ce que j'avais dit qui fût tout à fait criminel; que cependant il me conseillait de m'accommoder un peu à la façon du peuple, et de ne plus parler si librement de ces sortes de matières; que surtout je devais être plus réservé en parlant des images, que j'avais souvent dit ne devoir pas être adorées; ce que j'avais essayé de prouver par des citations de l'Écriture et des pères; que le peuple était à la vérité dans de certaines erreurs légères, qui passaient pour une véritable dévotion; que ce n'était pas à moi d'entreprendre de le corriger et de le réformer.

« Je remerciai le commissaire des bons avis qu'il m'avait donnés, et je me retirai d'auprès de lui fort soulagé, parce que je savais que m'étant accusé moi-même avant que d'être arrêté, je ne le pouvais plus être selon les lois de l'Inquisition. J'étais d'ailleurs extrêmement satisfait de l'équité et de l'intégrité de ce bon père, parce que ne m'ayant pas trouvé coupable, il m'avait librement donné les avis nécessaires pour me conduire à l'avenir avec plus de prudence que par le passé, afin que je ne donnasse plus aucune ombre de soupçon contre moi.

« Quoique tout ce que j'ai exposé ci-devant fût plus que suffisant pour me perdre, selon les maximes de l'Inquisition et les coutumes du pays, les choses ne seraient pourtant pas allées ni si loin, ni si vite, si le gouverneur de Daman n'eût été pressé de la jalousie dont j'ai parlé et qu'il avait conçue mal à propos contre moi. Il la dissimulait néanmoins si bien, qu'il paraissait être un de mes meilleurs amis. Mais pendant qu'il continuait à me faire bonne mine, et qu'il me recevait agréablement dans sa maison, il sollicitait vivement le commissaire du Saint Office d'écrire à Goa aux inquisiteurs, pour les informer des discours que j'avais tenus; car il ne voulait pas manquer l'occasion que je lui avais fournie, sans y penser, de s'assurer de moi et de m'éloigner de Daman pour toujours.

« Le sujet ou le prétexte de la jalousie de Manoel Furtado de Mendoça furent de fréquentes, mais innocentes visites que je rendais à une dame qu'il aimait, et dont il n'était que trop aimé, ce que j'ignorais alors. Comme il jugeait par les apparences, il appréhenda que je ne fusse plus aimé que lui.

« Certain prêtre noir, secrétaire du Saint-Office, demeurait devant la maison de cette dame. Il avait pour elle une passion aussi forte que celle du gouverneur, et il l'avait sollicitée de satisfaire à ses infâmes désirs jusques dans les tribunaux de la pénitence.

ainsi que je l'ai su de cette même dame. Ce prêtre m'observant, devint aussi jaloux que le gouverneur; et quoique jusqu'alors il eût été de mes amis, et que je lui eusse rendu des services assez importants, il ne laissa pas de se joindre à Manoel Furtado pour m'opprimer.

« Ces deux rivaux ainsi unis pressèrent si vigoureusement le commissaire, que sur les avis qu'il envoya à leur sollicitation à Goa, il reçut ordre des inquisiteurs de m'arrêter: ce qui fut exécuté le 24 d'août 1673, sur les dix heures du soir.

« Je revenais de chez la Senhora Dona Francisca Pereira, à laquelle, sans de fortes raisons, je ne me dispensais point de faire au moins une visite chaque jour. Cette généreuse dame, qui avait une reconnaissance sans bornes pour les petits services que j'avais eu l'avantage de lui rendre, n'étant pas contente des présents ordinaires dont elle m'accablait, désira que je vinsse demeurer près de sa maison; et pour m'y obliger, elle m'en avait, ce jour-là, donné une qui lui appartenait et qui était vis-à-vis de la sienne. Je sortais donc de chez cette illustre dame, lorsque le juge criminel de la ville, appelé en portugais *ouvidor do crime*, vint au-devant de moi, et me commanda de le suivre jusqu'en la prison, où il me conduisit, sans me dire par quel ordre, qu'après que j'y fus enfermé.

« Quelque grande qu'eût été ma surprise lorsque ce juge m'arrêta, cependant comme je ne me sentais point coupable, et que tout au plus je ne m'imaginais avoir été pris que pour quelque léger sujet, je me flattais avec assez de fondement que Manoel Furtado, qui m'avait toujours témoigné beaucoup d'amitié, ne permettrait pas que je restasse seulement une nuit en prison. Mais quand celui qui m'y avait conduit, me déclara que c'était par ordre de l'Inquisition, mon étonnement fut si grand, que je restai pendant quelque temps immobile. Enfin m'étant un peu remis, je priai qu'on me fît parler au commissaire; mais, pour comble de disgrâce, j'appris qu'il était parti ce même jour pour aller à Goa, de sorte qu'il ne me resta point d'autre consolation, que l'espérance que chacun me donnait d'être bientôt mis en liberté, à cause, me disait-on, que le Saint-Office est non-seulement équitable, mais encore parce que dans ce tribunal on incline beaucoup à la clémence, principalement envers ceux qui avouent leurs fautes de bonne grâce, sans se faire longtemps solliciter.

« Toutes ces belles paroles n'empêchaient pas que mon malheur présent ne me fût très-sensible ; et la vue de mes amis, qui ne manquaient pas de me venir consoler, ne m'apportait aucun soulagement : elle ne servait qu'à m'affliger davantage, par la comparaison que je faisais de leur état avec le mien.

« Comme je n'avais que des ennemis cachés, ils se mêlèrent aisément parmi mes meilleurs amis. Le gouverneur et le prêtre noir, qui ne souhaitaient rien tant que mon éloignement, surent admirablement bien dissimuler leur haine et leur jalousie ; le premier en m'envoyant des officiers de sa maison pour m'assurer qu'il prenait beaucoup de part à ma disgrâce, et pour m'offrir tout ce qui dépendait de lui ; et l'autre en venant à la grille répandre quelques fausses larmes, que la joie plutôt que la tristesse lui faisait verser.

« La prison de Daman est plus basse que la rivière qui en est proche, ce qui la rend humide et malsaine.

« Quelques années avant ma détention tous les prisonniers qui se trouvèrent dedans, ayant creusé sous la muraille pour tâcher de se sauver, pensèrent y être inondés par l'abondance d'eau qui y entra ; et ce ne fut pas sans beaucoup de peine qu'ils furent préservés du malheur où l'amour de la liberté les avait précipités.

« Les murs de cette prison sont fort épais. Cette triste demeure consiste en deux grandes salles basses et une haute, proche laquelle est l'appartement du geôlier. Les hommes sont en bas, et les femmes en haut. La plus grande des deux salles basses a environ quarante pieds de longueur sur quinze de large ; l'autre peut avoir les deux tiers de cette étendue. Nous étions dans cette espace environ quarante personnes, et il n'y avait point d'autre lieu pour satisfaire aux nécessités ordinaires que celui-là. Les prisonniers rendaient leur eau au milieu de cette salle, et le ramas de ces eaux croupies y faisait une espèce de mare. Les femmes n'avaient point d'autres commodités dans leur étage, et il n'y avait entre elles et nous que cette différence, que leurs eaux s'écoulaient de leur salle haute, et tombaient à travers du plancher dans la nôtre, où toutes ces différentes eaux croupissaient.

« Pour les autres excréments, notre unique commodité était un large baquet qu'on ne vidait guères qu'une fois la semaine, en sorte qu'il s'y engendrait une multitude innombrable de vers, qui couvraient le pavé, et qui venaient jusques sur nos lits. Pendant que je demeurai dans cette prison, le soin que je prenais de la faire nettoyer, la rendait un peu moins horrible; mais quoique j'y fisse jeter de temps en temps jusqu'à cinquante sceaux d'eau pour un jour, la puanteur ne laissait pas pour cela d'y être extrême.

« Je me vis à peine renfermé dans cette triste demeure, que faisant une sérieuse réflexion sur mon malheur, j'en découvris aisément la cause apparente, et je résolus de tout mettre en usage pour recouvrer ma liberté.

« Mes amis me disaient sans cesse, que le meilleur et le plus prompt moyen pour y parvenir, était de confesser volontairement et au plus tôt ce que je connaissais avoir donné lieu à ma détention. Voulant donc profiter de leur avis, j'écrivis à Goa au grand inquisiteur, qu'on appelle en portugais *Inquisidor mor*. Je lui déclarai ingénuement dans ma lettre tout ce dont je crus avoir pu être accusé, et je le suppliai de considérer que si j'avais manqué c'avait été bien plus par légèreté et par imprudence que par malice. Ma lettre fut fidèlement rendue; mais contre mon espérance et le désir de mes amis, l'on ne me fit point de réponse, et on me laissa languir dans cette puante et affreuse prison, en la compagnie de plusieurs noirs, qui, aussi bien que moi, étaient arrêtés par l'ordre du Saint-Office.

« Les charitables soins que la généreuse dona Francisca prit de moi pendant tout le temps que je restai prisonnier à Daman, me rendirent ma captivité un peu plus supportable. Cette généreuse dame ne se contentait pas de m'envoyer le nécessaire, mais je recevais de sa part tous les jours de quoi nourrir abondamment et délicatement quatre personnes. Elle-même se donnait la peine d'apprêter mon manger, et faisait toujours accompagner l'esclave qui me l'apportait par quelqu'un de ses petits-fils, qui ne le perdait point de vue jusqu'à ce que je l'eusse reçu, appréhendant que quelqu'un ne subornât le geôlier ou ses domestiques pour m'empoisonner. Et parce que la bienséance ne lui permettait pas de venir en personne me consoler dans ma prison, elle avait soin que son mari, ses enfants ou ses gendres, y vinssent régulièrement tous les jours.

« Il n'en était pas de même des autres prisonniers. Il n'y a point de subsistance réglée pour eux à Daman, les magistrats s'en déchargent sur la charité de quiconque s'avise de les secourir; et comme il n'y avait que deux personnes dans la ville qui leur envoyassent à manger régulièrement deux fois la semaine, la plupart ne recevant rien les autres jours, étaient réduits à une misère si digne de pitié, que cela contribuait fort à me faire trouver la mienne plus grande. Je donnais à ces malheureux tout ce que je pouvais ménager sur ma subsistance; mais il y en eut parmi ceux qui étaient dans la plus petite salle, et qui n'étaient séparés de moi que par une muraille, qui furent pressés de la faim jusqu'au point de chercher de quoi subsister dans leurs propres excréments. J'appris, à cette occasion, que quelques années auparavant, environ cinquante corsaires malabares ayant été pris et enfermés dans cette même prison, l'horrible disette qu'ils y souffrirent en avait porté plus de quarante à s'étrangler avec le linge de leur turban.

« L'extrémité où se trouvaient ces pauvres gens qui étaient avec moi, me fit beaucoup de compassion; elle m'obligea d'en écrire au gouverneur et aux plus apparents de la ville, qui dans la suite eurent la bonté d'envoyer de quoi entretenir ces misérables victimes du Saint-Office.

« Le père commissaire ne m'avait pas trouvé criminel dans la confession que j'étais allé lui faire de mon propre mouvement, comme je l'ai déjà dit; et quand je l'aurais été, je devais demeurer libre selon les lois de l'Inquisition : mais comme ce n'était pas l'intention du gouverneur ni du prêtre noir, ce bon père, passant par dessus toutes les lois, m'avait accusé comme hérétique dogmatisant. Il aurait pu m'envoyer à l'Inquisition de Goa aussitôt après mon emprisonnement, et s'il en eût agi de la sorte, j'aurais pu sortir de prison trois mois après, en l'acte de foi qui se fit au mois de décembre ; mais ce n'était pas non plus le compte de mes rivaux que je fusse sitôt en liberté. C'est pourquoi le commissaire, loin de me faire partir de Daman, en était

parti lui-même pour n'entendre ni mes prières ni mes plaintes, et il était passé à Goa aussitôt qu'il m'eut fait arrêter, d'où il ne revint qu'après l'acte de foi, c'est-à-dire vers la fin de décembre, et je ne sais pas s'il n'y employa pas les quatre mois qu'il me fit passer dans la prison de Daman, pour me recommander à l'inquisiteur comme un homme fort criminel et fort dangereux, qu'il fallait éloigner des Indes, supposé qu'on ne trouvât pas à propos de m'y faire périr. J'ai pour le moins eu lieu de croire que telle avait été sa conduite, par les rigueurs que l'on a affectées dans la sentence de ma condamnation, et qui ont paru si extraordinaires, même en Portugal.

« Le commissaire revint donc à Daman le 20 décembre, avec la petite flotte qui part ordinairement dans cette saison pour escorter les vaisseaux marchands qui vont de Goa à Cambaja, ville de l'empire du Mogol, près de laquelle le fleuve Indus se jette dans la mer.

« Ce père, qui avait ordre de faire embarquer tous les prisonniers de l'Inquisition sur les galiotes qui formaient cette flotte, me fit avertir d'être prêt à partir lorsqu'elle serait de retour de Cambaja.

« M. l'abbé Carré revenant de Saint-Thomé, où était alors M. de la Haye, et passant par Daman, obtint du commissaire, avec bien de la peine, la permission de me venir voir.

« Dès qu'elle lui fut accordée, il eut la bonté de me rendre visite, et ce fut précisément la veille et le jour de Noël, qui fut celui de son départ pour Surate.

« J'écrivis ensuite au commissaire, et je le fis prier par diverses personnes de me vouloir parler; mais ni mes lettres, ni les sollicitations de ceux qui s'employèrent pour moi, ne purent l'y faire résoudre; tant il appréhendait les justes reproches que j'étais en droit de lui faire au sujet de son peu de sincérité.

« Environ dans ce même temps un Portugais, nommé *Manoel Vas*, que j'avais connu assez particulièrement, ayant été accusé d'avoir une femme en Portugal, fut arrêté et amené par ordre du Saint-Office dans la prison où j'étais, pour en avoir épousé une seconde à Daman depuis un mois.

« Ma généreuse protectrice ayant su que je devais être transféré à Goa, ne manqua pas de me préparer des provisions, qui auraient pu suffire à un voyage beaucoup plus long que celui que j'allais faire. Enfin une partie de la flotte étant de retour de

Cambaja, le commissaire envoya le dernier jour de décembre des fers et des chaînes pour mettre aux pieds de tous ceux qu'on devait conduire à Goa. On enchaîna les noirs deux à deux, à la réserve de quelques-uns, qui étaient si exténués de la faim qu'ils avaient endurée dans les prisons, qu'on fut obligé, en les embarquant, de leur laisser la liberté des pieds, dont ils n'étaient pas en état de profiter. Quant aux Portugais et à moi, on nous fit l'honneur de nous donner des fers séparés. Le commissaire eut même l'honnêteté de me faire dire qu'il me laissait le choix des deux qui étaient destinés pour son compatriote et pour moi. Afin de profiter de sa civilité, je choisis les plus pesants, parce qu'ils étaient les plus commodes. Je sortis ce même jour de prison avec tous les autres, et je fus conduit, les fers aux pieds, dans un palanquin jusque sur le bord de la rivière. J'y trouvai plusieurs de mes amis qui s'y étaient rendus, et j'eus la liberté de les y embrasser en leur disant adieu. Le gouverneur, qui s'y trouva, n'oublia rien pour me persuader le chagrin que lui causait mon infortune, et fit mille vœux trompeurs pour ma prompte délivrance et mon heureux retour.

« La vue de mes amis et leurs larmes ne servirent qu'à augmenter ma douleur; mais rien ne me fit plus de peine que le refus de me laisser aller en la maison de ma bienfaitrice, doña Francisca, afin de prendre congé d'elle, et la remercier de tant de charitables soins qu'elle avait eus de moi. Enfin, après beaucoup de tristes compliments, on me mit dans une chaloupe, et je fus conduit dans une des galiotes de cette petite flotte, qui n'attendait plus que les ordres du général pour lever les ancres.

« Quoiqu'une partie des galiotes et des barques qui composaient la flotte, ne fut pas encore arrivée de Diu et de Cambaja, le général, Louis de Mello, ne laissa pas de faire donner le signal pour partir aux bâtiments qui se trouvaient à Daman. Nous sortîmes de la rivière le premier jour de l'année 1674, à dessein d'aller attendre le reste de la flotte à Baçaim. Comme le vent était favorable, et que nous n'avions que vingt lieues à faire, nous y arrivâmes le lendemain; et l'on n'eut pas plus tôt mouillé les ancres, qu'on fit descendre à terre les prisonniers, qui furent conduits dans la prison, pour y être gardés pendant tout le temps que les galiotes resteraient dans le port. J'y fus mené avec les autres; et un de mes amis, qui depuis peu s'était établi à Baçaïm, ayant inutilement essayé d'obtenir la permission de me voir, me témoigna la part qu'il prenait à mon malheur, par une lettre qu'il eut encore bien de la peine à me faire rendre.

« La ville de Baçaïm est à vingt lieues au midi de Daman; elle est beaucoup plus grande, mais il s'en faut bien qu'elle soit si bien fortifiée, quoiqu'elle soit enfermée de murailles, et qu'on y entretienne une bonne garnison. Elle est bâtie à un petit quart de lieue de la mer, sur le bord d'une rivière, dans laquelle les vaisseaux de toutes grandeur peuvent entrer et rester en tout temps en assurance, parce que le port est à l'abri de tous vents. La bonté de ce havre engage une grande quantité de négociants à faire leur séjour à Baçaïm, et est cause qu'il s'y fait un gros commerce. Les maisons y sont belles, les rues droites, les places grandes, les églises riches et magnifiques, l'air y est sain, et le terroir tout à fait fertile. Les Portugais n'ont point de ville dans les Indes où il y ait tant de noblesse que dans Baçaïm, d'où est venu parmi eux le proverbe *Hidalgo*, ou gentilhomme de *Baçaïm*.

« La prison de Baçaïm est plus grande et moins sale que celle de Daman; nous y trouvâmes un bon nombre de compagnons de misère, que le commissaire de l'Inquisition de cette ville retenait prisonniers depuis longtemps, attendant une occasion propre pour les envoyer à Goa.

« Ils furent tous enchaînés comme nous l'étions; on nous embarqua le 7 du mois, et toute la flotte étant rassemblée et suffisamment pourvue de ce qui lui était nécessaire, nous levâmes les ancres, et fîmes voile le lendemain.

« Nous passâmes à la vue de Chaoul, ville petite, mais très-forte, située environ à quarante lieues au nord de Goa. Elle a résisté en divers temps aux efforts des Indiens, qui souvent s'en sont voulu emparer, et même aux Hollandais, qui pendant la dernière guerre qu'ils ont eue avec les Portugais, ont fait plus d'une fois d'inutiles efforts pour s'en rendre les maîtres.

« Il ne nous arriva rien de remarquable pendant le reste de la route; nous allions toujours à la vue de la terre; et le vent nous ayant été assez favorable, nous arrivâmes à la barre de Goa le 14 janvier. Les capitaines sous la conduite desquels nous étions venus, donnèrent d'abord avis de notre arrivée à l'inquisiteur; et suivant l'ordre qu'ils en reçurent, ils nous firent descendre à terre le lendemain, et nous conduisirent directement à l'Inquisition ; mais parce qu'il n'y avait point d'audience ce jour-là, un des officiers de ce tribunal nous fit conduire en la prison de l'ordinaire ou de l'officialité. Cette prison s'appelle en portugais *Aljoubar*; j'y entrai des premiers, et je vis arriver peu à peu toute notre infortunée troupe, qui s'y vit enfin rassemblée, après avoir été dispersée pendant le voyage.

« Cette prison est la plus sale, la plus obscure et la plus horrible de toutes celles que j'ai vues, et je doute qu'on en puisse imaginer de plus puantes et de plus affreuses. C'est une espèce de cave, où l'on ne voit le jour que par une fort petite ouverture, où les rayons les plus subtils du soleil ne pénètrent point, et où il n'y a jamais de véritable clarté. La puanteur y est extrême, car il n'y a point d'autre lieu pour les nécessités des prisonniers, qu'un puits sec à fleur de terre au milieu de la cave, d'où l'on n'oserait presque approcher; en sorte qu'une partie des ordures demeurent sur le bord du puits, et que la plupart des prisonniers ne vont pas même jusque-là, et se vident aux environs.

« La nuit étant venue, je ne pus me résoudre à me coucher, tant à cause de la vermine dont la prison était remplie, que des ordures dont elle était parsemée; et je fus contraint de la passer assis et appuyé contre la muraille ; cependant toute horrible qu'est cette demeure, je l'aurais volontiers préférée aux cachots de l'Inquisition, parce qu'il y avait de la compagnie et de la conversation dans l'*Aljoubar*, et que j'étais informé qu'il n'y en avait point dans les prisons du Saint-Office.

« Voyant qu'on m'avait laissé passer dans l'*Aljoubar* tout le jour et la nuit suivante sans me rien dire, je commençais à me flatter que je pourrais bien y rester jusqu'à ce que mon affaire fut terminée; mais je vis s'évanouir toutes mes espérances, lorsque le 16 de janvier, sur les huit heures du matin, un officier de l'Inquisition vint avec ordre de nous conduire à *la santa Casa*; ce qui fut exécuté sur le champ.

« Ce ne fut pas sans beaucoup de peine que j'arrivai où l'on nous menait, à cause des fers que j'avais aux pieds; il fallut cependant traverser à pied, en ce triste équipage, l'espace qui est depuis l'*Ajoupar* jusqu'à l'Inquisition; l'on m'aida à monter les degrés, et j'entrai enfin avec mes compagnons dans la grande salle, où nous trouvâmes des forgerons qui nous ôtèrent nos fers; ce qui étant fait, je fus appelé le premier de tous à l'audience.

« Après avoir traversé la salle, je passai dans une antichambre, et de là dans un endroit où était mon juge. Les Portugais appellent ce lieu *Mesa do Santo Officio*, c'est-à-dire table ou tribunal du Saint-Office; il était tapissé de plusieurs bandes de taffetas, les unes bleues, les autres couleur de citron. On voit à l'un des bouts un grand crucifix en relief, posé contre la tapisserie, et élevé presque jusqu'au plancher; au milieu de la chambre il y a une grande estrade, sur laquelle est dressée une table longue d'environ quinze pieds et large de quatre; il y avait aussi sur l'estrade et à l'entour de la table deux fauteuils et plusieurs chaises; à un des bouts, et du côté du grand crucifix, était le secrétaire assis sur un siége ployant. Je fus placé à l'autre bout, vis-à-vis du secrétaire; tout auprès de moi et à ma droite était dans un des fauteuils le grand inquisiteur des Indes, nommé *Francisco Delgada e Matos*, prêtre séculier, âgé d'environ quarante ans. Il était seul, parce que des deux inquisiteurs qui sont ordinairement à Goa, le second, qui est toujours un religieux de l'ordre de Saint-Dominique, était depuis peu allé en Portugal, et que le roi n'avait encore nommé personne pour remplir sa place.

« Aussitôt que je fus entré dans la chambre de l'audience, je me jetai à genoux aux pieds de mon juge, pensant le pouvoir toucher par cette posture suppliante; mais il ne voulut pas me souffrir en cet état, et il m'ordonna de me relever. Puis, m'ayant demandé mon nom et ma profession, il s'informa si je savais pour quel sujet j'avais été arrêté; il m'exhorta de le déclarer au plus tôt, puisque c'était l'unique moyen de recouvrer promptement ma liberté. Après avoir satisfait à ses deux premières demandes, je

lui dis que je croyais savoir le sujet de ma détention, et que s'i
voulait avoir la bonté de m'entendre, j'étais prêt à m'accuser sur
le-champ; je mêlai des larmes à ma prière, et je me prosterna
une seconde fois à ses pieds; mais mon juge, sans s'émouvoir
me dit que rien ne pressait, qu'il avait des affaires à terminé
beaucoup plus importantes que les miennes; qu'il me ferait aver
tir lorsqu'il en serait temps; et ayant aussitôt pris une petite clo
chette d'argent qui était devant lui, il s'en servit pour appelé
l'*Alcaide*; c'est ainsi qu'on nomme le geôlier ou concierge d
l'Inquisition. Cet officier entra dans la chambre, m' a fit sortir
et me conduisit dans une longue galerie qui n'en était pas éloi
gnée, où nous fûmes suivis par le secrétaire.

« Là je vis apporter mon coffre; on en fit l'ouverture en ma pré
sence; on me fouilla exactement, on m'ôta tout ce que j'avais su
moi, jusqu'aux boutons de mes manches et une bague que j'avai
au doigt, sans qu'il me restât autre chose que mon chapelet, mo
mouchoir, et quelques pièces d'or que j'avais cousues dans u
ruban et que j'avais mises entre ma jambe et mon bas, où l'o
ne s'avisa pas de regarder: de tout le reste, on en fit sur l
champ un inventaire, et un mémoire aussi exact, qu'il a été de
puis inutile, puisque ce qu'il y avait, et qui était de quelque valeur
ne m'a jamais été rendu, quoique pour lors le secrétaire m'e
assuré que quand je sortirais tout me serait fidèlement remi
entre les mains, et que l'inquisiteur m'eût depuis réitéré la mêm
promesse.

« Cet inventaire fini, l'alcaide me prit par la main et me con
duisit dans un cachot qui avait dix pieds en carré, où je fus ren
fermé seul, sans plus voir personne jusqu'au soir, que l'o
m'apporta à souper. Comme je n'avais rien mangé ni ce jour-l
ni le précédent, je reçus avec assez d'avidité ce que l'on me donna
et cela contribua à me faire un peu reposer la nuit suivante. L
lendemain, les gardes étant venus pour m'apporter le déjeuner
je leur demandai des livres et mes peignes; mais j'appris d'eu
qu'on ne donnait les premiers à personne, non pas même un bré
viaire aux prêtres, quoiqu'ils soient obligés à réciter l'office divin
et que les seconds ne me seraient plus nécessaires; en effet, i

me coupèrent les cheveux sur-le-champ, et cela se pratique à l'égard de tous les prisonniers, de quelque sexe ou condition qu'ils soient, dès le premier jour qu'ils entrent dans ces prisons, ou le lendemain au plus tard.

« On m'avait averti, lorsque je fus renfermé dans les prisons du Saint-Office, que quand j'aurais besoin de quelque chose, il ne fallait qu'heurter doucement à la porte pour appeler les gardes, ou le leur demander aux heures du repas, et que quand je voudrais aller à l'audience, j'eusse à m'adresser à l'alcaïde, lequel, non plus que les gardes, ne parle jamais sans compagnon aux prisonniers. On m'avait fait aussi espérer que ma liberté suivrait de près ma confession ; c'est pourquoi je ne cessai point d'importuner ces officiers pour être conduit devant mes juges ; mais avec mes larmes et mes empressements, je ne pus obtenir cette grâce que le dernier jour de janvier 1674.

« L'alcaïde, accompagné d'un garde, vint me prendre pour ce sujet à deux heures après midi ; je m'habillai comme il lui plut, et je sortis de mon cachot les jambes et les pieds nus. J'étais précédé de l'alcaïde et le garde me suivait. Nous marchâmes en cet ordre jusqu'à la porte de la chambre où se tient l'audience ; là, l'alcaïde s'étant un peu avancé, et ayant fait une profonde révérence, ressortit pour me laisser entrer seul. J'y trouvai, comme la première fois, l'inquisiteur et le secrétaire. Je me mis d'abord à genoux ; mais ayant reçu ordre de me relever et de m'asseoir, je me mis sur un banc qui était au bout de la table du côté de mon juge. Proche de moi sur le bout de la table, il y avait un missel, sur lequel, avant que de passer outre, on me fit mettre la main, et promettre de dire la vérité et garder le secret, qui sont les deux serments qu'on exige de ceux qui approchent ce tribunal, soit pour y déposer ou pour y recevoir quelque ordre.

« On me demanda ensuite si je savais la cause de ma détention, et si j'étais résolu de la déclarer ; à quoi ayant fait réponse que je ne demandais pas mieux, je récitai exactement tout ce que j'ai rapporté au commencement de cette relation touchant le baptême et les images, sans rien dire de ce que j'avais avancé de l'Inquisition, parce qu'il ne m'en souvenait pas alors. Mon juge m'ayant encore demandé si je n'avais plus rien à dire, et ayant entendu que c'était là tout ce dont je me souvenais, bien loin de me rendre la liberté, comme je l'avais espéré, il finit cette belle audience par les propres termes que voici :

« Que j'avais pris un très-bon conseil de m'accuser ainsi moi-même volontairement, et qu'il m'exhortait, de la part de notre seigneur Jésus-Christ, de déclarer au plus tôt le restant de mes informations, afin que je pusse éprouver la bonté et la miséricorde dont on use en ce tribunal envers ceux qui font paraître un véritable repentir de leurs crimes, par une confession sincère et non forcée.

« Ma déclaration et son exhortation étant finies et écrites, on m'en fit la lecture, et je la signai ; ensuite de quoi l'inquisiteur sonna sa clochette pour appeler l'alcaïde, qui me fit sortir, et me ramena dans ma prison dans le même ordre que j'étais venu.

« Je fus conduit pour la seconde fois devant mon juge, sans l'avoir demandé, le 15 de février, ce qui me fit croire qu'on avait quelque dessein de me délivrer. Aussitôt que je fus arrivé, on m'interrogea de nouveau pour savoir si je n'avais plus rien à dire, et on m'exhorta à ne rien déguiser, mais au contraire à confesser sincèrement toutes mes fautes. Je répondis que, quelque soin que j'eusse pris pour m'examiner, je n'avais cependant pu me souvenir d'autre chose que de ce que j'avais déclaré. Ensuite on me demanda mon nom, celui de mes père et mère, frères, aïeuls et aïeules, parrains et marraines, si j'étais *christam de otto dias*, c'est-à-dire chrétien de huit jours, parce qu'en Portugal on ne baptise les enfants que le huitième jour après leur naissance, de même que les femmes accouchées ne sortent et ne vont à l'église que quarante jours après leur accouchement, quelque heureux qu'il ait pu être. Mon juge parut surpris quand je lui dis que cette coutume d'attendre huit jours pour baptiser les enfants n'avait point lieu en France, où on les baptise le plus tôt qu'on peut. Et il paraît assez, par l'observance de ces cérémonies légales, que malgré l'aversion que les Portugais témoignent avoir pour les Juifs, ils ne sont pas cependant des chrétiens fort épurés; mais ce n'est pas là le plus grand mal qui résulte de l'observance de ces cérémonies; car, de la première, il n'arrive que trop souvent que des enfants meurent sans être régénérés par le saint sacrement du baptême, et qu'ils sont ainsi privés du ciel pour jamais; et, pour ne pas violer la coutume de la Purification, qui ne devrait plus subsister depuis la publication de l'Évangile, les femmes portugaises ne font aucun scrupule de mépriser le commandement de l'Église, qui oblige tous les chrétiens d'assister les dimanches et les fêtes au saint sacrifice de la messe, s'ils n'ont des empêchements légitimes.

« On me demanda encore le nom du curé qui m'avait baptisé, en quel diocèse, quelle ville, et enfin si j'avais été confirmé, et par quel évêque. Ayant satisfait à toutes ces demandes, on m'ordonna de me mettre à genoux, de faire le signe de la croix, de réciter le *Pater*, l'*Ave-Maria*, le *Credo*, les commandements de Dieu et de l'Église et le *Salve Regina*. Enfin il finit, comme la première fois, en m'exhortant par les entrailles de la miséricorde de notre seigneur Jésus-Christ à confesser incessamment les fautes dont je ne m'étais pas accusé; ce qui étant écrit, lu en ma présence et signé de moi, on me renvoya.

« Depuis le moment que j'étais entré dans cette prison, j'avais toujours été affligé, et je n'avais point cessé de répandre des larmes; mais, au retour de cette seconde audience, je m'abandonnai tout entier à la douleur, voyant qu'on exigeait de moi des choses qui me paraissaient impossibles, puisque ma mémoire ne me fournissait rien de ce qu'on voulait que j'avouasse. J'essayai donc de finir ma vie par la faim; il est vrai que je recevais les aliments qu'on m'apportait, parce que je ne pouvais les refuser sans m'exposer à recevoir des coups de canne de la main des gardes, qui ont un grand soin d'observer, lorsqu'on leur rend les plats, si l'on a assez mangé pour se nourrir; mais mon désespoir me fournissait les moyens de tromper tous leurs soins. Je passais les journées entières sans rien prendre, et afin qu'on ne s'en aperçût pas, je jetais dans le bassin une partie de ce qu'on me donnait. Cette excessive diète était cause que j'étais entièrement privé du sommeil, et toute mon occupation n'était plus que de me meurtrir de coups et de verser des larmes. Je ne laissai pourtant pas, pendant ces jours d'affliction, de réfléchir sur les égarements de ma vie passée, et de reconnaître que c'était par un juste jugement de Dieu que j'étais tombé dans cet abîme de misère et d'infortune. J'en vins même jusqu'à croire qu'il voulait peut-être se servir de ce moyen pour me rappeler et me convertir, et m'étant un peu fortifié par de semblables pensées, j'implorai de tout mon cœur l'assistance de la sainte Vierge, qui n'est pas moins la consolation des affligés que l'asile et le refuge des pécheurs, et de qui j'ai si visiblement éprouvé la protection, tant pendant ma prison qu'en plusieurs autres rencontres de ma vie, que je ne puis m'empêcher d'en rendre ce témoignage au public.

« Enfin après avoir fait un plus exact ou plus heureux examen de tout ce que j'avais dit ou fait pendant mon séjour à Daman, je me ressouvins de tout ce que j'avais avancé touchant l'Inquisition et son intégrité. Je demandai d'abord audience, qui ne me fut pourtant accordée que le 16 de mars suivant.

« Je ne doutai point, en allant devant mon juge, que je ne dusse en ce même jour terminer toutes mes affaires, et qu'après la confession que j'allais faire, l'on ne me mît aussitôt en pleine liberté; mais lorsque je croyais mes désirs sur le point d'être accomplis, je me vis déchu tout d'un coup de ces douces espérances, parce qu'ayant déclaré tout ce que j'avais à dire touchant l'Inquisition, on me dit que ce n'était pas là ce qu'on attendait de moi, et n'ayant pas autre chose à dire, je fus renvoyé sur-le-champ, sans qu'on voulût seulement écrire ma confession.

« Me voici arrivé aux temps les plus fâcheux de ma captivité; car, quelque dure qu'elle eût été jusqu'alors, j'avais au moins la consolation d'avoir souffert avec quelque patience, et même d'avoir tâché de faire un bon usage de mes souffrances; or, la foi nous oblige de croire que les plus grands maux sont de véritables biens pour ceux qui en font un bon usage; je ne dois donc compter comme un temps malheureux que celui dans lequel j'ai fait des fautes que je ne puis considérer que comme très-grandes et que je ne prétends ni justifier, ni même excuser par la dureté de ceux qui exigeaient de moi des choses impossibles, sous peine du feu, puisqu'il n'y a point de si grande extrémité qui puisse justifier le désespoir, qui est le plus grand et le dernier de tous les maux.

« J'avais résolu de ne point parler de celui dont je fus saisi, et des efforts auxquels il me porta pour me détruire moi-même; mais on a cru qu'il était important que je fisse cet aveu, parce qu'on ne peut nier que les rigueurs injustes de l'Inquisition ne soient au moins l'occasion à plusieurs de tomber dans le même état, et qu'il est important de faire connaître, non-seulement le mal de ces injustices considérées en elles-mêmes, mais encore les horribles maux qui en sont les suites trop ordinaires ; car si des personnes qui ont de la raison et de l'éducation, qui sont instruites de leurs devoirs, et qui ne perdent point de vue les lumières de la foi, tombent dans de telles extrémités, que ne doit-on point craindre pour tant de gens ignorants, sans éducation, la plupart nouveaux convertis du paganisme, où ils ont regardé presque toute leur vie le désespoir comme une action de générosité ?

« J'avoue que le mauvais succès de ma dernière audience, que j'avais cru me devoir être si favorable, fut un coup bien insupportable pour moi ; et n'envisageant alors la liberté que comme un bien auquel je ne devais plus prétendre, je m'abandonnai de telle sorte à la tristesse et au désespoir, que peu s'en fallut que je ne perdisse entièrement la raison. Je n'avais pas oublié qu'il est défendu de se détruire soi-même, et je n'avais pas dessein de me perdre éternellement, mais je ne voulais plus vivre ; et l'extrême désir que j'avais de mourir troubla ma raison, de sorte que je m'imaginai un milieu entre le désespoir qui donne la mort tout d'un coup, et la mort naturelle que je ne pouvais me résoudre d'attendre, et j'espérais que Dieu me pardonnerait si je me la procurais lentement et par le ministère d'autrui. Je feignis donc d'être malade et d'avoir la fièvre. On fit venir aussitôt un *pandite* ou médecin gentil, qui n'eut pas de peine à trouver de l'émotion dans mon pouls ; et, la prenant pour une fièvre véritable, il m'ordonna la saignée, qui fut réitérée jusqu'à cinq fois en cinq jours de suite. Comme mon intention en faisant ce remède était bien différente de celle du médecin qui travaillait à rétablir ma santé, pendant que je ne songeais qu'à finir ma triste et malheureuse vie, d'abord que le monde était retiré et que ma porte était fermée, je déliais la bande et laissais couler le sang assez longtemps pour en remplir une tasse tenant au moins dix-huit onces. Je réitérai ces cruelles évacuations autant de fois que je fus saigné; et, ne prenant cependant presque aucune nourriture, il n'est pas mal aisé de juger que je fus réduit à la dernière faiblesse.

« L'alcaïde, qui remarquait un changement si considérable en ma personne, ne pouvait assez s'étonner, aussi bien que le *paudite*, du fâcheux état où j'étais, qui ne laissait presque plus d'espérance de guérison; ce qui l'obligea d'en donner avis à l'inquisiteur, qui me fit proposer de me confesser; et comme je ne me croyais plus moi-même en état d'en échapper, je commençai à me repentir de ce que j'avais fait, et ne voulant pas perdre l'âme et le corps tout ensemble, je consentis qu'on me donnât un confesseur. On m'amena donc un bon religieux de l'ordre de Saint-François, auquel ayant donné une entière connaissance de mon procédé, j'en reçus beaucoup de consolation, et ses bons avis me firent prendre la résolution de contribuer, autant que je le pourrais, au rétablissement de ma santé.

« Je lui permis d'informer secrètement l'inquisiteur de tout ce qui s'était passé, et, dès ce jour, qui était un vendredi-saint, l'on me donna, avec beaucoup de soin, toutes les choses nécessaires pour réparer promptement mes forces que j'avais perdues avec mon sang; et, pour adoucir un peu la mélancolie dont j'étais accablé, on enferma avec moi un autre prisonnier noir, qui était accusé de magie, et qui me tint compagnie pendant cinq mois.

« J'eus, pendant ce temps, plus de raison et moins de chagrin; mais d'abord qu'on me crut bien rétabli, on retira mon compagnon, et la privation de cette consolation me fit aussitôt retomber dans le même état où j'avais déjà été réduit.

« Je devins plus furieux que jamais par l'absence de mon compagnon; je me meurtris de coups la poitrine et le visage; et ne me contentant pas de cela, je cherchai les moyens de m'ôter la vie que je n'avais pu perdre la première fois.

« Je crus bien que je ne réussirais pas à faire une seconde fois le malade; et quand même je l'aurais été effectivement, si l'on m'eût fait ouvrir la veine, l'on aurait pris des précautions pour empêcher que je ne perdisse mon sang une autre fois ; c'est pourquoi, animé de mon désespoir, je m'avisai que, nonobstant la diligente recherche qu'on avait faite sur moi, quand je fus enfermé,

j'avais sauvé quelques pièces d'or que j'avais cousues dans un ruban attaché à ma jambe sous le bas en forme de jarretière ; je pris donc une de ces pièces, que je rompis en deux, et en aiguisai une contre un pot de terre, si bien et si longtemps, que je la rendis pointue et tranchante des deux côtés : je m'en servis comme d'une lancette, à dessein de m'en ouvrir les artères du bras ; je pris, pour cet effet, toutes les précautions nécessaires, et je l'enfonçai aussi avant qu'il me fût possible, mais, malgré tous mes soins, je ne pus venir à bout de ce que j'avais entrepris, et, au lieu des artères, je n'ouvris que les veines qui sont au-dessus.

« Comme je ne voulais plus garder aucune mesure, je ne me contentai pas de tirer du sang peu à peu, je le laissai couler des deux bras, jusqu'à ce qu'étant tombé en faiblesse, je me laissai aller dans mon sang, dont la chambre était remplie, et il est sûr que si Dieu, par une bonté particulière n'eût permis qu'on eût ouvert ma porte pour me donner quelque chose, dans un temps où l'on n'avait pas accoutumé de venir, j'eusse perdu misérablement ma vie et mon âme.

« Je laisse à penser la surprise des geôliers quand ils me virent en cet état ; ils appelèrent promptement l'alcaide, et tous ensemble entrèrent, me lièrent les bras, et firent si bien que je revins de la défaillance où m'avait réduit une évacuation si considérable.

« On fit d'abord savoir cette nouvelle à l'inquisiteur, qui ordonna qu'on me conduisit à l'audience, où l'on me porta à quatre. On m'y étendit de mon long par terre, l'extrême faiblesse où j'étais ne me permettant pas de demeurer debout, ni assis.

« L'inquisiteur me fit plusieurs reproches, commanda qu'on m'emportât et qu'on me mît des menottes pour m'empêcher d'ôter les bandes dont on m'avait lié ; cela fut exécuté sur-le-champ, et j'eus non seulement les mains enchaînées, mais encore un carcan de fer qui se joignit aux menottes et qui fermait avec un cadenas, en sorte que je ne pouvais plus du tout remuer les bras. Mais ce procédé ne servit qu'à m'irriter davantage ; je me jetai par terre et me cognai la tête contre le pavé et les murailles ; et, pour peu qu'on m'eût laissé encore en cet état, mes bras se seraient infailliblement déliés, et je ne pouvais éviter d'en mourir. Mais, comme on me gardait à vue, on vit bien par mes actions que la sévérité n'était pas de saison, et qu'il valait mieux tenter les voies de la douceur.

« On m'ôta donc tous ces fers, on tâcha de me consoler par des espérances trompeuses ; on me changea de prison, et l'on me donna encore une fois un compagnon qui eut ordre de répondre de moi. C'était un prisonnier noir, mais bien moins traitable que celui qui avait été autrefois avec moi. Cependant Dieu, qui m'avait préservé d'un si grand malheur, dissipa par sa grâce le désespoir où j'étais plongé ; plus heureux en cela que beaucoup d'autres qui se sont souvent donné la mort dans les prisons du Saint-Office, où la porte est fermée aux malheureux qui y sont à toutes sortes de consolations humaines. Mon nouveau compagnon resta avec moi environ deux mois ; et sitôt qu'on me vit un peu plus tranquille, on le retira, quoique la langueur où j'étais fût si extrême, qu'à peine je pouvais me lever de mon lit pour aller recevoir mes repas à la porte, qui n'en était cependant éloignée que de deux pas. Enfin, après avoir passé environ un an de la sorte, à force de souffrir, je m'en fis presque une habitude, et Dieu me donna dans la suite assez de patience pour ne plus attenter à ma vie.

« Il y avait près de dix-huit mois que j'étais dans l'Inquisition, lorsque mes juges, ayant su que j'étais en état de leur répondre, me firent conduire pour la quatrième fois à l'audience, où l'on me demanda si je n'étais pas enfin résolu de déclarer ce qu'on attendait de moi. Ayant répondu alors que je ne me souvenais d'aucune autre chose que de ce que j'avais dit, le promoteur du Saint-Office se présenta avec son libelle, pour me signifier les informations faites contre moi.

« Dans tous mes autres interrogatoires je m'étais accusé, et on s'était contenté d'entendre ma déposition, sans entrer en aucun discours avec moi, et on m'avait renvoyé dès le moment que j'avais achevé ce que j'avais à dire contre moi-même ; mais dans ce quatrième interrogatoire je fus accusé, et on me donna le temps de me défendre. On me lut dans les informations faites contre moi les choses dont j'étais accusé : les faits étant vrais, je les avais avoués de mon propre mouvement, il n'y avait donc rien à dire sur ces faits ; mais je crus devoir montrer à mes juges qu'ils n'étaient pas si criminels qu'ils les pensaient. Je répondis donc, à l'égard de ce que j'avais dit sur le baptême, que mon intention n'avait nullement été de combattre la doctrine de l'Eglise ; mais que le passage *Nisi quis renatus fuerit ex aqua et Spiritu sancto, non potest introire in regnum Dei,* m'ayant paru très-formel, j'en avais demandé l'explication. Le grand inquisiteur me parut surpris de ce passage, que tout le monde sait par cœur, et je fus étonné de sa surprise. Il me demanda d'où je l'avais tiré. De l'Evangile de saint Jean, lui répondis-je, chapitre 3, verset 5. Il fit apporter le Nouveau-Testament, chercha l'endroit, le lut, et ne me l'expliqua pas. Il était cependant bien aisé de me dire que la tradition l'explique suffisamment, puisqu'on a toujours regardé comme baptisés, non-seulement ceux qui sont morts pour notre Seigneur Jésus-Christ sans avoir été baptisés à l'ordinaire, mais encore ceux qui ont été surpris de la mort dans le désir d'être baptisés, et dans le regret de leurs péchés.

« Sur l'adoration des images, je lui dis que je n'avais rien avancé que je n'eusse tiré du saint concile de Trente, et je lui citais le passage de la session 25, *de invocatione sanctorum et sacris imaginibus. Imagines Christi, Dei paræ Virginis, et aliorum Sanctorum retinendas, iisque debitum honorem, et venerationem impertiendam; ita ut per imagines, coram quibus procumbimus, Christum adoremus; et Sanctos, quorum illæ similitudinem gerunt, veneremur.*

« Mon juge me parut encore plus surpris de cette citation que de la première; et l'ayant cherchée dans le concile de Trente, il referma le livre sans m'expliquer le passage.

« Il y a quelque chose d'incompréhensible dans ce degré d'ignorance chez des personnes qui se mêlent de juger les autres en matière de foi ; et j'avoue que j'aurais peine à me croire moi-même sur ces faits, quoique je les aie vus et que je m'en souvienne très-bien, si je n'avais appris par les relations imprimées de Tavernier que, quelque réservé que soit le père Ephraïm de Nevers sur ce qui regarde l'Inquisition, qui l'a tant fait souffrir, il lui est cependant échappé de dire que rien ne lui avait été si insupportable que l'ignorance de ses ministres.

« Le promoteur, en lisant les informations, avait dit qu'outre tout ce que j'avais avoué, j'étais de plus accusé et suffisamment convaincu d'avoir parlé avec mépris de l'Inquisition et de ses ministres, et d'avoir même tenu des discours peu respectueux du souverain pontife et contre son autorité, et concluait que l'opiniâtreté que j'avais témoignée jusqu'alors en méprisant tant de délais et d'avertissements charitables que l'on m'avait donnés, étant une preuve convaincante que j'avais eu de très-pernicieux desseins, et que mon intention avait été d'enseigner et de fomenter l'hérésie, j'avais par conséquent encouru la peine d'excommunication majeure, que mes biens devaient être confisqués au profit du roi, et moi livré pour être brûlé.

« Je laisse à penser à ceux qui liront ceci, l'effet que purent produire dans mon esprit les cruelles conclusions du promoteur du Saint-Office : cependant je puis assurer que quelque terribles que fussent ces paroles, la mort dont j'étais menacé me parut alors bien moins à appréhender que la continuation de mon esclavage. Ainsi, malgré le trouble et le serrement de cœur qui me prit à ces conclusions que l'on faisait contre moi, je ne laissai pas de répondre aux nouvelles accusations qui venaient de m'être signifiées : qu'à l'égard de mes intentions, elles n'avaient jamais été mauvaises, que j'avais toujours été très-catholique; que tous ceux avec qui j'avais vécu dans les Indes le pouvaient témoigner, et particulièrement le père Ambroise et le père Yves, tous deux capucins français, qui m'avaient ouï plusieurs fois en confession, et j'ai su depuis ma sortie que le père Yves était actuellement à Goa, dans le même temps que je le citais comme un témoin de mon innocence; que j'avais fait quelquefois jusqu'à seize lieues pour satisfaire au devoir paschal; que si j'avais eu quelque hérésie dans le cœur, il m'était bien aisé de m'établir dans les lieux des Indes où l'on peut vivre et parler en toute liberté, et que je n'aurais pas choisi ma demeure dans les états du roi de Portugal; que j'étais en effet si éloigné de dogmatiser contre la religion, que j'étais au contraire entré plusieurs fois en dispute contre les hérétiques pour la défendre; qu'à la vérité je me souvenais d'avoir parlé avec trop de liberté du tribunal devant lequel j'étais et des personnes qui l'occupaient, mais que j'étais surpris qu'on me voulût faire un grand crime d'une chose qu'on avait traitée de bagatelle, lorsque je l'avais voulu déclarer, il y avait près d'un an et demi ; que pour ce qui regardait le pape, je ne me souvenais pas d'en avoir parlé de la manière que le portaient mes accusateurs ; que cependant, si l'on voulait bien m'en dire le détail, j'avouerais de bonne foi la vérité.

« L'inquisiteur, prenant la parole, me dit que l'on me donnait du temps pour penser à ce qui regardait le souverain pontife ; mais qu'il ne pouvait assez admirer mon impudence, en ce que j'assurais avoir confessé ce qui regardait l'Inquisition, puisqu'il était très-certain que je n'en avais pas ouvert la bouche, et que si j'eusse fait ma déclaration sur cet article dans le temps que je disais l'avoir faite, je n'aurais pas demeuré si longtemps en prison.

« Je me souvenais si bien de ce que j'avais dit et de ce qu'on m'avait répondu, et j'étais d'ailleurs si transporté de colère de me voir ainsi joué, que si l'on ne m'eût fait retirer aussitôt après avoir signé ma déposition, peut-être n'aurais-je pu m'empêcher de dire des injures à mon juge ; et si j'avais eu autant de force et de liberté que ma passion me donnait de courage, peut-être n'aurait-il pas été quitte pour des paroles outrageantes.

« Je fus encore appelé trois ou quatre fois en moins d'un mois à l'audience, où l'on me pressa d'avouer ce dont j'étais accusé touchant le pape. On m'y signifia une nouvelle preuve que le promoteur prétendait avoir tirée contre moi sur ce sujet, et qui ne contenait rien de différent de ce qu'il m'en avait déjà dit ; mais ce qui montre clairement que cette accusation n'était qu'une fausseté inventée exprès pour me faire parler, c'est qu'on ne me voulut pas dire le détail de ce qu'on prétendait que j'avais avancé ; qu'enfin voyant qu'on ne pouvait plus rien tirer de moi, on cessa de m'en parler, et que cet article ne fut pas inséré dans mon procès, lorsqu'on en fit la lecture publique en l'acte de foi.

« On essaya encore, dans ces dernières audiences, de me faire avouer que dans les faits dont je convenais, mon intention avait été de défendre l'hérésie ; mais c'est de quoi je ne voulus jamais demeurer d'accord, n'y ayant rien de plus éloigné de la vérité.

« Pendant les mois de novembre et décembre j'entendais tous les matins les cris de ceux à qui l'on donnait la question, qui est si cruelle, que j'ai vu plusieurs personnes de l'un et de l'autre sexe qui en étaient demeurées estropiées, et entre autres le premier compagnon qu'on m'avait donné pendant ma prison.

« On n'a aucun égard dans ce saint tribunal à la qualité, à l'âge, ni au sexe : on y traite tout le monde avec une égale sévérité, et tous sont indifféremment appliqués à la torture presque nus, lorsque l'intérêt le requiert.

« Il me souvenait d'avoir ouï dire avant que d'entrer dans les prisons du Saint-Office, que l'*auto-da-fé* se faisait ordinairement le premier dimanche de l'Avent, parce qu'on lit en ce jour dans l'église l'endroit de l'Évangile où il est parlé du jugement dernier, et que les inquisiteurs prétendent par cette cérémonie en faire une vive et naturelle représentation. J'étais persuadé, d'ailleurs, qu'il y avait un fort grand nombre de prisonniers, le profond silence qui règne dans cette maison m'ayant donné moyen de compter à peu près combien on ouvrait de portes aux heures du repas. J'avais de plus une connaissance presque certaine qu'il était arrivé un archevêque à Goa, au mois d'octobre, après que le siége de cette ville avait vaqué près de trente ans, à cause qu'on avait extraordinairement carillonné à la cathédrale pendant neuf jours, auxquels ni l'Église universelle, ni celle de Goa en particulier, ne solennise aucune fête remarquable, et que je savais que ce prélat était attendu, même avant ma détention.

« Toutes ces raisons me faisaient espérer que je pourrais sortir au commencement du mois de décembre ; mais quand je vis le premier et le second dimanche de l'Avent passés, je ne doutai pas que ma liberté ou mon supplice ne fussent tout au moins reculés d'un an.

« Comme je me persuadais que l'*auto-da-fé* ne se faisait jamais qu'au commencement de décembre, le voyant tout passer sans remarquer aucune disposition à cette effroyable cérémonie, je me déterminai à souffrir encore une année ; cependant lorsque je m'y attendais le moins, je me trouvais à la veille de sortir de la dure captivité où je languissais depuis deux ans.

« Je remarquai que le samedi onzième janvier 1676, ayant voulu après le dîner donner mon linge, selon la coutume, aux officiers pour le faire blanchir, ils ne le voulurent pas recevoir, et me remirent au lendemain.

« Je ne manquai pas à bien faire des réflexions sur la cause de ce refus extraordinaire; et n'en trouvant aucune qui me satisfît, je conclus que l'*auto-da-fé* se pourrait bien faire le lendemain. Mais je me confirmai bien plus dans mon opinion, ou plutôt je la tins pour toute assurée, lorsque après avoir entendu sonner vêpres à la cathédrale, on sonna tout aussitôt matines; ce qui ne s'était pas encore fait depuis que j'étais prisonnier, excepté la veille de la Fête Dieu, que l'on célèbre dans les Indes le jeudi qui suit immédiatement la *Quasimodo*, à cause des pluies continuelles qui y tombent dans le temps que l'on solemnise en Europe. Il semblait que la joie devait commencer à reprendre place dans mon cœur, puisque je me croyais à la veille de sortir de ce tombeau où j'étais enseveli tout vivant depuis deux ans. Cependant la crainte que m'avaient causé les funestes conclusions du promoteur, et l'incertitude où je me trouvais de ce qu'on ferait de moi, redoublèrent si fort mes inquiétudes et mes douleurs, que je passai le reste de ce jour, et une partie de la nuit, dans un état capable de donner de la pitié à tout autre qu'à ceux à qui j'avais affaire.

« On m'apporta le souper, que je refusai, et que contre l'ordinaire on ne me pressa pas trop de recevoir; et d'abord que les portes furent fermées, je m'abandonnai entièrement aux tristes pensées qui m'occupaient. Enfin, après bien des pleurs et des soupirs, accablé de chagrin et d'imaginations mortelles, je m'assoupis un peu sur les onze heures du soir.

« Il n'y avait pas longtemps que j'étais endormi, lorsque mon sommeil fut tout d'un coup interrompu par le bruit que firent les gardes en ouvrant les verrous de ma cellule. Je fus surpris d'y voir entrer des gens avec de la lumière, n'y étant pas accoutumé; et l'heure qu'il était contribuait beaucoup à redoubler mon appréhension.

« L'*alcaide* me présenta un habit qu'il m'ordonna de vêtir, et de me tenir prêt à sortir quand il me viendrait appeler : il se retira laissant dans ma chambre une lampe allumée. Je n'eus dans cette occasion ni la force de me lever, ni celle de répondre; et dès l'instant que ces hommes m'eurent quitté, je fus saisi d'un tremblement universel et si violent, que de plus d'une heure il ne me fut pas possible de regarder l'habillement qu'on m'avait apporté. Enfin je me levai, et m'étant prosterné contre terre devant une croix que j'avais peinte sur la muraille, je me recommandai à Dieu, et abandonnai mon sort entre ses mains; puis je me couvris de cet habit, qui consistait en une veste dont les manches venaient jusqu'au poignet, et un caleçon qui descendait jusque sur les talons; le tout de toile noire, rayé de blanc.

« Je n'eus pas longtemps à attendre, après que j'eus pris l'habit que l'on m'avait laissé : ces messieurs qui étaient venus la première fois un peu avant la nuit, revinrent sur les deux heures du matin dans ma chambre, d'où ils me firent sortir pour me mener dans une longue galerie, où je trouvai bon nombre de mes compagnons de misère déjà arrangés debout contre la muraille : je m'y mis à mon rang, et il en vint encore plusieurs après moi. Quoiqu'il y eût près de deux cents hommes dans cette galerie, comme tous gardaient un très-profond silence, que dans ce grand nombre il n'y en avait qu'environ douze blancs, qu'on avait peine à distinguer d'entre les autres, et que tous étaient comme moi vêtus de toile noire, on eût facilement pris toutes ces personnes pour autant de statues posées contre le mur, si le mouvement de leurs yeux, dont le seul usage leur était permis, n'eût fait connaître qu'elles étaient vivantes.

« L'endroit où nous étions ainsi assemblés, n'était éclairé que par un petit nombre de lampes dont la lumière était si lugubre, que cela joint à tant d'objets noirs, tristes et funestes, semblait n'être qu'un appareil pour célébrer des funérailles.

« Les femmes, vêtues de même étoffe que nous, étaient dans une galerie voisine, où nous ne pouvions les voir; mais je pris garde que dans un dortoir peu éloigné du nôtre, il y avait aussi des prisonniers et des personnes vêtues de noir et en habit long, qui se promenaient de temps en temps. Je ne savais alors ce que c'était; mais j'appris peu d'heures après, que ceux qui devaient être brûlés étaient-là, et que ceux qui se promenaient étaient leurs confesseurs.

« Comme j'ignorais les formalités du Saint-Office, quelque désir que j'eusse eu de mourir par le passé, j'appréhendais alors d'être

du nombre de ceux qu'on devait condamner au feu; je me rassurai cependant un peu en considérant que je n'avais rien dans mon habillement qui me distinguât des autres, et qu'il n'y avait pas d'apparence qu'on dût faire mourir un si grand nombre de personnes qui étaient parées comme moi.

« Après que nous fûmes tous rangés contre la muraille de cette galerie, on nous donna à chacun un cierge de cire jaune ; on apporta ensuite des paquets d'habits faits comme des dalmatiques ou de grands scapulaires ; ils étaient de toile jaune avec des croix de saint André, peintes en rouge devant et derrière. On a coutume de donner ces sortes de marques à ceux qui ont commis, ou qui passent pour avoir commis des crimes contre la foi de Jésus-Christ, soit juifs, mahométants, sorciers ou hérétiques, qui ont été auparavant catholiques. On appelle ces grands scapulaires avec ces croix de saint André, *sambenito*.

« Ceux qui sont tenus pour convaincus, et qui persistent à nier les faits dont ils sont accusés, ou qui sont relaps, portent une autre espèce de scapulaire, appelée *samarra*, dont le fond est gris ; le portrait du patient y est représenté au naturel devant et derrière, posé sur des tisons embrasés, avec des flammes qui s'élèvent, et des démons tout à l'entour ; leurs noms et leurs crimes sont écrits au bas du portrait : mais ceux qui s'accusent après qu'on leur a prononcé leur sentence, et avant leur sortie, et qui ne sont pas relaps, portent sur leurs *samarras* des flammes renversées la pointe en bas ; ce qu'on appelle *fogo revolto*, c'est-à-dire feu renversé.

« On distribua des *sambenitos* à une vingtaine de noirs accusés de magie, à un Portugais atteint du même crime, et qui de plus était chrétien nouveau ; et comme on ne voulait pas se venger de moi à demi, et qu'on avait résolu de m'insulter jusqu'au bout, on m'obligea de vêtir un habit semblable à celui des sorciers et des hérétiques, quoique j'eusse toujours fait profession de la foi catholique, apostolique et romaine ; ce que mes juges auraient pu aisément savoir par une infinité de personnes tant étrangères que de ma nation, avec qui j'avais demeuré en divers endroits des Indes. Mon appréhension redoubla quand je me vis ainsi paré, parce qu'il me sembla que n'y ayant parmi un si grand nombre de criminels, que vingt-deux personnes à qui l'on eût donné de ces malheureux *sambenitos*, il pourrait bien arriver que ce serait la ceux pour qui il n'y avait point de miséricorde.

« Ensuite de cette distribution je vis paraître cinq bonnets de carton, élevés en pointe à la façon d'un pain de sucre, tout couverts de diables et de flammes de feu, avec un écriteau à l'entour qui exprime ce mot, *feilicero*, c'est-à-dire, sorcier : on appelle ces bonnets, *carrochas*; on les posa sur les têtes d'autant de personnes, les plus coupables entre celles qui étaient accusées de magie; et comme elles se trouvèrent assez près de moi, je crus qu'on ne manquerait pas de m'en présenter aussi un; ce qui n'arriva pourtant pas.

« Je ne doutai presque plus alors que ces misérables ne dussent effectivement être brûlés; et comme ils n'étaient pas mieux instruits que moi des formalités du Saint-Office, j'ai su d'eux depuis que dans ce moment ils avaient cru leur perte inévitable.

« Chacun étant ainsi orné selon la qualité de ses crimes, nous eûmes la liberté de nous asseoir par terre, en attendant de nouveaux ordres.

« Sur les quatre heures du matin, des serviteurs de la maison vinrent à la suite des gardes, pour distribuer du pain et des figues à ceux qui en voulurent; mais quoique je n'eusse pas soupé le soir précédent, je me trouvais si peu disposé à manger, que je n'aurais rien pris, si un des gardes, s'étant approché de moi, ne m'eût dit : prenez votre pain, et si vous ne pouvez le manger à présent, mettez-le dans votre poche, car vous aurez assurément faim avant de revenir.

« Les paroles de cet homme me furent d'une grande consolation, et dissipèrent toutes mes craintes, par l'espérance qu'elles me donnaient de mon retour; ce qui m'obligea à suivre son conseil.

« Enfin après avoir bien attendu, le jour parut sur les cinq heures, et on put alors remarquer sur les visages d'un chacun les divers mouvements de honte, de douleur et de crainte, dont ils étaient agités : car quoique tous ressentissent de la joie se voyant sur le point d'être délivrés d'une captivité si dure et si insupportable, cette joie était cependant fort diminuée par l'incertitude où l'on était de ce qu'on devait devenir.

« On commença à sonner la grosse cloche de la cathédrale, un peu avant que le soleil fût levé : ce qui est comme un signal pour avertir les peuples d'accourir pour voir l'auguste cérémonie de l'*auto-da-fé*, qui est comme le triomphe du Saint-Office; et d'abord on nous fit sortir un à un.

« Je remarquai en passant de la galerie dans la grande salle, que l'inquisiteur était assis à la porte, ayant près de lui un secrétaire debout; que la salle était remplie d'habitants de Goa, dont les noms étaient écrits sur une liste que le secrétaire tenait en ses mains, et qu'en même temps qu'on faisait sortir un prisonnier, il nommait un de ces messieurs qui étaient dans la salle, qui s'approchait aussitôt du criminel pour l'accompagner, et lui servir de parrain en l'acte de foi.

« Ces parrains sont chargés des personnes qu'ils accompagnent; ils doivent en répondre, et les représenter quand la fête est finie; et MM. les inquisiteurs prétendent leur faire beaucoup d'honneur quand ils les choisissent pour cette fonction.

« J'eus pour parrain le général des vaisseaux portugais dans les Indes : je sortis avec lui; et d'abord que je fus dans la rue, je vis que la procession commençait par la communauté des Dominicains, qui ont ce privilège, à cause que saint Dominique, leur fondateur, l'a été aussi de l'Inquisition. Ils étaient précédés par la bannière du Saint-Office, dans laquelle l'image du fondateur est représentée en broderie très-riche, tenant un glaive d'une main, et de l'autre une branche d'olivier avec cette inscription : *Justitia et misericordia*.

« Ces religieux sont suivis des prisonniers, qui marchent l'un après l'autre, ayant chacun son parrain à son côté et un cierge à la main. Les moins coupables vont les premiers, et comme je ne passais pas pour un des plus innocents, il y en avait plus de cent qui me précédaient. Les femmes étaient mêlées parmi les hommes, et l'ordre de cette marche n'était pas réglé par la diversité des sexes, mais seulement par l'énormité des crimes. J'avais comme tous les autres la tête et les pieds nus, et je fus fort incommodé pendant cette marche, qui dura plus d'une heure, à cause des petits cailloux dont les rues de Goa sont parsemées, qui me mirent les pieds en sang.

« On nous fit promener dans les plus grandes rues, et nous fûmes partout regardés d'une foule innombrable de peuple qui était accourue de tous les endroits de l'Inde et qui bordait tous les chemins par où nous devions passer; car on a soin d'annoncer au prône dans les paroisses des lieux éloignés, l'acte de foi, longtemps avant qu'il se fasse.

« Enfin, couverts de honte et de confusion et très-fatigués de la marche, nous arrivâmes en l'église de Saint-François, qui était pour cette fois destinée et préparée pour la célébration de l'*auto-da-fé*.

« Le grand autel était paré de noir, et il y avait dessus six chandeliers d'argent, avec autant de cierges de cire blanche allumés; on avait élevé aux deux côtés de l'autel deux espèces de trônes, l'un à droite pour l'inquisiteur et ses conseillers, l'autre à gauche pour le vice-roi et sa cour.

« A quelque distance et vis-à-vis du grand autel, tirant un peu vers la porte, on avait dressé un autre autel sur lequel on avait mis dix missels ouverts: de là jusqu'à la porte de l'Église on avait fait une galerie large d'environ trois pieds, avec un balustre de chaque côté; et, de part et d'autre, on avait placé des bancs pour asseoir les criminels et leurs parrains, qui s'y allaient mettre à mesure qu'ils entraient dans l'Église, en sorte que les premiers venus étaient plus proche de l'autel. Aussitôt que je fus entré et placé en mon rang, je m'appliquai à considérer l'ordre qu'on faisait observer à ceux qui venaient après moi; je vis que ceux à qui on avait donné ces horribles *carrochas* dont j'ai parlé, marchaient les derniers de notre troupe, qu'immédiatement après eux on portait un grand crucifix, dont la face regardait ceux qui le précédaient, et qui était suivi de deux personnes, et de quatre statues à hauteur d'homme, représentées au naturel, attachées chacune au bout d'une longue perche, et accompagnées d'autant de cassettes portées chacune par un homme, et remplies des ossements de ceux que les statues représentaient.

« La face du crucifix tournée vers ceux qui le précèdent, marque la miséricorde dont on a usé à leur égard, en les délivrant de la mort, quoiqu'ils l'eussent justement méritée, et le même crucifix tournant le dos à ceux qui le suivent, signifie que ces infortunés n'ont plus de grâce à espérer : c'est ainsi que tout est mystérieux dans le Saint-Office.

« La manière dont ces misérables étaient vêtus, n'était pas moins propre à inspirer de l'horreur que de la pitié : les personnes vivantes, aussi bien que les statues, portaient des *samarras* de toile grise, toutes peintes de diables, de flammes et de tisons embrasés, sur lesquels la tête du patient était représentée au naturel devant et derrière, avec sa sentence écrite au bas, portant en abrégé et en gros caractères, son nom, celui de sa patrie, et le crime pour lequel il était condamné. Outre cet habillement épouvantable, ils avaient encore de ces funestes *carrochas*, couverts, comme les vêtements, de flammes et de démons.

« Les petits coffres où étaient enfermés les os de ceux qui étaient morts, et à qui le procès avait été fait avant ou après le décès, pendant ou avant leur détention, afin de donner lieu à la confiscation de leurs biens, étaient aussi peints en noir, et couverts de démons et de flammes.

« Il faut ici remarquer que l'Inquisition ne borne pas sa juridiction sur les personnes vivantes, ou sur celles qui sont mortes dans les prisons, mais qu'elle fait encore souvent le procès à des gens qui sont décédés plusieurs années avant que d'avoir été accusés, lorsqu'après leur mort ils sont chargés de quelque crime considérable ; qu'en ce cas, on les déterre ; et s'ils sont convaincus, on brûle leurs ossements dans l'acte de foi, et l'on confisque tous leurs biens, dont on dépouille soigneusement ceux qui ont recueilli leurs successions. Je n'avance rien ici que je n'aie vu moi-même pratiquer, puisqu'entre les statues qui parurent quand je sortis de l'Inquisition, il y en avait une qui représentait un homme décédé depuis longtemps, à qui on venait de faire le procès, qu'on avait déterré, de qui les biens furent confisqués, et dont les os furent brûlés, ou peut-être ceux de quelqu'autre qui avait été inhumé dans le même lieu.

« Ces malheureux étant entrés dans l'équipage funèbre que je viens de décrire, et s'étant assis aux places qui leur étaient destinées proche la porte de l'église, l'inquisiteur, suivi de ses officiers, entra et s'alla placer sur le tribunal qui lui était préparé au côté droit de l'autel, pendant que le vice-roi et sa cour se mirent à gauche.

« Le crucifix fut posé sur l'autel entre les six chandeliers; chacun étant ainsi à son poste, et l'église remplie d'autant de monde qu'elle en pouvait contenir, le provincial des Augustins monta en chaire et prêcha pendant une demi-heure. Malgré l'embarras et le trouble d'esprit où je me trouvais, je ne laissai pas de remarquer la comparaison qu'il fit de l'Inquisition avec l'Arche de Noé, entre lesquelles il trouva pourtant cette différence, que les animaux qui entrèrent dans l'Arche, en sortirent après le déluge de même nature qu'ils y étaient entrés, mais que l'Inquisition avait cette admirable propriété de changer de telle sorte ceux qui y étaient renfermés, que l'on en voyait sortir doux comme des agneaux, ceux qui en y entrant avaient la cruauté des loups et la fierté des lions.

« Le sermon étant fini, deux lecteurs montèrent tour à tour dans la chaire, pour y lire publiquement les procès de tous les coupables, et leur signifier les peines auxquelles ils étaient condamnés.

« Celui de qui on lisait le procès, était pendant ce temps conduit par *l'alcaïde* au milieu de la galerie, où il restait debout, un cierge allumé en la main, jusqu'à ce que sa sentence fût prononcée; et comme on suppose que tous les criminels ont encouru la peine d'excommunication majeure, la lecture étant finie on le menait au pied de l'autel où étaient les missels, sur l'un desquels on lui faisait mettre les mains, après s'être mis à genoux, et il restait en cette posture, jusqu'à ce qu'il y eût autant de personnes que de livres. Pour lors le lecteur cessait la lecture des procès, pour prononcer à haute voix une confession de foi, après avoir brièvement exhorté les coupables à la réciter de cœur et de bouche en même temps que lui; ce qui étant fait, chacun retournait à sa place, et on recommençait à lire les procès.

Je fus appelé en mon rang, et j'entendis que toute mon affaire roulait sur trois chefs : le premier, pour avoir soutenu l'invalidité du baptême *flaminis*; le second, pour avoir dit qu'on ne devait pas adorer les images, et avoir blasphémé contre celle d'un crucifix, en disant d'un crucifix d'ivoire, que c'était une pièce d'ivoire; et enfin, pour avoir parlé avec mépris de l'Inquisition et de ses ministres: mais plus que tout, pour la mauvaise intention que j'avais eue, en disant toutes ces choses ; à raison desquels crimes j'étais déclaré excommunié ; et pour réparation, mes biens confisqués au profit du roi, et moi banni des Indes, et condamné à servir dans les galères de Portugal pendant cinq années, et de plus à accomplir les autres pénitences qui me seraient enjointes dans le particulier par les inquisiteurs.

« De toutes ces peines, celle qui me parut la plus fâcheuse, fut de me voir dans une nécessité indispensable de quitter les Indes, où j'avais résolu de voyager encore longtemps ; ce chagrin n'était cependant pas si grand, qu'il ne fût beaucoup adouci par l'espérance de me voir bientôt hors des mains du Saint-Office.

« Ma confession de foi étant faite, je retournai en ma place, et je profitai de l'avis que le garde m'avait donné de ne pas refuser mon pain ; car la cérémonie ayant duré toute la journée, il n'y eut personne qui ne mangeât ce jour-là dans l'église.

« Après qu'on eut lu les procès de tous ceux à qui l'on faisait grâce en leur sauvant la vie, l'inquisiteur quitta son siége, pour se revêtir d'aube et d'étole ; et étant accompagné d'environ vingt prêtres qui avaient chacun une houssine en la main, il vint au milieu de l'église, où après avoir récité diverses prières, nous fûmes absous de l'excommunication qu'on prétendait que nous avions encourue, moyennant un coup de houssine que ces prêtres donnèrent à chacun de nous sur son habit.

« Je ne puis m'empêcher de rapporter ici une chose qui fera voir jusqu'à quel point va la superstition portugaise dans tout ce qui a quelque rapport avec l'inquisition ; c'est que durant la marche et pendant tout le temps que je restai dans l'église, celui qui me servait de parrain ne me voulut jamais répondre, quoique je lui eusse parlé plusieurs fois, et qu'il me refusa même un peu de tabac en poudre que je lui demandai, tant il appréhendait de participer à la censure dont il me croyait lié ; mais d'abord que je fus absous, il m'embrassa, me donna du tabac, et me dit que pour lors il me reconnaissait pour son frère, puisque l'église m'avait délié.

« Cette cérémonie étant finie, et l'inquisiteur s'étant remis en sa place, l'on fit venir l'une après l'autre les malheureuses victimes qui devaient être immolées par la sainte Inquisition. Il y avait un homme, une femme, et les représentations des quatre hommes morts, avec les cassettes où les os étaient renfermés : l'homme et la femme étaient Indiens, noirs, et chrétiens, accusés de magie, et condamnés comme relaps, mais en effet aussi peu sorciers que ceux qui les avaient condamnés.

« Des quatres statues, deux représentaient aussi deux hommes tenus pour convaincus de magie; et les deux autres, deux hommes chrétiens nouveaux, qu'on disait avoir judaïsé; l'un desquels était mort dans les prisons du Saint-Office, et l'autre était décédé dans sa maison, et était enterré depuis longtemps dans sa paroisse; mais ayant été accusé de judaïsme depuis sa mort, comme il avait laissé des biens assez considérables, on avait pris le soin de fouiller dans son tombeau, et d'en retirer les os pour les brûler en l'Acte de Foi. On voit par là que la sainte Inquisition veut, comme Jésus-Christ, exercer son pouvoir sur les vivants et sur les morts.

« On lut les procès de ces infortunés, qui étaient tous terminés par ces paroles : Que le Saint-Office ne pouvant leur faire de grâce à cause de leur rechute ou de leur impénitence, et se trouvant indispensablement obligé de les punir selon la rigueur des lois, il les livrait pour être brûlés.

« A ces dernières paroles un huissier de la justice séculière s'approchait et prenait possession de ces infortunés, après qu'ils avaient préalablement reçu un petit coup sur la poitrine de la main de l'*alcaide* du Saint-Office, pour marquer qu'ils en étaient abandonnés.

« Ainsi se termina l'Acte de Foi : et pendant que ces misérables furent conduits sur le bord de la rivière où le vice-roi et sa cour s'étaient assemblés, et où les bûchers sur lesquels ils devaient être immolés étaient préparés dès le jour précédent, nous fûmes ramenés à l'Inquisition par nos parrains, sans observer aucun ordre.

« Quoique je n'aie pas été présent à l'exécution de ces personnes ainsi abandonnées du Saint-Office, comme j'en ai pleinement été instruit par des gens qui en ont vu plusieurs fois de semblables, je rapporterai en peu de mots les formalités qui s'y observent :

« D'abord que les condamnés sont arrivés à l'endroit où les juges séculiers sont assemblés, on leur demande en quelle religion ils veulent mourir, sans s'informer aucunement de leur procès, qu'on suppose avoir été parfaitement bien instruit, et eux fort justement condamnés, vu qu'on ne doute point de l'infaillibilité de l'Inquisition ; et aussitôt qu'ils ont répondu à cette unique interrogation, l'exécuteur se saisit d'eux, les attache à des poteaux sur le bûcher, où ils sont premièrement étranglés, s'ils meurent chrétiens, et brûlés vifs, s'ils persistent dans le judaïsme ou dans l'hérésie ; ce qui arrive si rarement, qu'à peine en voit-on un exemple dans quatre actes de foi, quoiqu'il s'en fasse très-peu où l'on ne brûle un assez bon nombre de personnes.

« Le lendemain de l'exécution on porte dans les églises des dominicains les portraits de ceux qu'on a fait mourir. Leurs têtes seulement y sont représentées au naturel, posées sur des tisons embrasés ; on met au bas leur nom, celui de leur père et de leur pays, la qualité du crime pour lequel ils ont été condamnés, avec l'année, le mois et le jour de l'exécution.

« Si la personne qui a été brûlée est tombée deux fois dans le même crime, on met ces mots au bas du portrait : *Morreo queimado por hereje relapso*, ce qui signifie qu'il a été brûlé comme hérétique relaps. Si, n'ayant été accusé qu'une fois, il persévère dans son erreur, on met *por hereje contumas* ; mais comme ce cas est bien rare, il y a aussi bien peu de portraits avec cette inscription. Enfin, si n'ayant été accusé qu'une seule fois par un nombre suffisant de témoins, il persiste à se dire innocent, et qu'il professe même le christianisme jusqu'à la mort, on met au bas du tableau : *Morreo queimado por hereje convitto negativo*, c'est-à-dire qu'il a été brûlé comme hérétique convaincu, mais qui n'a pas confessé ; et l'on en voit un très-grand nombre de cette dernière espèce. Or, on peut se tenir pour assuré que, de cent négatifs, il y en a au moins quatre-vingt-dix-neuf qui sont non-seulement innocents du crime qu'ils nient, mais qui ont, outre l'innocence, le mérite d'aimer mieux mourir que de mentir, en s'avouant coupables d'un crime dont ils sont innocents ; car il n'est pas possible qu'un homme assuré d'avoir la vie, s'il confesse, persiste à nier, et aime mieux être brûlé que d'avouer une vérité dont l'aveu lui sauve la vie.

« Ces épouvantables représentations sont mises dans la nef et au-dessus de la grande porte de l'église, comme autant d'illustres trophées consacrés à la gloire du Saint-Office; et quand cette face de l'église est ainsi tapissée, on en met aussi sur les ailes près de la porte. Ceux qui ont été à Lisbonne dans la grande église des dominicains, qui n'est pas éloignée de la maison de l'Inquisition, y auront pu remarquer plusieurs centaines de ces tristes peintures.

« J'étais si fatigué et si abattu à mon retour de l'acte de foi, que je n'avais guère moins d'empressement pour rentrer dans ma prison afin de m'y reposer, que j'en avais eu les jours précédents pour en sortir.

« Mon parrain m'accompagna jusque dans la salle; et l'*alcaïde* m'ayant mené dans la galerie, j'allai m'enfermer moi-même, pendant qu'il en conduisait d'autres : je me jetai d'abord sur mon lit en attendant le souper, qui ne fut que du pain et des figues, l'embarras de ce jour ayant empêché qu'on ne fît la cuisine. Je ne laissai pas de beaucoup mieux reposer cette nuit que je n'avais fait depuis longtemps; mais dès l'instant que le jour eut paru, j'attendis avec impatience ce que l'on ferait de moi. L'*alcaïde* vint sur les six heures me demander l'habit que j'avais porté à la procession, que je lui rendis volontiers, et voulus lui remettre en même temps le *sambenito*; mais il ne voulut pas le recevoir, parce que je m'en devais parer, surtout les dimanches et les fêtes, jusqu'à l'entier accomplissement de ma sentence.

« On m'apporta à déjeuner sur les sept heures, et peu après je fus averti de faire un paquet de mes hardes, et de me tenir prêt pour sortir quand on me viendrait appeler.

« J'obéis à ce dernier ordre avec toute la diligence possible. Sur les neuf heures, un garde étant venu ouvrir ma porte, je chargeai par son commandement mon paquet sur mes épaules, et le suivis jusque dans la grande salle, où la plupart des prisonniers étaient déjà.

« Après être resté quelque temps en ce lieu, je vis entrer environ une vingtaine de mes compagnons qui avaient été condamnés au fouet le jour précédent, et qui venaient pour lors de le recevoir de la main du bourreau par toutes les rues de la ville; et étant ainsi assemblés, l'inquisiteur parut, devant qui nous nous mîmes tous à genoux pour recevoir sa bénédiction, après avoir baisé la terre à ses pieds. On ordonna ensuite aux noirs qui n'avaient point ou peu de hardes de se charger de celles des blancs. Ceux d'entre les prisonniers qui n'étaient pas chrétiens furent envoyés sur-le-champ aux lieux portés par leur sentence, les uns en exil, les autres aux galères ou à la maison où se fait la poudre, appelée *casa da polvera*; et ceux qui étaient chrétiens, tant blancs que noirs, furent conduits dans une maison louée exprès dans la ville, pour les y faire instruire pendant quelque temps.

« Les salles et les galeries du logis furent destinées pour coucher les noirs; et ce que nous étions de blancs, fûmes mis dans une chambre séparée, où l'on nous enfermait la nuit, nous laissant pendant le jour la liberté d'aller par toute la maison, et de parler avec ceux qui y étaient ou qui y venaient de dehors pour nous voir. On faisait tous les jours deux catéchismes, l'un pour les noirs et l'autre pour les blancs, et l'on célébrait tous les jours la sainte messe, où nous assistions tous, de même qu'à la prière du matin et du soir.

« Pendant que je restai dans cette maison, je fus visité par un religieux dominicain de mes amis, que j'avais connu à Daman où il avait été prieur. Ce bon père, accablé de maladies et d'années, ne sut pas plus tôt que j'étais sorti, qu'il se mit dans un palanquin pour me venir voir; et il pleura mon désastre en m'embrassant tendrement, me témoigna qu'il avait beaucoup appréhendé pour moi, qu'il s'était plusieurs fois informé de l'état de ma santé et de mes affaires au père procureur des prisonniers, qui était son ami et de même ordre que lui; que cependant il avait été fort longtemps sans en pouvoir tirer de réponse, et qu'enfin après beaucoup de pressantes prières, tout ce qu'il en avait pu savoir, était que je vivais encore

« Je reçus bien de la consolation en voyant ce bon religieux, et la nécessité où j'étais de quitter les Indes nous faisait presque

également de la peine. Il eut encore la bonté de me venir vo[ir]
plusieurs fois; il m'invita de revenir aux Indes aussitôt que j[e]
serais en liberté, et m'envoya diverses provisions pour le voya[ge]

que j'avais à faire, que l'état de besoin où j'étais ne me permet[-]
taient pas d'espérer d'ailleurs.

« Après être resté en cette maison jusqu'au 23 de janvier, nou[s]
fûmes conduits encore dans la salle de l'Inquisition, et de là ap[-]
pelés chacun à son tour à la table du Saint-Office, pour y recevo[ir]
des mains de l'inquisiteur un papier contenant les pénitences au[x-]

quelles il lui avait plu de nous condamner. J'y allai en mon rang ; l'on m'y fit mettre à genoux, après avoir auparavant mis les mains sur les Évangiles, et promis en cette posture de garder inviolablement le secret sur toutes les choses qui s'étaient passées, et dont j'avais eu connaissance pendant ma détention.

« Je reçus ensuite de la main de mon juge un écrit signé de lui, contenant les choses que je devais accomplir ; et comme ce mémoire n'est pas fort long, j'ai cru qu'il serait bon de le mettre ici mot pour mot en français, comme il était en portugais.

Listes des pénitences que doit accomplir.....

« 1° Dans les trois prochaines années, il se confessera et communiera ; la première, tous les mois, et les deux suivantes aux fêtes de Pâques, de la Pentecôte, de Noël et de l'Assomption de la sainte Vierge.

« 2° Il entendra la messe et le sermon les dimanches et les fêtes, s'il en a la commodité.

« 3° Il récitera pendant lesdites trois années, tous les jours, cinq fois le *Pater* et l'*Ave Maria* en l'honneur des cinq plaies de Notre-Seigneur Jésus-Christ.

« 4° Il ne liera amitié ni aucun commerce particulier avec des hérétiques, ou des personnes dont la foi soit suspecte, qui puissent préjudicier à son salut.

« 5° Enfin il gardera exactement le secret sur tout ce qu'il a vu, dit ou ouï, ou qui s'est traité avec lui, tant à la table qu'aux autres lieux du Saint-Office.

« FRANCISCO DELGADO E MATOS. »

« Qui pourrait dire, à ne regarder que ces canons pénitentiaux, que l'Inquisition est trop rigoureuse ? Ayant reçu cet écrit, je baisai la terre, et retournai dans la salle pour y attendre qu'on en eût autant donné aux autres. En sortant de là, on nous sépara, et je ne sais ce que l'on fit de la plupart de notre troupe, ni où on les envoya ; mais nous ne restâmes pas plus de douze, qui furent conduits dans l'*Aljoucar*, qui est cette prison de l'officialité où j'avais déjà demeuré un jour en arrivant à Goa, avant que d'entrer dans l'Inquisition. Je restai en ce lieu jusqu'au 25, qu'un officier du Saint-Office m'ayant fait mettre les fers aux pieds, me conduisit dans un vaisseau qui était en rade prêt à faire voile pour le Portugal.

« Avant que de continuer le récit de mes aventures, je crois qu'il ne sera pas hors de propos de faire quelques réflexions sur tout ce qui a été dit.

« Je commencerai par la considération des principales injustices qu'on m'a faites à l'Inquisition, dont la première est le trahison du commissaire de Daman, lequel, après lui avoir déclaré ce que j'avais dit, et ce qui regardait le Saint-Office, me donna des conseils si peu sincères, qu'il ne laissa pas de m'arrêter pour satisfaire la passion du gouverneur, quoique l'Inquisition n'ait pas coutume de se saisir de ceux qui s'accusent volontairement avant que d'être mis en prison. Je n'ignore pas que ce père a dit, pour se défendre de ce reproche, que je ne m'étais pas accusé dans les formes; mais l'on voit assez que ce n'est là qu'une défaite. Il devait me les apprendre; j'étais jeune et étranger, j'y aurais satisfait sur-le-champ : mais il avait besoin de ce misérable prétexte pour se rendre agréable au gouverneur.

« La seconde chose dont je crois avoir sujet de me plaindre à l'égard du même commissaire, est de m'avoir malicieusement gardé à Daman jusqu'au mois de janvier; au lieu que s'il m'avait envoyé à Goa immédiatement après ma détention, mes affaires auraient pu être terminées avant la fin de novembre, et je serais sorti en l'acte de foi qui se fit cette cette même année, au commencement de décembre : mais ne me transférant qu'après que l'acte de foi fut fait, il fut cause que je restai dans les prisons du Saint-Office deux ans plus que je n'aurais fait, parce que l'on ne sort guère que dans cette funèbre cérémonie; et comme elle ne se fait que de deux en deux ans, ou de trois en trois, c'est un double malheur pour ceux qui sont renfermés dans ces prisons, d'y être conduits immédiatement après qu'elles viennent d'être vidées, parce qu'ils sont obligés d'attendre qu'il y ait un nombre suffisant de prisonniers pour rendre l'acte de foi plus célèbre.

« Le refus que fit l'inquisiteur, dans ma troisième audience, d recevoir ma confession sur ce que j'avais dit de l'Inquisition, et l'injustice avec laquelle il m'osa assurer que je n'avais pas déclaré ce fait, dont il me fit un si grand crime longtemps après, a été une des choses qui m'a le plus affligé pendant ma prison; et ce n'est pas le moindre sujet que j'aie de me plaindre de ces juges.

« Je puis encore me plaindre justement de ce que l'inquisiteur voulant me tendre un nouveau piége, lorsque je m'accusai de ce que j'avais dit touchant le Saint-Office, et sur ce qui était arrivé longtemps auparavant au père Ephraïm de Nevers, me demanda si je voulais défendre les erreurs de ce religieux : mais quoique je susse bien que l'innocence de ce père avait été pleinement reconnue, et qu'il n'avait été arrêté que par envie, je répondis que je ne prétendais défendre personne, étant assez embarrassé de me défendre moi-même.

« J'ai aussi, ce me semble, juste sujet de croire que l'on a eu intention de plaire au vice-roi et au gouverneur de Daman qui était son cousin, en m'envoyant en Portugal; puisque de plus de deux cents personnes qui sortirent avec moi de l'Inquisition, je fus le seul que l'on obligea de quitter les Indes pour aller en Europe.

« La cruauté des gardes qui m'ont plusieurs fois maltraité de paroles et de fait, pour me faire prendre malgré moi des aliments et des remèdes quand j'étais infirme, mérite aussi, à mon avis, qu'on y fasse quelque attention : car quoique les gardes aient raison d'obliger les accusés de prendre des aliments et des remèdes, on pourrait en user à leur égard comme on en use à l'égard des autres malades, à qui l'on ne s'avise guères de donner des étrivières, ou des coups de bâton, pour leur faire prendre des bouillons ou des médecines.

« On ne peut se dispenser de faire encore une petite réflexion sur le titre de *sainte* que l'Inquisition s'attribue. En effet, il est assez malaisé de comprendre en quoi consiste cette sainteté, et comment on peut appeler saint, un tribunal qui viole les lois sacrées de la charité, et les ordonnances de Jésus-Christ et de l'église. Jésus-Christ ordonne aux chrétiens de reprendre charitablement, et en secret, ceux qui manquent; et ce n'est que lorsqu'ils ont méprisé plusieurs avertissements, et qu'ils se sont rendus incorrigibles, qu'il veut qu'on les dénonce à l'église, afin que cette sainte mère fasse un dernier effort pour réduire ces enfants rebelles à leurs devoirs par l'imposition de pénitences salutaires; et même, s'il le faut, par les foudres de l'excommunication, sans pourtant les priver de certains secours spirituels, comme sont la parole de Dieu et les bons livres, par le moyen desquels ils peuvent être guéris de leur aveuglement.

« La sainte Inquisition, par une conduite toute opposée, enjoint à tous ceux qui reconnaissent son pouvoir, non-seulement sous peine d'excommunication, mais encore sous des peines corporelles et très-cruelles, de dénoncer aussitôt, et sans les avertir, ceux à qui l'on aura vu faire ou entendu dire quelque chose de contraire à ces lois : et ce ne serait pas un moindre crime, ni qui fût moins sévèrement puni dans ce tribunal, d'avoir averti ceux qui manquent, avant ou après les avoir dénoncés, que d'avoir manqué à faire cette déclaration dans le temps présent.

« Au reste vit-on jamais rien de si injuste, que de retenir des personnes chrétiennes pendant plusieurs années dans une étroite prison, sans aucun livre; puisqu'on ne donne pas même de bréviaire aux prêtres, sans aucune exhortation qui puisse les encourager à souffrir patiemment; sans entendre la messe, ni les fêtes, ni les dimanches; sans leur administrer l'Eucharistie, même dans le temps de Pâques, auquel tous les chrétiens sont obligés de la recevoir, sous peine de péché mortel; et sans les fortifier par le saint Viatique et l'Extrême-Onction à l'heure de la mort? qui a pu inspirer une conduite si surprenante et si opposée à la charité chrétienne? Dans les juridictions laïques, quelque scélérats et quelque criminels que soit les prisonniers, ils entendent la messe; on leur laisse la liberté d'avoir des livres de piété qui puissent leur inspirer des sentiments de pénitence; on n'empêche pas ceux qui sont obligés au bréviaire de le réciter, et de satisfaire à leur devoir; on permet aux prêtres et aux religieux, qui veulent bien s'en donner la peine, de les visiter jusques dans les cachots, de les consoler, de les confesser; on les fait communier, non-seulement à Pâques, mais même toutes les fois qu'ils ont la dévotion de le faire, et s'ils tombent malades dans les prisons, on ne refuse pas de leur administrer les derniers sacrements. Pourquoi faut-il que dans le Saint-Office, qui est un tribunal ecclésiastique, où pour toute règle on ne devrait suivre que les mouvements de la charité et de la douceur, les juges soient cependant si durs et si insensibles que de priver non-seulement de toute consolation humaine ceux que leur malheur a fait tomber entre leurs mains, mais de plus de s'appliquer avec toute l'exactitude possible à soustraire à ces pauvres affligés tous les moyens par lesquels Dieu a coutume de communiquer ses grâces!

« Je prends à témoins les inquisiteurs du Saint-Office, que je n'avance rien ici qui ne soit très-véritable : et si ce que je dis est vrai, je laisse aux lecteurs à juger si c'est avec raison que l'Inquisition se fait appeler *sainte*. J'ajouterai, que quoique l'Inquisition accorde quelquefois des saufs-conduits à ceux qui, étant en lieu de sûreté, veulent venir s'accuser, il est bon néanmoins de ne s'y fier que de bonne sorte : vu que dans ce tribunal on ne fait pas grand scrupule de manquer à la parole qu'on a donnée ; et que quand on le veut, on trouve assez de prétextes pour ne la pas tenir.

« En sortant de l'Aljouvar, je fus conduit les fers aux pieds dans un vaisseau qui était à la rade, prêt à faire voile pour le Portugal. Je fus remis entre les mains du maître des matelots, qui se chargea de moi, et qui s'engagea, au cas que je vécusse, de me représenter à l'Inquisition de Lisbonne. Le vaisseau mit à la voile le 27 janvier 1676, et arriva à Lisbonne le 15 décembre de la même année.

« D'abord qu'on eut jeté les ancres dans la rivière de Lisbonne, le maître des matelots, sous la garde duquel j'étais, alla donner avis de mon arrivée à l'Inquisition. J'y fus conduit le lendemain, et de-là, par l'ordre des inquisiteurs, qui ne daignèrent pas seulement me voir, on me mena à la prison qu'on appelle la *galère*. Elle porte ce nom, parce que n'y ayant point de galères en Portugal, on y envoie ceux que le Saint-Office ou les juges laïques condamnent à cette peine. On m'y mit d'abord une chaîne au pied, à laquelle était aussi attaché par un pied un autre homme condamné par l'Inquisition, et qui avait évité le feu par sa confession la veille qu'il devait être brûlé.

« Dans cette galère, tous les criminels sont attachés deux à deux par un pied seulement : leur chaîne a environ huit pieds de lon-

gueur ; les prisonniers ont chacun à leur ceinture un crochet de fer pour la suspendre, en sorte qu'il en reste encore environ la longueur de trois pieds entre les deux.

« Ces forçats vont tous les jours travailler aux ateliers où l'on bâtit les vaisseaux du roi. Ils sont employés à porter du bois aux charpentiers ; ils déchargent les navires ; ils vont chercher des pierres et du sable pour les lester, de l'eau et des vituailles pour leurs voyages; ils servent à faire des étoupes, et enfin à tous les usages auxquels on trouve bon de les occuper pour le service du prince ou des officiers qui les commandent, quelque rudes et quelque vils que puissent être ces travaux.

« On trouve parmi ces galériens des personnes condamnées par l'Inquisition; d'autres qui y sont envoyées par sentence des juges laïques. Il y a des esclaves fugitifs ou incorrigibles que les maîtres mettent en ce lieu pour les châtier, et pour les ranger à leurs devoirs. On y voit aussi des Turcs qui ont été faits esclaves sur les vaisseaux corsaires de Barbarie; et toutes ces personnes, de quelque qualité qu'elles soient, sont indifféremment employées à des travaux honteux et pénibles, si elles n'ont de l'argent pour donner aux officiers qui les conduisent, et qui exercent une cruauté sans exemple sur ceux qui n'ont pas les moyens de les adoucir, en leur donnant quelque chose de temps en temps. Cette galère terrestre est bâtie sur le bord de la rivière, elle consiste en deux très-grandes salles; une haute et l'autre basse; toutes deux sont ordinairement remplies, et les forçats y sont couchés sur des estrades avec des nattes.

« On leur rase à tous la tête et la barbe une fois le mois : ils portent des juste-au-corps et des bonnets de drap bleu : on leur fournit aussi un capot de grosse serge grise, qui leur sert également de manteau pour le jour et de couverture pendant la nuit ; et ce sont là tous les vêtements que le prince leur fait donner de six en six mois, avec deux chemises de grosse toile.

« On donne à chacun de ces galériens une livre et demie de biscuit fondu et fort noir à manger par jour, six livres de viande salée par mois, avec un boisseau de pois, de lentilles ou de fèves, dont ils peuvent faire ce que bon leur semble. Ceux qui reçoivent quelques secours d'ailleurs, vendent d'ordinaire ces denrées pour acheter quelque chose de meilleur selon leurs moyens. On ne leur donne point de vin; et ceux qui en veulent boire, l'achètent à leurs dépens. Tous les jours de fort grand matin, très-peu de fêtes exceptées, on les conduit à l'atelier, qui est éloigné de la galère de près d'une demi-lieue : là ils travaillent sans relâche jusque à onze heures à ce à quoi on juge à propos de les employer ; on discontinue alors le travail jusqu'à une heure, et pendant ce temps-là ils peuvent ou manger ou se reposer. A une heure sonnée on les remet au travail jusqu'à la nuit, qu'ils sont reconduits à la galère.

« Dans cette maison il y a une chapelle où on dit la messe les dimanches et les fêtes, et où divers ecclésiastiques charitables viennent souvent faire des catéchismes et des exhortations aux galériens. Outre les aliments que le prince fait donner à ces malheureux, ils reçoivent encore de fréquentes aumônes, en sorte que personne n'y endure de véritable disette : lorsqu'il y a des malades, les médecins et les chirurgiens les visitent assidûment : et si leurs infirmités deviennent dangereuses, on leur administre exactement les sacrements, et ils ne manquent d'aucun secours spirituel. Si quelqu'un de ces galériens commet une faute notable, il est fouetté d'une manière très-cruelle ; car on l'étend de son long, le ventre à terre, et pendant que deux hommes le tiennent dans cette situation, un troisième lui frappe rudement sur les fesses avec une grosse corde goudronnée qui enlève ordinairement des portions de chair considérables ; j'en ai vu plus d'une fois qui après de pareils châtiments avaient les parties si mortifiées, qu'il fallait y faire de profondes incisions, lesquelles dégénéraient en ulcères fâcheux et difficiles à guérir, en sorte que ces misérables étaient pour longtemps incapables de tout travail.

« Lorsqu'un forçat a des affaires où sa présence est absolument nécessaire, on lui permet d'y vaquer et d'aller par la ville, même sans avoir de compagnon, en payant toutefois un garde qu'on lui donne, et qui le suit partout. En ce cas, il porte sa chaîne tout seul ; et comme elle est fort longue, il l'a fait passer par-dessus ses épaules, la laissant ensuite pendre par devant ou par derrière, selon que cela lui est plus commode.

« Le jour d'après celui de mon arrivée en la galère, je fus rasé, vêtu et employé au travail comme les autres forçats ; mais toute pénible qu'était cette manière de vivre, la liberté que j'avais de voir et de parler au monde, me la rendait beaucoup moins ennuyeuse que les solitudes affreuses du Saint-Office.

« Aux termes de la sentence qui avait été rendue contre moi à Goa, je devais passer cinq années dans cette rude servitude, et il n'y avait guère d'apparence qu'on dût faire là-dessus aucune grâce à un homme qui avait eu la témérité de parler contre l'Inquisition, et contre son infaillibilité prétendue ; cependant le désir qu'ont naturellement tous les malheureux de voir finir leur misère, me fit penser aux moyens de recouvrer ma liberté plus tôt que je ne devais vraisemblablement l'espérer.

« Je m'informai donc d'abord s'il n'y avait point à Lisbonne quelque Français qui pût me rendre service pour l'exécution du dessein que je méditais ; et ayant appris que M. Fabre, premier médecin de la reine de Portugal, était non-seulement fort bien auprès de cette princesse, mais encore qu'il était très-considéré et très-estimé des personnes de la cour, je m'adressai à lui, et je le priai de vouloir m'accorder sa protection. Il le fit de la manière du monde la plus obligeante, m'offrant non-seulement son crédit en tout ce qui dépendait de lui, mais même sa bourse et sa table : il me faisait même la grâce de m'y admettre souvent, tout enchaîné comme j'étais, sans que l'équipage de galérien lui donnât du dégoût pour moi, ni me rendît plus méprisable à son égard. Il avait aussi la bonté de me visiter dans ma prison et de m'y consoler, lorsque ses affaires lui en donnaient le loisir.

« Ensuite j'écrivis en France à mes parents, pour leur donner avis de l'état déplorable où j'étais réduit depuis si longtemps, afin que par eux-mêmes, ou par leurs amis, ils sollicitassent avec empressement tous ceux qu'ils croiraient avoir quelque crédit auprès de la reine de Portugal, que j'espérais faire agir en ma faveur.

« M. Fabre, qui naturellement était généreux et bienfaisant, ayant appris par des lettres de Paris que des personnes qu'il considérait avaient la bonté de s'intéresser à ma liberté, redoubla ses soins pour me la faire rendre au plus tôt.

« Je présentai, par son avis, une ample requête aux inquisiteurs, dans laquelle je leur exposais toutes les causes de ma détention, et je les suppliais de vouloir modérer l'excessive rigueur que je prétendais avoir été exercée contre moi aux Indes. Cette requête fut portée au tribunal du Saint-Office par un capucin français, qui en était un des qualificateurs, qui me venait voir souvent, et de qui je recevais bien des consolations. On ne fit point de réponse à cette première requête, non plus qu'à trois autres dont elle fut suivie en moins de deux mois, et qui furent rendues par le même religieux. La raison de ce silence fut que la charge d'inquisiteur-général avait vaqué, et que dom Verissimo d'Alencastra, archevêque de Prague, qui depuis a été fait cardinal par Innocent XI, en ayant été pourvu depuis peu, n'en avait pas encore pris possession.

« Ce prélat, pour la venue duquel je faisais des vœux continuels depuis que je sus que lui seul pouvait finir mes affaires, arriva enfin à Lisbonne vers la semaine sainte ; mais comme pendant ce temps-là les tribunaux ne travaillent point, il fallut attendre et prendre encore patience jusqu'après le dimanche de *Quasimodo*.

« Immédiatement après que l'inquisiteur-général eut commencé à faire les fonctions de sa charge, je présentai une nouvelle requête, qui fut lue au conseil souverain ; mais tout ce qu'elle produisit fut que dom Verissimo, après l'avoir entendue, dit qu'il ne pouvait croire que ce que j'exposais fut véritable, n'y ayant pas apparence qu'on eût condamné un homme à cinq années de galères, pour des raisons d'aussi peu de conséquence que celles qui étaient contenues dans ma requête.

« Cette réponse du grand-inquisiteur, dont le père capucin ne manqua pas de me rendre compte, me donna beaucoup de joie. Chacun m'assurait d'ailleurs que le prélat à qui j'avais affaire était également noble, savant et généreux. Tout cela me détermina à lui faire adresser une nouvelle requête, par laquelle je le suppliais de vouloir bien se donner la peine de faire lire mon procès, afin que par cette lecture il pût se convaincre que je n'avais rien avancé qui ne fût très-véritable.

« Cette proposition trouva d'abord de grandes difficultés dans le conseil ; personne ne voulait consentir à cette révision de mon procès que je demandais, et la raison qu'ils en alléguaient, était que tous les tribunaux de l'Inquisition étant souverains, et n'y ayant point d'appel des uns aux autres, c'était en quelque façon attenter à l'autorité de celui de Goa, que de vouloir réfuter ses jugements. Je n'aurais jamais obtenu ce que souhaitais, si l'inquisiteur général n'avait été fortement sollicité en ma faveur : mais après s'être fait prier longtemps, il se laissa enfin fléchir aux sollicitations de plusieurs personnes de qualité, et particulièrement de sa nièce, la comtesse de Figueirol, qui avait une estime singulière pour le premier médecin de la reine, qui était aussi le sien.

« Dom Verissimo fit donc lire mon procès tout au long en sa présence ; et s'étant ainsi pleinement convaincu que je n'avais rien avancé de faux, reconnaissant d'ailleurs l'injustice et l'ignorance de ceux qui m'avaient condamné, sous le spécieux prétexte de ma mauvaise intention, il ordonna que je serais au plus tôt mis en liberté. Pour cet effet, il écrivit lui-même au bas de ma requête ces mots : *Seja solto come pede, et se va por à França*, c'est-à-dire : qu'il soit délivré comme il le requiert, et qu'il s'en aille en France.

« Ma requête ayant été ainsi répondue par l'inquisiteur-général dans l'assemblée du conseil souverain, qui ne se tient que de huit en huit jours, ou de quinze en quinze, elle fut renvoyée au bureau ordinaire, appelé la Table du Saint-Office, où l'on tient l'audience deux fois chaque jour.

« Les inquisiteurs de ce tribunal m'envoyèrent aussitôt un familier, pour me donner avis de leur part qu'on me faisait grâce ; que ma liberté m'était accordée ; que je cherchasse un vaisseau qui allât en France ; que j'en donnasse avis à l'Inquisition, et qu'on ne manquerait pas de me faire embarquer dessus.

« Je reçus cette nouvelle le premier jour de juin, avec une joie que les personnes qui n'ont jamais été captives auront peine à se représenter ; mais elle diminua beaucoup, lorsque je fis réflexion à la difficulté que j'aurais de trouver un vaisseau et de négocier mon passage, tandis que je n'aurais pas la liberté d'agir. Je représentai donc dès le lendemain aux inquisiteurs, par un mémoire que je leur fis rendre, qu'il était tout à fait impossible que je pusse profiter de la grâce qu'on m'avait faite, tant que je resterais enchaîné, n'y ayant pas moyen, dans une aussi grande ville que Lisbonne, de savoir les vaisseaux qui entrent dans le port ou qui en sortent, si l'on ne va soi-même, ou si l'on n'a quelqu'un qui se donne la peine de s'en informer avec soin.

« Messieurs du conseil ordinaire, qui avaient mal et rigoureusement interprété les paroles dont l'inquisiteur-général s'était servi pour m'accorder ma liberté, en mettant au bas de ma requête : *Qu'il soit délivré comme il le requiert, et qu'il s'en aille en France*, expliquant les derniers mots, qui n'étaient mis que comme une surabondance de grâce, pour une obligation absolue de m'embarquer, répondirent à mon mémoire que l'on consentirait à mon entier élargissement, comme je le demandais, pourvu que je donnasse une caution qui répondrait que je ne m'arrêterais à Lisbonne qu'autant de temps qu'il m'en faudrait pour trouver l'occasion et le moyen d'en sortir.

« Comme dans toutes sortes de juridictions les affaires ne se font qu'avec beaucoup de lenteur, cette dernière réponse ne me fut signifiée que le vingt-huit de juin. J'en allai sur-le-champ rendre compte au premier médecin de la reine, et je le priai, avec toute l'instance possible, de vouloir finir ce qu'il avait eu la bonté de commencer.

« Quelques affaires pressantes empêchèrent M. Fabre d'aller ce jour-là même à l'Inquisition ; mais y étant allé le lendemain de la Saint-Pierre, qui était le trente du même mois au matin, il fit un acte de cautionnement par lequel il s'engageait à payer une amende de quatre cents écus, si je ne partais pas de Lisbonne au plus tard dans trois mois.

« L'après-midi de ce même jour dernier de juin 1677, les inquisiteurs envoyèrent un familier à la galère, qui me fit ôter ma chaîne et me conduisit à l'Inquisition. Y étant arrivé, je fus appellé à l'audience, où un de ces messieurs me demanda si je connaissais le médecin de la reine. Je lui répondis que oui. Il me dit ensuite qu'il avait répondu pour moi ; que je m'en irais au plus tôt ; que le Saint-Office me faisait grâce, et que dès ce moment je pouvais aller en toute liberté où il me plairait. Alors m'ayant fait signe de me retirer, je ne lui répondis que par une profonde révérence, et je sortis ainsi du pouvoir tyrannique de l'Inquisition, sous la rigueur de laquelle j'avais gémi près de quatre ans, à compter du jour de mon emprisonnement, qui fut le vingt-quatrième d'août 1673, jusqu'au dernier de juin 1677. Dès que j'eus les pieds hors de cette terrible maison, j'allai dans la première église que je rencontrai, rendre grâce à Dieu et à la sainte Vierge de la liberté que je venais d'obtenir. J'allai ensuite chez M. Fabre, qui pleura de joie en m'embrassant. Sur le soir je fis encore un tour à la galère, afin d'y dire un dernier adieu aux pauvres affligés qui avaient été les compagnons de mon infortune, et pour faire enlever le peu de hardes qui me restaient. »

Ici finit la curieuse relation que M. Dellon publia, à Cologne, en 1693, et dont il fut fait plusieurs autres éditions, toujours en Allemagne ou dans les Pays-Bas, pendant le cours du dix-huitième siècle. Ainsi que nous l'avons déjà fait remarquer, il est impossible de mettre en doute une seule des assertions renfermées dans cet intéressant récit. Le ton de vérité et de franchise qui y règne d'un bout à l'autre, les détails si minutieux et si vrais dans lesquels cette victime de l'Inquisition est entré sur tout ce qui se pratiquait dans le tribunal de la foi aux Indes portugaises, instruiront mieux le public sur la manière de procéder de cette institution anti-chrétienne, que ne pourront jamais le faire les volumineux ouvrages de tous les historiens passés et futurs.

C'est parce que nous étions convaincu du mérite historique qu'offrait cet écrit, oublié depuis longtemps, que nous nous sommes fait un devoir de le reproduire en entier, dans un livre destiné à donner une idée vraie de ce que fut l'Inquisition non seulement en Espagne, mais encore dans toutes les autres contrées où s'établit le terrible *tribunal* dit *de la Foi*. Nous ne doutons pas que nos lecteurs ne nous sachent gré d'avoir complété cette *Histoire de l'Inquisition* par un document irrécusable, si propre à nous apprendre comment le Saint-Office, établi aux Indes-Orientales, procédait envers tant de malheureux naturels du pays, jetés dans ces affreuses prisons dont M. Dellon nous a laissé de si tristes descriptions, et condamnés à périr sur un bûcher, comme hérétiques ou sorciers, alors qu'il eût été beaucoup plus simple et plus humain de développer leur intelligence abrutie par le défaut d'instruction.

Depuis que nous avons mis à la portée de tout le monde l'*Histoire de l'Inquisition*, nous avons entendu bien des gens s'écrier qu'il était impossible qu'une pareille institution eût jamais existé; beaucoup d'autres ont continué à mettre en doute la plupart des actes reprochés aux tribunaux de la foi; d'autres encore ont prétendu que nous n'avions fait que continuer les romans déjà publiés sur l'Inquisition, romans où la vérité paraît sacrifiée à l'exagération. Ces doutes, émis par beaucoup de nos lecteurs, ne nous ont pas surpris.

En effet, comment un peuple éclairé pourrait-il croire facilement qu'il a longtemps existé au monde une institution pareille à celle qu'établirent les papes du moyen-âge, et que soutinrent de toutes leurs forces la plupart des rois de la chrétienté? Comment ne pas supposer que les historiens critiques de ces barbares tribunaux, dits de la foi, se sont plus à exagérer les iniquités commises par des moines ou des ministres de l'Église romaine? La raison de l'homme se refuse à admettre tant de monstruosités, et son âme se révolte à la seule idée de ces *auto-da-fé* où l'on brûlait des créatures humaines, par cela seul qu'elles avaient pu ou mettre en doute quelques mystères de la foi, ou commenter quelque dogme de la catholicité, ou seulement négliger quelque pratique religieuse qu'ils n'approuvaient point.

Mais il a bien fallu se rendre à l'évidence: les Codes, les Instructions, les Règlements qui ont régi les divers tribunaux de l'Inquisition, sont encore là. Un grand dignitaire n'a-t-il pas lui-même rédigé le *Manuel des Inquisiteurs?* d'autres chefs de l'Inquisition ne l'ont-ils pas commenté, complété, ce fameux manuel? Tout cela existe: il a été imprimé, reproduit dans tous les livres publiés par les apologistes du Saint-Office. Le doute, sur ce point, n'est donc plus permis aujourd'hui, en présence de tant de pièces de conviction; et, d'un autre côté, le secret dont on enveloppait tant de procédures iniques, ne peut plus rien voiler depuis que les archives de l'Inquisition ont été ouvertes au public.

Or, tous ceux qui se refusaient à croire à tant de barbarie, sont maintenant convaincus que tout ce qu'on leur a dit de la jurisprudence et des actes de l'Inquisition ne sont pas des fables ou des récits exagérés. Le monde entier déteste et maudit maintenant une institution qui a si gravement compromis la cause de la religion chrétienne.

Comment se fait-il qu'il y ait encore quelques hommes qui ne redoutent pas de se montrer les partisans et même les apologistes des tribunaux de la foi, et de leur cortége de sbires et de bourreaux? Et quelle qualification devons-nous donner à ceux qui voudraient encore galvaniser le Saint-Office et la Sainte-Hermandad, au milieu d'un siècle où s'accomplissent tant de progrès et tant de miracles au nom de la liberté civile et religieuse.

Ces hommes, s'il est vrai qu'il puisse en exister encore de la race maudite des familiers de l'Inquisition, ne pourraient plus être considérés aujourd'hui que comme de stupides rebelles aux lois du Christ et d'incorrigibles ennemis de l'humanité.

TABLE DES MATIÈRES.

	Pages
INTRODUCTION	VII

PREMIÈRE PARTIE. — Des hérésies et de l'Inquisition générale. — Origine des hérésies et de l'Inquisition — Établissement de l'Inquisition générale................................. 11

DEUXIÈME PARTIE. — De l'Inquisition ancienne d'Espagne. — Établissement du Saint-Office en Espagne. — Des crimes dont prenait connaissance l'Inquisition ancienne. — Manière de procéder dans les tribunaux de l'Inquisition ancienne — Des peines et des punitions imposées par l'Inquisition ancienne............ 31

TROISIÈME PARTIE. — De l'Inquisition moderne; du premier grand inquisiteur Torquemada et du conseil de la Suprême. Description des supplices. — Établissement de l'Inquisition moderne en Espagne. — Création d'un grand inquisiteur-général et du conseil de la Suprême. — Sévérité de l'Inquisition, et résistance des Espagnols. — Expulsion des Juifs. — Cruauté et mort de Torquemada. — Supplices infligés par l'Inquisition. — Description d'un *auto-da-fé*.. 53

QUATRIÈME PARTIE. — Principaux événements depuis la mort de Torquemada jusqu'à celle de Charles-Quint, sous les inquisiteurs-généraux : Deza, Ximenès Cisneros, Adrien Florencio, Alphonse Manrique, Tabera et Loaisa. — Historique de l'Inquisition d'Espagne, depuis la mort de Charles-Quint jusqu'à la Révolution française. — Lettre de Grégoire, évêque de Blois, à don Ramon-Joseph *de Arce*, archevêque de Burgos, grand inquisiteur d'Espagne... 89

CINQUIÈME PARTIE. — Historique de l'Inquisition d'Espagne depuis la mort de Charles-Quint jusqu'à l'abolition de l'Inquisition par les Français.. 125

SIXIÈME PARTIE. — Derniers moments de l'Inquisition d'Espagne. — L'Inquisition relève sa tête orgueilleuse. — Domination des Français. — Abolition de l'Inquisition. — Restauration de Ferdi-

TABLE DES MATIÈRES.

Pages

nand VII. — Gouvernement constitutionnel. — L'armée de la Foi. — Les *Agraciados* crient : *Vive l'Inquisition!* — Récapitulation générale, etc. 223

SEPTIÈME PARTIE. — Procès curieux et extraordinaires jugés par les inquisiteurs. 239

L'Inquisition à Rome 275

L'Inquisition en France 305

L'Inquisition à Venise. 321

L'inquisition à Naples, en Sicile, dans les Pays-Bas, en Portugal et aux Indes. 319

Relation de ce que l'Inquisition de Goa a fait souffrir à M. Dellon, médecin français. 365

Conclusion. 428

Contraste insuffisant

NF Z 43-120-14

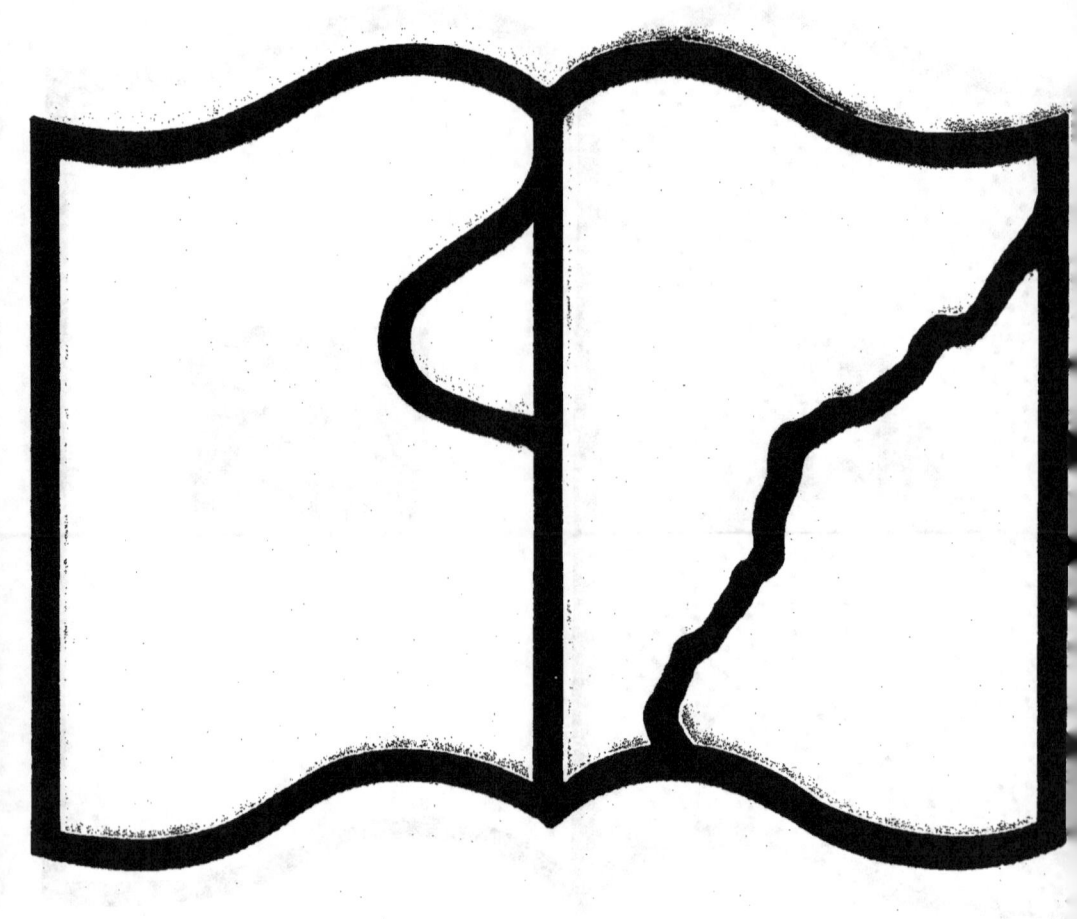

Texte détérioré — reliure défectueuse

NF Z 43-120-11

www.ingramcontent.com/pod-product-compliance
Lightning Source LLC
Chambersburg PA
CBHW071114230426
43666CB00009B/1967